글로벌 비즈니스의 이해

이건희 & 이태희 공저

이프레스

머리말

21세기의 문턱을 넘어선 지금, 우리는 전례 없는 글로벌 연결성의 시대를 맞이하고 있습니다. 20세기 후반부터 가속화된 세계화의 물결은 국가 간 장벽을 허물어뜨렸고, 혁신적인 정보통신기술과 고도화된 운송수단의 발달로 인해 지구촌이라는 개념이 더 이상 비유가 아닌 현실이 되었습니다. 이러한 변화의 소용돌이 속에서, 글로벌 비즈니스에 대한 깊이 있는 이해는 단순한 학문적 호기심을 넘어 생존과 번영을 위한 필수 요소로 자리를 잡았습니다.

과거의 무역학이 주로 상품과 서비스의 국제적 이동에 초점을 맞추었다면, 오늘날의 글로벌 비즈니스는 그 범위와 깊이에서 현저히 확장되었습니다. 이제는 개별 국가의 경제정책, 복잡다단한 국제 정세, 다국적 기업의 전략적 경영 등을 포괄적으로 조망해야 합니다. 더불어 전통적인 무역이론을 토대로, 끊임없이 진화하는 국제규범, 법령, 제도, 관습, 그리고 최신 전문지식을 유기적으로 결합하여 실무에 적용할 수 있는 능력이 요구됩니다. 이러한 통합적 접근만이 진정한 의미의 글로벌 비즈니스 이해를 가능케 할 것입니다.

이러한 시대적 요구에 부응하고자, 본서 「글로벌 비즈니스의 이해」는 기존의 무역학 개론서와 국제경영 원론의 핵심을 재구성하여, 무역이론, 무역실무, 국제경영이라는 세 개의 큰 축을 중심으로 총 12개의 장을 통해 글로벌 비즈니스의 전모를 조망하였습니다.

본서는 글로벌 비즈니스의 복잡다단한 영역을 체계적으로 탐구하고자 총 12개의 장을 3개의 주요 부문으로 구성하였습니다. 각 부문은 무역이론, 무역실무, 국제경영이라는 핵심 영역을 다루며, 이를 통해 독자들에게 글로벌 비즈니스에 대한 포괄적이고 깊이 있는 이해를 제공하고자 합니다.

제1부는 무역이론의 기초를 다루는 5개의 장으로 구성되어 있습니다. 제1장에서는 국제무역의 개요, 관련 법령, 그리고 무역의 분류 체계를 소개합니다. 제2장은 무역이론의 역사적 발전을 탐구하며, 고전, 근대, 현대 이론의 진화 과정을 조명하였습니다. 제3장에서는 현대 글로벌 무역 질서와 동향을 분석하고, 세계화와 경제 통합의 현주소를 논하였고, 제4장은 무역장벽과 정책을 다루며, 특히 관세와 비관세 장벽의 실제적 영향을 검토하였습니다. 제5장에서는 국제금융의 기초를 다루어, 외환시장, 환율, 국제수지의 복잡한 역학관계를 설명하였습니다.

제2부는 무역실무의 핵심을 다루는 4개의 장으로 구성되는데, 제6장에서는 무역계약의 실제를 다루며, 계약 조건의 세부 사항을 분석합니다. 제7장은 무역 리스크 관리에 초점을 맞추어, 해상보험의 역할과 중요성을 강조하였습니다. 제8장에서는 국제물류와 운송을 다루며, 특히 해상운송과 선하증권에 대한 이해를 도모하였습니. 제9장은 국제 대금결제 방식을 소개하며, 특히 신용장을 중심으로 한 다양한 결제방식을 상세히 설명합니다.

제3부는 국제경영의 전략적 측면을 다루는 3개의 장으로 구성됩니다. 제10장에서는 해외시장 진출 전략을 논하며, 다양한 진출 방식의 장단점을 비교 분석하였습니다. 제11장은 국제마케팅의 실제를 다루며, 글로벌 시장에서의 효과적인 마케팅 전략 수립 방안을 제시하였고, 마지막으로 제12장에서는 글로벌 경영전략을 논하며, 다국적 기업의 전략적 의사결정 과정과 그 영향을 심도 있게 분석하였습니다.

본서는 대학의 무역학과와 경영학과 1학년생을 위한 전공기초 교재로, 또는 타 전공 학생들을 위한 교양 강좌의 텍스트로 활용될 수 있도록 구성되었습니다. 더불어 글로벌 비즈니스 현장에서 활약하는 실무자들의 지식 재정비와 심화학습을 위한 지침서로도 손색이 없을 것입니다.

저자 일동은 본서가 독자 여러분의 글로벌 비즈니스에 대한 이해를 깊게 하고,

나아가 국제 무대에서의 실천적 지혜를 제공하는 나침반이 되기를 희망합니다. 빠르게 변화하는 글로벌 비즈니스 환경에 발맞추어, 우리는 지속적인 개정과 보완을 통해 본서의 시의성과 유용성을 유지해 나갈 것을 약속합니다.

글로벌 비즈니스의 세계로 여러분을 초대하며 본서와 함께하는 여정이 여러분의 미래를 밝히는 등대가 되기를 진심으로 기원합니다.

2025년 2월

경산과 대구에서

이건희 & 이태희

차례

CHAPTER 03 | 무역의 국제질서와 동향

CHAPTER 04 | 관세와 비관세

CHAPTER 05 | 외환시장과 국제수지

PART 02 국제무역 실무의 이해

CHAPTER 06 | 무역계약

CHAPTER 09 | 대금결제와 수출입 통관

PART 03 국제경영의 이해

CHAPTER 10 | 해외시장 진출방식

CHAPTER 12 | 국제경영전략

PART 01

국제무역 이론의 이해

CHAPTER

01

국제무역의 이해

■ 학습목표

1. 무역의 전반적인 개요에 대해 학습한다.
2. 대한민국의 무역 관계 법령의 개요를 학습한다.
3. 무역의 다양한 분류를 이해한다.

1. 무역 개요

1) 무역의 정의

무역(貿易)은 한자로 바꿀 무(貿)와 바꿀 역(易)으로 구성된 용어로 서로 다른 국가 간 물품등을 대상으로 이루어지는 국제 상거래(매매나 교환)를 말한다. 즉, 한 나라의 국민경제가 다른 나라의 국민경제와 물품 등을 교환하거나 매매하는 것이 무역이다.

무역에 대한 합의된 국제적 정의는 비엔나협약[1]에서 찾을 수 있다. 비엔나협약에서는 무역을 서로 다른 국가에 있는 당사자 간 물품매매라고 정의하고 있으며, 이러한 국제물품매매계약에 적용되는 협약을 비엔나협약, 즉 국제물품매매계약에 관한 국제연합협약(United Nations Convention on Contracts for the International Sale of Goods, CISG 1980)라고 한다. 참고로 국제물품매매계약에 관한 국제연합협약(CISG)은 유엔국제상거래법위원회(United Nations Commission on International Trade Law, UNCITRAL)에서 무역에 대한 통일된 법규를 제정하기 위해 협약안을 입안하여, 1980년 비엔나 외교회의에서 채택한 협약으로 유엔국제상거래법위원회(UNCITRAL)의 큰 업적 중 하나로 평가받고 있다. 본서에서는 국제물품매매계약에 관한 국제연합협약을 편의상 CISG 혹은 비엔나협약이라 표기한다. 이외 영국물품매매법, 미국통일상법 등 모든 국가는 자국법에서 무역을 정의하고 있다.

우리나라에서는 무역과 관련된 주요 법으로 크게 대외무역법, 관세법 그리고

1) 국제물품매매에 관한 국제연합협약(United Nations Convention on Contracts for the International Sale of Goods, 발효일 1988.1.1.)은 국제물품매매의 특성상 계약내용의 법리적 해석의 차이(당사자 간 법, 제도 그리고 관습 등의 차이)로 발생하는 분쟁 해결을 위해 국제사법에 의한 준거법 필요에 의해 국제적으로 통일된 상관습의 성문화 노력의 결과이다. 협약 체결 당시 62개국 8개 기관에서 2018년 기준 89개국으로 확대되었다.

외국환거래법이 있다. 이 가운데 우리나라는 대외무역법에서 무역을 정의하고 있다. 대외무역법 제2조를 보면, 무역에 대해 '무역이란 물품등(물품과 대통령령이 정하는 용역 또는 전자적 형태의 무체물)의 수출과 수입을 말한다.'고 규정하고 있다. 대외무역법에서 정의하고 있는 수출은 일반적으로 매매거래의 목적물인 물품등을 외국에 매각하는 것을 말하며, 수입은 통상적으로 매매거래의 목적물인 물품등을 외국으로부터 매입하는 것을 말한다. 여기서 '국내'는 대한민국의 주권이 미치는 지역을 의미하며, '외국'이란 국내 이외의 지역으로 정의하고 있다. 무역에 있어서 국내외의 구분은 관세 부과에 있어 매우 중요한 기준이다. 실무적으로 영토의 개념과 관세선의 개념에 차이가 있는데, 예를 들어 자유무역지역이나 보세지역의 경우 국내 영토에 해당하지만, 관세가 보류된 지역에 해당하는 보세지역으로 수출입 물품에 관세를 적용할 때는 일반적인 수입 물품과 구분된다. 즉, 보세지역에서는 국외물품이 국내로 들어왔음에도 관세선을 통과하지 않았기 때문에 해당 물품은 국외 물품으로 분류된다. 자유무역지대(Free Trade Zone)는 한 국가 내에서 교역, 생산, 투자 등 경제활동에 대해 비관세 등 예외적 조치를 허용하는 법적·지리적 특정지역이다. 이 지역은 외국인 투자 유치를 촉진하기 위해 대외무역법이나 관세법 등의 법률에 의한 특례와 지원을 통해 투자기업의 무역활동에 유리한 환경을 조성하기 위해 설치된다. 또한 "보세지역" 또는 "보세구역"은 관세법에 의해 규정된 특정 지역으로, 외국물품을 관세 등의 세금을 납부하지 않은 상태에서 보관, 제조, 가공, 건설, 판매, 전시할 수 있도록 허용된 구역이다. 이러한 구역은 수출입 및 반송 등 통관을 하고자 하는 외국물품을 장치하거나, 외국물품 또는 외국물품과 내국물품을 원재료로 한 제조, 가공, 기타 유사한 작업, 외국물품의 전시, 외국물품을 사용하는 건설, 외국물품의 판매, 수출입 물품의 검사 등을 진행하는 장소로 사용된다.

대외무역법에서는 물품을 포함한 서비스와 전자적 형태의 무체물을 무역의 대상인 물품등으로 정의하고 있다. 무역의 대상이 "물품"이 아닌 "물품등"으로 정의

하는 이유는 과거 주된 무역 대상이 물품이었던 것에 반하여 오늘날에는 서비스, 전자적 형태의 무체물 역시 무역의 대상에 포함되었기 때문이다. 특히 1995년에 설립된 세계무역기구(WTO)가 출범하면서 무역의 대상이 물품 등이라는 점은 더욱 명확해졌다.

한편, 무역 거래의 속성은 크게 상역(商易; commercial trade)과 물역(物易; physical trade)으로 구분할 수 있다. 다시 말해 무역은 상역과 물역의 합이라고 할 수 있다. 먼저 상역은 물품등의 거래에 있어 물품 등에 관한 소유권(title)의 이전을 의미한다. 반면, 물역은 물품등(재화, 용역, 전자적 형태의 무체물)의 물리적 이동 및 제공을 의미한다. 예를 들면 무역실무 영역에서 서식을 이용한 서류를 통해 소유권의 이전과 대금결제를 이행하는데 이 부분이 상역에 해당한다고 볼 수 있다. 반면 서류에 의한 소유권 이전에 따라 국내 및 국제운송 등을 통한 물품의 이동 및 서비스, 전자적 형태의 무체물의 제공이 물역에 해당한다고 할 수 있다. 참고로 과거 거래는 상물일치(商物一致)시대였다. 하지만 오늘날에는 상물분리(商物分離)의 시대로 접어들면서 각각의 기능이 분화되어 보다 효율적인 거래를 위하여 상물분리의 개념이 적용되어 무역 거래가 이루어지고 있다. 다만 상물분리의 개념이 상역과 물역을 두 가지로 나누어 분리한다는 개념은 아니며, 두 영역과 기능을 전문화하여 효율적으로 진행한다는 의미임을 이해해야 한다.

무역의 거래는 기본적으로 서로 다른 국가 간 거래이며, 이는 각각 다른 경제체제 간 거래이다. [그림 1-1]과 같이 각 국가는 국가 내 가계, 기업 그리고 정부라는 당사자의 거래를 기반으로 다른 경제와 거래를 하는 것이다. 결과적으로 이러한 국가 간 거래가 세계 경제를 구성하고 흐름을 유지하는 데 일조하기 때문에 국가 간 거래, 즉 무역은 세계 경제에 있어 중요하다고 할 수 있다.

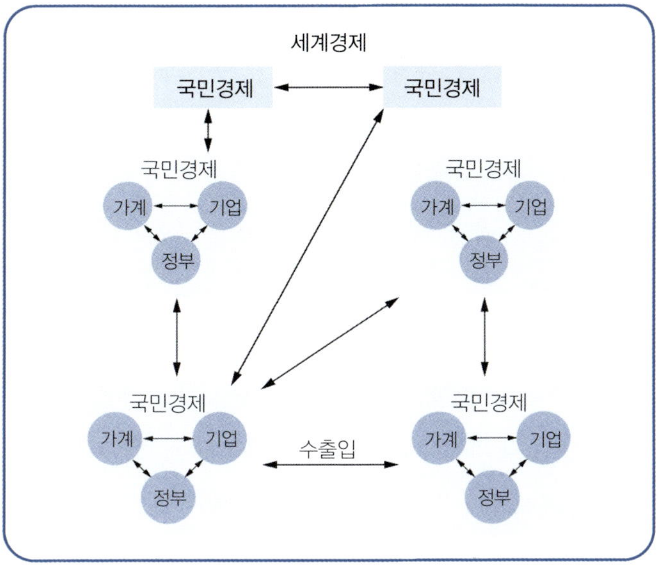

그림 1-1 **무역과 세계 경제**

2) 무역의 대상

무역의 대상은 좁은 의미에서 물품이다. 물품은 흔히 상품 혹은 제품으로도 불린다. 지금까지의 무역은 물품이 주요 거래 대상이었으며, 지금도 가장 중요하다고 할 수 있다. 제2차 세계대전 이후 세계화가 가속화되면서 자유무역을 추구하는 국가는 주요 무역 대상인 물품에 대한 관세를 낮추어 무역을 증진하는 것이 자유무역을 통한 세계화의 주요 화두로 여겼다. 하지만 세계총생산(gross world product 또는 global gross domestic product)의 증가와 무역의 활성화 및 확대로 물품 외 서비스와 전자적 형태의 무체물 그리고 자본(장기 및 단기)이 국가와 국가 사이에서 거래되기 시작하였고, 그 비중은 점차 증가하였다. 이러한 배경으로 오늘날 무역의 대상은 유형적 재화[2]인 물품 외 서비스와 전자적 형태의 무체물 역시 무역의 대상으로 정의되어 우리나라에서는 대외무역법에서 물품등으로 정의

2) 재화와 용역의 다른 표기는 상품과 서비스이다. 둘 다 같은 의미이다.

하고 있다.

한편, 넓은 의미에서 오늘날 무역의 대상은 물품등과 자본으로 정의할 수 있다. 법령상으로 우리나라 대외무역법 제2조에서 정의하고 있는 무역의 대상은 물품, 용역, 전자적 형태의 무체물이며, 이 가운데 용역과 전자적 형태의 무체물은 대통령령으로 정하고 있다. 그리고 자본에 대해서는 외국환거래법에서 그 대상을 정의하고 있다.

무역 거래의 대상이 되는 물품등에는 물품, 용역 그리고 전자적 형태의 무체물이 있다. 먼저 물품의 경우 대외무역법 제2조에서 단순히 물품으로 규정하고 있다. 용역이나 전자적 형태의 무체물과 달리 시행령을 통한 특별한 추가 정의는 없다. 물품거래(transaction of goods)는 무역 거래의 대부분을 차지하고 있으며, 국가별 통관절차와 세관을 통하여 그 흐름이 명확하게 집계된다.

용역의 경우 대외무역법 시행령 제3조 용역의 범위에서 용역은 유체물인 물품거래와는 달리 상대방에게 유상으로 제공되는 노무 등으로서, 여객이나 재화의 수송에 수반 되는 운임 항목인 운수, 해외여행 및 유학연수 관련 항목인 여행, 통신서비스, 보험서비스, 특허권 사용료, 선박 항공기 등 수송 장비의 임대 등과 관련된 사업서비스, 정부와 비거주자 간 서비스거래인 정부 서비스, 건설 등 기타 부문이 포함되는 기타 서비스 등으로 구분된다. 일반적으로 용역은 국제수지표에서도 서비스수지계정으로 독립되어 있지만, 독자적인 형태의 용역보다는 통상 물품에 관한 무역 거래에서 종속적인 수요로 발생하는 경우가 많으며, 운송 및 보험 등과 같이 물품 거래에 수반하여 발생하는 경우가 주를 이루었다.

하지만 최근 기술수출의 활성화로 물품에 종속적이지 않고 무역에서 독자적으로 차지하는 비중이 증가하고 있다. 특히, 용역의 분야 가운데 최근 중요한 무역 대상에 해당하는 분야는 지적재산권과 관련한 분야이다. 용역의 종류 가운데 기술(대외무역법 시행령 제3조)은 상대방과의 기술제휴계약에 따라 제공되는 기술의 대가를 의미하며, 무형재산권(intellectual property right)에는 공업소유권

(industrial property right)에 해당하는 특허권, 실용신안권, 디자인권, 상표권과 영업비밀인 노하우(know-how), 저작권, 광업권, 어업권 등이 대표적이다. 무엇보다 오늘날 선진국의 경우 물품의 수출을 넘어 기술수출을 통하여 더 큰 부가가치를 누리고 있으며, 향후 미래에는 물품보다 용역 분야가 국제수지에서 중요한 의미가 있을 것으로 예상한다.

전자적 형태의 무체물(대외무역법 시행령 제4조)은 소프트웨어와 더불어 부호·문자·음성·음향·이미지·영상 등을 디지털 방식으로 제작하거나 처리한 자료 또는 정보 등으로서 산업통상자원부 장관이 정하여 고시하는 것으로 영상물(영화, 게임, 애니메이션, 만화, 캐릭터를 포함), 음향·음성물, 전자서적, 데이터베이스를 의미한다.

한편 자본거래에서는 외국환거래법 제3조에서 정의하고 있으며 단기 또는 장기자본의 국제적 이동 및 이자, 배당, 투자 등이 그 대상에 해당한다. 참고로 자본의 형태는 외국환으로 나타나며, 외국환이란 외화, 외화증권, 외화파생상품 및 외화채권을 말한다.

3) 무역의 특성

(1) 국가관리

국가 간 거래 즉, 무역을 통한 물품등의 이동과 이에 대한 결제의 흐름을 살펴보면, 한 국가의 수출은 다른 국가의 수입이 되고, 한 국가의 지출은 다른 국가의 수입이 된다. 결과적으로 무역은 한쪽의 이득과 다른 쪽의 손실을 더 하면 제로가 되는 제로섬 게임(zero-sum game)으로 대부분 국가는 자국의 수지(수입과 지출)를 관리하여 자국의 경제 발전과 안정성 및 국민소득 증대를 추구한다. 따라서 이러한 국제수지의 안정화는 국가경제의 관리에서 매우 중요한 요소이기 때문에 대부분 국가는 무역을 관리 및 통제하고 있다. 이러한 맥락에서 경제 발전 수준에 따른 후진국, 개발도상국 그리고 선진국 모두 자국의 경제 상황에 맞춰서 국제적 수지를 관리하고 있기에 무역에 대한 국가의 관리는 당연하다고 할 수 있다. 무역에 대한 국가적 관리는 각 국가의 무역정책으로 나타나며, 더 넓은 관점에서 보면 현재의 세계무역기구(WTO)의 경우 세계 경제 관점에서 범국가적 무역관리를 위해 탄생하였다.

(2) 국민경제연관

무역과 경제의 관계는 국외경제와 국내경제 관점에서 구분할 수 있지만, 결과적으로 무역의 대외성으로 국내외 경제의 상호작용 결과가 도출된다. 그럼에도 무역이 국내경제에 미치는 영향을 파악하기 위한 많은 지표가 존재한다. 한 국가의 입장에서 무역이 국민경제에 미치는 영향에 대해서는 다양한 지표가 존재하지만, 일반적으로 무역승수, 무역의존도 그리고 외화가득률을 통해 계량적으로 파악할 수 있다.

먼저 무역승수는 수출의 증가에 의한 국민소득의 증가분(수입과 저축 제외)은 다시 국내경제 활동을 통해 소비되어 국민소득을 증대시킨다는 개념이다.

다음으로 무역의존도는 한 나라의 국민경제가 무역에 의존하고 있는 정도를 나타내는 지표이다. 통상 일 년의 기간에 한 나라의 국내 총생산액 가운데 무역액의 비율로 표시된다. 무역의존도는 수출의존도와 수입의존도로 각각 구분할 수 있다. 무역의존도의 경우 우리나라는 매우 높은 편이지만, 자국의 자원과 내수시장이 큰 국가의 경우 무역의존도는 낮은 편이라고 할 수 있다. 그리고 자국의 자원 상황과 무관하게 무역에 집중하는 국가의 무역의존도는 높은 편이다.

마지막으로 외화가득률은 일정 기간에 수행된 특정 품목의 수출 금액에서 수출품의 제조 및 가공을 위하여 사용된 수입 물품의 수입금액을 공제한 금액이 수출 금액에서 차지하는 비율이다. 외화가득률의 변수는 특정품목의 수출가격에서 해당 품목의 제조 및 가공을 위해 필요한 물품 중 수입된 물품의 비중이 작을수록 커진다는 점이다.

(3) 산업연관

무역은 수출과 수입으로 구성되어 있다. 수출과 수입은 국내 산업의 발전과 함께 고용 및 국민소득에 영향을 미친다. 수입의 경우 국내에 존재하지 않는 부존자원과 선진자본재 등을 획득할 수 있게 하여 국내경제 발전에 영향을 미친다. 아울러 수출의 경우 국내 생산의 확대와 기술 유입 그리고 고용 및 소득증대의 원천이 될 수 있다. 무엇보다 수출을 통해 얻게 되는 외화는 국내 산업 발전에 밑거름이 되며 무역의 균형을 잘 유지한다면 국내경제의 발전에 큰 도움을 줄 수 있다.

(4) 무역위험

무역의 위험은 크게 상업위험(commercial risk), 비상위험(contingency risk), 그리고 환위험(exchange risk)로 구분할 수 있다. 먼저 상업위험은 무역 거래에서 발생하는 위험으로 매도인의 경우 대금결제와 관련한 대금회수불능위험(credit risk)이 존재하며, 매수인의 경우 물품 인도와 관련한 물품인수불능위험(mercantile risk)이 존재한다. 그리고 비상위험은 운송위험(transport risk)과 국가위험(country risk)으로 구분된다. 운송위험의 경우 물품의 운송 과정에서 발생하는 위험으로 태풍, 지진, 분화, 전쟁, 파업 등에 기인하는 운송 중의 사고에 의하여 물품이 멸실 또는 손상될 수 있는 위험이다. 국가위험은 전쟁, 내란, 폭동, 혁명, 사변, 소요, 그리고 경제제재 등과 같이 민간 기업 또는 개인이 통제할 수 없는 위험을 말한다. 마지막으로 환위험은 대금결제를 위한 통화의 환율변동에 따라 환차손(exchange loss)이 발생하였을 때 발생하는 위험이다.

각각의 위험을 관리하려는 방법으로 상업위험의 경우 해외신용조사, 계약서의 검토, 수출보험 등을 이용할 수 있다. 비상위험의 경우 운송위험에 대해서는 해상적화보험(cargo insurance), 선박보험(hull insurance), 선주상호책임보험(protection and indemnity insurance) 등을 이용할 수 있으며, 국가위험에 대해서는 수출보험 및 해상적하보험의 특약과 함께 사전에 무역상대국의 시장환경조사가 대책이 될 수 있다. 마지막으로 환위험은 환헷징[3]이나 해외 진출 등의 방법을 이용하여 위험을 관리할 수 있다.

(5) 해상의존

무역에서 물역을 위한 주된 운송수단(mode)에는 화물자동차운송, 철도운송, 해상운송, 항공운송 그리고 파이프라인 운송이 있다. 이 가운데 과거부터 지금까지 국가 간 거래에서 가장 큰 비중을 차지하는 것이 바로 해상운송이다. 해상운송은 이동거리, 중량제한, 운송비용 등에서 다른 운송수단에 비해 우월하여 오늘날 전 세계 무역의 약 88%가 해상운송에 의존하고 있다. 특히 우리나라의 경우 지리적 특성으로 국제 수송은 해상운송과 항공운송이 주를 이루는데, 이 가운데 해상운송의 국제 수송분담률은 물동량 기준으로 약 99.7%를 차지하고 있으며, 항공운송이 약 0.3%를 차지하고 있다. 따라서 무역에서 해상운송은 가장 중요한 운송수단이라고 할 수 있다.

표 1-2 국제수송비중

단위: 여객(천인), 화물(천톤), 분담률(%)

국제수송			1990	1995	2000	2005	2010	2015	2019
여객	해운	수송량	236	395	999	2,105	2,761	2,617	2,969
		분담률	2.4	2.6	4.9	6.6	6.4	4.1	3.2
	항공	수송량	9,626	14,603	19,452	29,684	40,061	61,434	90,386
		분담률	97.6	97.4	95.1	93.4	93.6	95.9	96.8
화물	해운	수송량	219,781	404,424	569,599	754,936	966,193	1,216,782	1,429,150
		분담률	99.6	99.7	99.7	99.7	99.7	99.7	99.7
	항공	수송량	777	1,291	1,949	2,617	3,327	3,519	4,016
		분담률	0.4	0.3	0.3	0.3	0.3	0.3	0.3

출처: 국토교통부 「국토교통통계누리」 및 「국토교통통계연보」(2024 기준)

3) 환헷징(foreign exchange hedging)은 미래의 환율 변동환율변동으로 인한 손실 위험을 감소 및 제거하기 위한 금융 기법을 의미하며, 기업이나 투자자가 외화로 거래할 때 예상치 못한 환율 변동환율변동으로 인한 손실을 방지하는 것이 주요 목적이다. 선물환 계약, 옵션 계약, 스왑 계약 등을 활용한다.

(6) 세계 경제 연관

세계 경제는 일반적으로 세계총생산(global GDP)에 의하여 산출된다. 국가별 생산량과 가격의 곱으로 이루어진 세계총생산은 세계 경제 상황을 파악할 수 있는 대표적 지수이다. 세계 경제의 상황에 따라 국가별 무역량은 영향을 받게 되며, 나아가 국가별 무역량에 따라 해상물동량이 영향을 받게 된다. 앞서 언급하였던 해상운송의 의존성을 고려한다면 결과적으로 해상운송의 물동량(traffic volume)은 무역량(trade volume)에 종속적이며, 무역량은 세계 경제(global GDP)에 종속적인 관계에 있다. GDP(Gross Domestic Product; 국내총생산)는 한 국가의 국경 내에서 생산된 모든 최종 상품과 서비스의 가치를 의미하며 국적과 무관하게 국경 내 생산활동만 포함한다. GDP는 특정 국가의 국내경제 활동의 규모를 나타내며 국내 경제성장률, 생산성 측정에 주로 사용된다. 반면에 GNP(Gross National Product; 국민총생산)는 한 국가의 국민이 생산한 모든 최종 상품과 서비스의 가치를 말하며, 자국민의 해외 생산 활동은 포함하지만, 국내에 거주하는 외국인의 국내 생산 활동은 제외한다. GNP는 해당 국가 내 국민의 경제 활동 규모를 나타내는 것으로써 특정 나라의 국민소득 수준, 해외투자 수익 파악에 유용하게 쓰인다.

현재는 GDP가 더 널리 사용되며, 그 이유는 국제 비교에 더 적합하기 때문이고, 해외 투자가 많거나 외국인 노동자가 많은 국가에서 GDP와 GNP의 차이가 크게 나타날 수 있다.

그림 1-4 **세계무역량과 GDP의 관계(1981-2017)(단위: %)**

출처: WTO(2019), World Trade Statistical Review

(7) 종속계약

무역을 이행하기 위해서는 상적 그리고 물적 이동이 필요하다. 먼저 매도인과 매수인 사이에서 체결한 소유권 이전에 관한 상적거래 즉 무역 거래를 이행하기 위하여 무역계약이 필요하다. 그리고 무역계약을 이행하기 위해서는 부수적인 계약이 필요하다. 대표적으로 무역계약에 종속된 계약은 선적조건을 위한 운송계약과 선적 화물에 대한 보험계약 그리고 은행과 거래 당사자 등이 체결하는 환거래계약(약정)이 있다. 운송계약은 무역계약의 대상이 되는 물품의 이동을 위해 운송인과 송화인 사이에 체결하는 계약이다. 특히 무역계약에서는 선적(shipment) 조건을 이행하기 위하여 체결된다. 보험계약은 운송 중인 물품의 멸실 또는 손상의 위험을 방지하기 위해 체결하는 계약이다. 마지막으로 환거래약정은 물품의 대금 결제를 위하여 무역의 당사자가 거래은행과 체결하는 금융계약 그리고 은행과 은행 간 금융계약이다. 이 외에도 무역계약을 기준으로 필요에 따라 다양한 종속계약을 체결할 수 있다.

(8) 선물거래

일반적인 거래는 현물거래 즉 현실로 존재하는 상품의 매매를 목적으로 하고 있다. 하지만 무역 거래는 매매계약 성립 시에 실재하는 물품을 대상으로 하기도 하지만, 대부분은 실재하지 않지만 앞으로 실재할 수 있는 물품을 대상으로 거래가 이루어지는 경우가 대다수이다. 즉 선물거래가 주를 이루고 있다. 그리고 실재하는 물품을 대상으로 하여도 무역계약이 체결되고 안전하게 물품이 이동하고 대금결제가 이루어져 클레임까지 모든 무역 절차가 완료되기 전까지는 무역 거래가 완성된 것이 아니기에 선물거래의 성격을 띠고 있다고 할 수 있다. 이러한 특성으로 무역 거래는 계약을 체결하기 전과 후로 구분할 수 있으며, 결과적으로 계약체결을 위한 활동과 계약체결 이후 계약이행 활동이 무역의 주요 활동이라고 할 수 있다.

(9) 국제관습

무역은 국가 간 발생하는 거래이며, 나라별로 고유한 환경과 오래된 관습이 존재하기 때문에 많은 분쟁의 소지가 있다. 그리고 발생한 분쟁에 대해서는 국가마다 고유의 법률 및 제도가 존재한다. 하지만 서로 다른 국가 간 발생하는 거래에 대해서 일방적인 법과 제도를 적용하기는 현실적으로 불가능하다. 따라서 무역 거래가 발생하여 작성하는 계약서에서 계약의 해석을 위한 준거법을 두고 해당 준거법(governing law)을 통하여 계약서를 해석하고 적용한다. 계약서를 작성할 때 한 국가의 법률과 제도를 준거법으로 적용해도 무방하지만, 일반적으로는 여러 국제기구가 오랫동안 무역 거래에서 보편화된 상관습을 토대로 제정한 통일규칙을 이용한다.

보편적 상관습을 토대로 계약서 작성 및 해석에 대한 준거법적 규칙을 제정하는 대표적인 기관은 국제상업회의소(International Chamber of Commerce, ICC), 국제연합 국제상거래법위원회(United Nations Commission on International Law Association,

UNCITRAL), 국제연합무역개발협의회(United Nations Conference on Trade and Development, UNCTAD), 국제법협회(International Law Association, ILA) 등이 있다. 해당 기관에서는 국제 거래에 보편적으로 사용되는 국내·국제거래조건의 사용에 관한 ICC규칙(INCOTERMS 2020), 국제물품매매계약에 관한 국제연합 협약(United Nations Convention on Contracts for the International Sale of Goods, CISG), 신용장통일규칙(Uniform Customs and Practice for Documentary Credits, UCP 600), 헤이그 규칙(Hague Rules), 국제상공회의소(International Chamber of Commerce, ICC)의 국제복합운송증권에 관한 통일규칙(UNCTAD/ICC Rules for multimodal transport documents) 등을 제정하여 국제 거래에 사용될 수 있도록 제공하고 있다.

2. 무역관계 법령

국가가 무역관리를 위한 관계 법령들을 만드는 이유는 모두 각국의 대외무역 거래 질서를 유지하여 국가 경제 발전과 함께 민간의 대외무역 활동을 원활하게 하기 위함이다. 대한민국에서 무역과 관련한 법령은 대표적으로 대외무역법, 외국환거래법, 그리고 관세법이 있다. 이외 무역의 영역에 따라 다양한 법률이 존재한다.

1) 대외무역법

대외무역법은 대외무역을 진흥하고 공정한 거래 질서를 확립하여 국제수지의 균형과 통상의 확대를 도모함으로써 국민경제를 발전시키는 데 이바지함을 목적으로 한다. 대외무역법은 대외무역에 대한 직접 규율을 위한 법률이다. 1987년 7월에 시행되었으며 자유롭고 공정한 무역, 무역 제한의 최소화, 무역 진흥의 도모를 원칙으로 하고 있다. 대외무역법은 헌법에서 정의하는 바(국가는 대외무역을 육성하여 이를 규제하고 조정할 수 있다)와 같이 기본법의 특성이 있으며, 다른 법률에 대해 일반법 또는 특별법의 특성을 모두 가지고 있다.

대외무역법은 중앙집권적 관리방식을 취하고 있어 현재 산업통상자원부 장관이 대외무역관리의 모든 권한을 가지고 있다. 다만 일정 부분은 그 권한의 일부를 타 기관에 위임 및 위탁하기 때문에 위임법의 특성도 있다. 마지막으로 대외무역법은 논리성보다는 기술적 성향이 강하며, 대외적으로 통상교섭의 근거가 되므로 통상법적 성격이다.

2) 외국환거래법

외국환거래법은 외국환 거래와 그 밖의 대외거래의 자유를 보장하고 시장기능을 활성화하여 대외거래의 원활화 및 국제수지의 균형과 통화 가치의 안정을 도모함으로써 국민경제의 건전한 발전에 이바지함을 목적으로 한다. 전체 6장에 걸쳐 32조 그리고 부칙으로 구성되어 있다. 주요 내용으로는 외국환 거래의 신고 및 허가제도, 외국환은행의 업무와 권한 규정, 외국환 시장의 운영과 관리에 관한 사항, 자본거래의 규제 및 관리, 외국환 거래의 검사와 제재에 관한 규정 등이다.

외국환거래법은 적용 범위는 국내 거주자와 비거주자 간 외환거래, 해외 송금, 외화 예금 등을 포함한다. 외국환 거래는 기본적으로 기획재정부가 주관하며, 한국은행과 금융감독원이 실무를 담당한다.

3) 관세법

관세법은 국경을 통과하는 물품의 수출입에 관한 규정을 담고 있는 법률로서 관세의 부과·징수 및 수출입 물품의 통관을 적정하게 관리, 관세수입의 확보. 국민경제의 발전과 관련 산업의 보호를 그 목적으로 한다.

주요 내용으로는 관세의 과세요건과 부과·징수에 관한 사항, 수출입 물품의 신고, 심사, 통관 절차, 보세구역의 관리와 운영, 관세율의 적용과 감면에 관한 규정, 관세환급 제도, 수출입 물품에 대한 제한과 금지 사항 등이다. 관세청이 주관하며, 각 세관에서 실무를 담당한다. 전체 13장에 걸쳐 330조 그리고 부칙으로 구성되어 있다.

4) 무역대상의 관리

무역 대상에 대한 정부의 관리는 크게 "수출입공고"와 "통합공고"로 구분할 수 있다. "수출입공고"는 대외무역법을 기준으로 수출입 제한, 금지, 승인, 신고, 한정 등의 품목을 제시하고 있다. 그리고 "통합공고"는 대외무역법 외에 다른 법령에서 필요로 하는 수출입 관련 요건확인 및 절차를 제시하고 있다.

(1) 수출입공고

수출입공고란 '대외무역법' 제11조 규정에 따라 물품 등의 수출 또는 수입의 제한·금지, 승인, 신고, 한정 및 그 절차 등에 관한 사항을 규정함을 목적으로 한다. 수출입공고에서는 수출금지품목, 수출제한품목, 수입제한품목 등을 국민들이 알 수 있게 해준다. 참고로 품목구분을 위한 품목분류는 HS(harmonized commodity description and coding system) 상품분류에 의하며 세계적으로 6자리까지는 공통 코드를 사용한다.

우리나라의 경우 공통의 코드 6자리와 우리나라 자체 코드 4자리를 부여하여 분류된 품목의 세분류에 해당하는 관세·통계통합품목분류표(harmonized system of Korea, HSK)에 의하여 물품을 분류한다. 아울러 수출입공고에 따른 수출 또는 수입승인에도 불구하고 대외무역법 제12조의 규정에 따른 통합공고 상에 수출 및 수입하고자 하는 물품의 수출·수입요령을 정한 것이 있는 경우에는 해당 요령의 요건을 충족하여야 한다. HS 코드는 9장에서 자세히 다룬다.

(2) 통합공고

통합공고는 '대외무역법' 이외의 다른 법령에서 해당물품의 수출입의 요건 및 절차 등을 정하고 있는 경우에 수출입 요건확인 및 통관 업무의 간소화와 무역질서 유지를 위하여 다른 법령이 정한 물품의 수출입 요건 및 절차에 관한 사항을 조정하고 이를 통합 규정함을 목적으로 한다.

한편, 무역관리를 위하여 수출입의 허용품목과 금지품목을 정하는 방법에는 열거주의 방법(Positive List System)과 포괄주의 방법(Negative List System)이 있다. 열거주의 방법의 경우 수출입이 허용되는 품목만을 표시하고, 표시되지 않는 품목은 수출입을 제한 금지하는 제도 및 공고방식을 의미한다. 그리고 포괄주의 방법은 수출입이 제한, 금지되는 품목만 표시하고 표시되지 않은 것은 수출입이 허용되는 것으로 하는 제도 및 공고방식을 의미한다.

두 방법을 비교해 보면 포괄주의 경우 금지품목을 열거한 경우 보다 더 자유로운 무역이 발생할 수 있기 에 현재 적용하고 있는 방법은 포괄주의라 할 수 있다. 즉, 포괄주의 방식에서는 수출입이 제한 내지 금지되는 품목만을 고시하므로 고시되지 아니하는 품목은 수출입이 자유로운 것이 된다. 일반적으로 수출입을 통제하는 방법에 있어 열거주의는 수출입에 대해 상대적으로 통제가 많은 후진국의 경우에 많이 채택되고, 선진국의 경우에는 포괄주의를 많이 채택하고 있다.

3. 무역의 분류

1) 무역의 구분과 종류

무역은 다양한 기준에 따라 분류될 수 있다. 무역의 대상이 되는 물품의 형태, 무역을 이행하는 거래주체, 무역에 관한 정부관리 수준, 물품생산단계, 매매의 형태, 가공방식, 판매방식, 임대차방식, 연계방식, 인수도방식, 환의 사용여부, 상품사용에 따른 구분, 현지조립 정도에 따른 분류, 산업설비수출 등으로 구분된다.

(1) 물품형태

① 유형무역

유형무역은 무역의 대상에 해당하는 물품 등 가운데 형태를 갖추어 눈으로 확인할 수 있는 무역 거래를 의미하며 일반적으로 물품(goods)의 무역 거래를 유형무역으로 볼 수 있다. 즉 상품무역이다. 그리고 유형무역은 세관을 통과해야 하기에 무역통계에 나타난다. 세관을 통과하지 않는 유형무역이 밀수이고 이는 불법이다.

② 무형무역

무형무역은 무역의 대상에 해당하는 물품 등 가운데 형태를 갖추지 않아 눈으로 확인할 수 없는 무역 거래를 의미하며 용역(서비스), 전자적 형태의 무체물, 자본 등의 무역 거래를 의미한다. 즉 서비스무역, 자본거래, 콘텐츠무역 등이 이에 해당한다. 그리고 무형무역은 수출입통계에는 나타나지 않으며, 대신 국제수지에서 그 규모를 확인할 수 있다.

(2) 거래주체

① 민간무역

민간무역(private trade)은 일반 민간 기업이 주체가 되어 상대국의 무역회사와 직접 무역계약을 체결하고 거래하는 것을 말한다. 민간무역은 영리를 목적으로 하고 있다.

② 공공무역

공공무역은 공공기관이 출자하거나 공공기관이 직접 무역회사를 설립하여 무역 거래의 주체가 되는 것을 말하며, 공익을 목적으로 하고 있다. 공공무역 가운데 국영무역(state trade)은 사회주의 국가에서 국가가 통제 속에 이행하는 무역 거래를 의미하며, 정부무역(government trade)은 자본주의국가의 정부 기관이 거래의 주체가 되어 행하는 무역을 의미한다. 특히 자본주의국가에서도 국가가 비상사태에 있거나 경제적 상황에 따라 필요하다면 정부무역을 통하여 무역을 진행할 수 있다.

(3) 정부관리

① 자유무역

자유무역(free trade)은 국가가 무역에 간섭, 관리 또는 규제하지 않는 무역이다. 즉 자유무역에는 무역 거래나 외환거래 등에 대한 제재나 규제가 없다.

② 보호무역

보호무역(protective trade)은 국가가 무역에 직접 또는 간접적으로 간섭, 관리 또는 규제하는 무역이다. 대부분 자국의 유치산업을 보호하기 위한 목적이 일반적이다.

③ 관리무역

관리무역(controlled trade)은 보호무역과 그 목적이 다소 다른데 국가가 무역의 전체 또는 일부에 대하여 규제하고 민간 무역상들의 자유로운 거래를 허가하지 않고 정부 또는 대행 기관의 관리하에 두는 무역의 형태이다.

④ 협정무역

협정무역(trade by agreement)은 국가 상호 간 무역 확대 또는 무역 균형을 유지하기 위해 무역 거래에 대해 상호 간 일정한 협정을 체결하고 이를 기준으로 거래하는 무역이다.

(4) 경제수준

① 남북무역

남북무역(north–south trade)은 선진국과 저개발국 또는 개발도상국 간 무역을 의미한다. 지리적으로 적도를 중심으로 북반구 국가의 국내총생산(GDP) 수준이 높으며 선진국들이 있지만, 남반구에는 주로 저개발국들이 있다는 점에서 붙여진 용어이다.

② 남남무역

남남무역(south–south trade)은 저개발국가 또는 개발도상국 간 발생하는 무역거래를 의미한다. 남북무역처럼 국내총생산(GDP)에 따른 지리적 이유를 근거로 사용되는 용어이다.

③ 동서무역

동서무역(east–west trade)은 사회주의국가(공산권, 동쪽)과 자본주의국가(자유진영권, 서쪽) 사이에서 이루어지던 무역을 의미한다. 유럽을 중심으로 동쪽으 로 당시 소련, 중국 등 공산권 국가가 존재하고 서쪽으로 미국 등 자유 진영권이 자리 잡은 데서 비롯된 말이다. 미국의 대공산권 금수정책과 동서무역은 국제 정세에 따라 성쇠를 거듭하였다. 1991년 소련의 붕괴와 더불어 대 공산권 수출조정위원회(coordinating committee for multilateral export controls, COCOM)의 해산으로 의미를 잃었다.

(5) 물품생산단계

① 수평무역

수평무역(horizontal trade)은 생산단계가 같거나 유사한 상품 간 무역을 말한다. 선진공업국 사이에서 각기 자본량, 노동력, 기술 수준 등의 생산요소 및 생활양식, 풍토, 상품의 기호에 따라서 생산한 동일 종류의 공업제품의 상호무역을 의미한다. 공산품 사이의 거래 또는 1차 산품 간 무역 거래가 여기에 해당한다.

② 수직무역

수직무역(vertical trade)은 생산단계가 서로 다른 상품 간 무역을 말한다. 특히 선진국의 공산품과 개발도상국의 1차 생산품의 거래를 주로 일컫는 말이다. 하지만 수직무역은 글로벌공급사슬(Global supply chain) 관점에서 산업 구조의 차이와 단계별로 발생하는 물품의 거래를 모두 포괄적으로 의미한다.

(6) 매매형태

① 직접무역

직접무역은 수출입 양국의 무역 거래 당사자들이 직접 매매계약을 체결하고 이행하는 것을 말한다. 주의할 점은 무역 거래가 무역업자 사이에 발생하였는지 또는 대리인을 통해 이루어졌는지는 중요하지 않다. 대외적으로 직접 무역한 것을 의미한다. 참고로 직접수출은 수출에서 국가의 직접성이 아니라 무역 거래 당사자가 자기명의로 관할세관에 신고하고 선적하여 수출하고 수입하는 것을 의미한다.

② 간접무역

간접무역은 직접무역과 대비되는 용어로 무역 당사국이 아닌 제3국의 무역상에 의뢰하여 수출입하는 무역을 말한다. 대표적인 형태는 중계무역, 중개무역, 스위치무역, 우회무역, 통과무역 등이 있다. 참고로 간접수출은 자기명의가 아닌 수출대행업자 또는 외국 상인 등 제3자를 통하여 수출하는 것을 의미한다. 간접수출은 자기명의로 수출하지 않았지만, 수출 물품을 일정한 요건에 의해 수출업체에 공급하여 수출실적으로 인정받을 때도 사용될 수 있다.

- 중계무역: 중계무역이란 수출할 것을 목적으로 물품 등을 수입하되, 자유무역지역 이외의 국내에 반입하지 아니하고 수출하는 수출입을 말한다. 중계무역은 수출을 전제로 물품 등을 수입하여 원상태를 변경시키지 않고 수출하여 가득액을 얻게 된다.
- 중개무역: 중개무역은 무역 거래에 있어 매도인과 매수인 중간에 제3국의 중개업자가 개입하여 이루어지는 무역 거래이다. 중개무역의 목적은 수출입을 통한 매매차익이 아니라 중개수수료이다.
- 스위치무역: 스위치무역은 세 국가 이상이 관여하는 간접 수출 방식으로, 중개업자가 수출국과 수입국 사이에서 거래를 중개한다. 즉, A국(수출국)이 B국(중개국)으로 상품을 수출하고 B국의 중개업자가 C국(최종 수입국)으로 재수출한다. 실제 물품은 A국에서 C국으로 직접 이동하지만, 서류상으로는 B국을 경유하고, B국의 중개업자가 가격 차익을 통해 이익을 얻는다. 스위치무역을 하는 이유로 무역장벽의 우회, 정치적 이유로 직접 거래가 어려운 국가 간 거래 가능, 가격 차별화를 통한 이익 창출 등이 있다.
- 우회무역: 무역 거래에 있어 수출입 상대국과의 직접적인 수출입의 형태를 취하지 않고 형식적으로 제3국에 반입하였다가 그곳에서 다시 수출입 상대국으로 화물을 보내는 무역 거래 방식을 말한다. 우회무역은 관세부담을 회피하거나 수출입통제 제한을 회피하기 위한 목적으로 제3국에 반입되어 원산지가 변경된다.
- 통과무역: 통과무역은 우회무역에서와 같이 제3국의 처지에서 보면 제3국을 이용하여 수출입 되는 형태이기 때문에 통과무역이라고 한다. 통과무역에서 제3국은 단순히 경유지로서 역할을 하는 것이며, 통과세, 운송료, 보관료 등의 비용을 얻게 된다.

(7) 가공방식

① 위탁가공무역

주로 생산 비용 절감을 위해 활용되는 방식으로 원자재나 반제품을 수출하여 현지에서 가공한 후, 완제품을 다시 수입하는 무역 방식을 의미한다. 즉, 원자재/반제품 수출 → 해외 가공 → 완제품 수입의 과정을 거치며 생산 비용 절감(주로 인건비), 기술 이전, 현지 시장 진출의 교두보 마련 등이 목적이다. 원자재를 제공하고 가공비만 지급하는 임가공 형태와 현지에서 원료를 구매하여 가공하는 원료구매 가공형태가 있다.

② 수탁가공무역

수탁가공무역은 위탁가공무역의 반대 개념으로, 주로 개발도상국이나 노동력이 풍부한 국가에서 활용하는 무역 방식이다. 외국 기업으로부터 원자재나 반제품을 받아 가공한 후, 완제품을 다시 위탁 기업에 수출하는 방식으로서 원자재/반제품 수입 → 국내 가공 → 완제품 수출의 과정을 거친다. 주로 노동집약적 산업에서 활용되며, 가공비 수입이 주 수입원이다. 개발도상국의 초기 산업화 단계에서 중요한 역할을 한다.

수탁가공무역은 많은 개발도상국이 초기 경제 발전단계에서 활용하는 전략으로서, 이를 통해 산업 기반을 마련하고 점진적으로 자체 생산능력을 키워나가는 경우가 많다.

③ 보세가공무역

보세가공무역은 외국으로부터 원자재나 반제품을 수입할 때 관세가 유보된 상태에서 이를 국내에서 가공하거나 제품화하여 재수출하는 무역방식이다. 이러한 가공 및 생산 활동은 보세구역 내 보세공장에서 진행된다. 보세구역이란 관세법상 외국 물품을 수입통관 절차를 거치지 않고 보관, 가공, 전시 등을 할 수 있는 특정 지역을 의미한다. 관세법에서 정의하는 보세공장이란 외국물품 또는 외국

물품과 내국물품을 관세의 부담 없이 원료나 재료로 하여, 제조・가공 기타 이와 유사한 작업을 할 수 있도록 세관장이 특허한 공장을 말한다. 관세가 유보된 상황이기 때문에 보세공장은 관세법상 외국으로 간주하며, 관세 구역 내에 있는 물품도 외국물품으로 취급되기 된다. 아울러 물품의 반출입 및 장치기간 등에 관해서는 엄격한 제한(1~3년)을 가하고 있다.

(8) 판매방식

① 위탁판매수출

수출업자가 수입업자에게 상품을 보내고, 판매 후 대금을 정산받는 무역 방식으로 상품 발송 → 수입국에서 판매 → 판매 후 정산의 과정을 거친다. 판매되지 않은 상품은 반품할 수 있고, 수입업자는 재고 부담 없이 판매할 수 있으며, 수출업자는 판매 시점까지 상품 소유권을 유지한다.

② 수탁판매수입

수탁판매수입은 위탁판매수출의 반대 개념으로, 주로 수입업자의 입장에서 이루어지는 무역 방식으로 수출업자로부터 상품을 받아 국내에서 판매한 후, 판매대금을 정산하는 무역 방식이다. 상품 수령 → 국내 판매 → 판매 후 정산의 과정을 거친다. 주요 특징으로는 판매되지 않은 상품은 반품할 수 있고, 초기 자금 부담 없이 상품 확보할 수 있으며, 판매 전까지 상품 소유권은 수출업자에게 있다.

③ 보세창고도거래

보세창고도거래(bonded warehouse transaction, BWT)는 수출자가 자기 책임하에 수입국의 보세창고에 사전 매매계약이 체결되지 않은 채 물품을 수입국 내 보세창고에 무환으로 반입한 후 현지에서 수입자를 물색하여 매매계약을 체결하면 물품을 인도하는 방식이다. 이 경우 수입국 내의 수출자의 지사 또는 별도의 대리인을 두어 판매하기 때문에 위탁판매 방식이라고 할 수 있다.

④ 해외거점거래

해외거점거래(Central Terminal Station, CTS)는 수출업자가 수입국의 인가를 받아 수입국에 법인을 설립하고 그 법인과 거래하는 방식이다. 즉 현지에 설립된 법인은 법인의 명의로 수입하여 현지에서 직접 판매하고 판매된 범위 내에서 대금을 결제하는 거래를 말한다. 해외거점거래(CTS)는 실무적으로는 보세창고와 유사한 개념이다.

(9) 임대차방식

① 임대수출

임대수출이란 임대(사용대차를 포함) 계약 때문에 물품 등을 수출하여 일정 기간 후 다시 수입하거나 그 기간의 만료 전 또는 만료 후 해당 물품 등의 소유권을 이전하는 수출을 말한다. 사용대차는 민법상의 계약 형태 중 하나로, 무상으로 물건을 빌려주는 계약으로 당사자 일방이 상대방에게 무상으로 물건을 사용하고 수익하게 하되, 계약 종료 시 그 물건을 반환하기로 하는 계약이다.

소유권은 수출업자가 유지하며, 임대 동안 수입업자가 사용권을 보유하고, 임대료 형태로 대금을 수취한다. 주로 고가의 기계, 설비, 운송 장비(선박, 항공기 등), IT 장비, 의료 장비 등에서 활용한다.

② 임차수입

임차수입이란 임대수출의 반대 개념으로, 수입업자의 관점에서 이루어지는 거래 방식으로서 임차(사용대차[4])를 포함) 계약으로 물품 등을 수입하여 일정 기간 후 다시 수출하거나 그 기간의 만료 전 또는 만료 후 해당 물품의 소유권을 이전받는 수입을 말한다.

---

4) 이 계약은 무상의 계약으로, 이용의 대가를 지급하지 않는다는 점에서 임대차와 차이가 있다.

(10) 연계방식

연계방식은 물물교환(barter trade), 구상무역(compensation trade), 대응구매(counter purchase), 제품환매(buy back) 등의 형태로 수출과 수입이 서로 연계되어 이루어지는 무역 거래를 말한다. 이는 수출액과 수입액이 서로 상쇄되는 효과를 가져오는 무역 방식이다.

① 물물교환

물물교환(barter trade)은 하나의 계약서로 수출과 수입 계약을 동시에 체결하고 외환 거래 없이 물품을 일대일로 직접 교환하는 가장 기본적인 연계무역 형태이다. 외환이 불필요하고 거래구조가 단순하다는 장점이 있으나, 물품 가치 평가가 어렵고 거래 규모가 제한적이라는 단점이 있다. 특히 외화가 부족한 국가나 경제제재 상황에서 유용하게 활용될 수 있다

② 구상무역

구상무역(compensation trade)은 하나의 계약서로 수출과 수입 계약을 동시에 체결하며, 수출품 대금을 수입국의 상품으로 전부 또는 일부 수령하는 방식이다. 통상 3년 이내의 기간 동안 진행되며, 구상비율은 10~100% 범위 내에서 합의한다. 완전구상방식은 전체 대금을 상품으로 상환하는 것이고, 부분구상방식은 일부는 현금, 일부는 상품으로 상환하는 방식이다.

③ 대응구매

대응구매(counter purchase)는 수출계약과 대응구매계약이라는 별도의 두 계약으로 구성되며, 수출업자가 수입국으로부터 일정 금액의 상품 구매를 약속하고 수출하는 방식이다. 통상 5년 이내의 기간 동안 진행되며, 대응구매 비율은 10~100% 범위 내에서 합의한다. 이 방식은 상호 간 구매의무가 발생하는 특징이 있다.

④ 제품환매

제품환매(buy back)는 주로 플랜트나 기술 수출과 연계되어 나타나는 방식으로, 수출업자가 자신이 수출한 설비나 기술로 생산된 제품을 재구매하거나 해당 제품으로 수출대금을 상계하는 방식이다. 이러한 제품환매는 당사자 간 합의된 기간 동안 발생할 수 있다.

(11) 인수도방식

① 외국인수수입

외국인수수입이란 수입대금은 국내에서 지급되지만, 수입 물품 등은 외국에서 인수하거나 제공받는 수입을 말한다. 즉 수입업자가 수출국에서 물품을 인수하여 직접 운송하는 수입 방식으로 물품 인도장소가 수출국이 되며, 수입업자가 운송 책임과 비용을 부담한다.

② 외국인도수출

외국인도수출이란 수출대금은 국내에서 영수하지만, 국내에서 통관되지 아니한 수출 물품 등을 외국으로 인도하거나 제공하는 수출을 말한다. 즉 수출업자가 수입국까지 물품을 운송하여 인도하는 수출 방식으로서 물품 인도장소가 수입국이며 수출업자가 운송 책임과 비용을 부담한다.

(12) 환의 사용

외국환의 사용여부에 따라 유환수출입과 무환수출입으로 구분된다. 유환수출입이란 외국환 거래, 즉 외국 화폐가 수반되는 물품등의 수출·수입을 말한다. 반면에 무환수출입이란 외국환 거래가 수반되지 않는 물품등의 수출·수입을 말한다.

(13) 상표사용

상표사용 여부에 따라 상표수출, 주문자상표부착 방식 그리고 제조업자개발생산방식으로 분류하기도 한다.

상표수출은 제조업자의 고유제품에 자사 고유상표를 부착하여 수출하는 것을 말한다. 주문자상표부착 방식(original equipment manufacturing, OEM)은 주문자 상표부착 방식으로 수입업자로부터 수출품의 생산을 주문 받은 후 주문에 따라 생산된 제품에 수입업자의 상표를 부착하여 수출하는 것을 말한다. 즉, 판매회사가 제품생산회사에 의뢰하여 생산된 반제품 또는 완제품을 납품받아 판매할 때 판매회사가 요구하는 상표로 출고하도록 하는 방식이다. 어떤 제품이 상표에 표시된 회사와는 별도로 생산 납품한 원천 생산자가 있다는 의미로서 브랜드를 중요시하는 판매회사와 생산에 전념할 수 있는 제조회사의 역할 분담을 할 수 있다.

제조업자개발 생산방식(original development manufacturing, ODM)은 제조업자개발 생산방식으로 수출업자가 독자적 기술력을 가지고 제품을 직접 개발・생산하여 수출하는 것을 말한다. 즉, 주문자가 설계・개발 능력을 갖춘 제조업체에 제품의 생산을 위탁하면 제조업체는 이 제품을 개발・생산하여 주문자에게 납품하고, 주문업체는 이 제품을 유통・판매하는 형태를 말한다.

(14) 현지조립

녹다운(knock-down)은 현지조립 방식의 수출을 말한다. 수출할 때 완제품으로 수출하는 것이 아니라, 완제품을 완성하기 위한 부품이나 반제품의 상태로 수출하여 수입국에서 제품으로 완성하는 현지 조립 방식의 수출을 말한다.

현지 조립 방식으로 수출하는 경우, 부품이나 반제품의 상태로 수출하기에 완제품에 대해 부과되는 수입국의 관세를 피할 수 있다는 이점이 있다. 자동차나 기계류 수출에서 많이 볼 수 있으며, 완제품을 기준으로 부품의 조립 수준(Complete Built Unit, CBU)에 따라 CKD(Complete Knock Down), SKD(Semi

Knock Down), 그리고 DKD(Disassembled Knock Down)로 구분된다.

수입국의 적용관세율은 일반적으로 완성품이 가장 높고, 다음으로 DKD, SKD, 그리고 CKD 순이며, 결과적으로 현지에서의 부가가치 활동이 높을수록 관세가 낮다. 제품의 분해 수준은 이와 반대로 CKD, SKD, 그리고 DKD 순으로 높아진다.

① 완전분해조립

완전분해조립(complete knock down, CKD)는 완제품을 기준으로 기본적인 부품을 그대로 수출하여 현지에서 조립하는 방식이다. CKD의 경우 현지에서 완성품을 만들 수 있는 공장이 필요하다.

② 부분분해조립

부분분해조립(semi knock down, SKD)는 완제품을 기준으로 기본적인 부품으로 만든 일부 구성품이나 결합체와 나머지 부품을 수출하여 현지에서 조립하는 방식이다. 즉 반제품(assembly) 또는 공정품(work in process, WIP) 형태로 수출되기 때문에 CKD보다 완제품을 기준으로 덜 분해된 상태이다.

③ 역분해조립

역분해조립(disassembled knock down, DKD)는 수출국에서 완성품을 생산한 후 완성품의 일부나 다시 분해하여 SKD 형태로 수출하여 현지에서 조립하는 방식이다. SKD와의 차이점은 완제품을 다시 재분해하여 수출한다는 점이다. 현지에서는 완제품의 재조립 활동이 필요하므로 단순 조립공장만 있으면 완제품을 생산할 수 있다.

완성품을 생산한 후 다시 분해하는 것이 언뜻 이해가 안 갈 수도 있는데, 다음과 같은 경우에 DKD가 활용된다. 완성품으로는 운송이 어려운 대형 기계, 설비, 가구 등의 경우, 분해 시 부피가 줄어 운송비용 절감이 가능한 경우, 일부 국가에서 완제품보다 부품에 낮은 관세 부과, 운송 중 손상 위험을 감소하고자 하는 경우이다.

(15) 플랜트수출

플랜트 수출은 산업설비수출을 말한다. 산업설비수출은 산업 설비에 대한 설계에서부터 산업 설비의 시험 운전에 이르는 모든 업무를 계약자가 전부 또는 일부를 이행하는 방식이다. 즉 기계나 장치 등의 하드웨어와 함께 하드웨어를 제작하고 유지하는 데 필요한 기술, 노하우, 시공 등의 소프트웨어가 결합한 생산 단위체의 종합수출을 말한다.

CHAPTER

02

무역이론의 이해

■ 학습목표

1. 무역이론 중 고전이론에 대해 학습한다.
2. 무역이론 중 근대이론에 대해 학습한다.
3. 무역이론 중 현대이론에 대해 학습한다.

무역에 관한 이론은 무역이 왜 발생하는가, 무역은 어떤 조건으로 교환되는가, 무역은 어떤 이익을 가져다주는가, 그리고 무역은 어떻게 이루어져야 하는가 등 무역 관련 보편적 질문에 대한 답을 하기 위해 연구되고 발전됐다. 무역이론은 경제 발전단계에 따라 시대별로 고전, 근대 그리고 현대로 구분할 수 있다. 고전적 무역이론은 주로 무역이 발생하는 원인보다는 무역을 통해서 어떤 이익을 얻을 수 있는지에 초점을 맞춰 발전하였다. 즉, 절대우위론, 비교우위론 등은 왜 무역하는 것이 이익인가를 설명하고자 하였다. 하지만 시대에 따라 무역 환경이 변하면서 엄격한 가정을 토대로 한 고전적 무역이론의 한계는 근대이론을 거쳐 현대이론에 이르게 되었으며, 무역의 이익 외에도 무역이 발생하는 원인과 함께 시간의 흐름을 반영한 동태적 이론으로 확장하게 되었다.

무역에 대한 이론적 접근이 본격적으로 시작되기 전에는 중상주의(mercantilism)가 존재한다. 16세기부터 18세기까지 대항해 시대(The Age of Discovery)에 지배적이었던 중상주의는 국가지상주의를 기초로 국가에 의한 경제활동의 규제와 계획성을 강조하였으며, 국제무역에서 금의 유출 방지에 가장 큰 비중을 두었다. 즉 국가 부의 원천을 금 보유량에 두었기 때문에 무역 활동을 통해 수출을 확대하고 수입을 축소하여 금의 유입을 증가시켜야 한다고 생각하였다. 하지만 금 보유량에 초점을 맞춘 국가 통제하에 무역은 아담 스미스(Adam Smith, 1729~1790) 등의 학자에 의해 배척되었으며, 18세기 말 산업혁명을 시작으로 붕괴하였다. 아담 스미스의 절대우위론 이전에는 무역을 한쪽의 이득과 다른 쪽의 손실을 더하면 제로가 되는 게임, 즉 제로섬 게임(Zero-sum game)으로 보는 중상주의가 지배적이었다. 하지만 아담 스미스의 절대우위론은 무역을 제로섬 게임이 아닌 무역에 참여하는 모든 국가에 이득이 돌아가는 게임(Positive-sum game)이라고 주장하였으며, 이러한 논의를 시작으로 자유무역의 이론적 체계가 발전할 수 있게 되었다.

하지만 무역이론은 현실과 동떨어져 단지 이론적으로만 발전하지 않았다. 무역의 이익, 무역의 원인, 무역패턴, 소득분배 등을 규명하기 위한 노력은 변화하는 현실을 실질적으로 반영하면서 이론적 발전을 이룰 수 있었다. 근대적 무역이론은 고전적 무역이론과 달리 생산요소로 노동 이외에 자본을 추가하여 무역의 발생 원인을 논의하였으며, 현대적 무역이론은 이전의 엄격한 경제모형의 가정들을 완화하면서 현실을 반영하여 설명력을 높일 수 있었다.

1. 고전이론

고전적 무역이론은 노동을 유일한 생산요소로 보고 노동가치설을 기반으로 국가 간 노동생산성의 차이가 생산비용의 차이를 발생시켜 무역이 발생한다고 주장한다. 여기서 노동생산성은 한 노동자가 주어진 시간 동안 생산하는 재화와 서비스의 양을 의미한다. 결국, 고전적 무역이론을 대표하는 절대우위론과 비교우위론은 무역이 국가 간 노동생산성의 차이에서 발생한다고 본다.

1) 절대우위론

16~18세기 유럽에 퍼져 있던 중상주의는 산업혁명이 시작되면서 비판을 받기 시작하였고, 아담 스미스는 화폐의 축적이 국부의 증가라는 중상주의자들의 그릇된 관념을 지적하면서, 부(富)란 화폐가 아니라 화폐로 살 수 있는 재화라고 주장하였다. 아담 스미스는 절대우위론(theory of absolute advantage)을 통해 재화의 생산을 증대시키기 위해 국내 분업을 국제분업에 적용할 수 있음을 규명하면서 자유무역의 기반을 마련하였다. 절대우위론은 절대적인 생산비(노동생산성)의 차이에 기초한다. 한 국가가 다른 국가에 비하여 상대적으로 특정 재화의 생산비가 절대적으로 낮으면 그 재화의 생산에서 절대우위를 가진다는 것이다. 이러한

측면에서 절대우위론을 절대생산비설(theory of absolute cost)이라고도 한다. 결과적으로 한 국가가 무역상대국에 비해 절대우위에 있는 재화를 특화하여 생산한 재화를 무역상대국의 절대열위에 있는 재화와 수출입을 통해 교환한다면 양국은 모두 이익을 얻을 수 있게 된다.

한국과 중국이 유일한 생산요소인 노동을 투입하여 가방과 운동화를 생산한다고 가정하자. 한국은 가방 1개를 생산하는 데 10명의 노동력이 필요한 반면, 운동화 1켤레를 생산하는 데 20명의 노동력이 필요하다고 가정한다. 반면 중국의 경우 가방 1개를 생산하는 데 20명, 운동화 1켤레를 생산하는 데 10명의 노동력이 각각 필요하다고 가정한다. 이때, 각 재화를 생산하는 데 필요한 노동량을 국가별로 정리하면 〈표 2-1〉과 같다.

표 2-1 절대우위이론의 가정

제품 / 국가	가방	운동화
한국	10명 (1개)	20명 (1개)
중국	20명 (1개)	10명 (1개)

한국은 중국에 비해 가방을 절대적으로 저렴한 비용으로 생산할 수 있어 가방 생산에 절대우위를 가진다고 할 수 있다. 반대로 중국은 한국에 비해 운동화를 절대적으로 저렴한 비용으로 생산할 수 있어 운동화 생산에 절대우위를 가진다. 결국 한국과 중국은 각국이 절대우위에 있는 재화 생산에 특화하여 세계 전체의 생산량을 증가시킬 수 있다. 절대우위에 있는 재화 생산에 특화하는 것은 국가 간 분업을 의미하며, 이를 통해서 증가한 생산량을 무역으로 교환하면 각국은 무역하기 전보다 더 많은 재화를 소비할 수 있게 된다. 구체적으로 한국은 가방만 생산하고 중국은 운동화만 생산한다면 특화 이후 한국은 가방 3개, 중국은 운동화 3켤레를 생산할 수 있다. 특화하기 전과 동일하게 한국에서 가방 1개, 중국에

서 운동화 1켤레를 소비하면 나머지 한국의 가방 2개와 중국의 운동화 2켤레는 필요에 따라 상호교환이 가능하게 된다. 결과적으로 세계 총생산량은 모든 재화에서 증가하게 되며, 각국은 이전과 동일한 소비를 하고도 가방과 운동화 각각 1개씩 남게 된다.

표 2-2 절대우위에 의한 국제적 분업의 결과

국가 \ 제품	가방	운동화
한국	30명 (3개)	0명
중국	0명	30명 (3개)

절대우위론은 국제적 분업의 원리를 이용하여 무역의 이익을 규명하면서 자유무역의 효용을 밝히는 데 큰 의미가 있다. 하지만 노동을 유일한 생산요소로 가정한 점과 한 국가가 모든 재화의 생산에 모두 열위에 있거나 아니면 우위에 있는 경우에도 무역이 발생할 수 있는지에 대해서 설명하지 못하는 한계가 있다.

2) 비교우위론

비교우위론(theory of comparative advantage)은 리카르도(David Ricardo, 1772~1823)가 1817년 『The Principle of Political Economy and Taxation(경제 및 과세의 원리)』에서 주장한 이론이다. 비교우위론은 한 국가가 모든 재화의 생산에서 절대우위에 있고, 다른 국가는 절대열위에 있는 경우라도 상대적으로 생산비용이 낮은 재화에 특화하여 생산하고 무역한다면 무역에 참여하는 모든 국가가 무역의 이익을 누릴 수 있다고 주장한다. 즉 비교우위론에서는 절대우위론과 달리 한 국가가 두 재화에 모두 절대우위나 절대열위를 가지더라도 상호 이익이 되는 무역을 할 수 있음을 설명하고 있다. 이러한 측면에서 아담 스미스의 절대우위론이 가진 한계를 극복하고 비교우위 개념에서 무역을 통한 국제적 분업구조를 설명한 점에 의의가 있다.

한국은 가방 1개를 생산하는 데 5명, 운동화는 1켤레를 생산할 때 10명이 소요되고, 중국은 가방 1개를 생산할 때 30명, 운동화 1켤레를 생산하는 데에는 15명이 필요하다고 가정하자. 이 경우 한국은 가방과 운동화 생산에 모두 절대우위를 가지게 되며, 중국은 두 재화 생산에 모두 절대열위에 있게 된다. 절대우위론에서는 한국과 중국 간 무역을 설명할 수 없지만, 비교우위론에 따르면 생산비용의 상대적 차이가 존재하는 두 국가 사이에서는 무역이 발생하고 무역의 이익을 모두 누릴 수 있다.

한국은 가방과 운동화 생산 모두 중국에 비해 절대적인 우위가 있지만, 운동화보다는 가방을 더 낮은 비용으로 생산할 수 있다. 중국과 비교했을 때, 가방 1개를 5명/30명(약 17%)의 비용으로 생산할 수 있지만, 운동화 1켤레는 10명/15명(약 67%)의 비용으로 생산할 수 있는 상황이다. 비교우위론에 따라 한국이 가방 생산에 특화한다면 중국은 운동화에 특화하여 생산하게 될 것이다.

표 2-3 비교우위이론의 가정(재화 1단위 생산할 때 필요한 노동량의 국가 간 비교)

제품 / 국가	가방	운동화
한국	5명 (1개)	10명 (1개)
중국	30명 (1개)	15명 (1개)

한국이 무역하기 전 가방 1개와 운동화 1켤레를 생산하는 노동력으로 가방 생산에 완전히 특화하면 가방의 생산량은 3개가 된다. 중국 또한 무역하기 전 동일한 노동력으로 운동화 생산에 완전히 특화하면 운동화의 생산량은 3켤레가 된다. 결과적으로 전 세계 총생산량은 가방 2개와 운동화 2켤레에서 가방 3개와 운동화 3켤레로 무역 이전과 동일한 소비를 하더라도 가방 1개와 운동화 1켤레가 남는다.

표 2-4 비교우위론에 의한 국제적 분업의 결과

국가 \ 제품	가방	운동화
한국	15명 (3개)	0명
중국	0명	45명 (3개)

비교우위론은 한 국가가 모두 절대우위를 가지거나 절대열위를 가지는 경우 무역이 발생하는 원리를 설명하지 못한 절대우위론의 한계를 극복했다는 데 의의가 있다. 하지만 절대우위론처럼 생산요소를 노동만 가정하고 있다는 점과 두 국가 간 재화의 교환비율인 교역조건에 관해서는 설명하지 못하고 있다는 점이 여전히 한계로 남는다.

3) 상호수요이론

상호수요이론(theory of reciprocal demand)은 19세기 후반 고전 경제학자 존 스튜어트 밀(John S. Mill)이 그의 저서 『경제학 원리(Principle of Political Economy)』에서 제시한 중요한 국제무역이론이다. 이 이론의 핵심은 두 국가 간의 교역 조건이 서로의 상품에 대한 수요가 일치하는 지점에서 결정된다는 것이다. 이는 단순히 생산비용의 차이만으로 국제 무역을 설명하던 기존 이론들을 한 단계 발전시킨 것이다.

이 이론을 더 깊이 이해하기 위해 한국과 중국의 구체적인 예시를 살펴보겠다. 각 나라의 노동자 한 명이 하루 동안 생산할 수 있는 양을 비교해 보면, 한국의 노동자는 가방 10개 또는 운동화 15켤레를 생산할 수 있고, 중국의 노동자는 가방 10개 또는 운동화 20켤레를 생산할 수 있다. 이러한 생산능력의 차이는 각 나라의 국내 교환 비율을 결정짓는데, 한국에서는 가방 10개가 운동화 15켤레와 교환되고, 중국에서는 가방 10개가 운동화 20켤레와 교환된다.

여기서 주목해야 할 점은 생산비용을 노동량으로 측정할 때, 생산비는 생산량의 역수가 된다는 것이다. 예를 들어, 한국에서 가방 1개를 만드는 데 필요한 노동비용은 1/10이고, 운동화 1켤레는 1/15이다. 중국의 경우 가방은 1/10, 운동화는 1/20의 노동비용이 든다. 이런 생산비 비교를 통해 한국은 가방 생산에서, 중국은 운동화 생산에서 비교우위를 가지고 있음을 알 수 있다.

두 나라가 무역을 시작할 때, 교역 조건은 반드시 각국의 국내 교환 비율 사이에서 결정되어야 한다. 즉, 가방 10개당 운동화 15켤레에서 20켤레 사이의 교환 비율이 되어야 한다. 이는 매우 중요한 의미를 갖는데, 만약 교역 조건이 이 범위를 벗어난다면 한쪽 국가는 무역을 통한 이익을 얻을 수 없게 된다. 예를 들어, 한국이 가방 10개로 운동화 20켤레를 받는다면 한국에게는 매우 유리하지만, 중국은 국내 교환 비율과 동일하므로 무역의 이점이 없어진다.

상호수요이론의 특별한 통찰은 교역 조건이 양국의 상호 수요에 의해 결정된다는 점이다. 한국은 가방 10개로 운동화 15켤레보다 많이 받을 수 있을 때만 무역에 참여할 것이고, 중국은 운동화 20켤레보다 적게 주고 가방 10개를 받을 수 있을 때만 무역에 참여할 것이다. 최종적인 교환 비율은 이러한 양국의 수요가 균형을 이루는 지점에서 결정된다.

이 이론이 가진 의의는 크게 두 가지이다. 첫째, 기존의 노동가치설로는 설명하기 어려웠던 국가 간 교환 비율을 상호수요라는 개념을 통해 명확하게 설명했다는 점이다. 둘째, 무역을 통해 각 국가가 얻을 수 있는 이익을 구체적으로 제시했다는 점이다.

하지만 상호수요이론에도 한계가 있다. 가장 큰 문제는 교역 조건이 상품의 진정한 '국제적 가치'를 제대로 반영하고 있는지 설명하지 못한다는 점이다. 또한 수요의 가격탄력성이나 다른 경제적 요인들이 교역 조건에 미치는 영향을 충분히 설명하지 못한다. 특히 현실에서는 이러한 요인들로 인해 교역 조건이 양국의 국내 교환 비율 범위를 벗어나는 경우도 있는데, 이론으로는 이를 설명하기 어렵다.

이러한 한계에도 불구하고, 상호수요이론은 국제무역에서 수요의 역할을 강조하고, 무역 이익의 발생 원리를 명확히 설명함으로써 국제무역이론 발전에 중요한 기여를 했다. 현대의 국제무역이론은 이를 기반으로 하여 더욱 복잡한 현실의 무역 현상을 설명하는 방향으로 발전해 왔다.

표 2-5 상호수요이론의 가정(노동 1단위당 생산할 수 있는 생산량의 국가 간 비교)

국가 \ 제품	가방	운동화
한국	노동1단위당 10개	노동1단위당 15개
중국	노동1단위당 10개	노동1단위당 20개

2. 근대적 무역이론

1) 핵셔-오린 정리

비교우위론은 국가 간 생산비용의 상대적 차이에 의해 무역이 발생한다고 주장하고 있지만, 국가마다 생산비용의 차이가 왜 발생하는지에 대해서는 설명하지 못하고 있다. 고전이론은 무역이 발생하는 원인이 생산비용의 차이에 있으며, 무역하지 않는 것보다 무역하는 것이 전체적으로 경제적 효용을 증가시킨다는 것을 실증적으로 증명한 데 의미가 있다. 그러나 결과적으로 무역이 발생하는 원인에 해당하는 생산비용의 차이가 어디서 오는지에 관해서는 설명하지 못한다는 한계가 있다. 스웨덴의 경제학자 헥셔(E. F. Heckscher)와 그의 제자인 오린(B. Ohlin)은 요소부존도(factor endowment)를 통해 비교생산비의 차이를 설명하고자 하였다. 국가마다 부존자원(endowed resources)의 양에 따라 재화를 생산할 때 투입하는 생산요소의 비율도 달라져서 생산비용의 차이가 발생한다고 주장하였다. 이들의 모형을 두 사람의 이름을 따서 헥셔-오린 정리(Heckscher-Ohlin theorem)라고 한다. 헥셔-오린 정리는 두 국가, 두 재화, 그리고 두 요소를 가정한 이론으로 노동이라는 하나의 요소만을 반영한 비교우위론과 달리 노동과 자본을 함께 고려하여 생산요소의 부존도가 비교우위를 결정한다고 주장한다. 헥셔-오린 정리의 가정은 다음과 같다. 먼저 두 국가의 재화시장과 생산요소시장은 모두 완전경쟁시장이다. 둘째, 두 국가의 요소부존도(factor endowment)는 다르다. 한 국가가 상대적으로 노동이 풍부한 국가라면 다른 국가는 자본이 풍부하다. 셋째, 두 국가의 생산요소는 동질적이며, 생산요소의 국가 간 이동은 없다. 다만 생산요소의 산업 간 이동은 자유롭다. 넷째, 거래비용이 발생하지 않는다. 다섯째, 두 국가의 생산기술은 동일하여 같은 재화에 대해 동일한 생산기술을 갖는다. 즉 생산기술의 차이는 발생하지 않는다. 여섯째, 두 재화의 요소집약도(factor intensity)는 다르다. 한 재화가 자본보다 노동을 더 많이 투입하여 생산하는 노동집약재라면 다른 재화는 노동보다 자본을 더 많이 투입하여 생산하는 자본집약재라고 할 수 있다. 헥셔-오린 정리는 요소부존이론(theory of factor endowment)과 요소가격균등화 정리(factor price equalization theorem)로 구분할 수 있다.

(1) 요소부존이론

헥셔-오린 제1 명제인 요소부존이론(theory of factor endowment)에 의하면 각국이 상대적으로 풍부한 생산요소를 더욱 집약적으로 사용하여 생산하는 재화에 비교우위가 있어 수출한다. 국가마다 요소부존도가 달라서 재화를 생산할 때 투입하는 생산요소의 비율도 다르게 된다. 한 국가가 상대적으로 풍부하게 가지고 있는 생산요소를 집중적으로 사용하는 재화가 다른 재화에 비하여 비교우위를 갖는다는 논리이다.

예를 들면, 인구가 많은 중국은 노동력이 풍부하기에 상대적으로 노동의 가격인 임금이 저렴하고 자본(달러 또는 금)이 상대적으로 부족하여 자본의 가격인 이자율이 높다고 할 수 있다. 그러므로 노동풍부국인 중국은 자본보다 노동의 가격이 상대적으로 낮기에 노동을 더 많이 사용하는 노동집약재 생산에 비교우위를 가지게 된다. 하지만 상대적으로 자본이 풍부한 미국의 경우 동일한 논리로 자본을 집약적으로 사용하는 자본집약재 생산에 비교우위를 갖는다. 결과적으로 노동풍부국인 중국은 노동집약재에 비교우위가 있어 수출하고, 자본풍부국인 미국은 자본집약재에 비교우위가 있어 수출하게 된다. 다만, 요소부존이론에서는 절대우위론이나 비교우위론과 달리 완전특화를 주장하지 않는다. 두 국가는 비교우위가 있는 재화에 특화하지만, 두 재화를 모두 생산하는 불완전특화를 한다. 완전특화(complete specialization)는 한 국가가 비교우위가 있는 상품 생산에만 모든 자원을 투입하는 것을 의미한다. 이 경우, 해당 국가는 비교열위에 있는 상품의 생산을 완전히 중단한다. 이론적으로는 가장 효율적인 자원 배분 방식이지만, 현실에서는 드물게 발생한다. 반면에 불완전특화(incomplete specilization)는 한 국가가 비교우위가 있는 상품의 생산에 더 많은 자원을 투입하지만, 비교열위에 있는 상품도 어느 정도 생산을 유지하는 것을 말한다. 이는 현실 세계에서 더 흔히 볼 수 있는 형태이다.

(2) 요소가격균등화 정리

요소가격균등화정리(핵셔-오린 제 2명제)는 요소부존이론에 의해 두 국가 사이에 비교우위가 있는 재화에 특화하여 서로 무역하면 자국 내 요소가격이 균등화될 수 있다고 주장한다. 즉 국가 간 생산요소의 이동은 불가능하지만, 재화의 이동만으로도 한 국가의 산업구조가 바뀌어서 마치 생산요소가 이동한 것과 같은 효과가 발생한다는 것이다. 양국 간 비교생산비의 차에 의해 무역이 이루어지면, 노동풍부국(노동가격↓, 자본가격↑)은 노동집약재 생산에 특화하여 "노동의 수요↑/자본의 수요↓⇒ 노동가격↑/자본가격↓⇒ 노동가격과 자본가격이 균등화"되는 현상이 나타나게 된다. 반면에 자본풍부국(노동가격↑/자본가격↓)은 자본집약재 생산에 특화하여 "자본수요↑/노동수요↓ ⇒ 자본가격↑/노동가격↓⇒ 노동가격과 자본가격이 균등화"되는 현상이 발생한다. 결국 생산요소가 직접 이동하지는 않지만, 무역만으로도 두 국가 간 생산요소의 가격이 같아지는 현상이 발생하는 것이다.

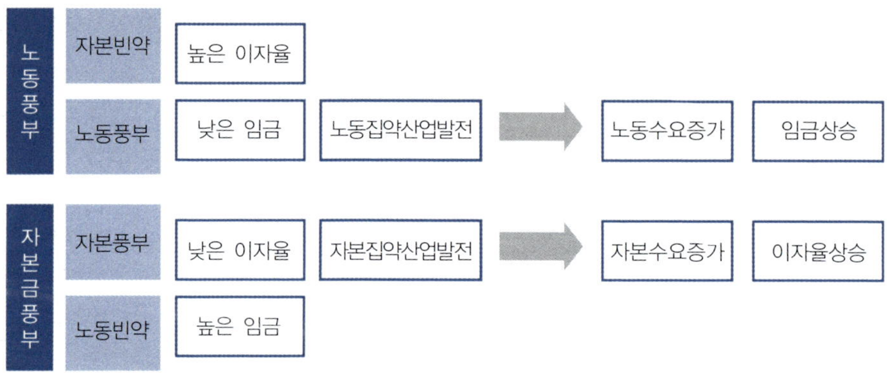

그림 **2-2 요소가격균등화정리**

2) 레온티에프의 역설

레온티에프 역설(Leontief Paradox)은 헥셔-오린 정리를 실증분석한 결과가 이론적 예측과는 반대로 도출된 것을 의미한다. 레온티에프 역설은 헥셔-오린 정리의 예측과 실제 무역 패턴 사이의 불일치를 보여주는 현상이다. 1953년 레온티에프는 1947년 미국의 산업연관표를 분석했고, 그 결과, 예상과 달리 미국이 노동집약적 상품을 수출하고 자본집약적 상품을 수입한다는 사실을 발견했다.

일반적으로 미국은 자본이 풍부한 국가로 여겨졌다. 요소부존이론에 따르면, 미국은 자본집약적 상품을 수출하고 노동집약적 상품을 수입해야 하는데, 레온티에프의 분석 결과는 이와 정반대였다.

레온티에프는 100만 달러어치의 수출품과 수입대체품을 생산하는 데 필요한 자본과 노동의 비율을 조사했다. 그 결과, 수출품 생산에는 노동자 1인당 13,991달러의 자본이, 수입대체품 생산에는 18,184달러의 자본이 필요했다. 이는 미국의 수출품이 수입품보다 더 노동집약적인 것을 의미한다.

이 결과에 대해 레온티에프는 미국 노동자의 생산성이 외국보다 3배 정도 높으므로 미국을 실질적인 노동풍부국으로 볼 수 있다고 해석했다. 그러나 이에 대한 반론도 제기되었고, 높은 노동생산성은 교육과 훈련에 대한 자본 투자의 결과이므로, 결국 미국은 자본풍부국이라는 주장이다. 다른 설명들도 제시되었는데, 미국 정부의 노동집약적 산업 보호 정책이 영향을 미쳤다는 견해, 자본과 노동 외에 천연자원 같은 제3의 요소를 고려해야 한다는 주장 등이 있다.

최근의 현상을 살펴보면, 기존에는 중국이 노동이 풍부한 국가로 여겨졌지만, 최근 고부가가치 기술 제품을 수출하고 있다. 동시에 농산물과 원자재 같은 노동집약적 상품의 수입이 증가하고 있다. 또한 인도는 노동력이 풍부한 국가이지만, 고도의 기술을 요구하는 정보 기술 서비스를 주로 수출하고 있고, 미국, 영국 등 선진국들이 금융, 컨설팅 등 고부가가치 서비스를 수출하고, 제조업 제품을 수입하는 패턴을 보인다. 이러한 현상들은 단순히 자본과 노동의 양으로만 국제무역을 설명하기 어렵다는 것을 보여준다. 현대 국제무역에는 기술, 인적 자본, 글로벌 가치사슬 등 다양한 요소가 영향을 미치고 있음을 알 수 있다.

레온티에프 역설에 대한 통일된 해석은 존재하지 않지만, 이 역설은 헥셔-오린 정리의 한계를 드러내고, 새로운 국제무역 이론 발전의 계기가 되었다는 점에서 중요한 의미가 있다.

3. 현대이론

1) 연구개발요소이론

연구개발요소이론(theory of research and development factor)은 한 국가의 무역

패턴이 연구개발, 즉 R&D에 의해 결정된다는 이론이다. 이 이론에서는 연구개발 종사자, 기술자, 숙련노동자, 그리고 기술력 등이 무역 패턴을 결정하는 요인이다. 이 이론은 그루버(W. D. Gruber), 메타(D. Metha), 버논(R. Vernon) 등 3인의 공동 연구와 키싱(D. B. Keesing)의 연구로 규명되었다. 연구개발요소이론은 현대 국제 무역 패턴을 설명하는 새로운 접근법이다. 이 이론에 따르면, 국가 간 무역은 각국의 연구개발 능력과 혁신 수준의 차이에 의해 크게 영향을 받는다. 즉, R&D 투자와 기술 혁신이 국제경쟁력을 결정짓는 핵심 요소라고 보는 것이다.

전통적인 요소부존이론만으로는 현대의 복잡한 무역 양상을 충분히 설명하기 어렵다는 인식에서 이 이론이 발전했다. 연구개발요소이론은 특히 R&D 집약도가 높은 산업에서 비교우위를 가진 국가가 해당 제품을 수출하게 된다고 주장한다.

이 이론의 중요한 특징 중 하나는 동태적 비교우위 개념으로서 기술 혁신을 통해 국가의 비교우위가 시간에 따라 변할 수 있다는 점을 설명한다. 또한 제품 수명주기 이론과도 연관되어, 신제품 개발부터 기술 확산 과정까지를 포괄적으로 다룬다.

연구개발요소이론은 정책적으로도 중요한 시사점을 갖는다. 국가의 R&D 투자와 혁신 정책의 중요성을 강조하며, 교육, 기술 개발, 지적재산권 보호 등의 정책이 무역 성과에 큰 영향을 미칠 수 있음을 시사한다. 그러나 이 이론에도 한계가 있는데, R&D 투자와 혁신의 결과를 정확히 측정하기 어렵다는 점, 그리고 자본, 노동, 천연자원 등 다른 요소의 영향을 상대적으로 적게 고려한다는 점이다.

연구개발요소이론은 특히 첨단 기술 산업이나 지식 집약적 산업의 국제무역 패턴을 설명하는 데 유용하다. 현대 경제에서 기술과 혁신의 중요성이 커짐에 따라, 이 이론의 중요성도 점점 더 커지고 있고, 이는 국제무역을 이해하고 예측하는 데 있어 기술과 혁신의 역할을 강조하는 중요한 관점을 제공한다.

2) 기술격차이론

기술격차이론(technological gap theory)은 1961년 포스너(M.V. Posner)에 의해 처음 소개되었으며 이후 1965년 후프바우어(G.C. Hufbauer)가 기술격차이론을 토대로 저임금 무역을 첨가하여 화학섬유 및 합성고무 사지 등 화학합성 원자재의 무역 패턴이 시간에 따라 어떻게 변화하고 이러한 변화에 영향을 미치는 요인이 무엇인지 규명하였다.

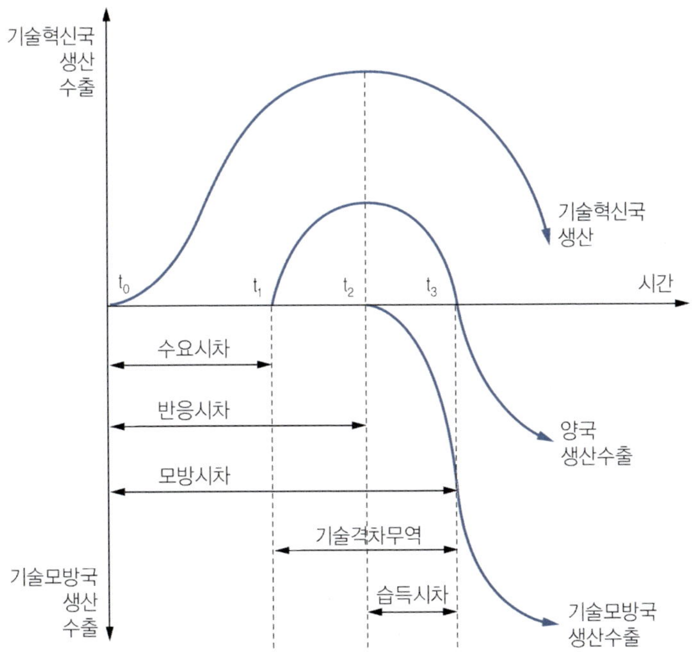

그림 2-3 기술격차이론

이 이론에 따르면, 새로운 기술이나 제품을 개발한 국가는 일시적으로 그 제품의 생산과 수출에서 독점적 우위를 갖게 된다. 그러나 이러한 기술적 우위는 시간이 지남에 따라 다른 국가가 그 기술을 모방하거나 새롭게 습득함으로써 점차 사라지게 된다. 기술격차이론은 국가 간 생산기술 상의 격차가 무역 발생의 원인이 되고 무역 패턴을 결정할 때도 지배적인 역할을 한다는 것을 밝혔다. 즉 선진공업국들이 생산기술을 혁신하여 기술격차가 발생하면 생산비용에서도 차이가 발생한다는 것이다. 기술선진국은 신제품과 신생산공정을 개발하여 상대국들과의 기술격차를 발생시키는데 이를 통해 신제품의 수출이 증가하고 세계 시장에서의 점유율도 높아진다는 논리이다. 이런 무역 패턴은 다른 나라가 해당 기술을 따라잡아 모방하거나 기술을 이전하게 될 때까지 계속된다. 기술격차이론은 기술 혁신과 모방의 과정이 지속해서 반복되면서 국제무역 패턴이 형성된다고 본다. 이는 특히 전자제품, 의약품, 첨단 소재 등 기술 혁신이 빠른 속도로 일어나는 산업에서 잘 적용된다.

수요시차는 기술혁신국의 자급자족 시간이다. 반응시차는 기술혁신국의 생산량과 수출량이 최대가 되는 시간으로 기술모방국에서는 신제품에 대한 모방과 생산이 시작된다. 반응시차가 수요시차보다 길기에 기술혁신국의 이익이 커진다. 습득시차는 기술모방국이 기술혁신국의 기술을 습득하여 생산하는 기간이다. 모방시차는 전체 기술의 이전과 모방이 발생하는 시간이다. 실제로 기술혁신국에서 기술모방국으로의 수출이 발생하는 시기는 기술격차무역 구간이다. 한편 t^3 시간 이후부터는 기술모방국의 저임금 무역으로 해외시장에서 상호경쟁과 함께 오히려 수출의 역전이 발생하는 구간이다.

기술격차이론은 국가나 기업이 경쟁력을 유지하기 위해서는 끊임없는 기술 혁신이 필요하다는 점을 강조한다. 또한, 기술의 확산 속도가 무역 패턴에 영향을 미치며, 확산이 빠를수록 독점적 우위 기간이 짧아진다는 점을 보여준다. 교육과 R&D 투자의 중요성도 드러나는데, 이는 새로운 기술을 개발하고 습득하는 능력이 국가의 경쟁력을 좌우하기 때문이다. 또한, 기술격차이론은 국가 간 비교우위가 고정된 것이 아니라 기술 혁신에 따라 변할 수 있다는 동태적 비교우위 개념을 제시는 전통적인 무역이론을 보완하는 중요한 관점이다. 그러나 모든 산업이나 제품에 동일하게 적용되기 어렵고, 기술 외의 다른 요소들(예: 자본, 노동, 천연자원 등)의 영향을 충분히 고려하지 않는다는 점이 한계점으로 지적된다.

기술격차이론은 현대 국제무역에서 기술 혁신의 역할을 강조하며, 특히 첨단 산업 분야의 무역 패턴을 이해하는 데 유용한 관점을 제공하며, 국가와 기업들이 지속적인 기술 혁신과 학습의 중요성을 인식하게 하고, 국제경쟁력 유지를 위한 전략 수립에 영향을 미치고 있다.

3) 대표적 수요이론

대표적 수요이론은 1961년 스웨덴의 경제학자 스타펜 린더(Staffan Linder)가 제시한 국제무역 이론으로서 이 이론은 기존의 공급 측면에 초점을 맞춘 무역이론들과 달리, 수요 측면에서 국제무역의 패턴을 설명하려 했다는 점에서 주목받았다. 소득 수준이 비슷하고 수요 패턴이 유사한 두 나라에서는 대체로 요소부존 비율이나 공업의 발전단계가 거의 유사한데 이러한 국가 간에는 무역이 발생할 가능성이 매우 낮다고 볼 수 있다. 하지만 이러한 상황에서 대표적 수요이론은 충분한 내수시장의 규모에 의해 비교우위가 발생하여 무역이 발생한다고 보았다. 한 나라의 공산품 수출의 구성은 결국 국내의 수요조건이라고 할 수 있는 거대한 내수시장에 달려 있다는 것이다. 다시 말해 어떤 공산품이 세계 시장에서 판매되기 전에 이미 국내에서 먼저 생산 및 판매되어야 하는데 국내에서 해당 공산품의 생산 및 판매가 이루어지기 위해서는 국내에서 그 상품에 대한 충분한 수요가 존재해야 한다는 것이다. 즉 어떤 재화의 국내시장 규모가 크다는 것은 수출을 위한 비교우위를 발생시킨다는 것을 의미한다. R&D, 생산능력, 시장 규모 등의 비교우위가 수출경쟁력으로 이어진다는 논리이다.

이 이론의 핵심 주장은 비슷한 소득 수준을 가진 국가 사이에서 제조업 제품의 교역이 더 활발하게 일어난다는 것이다. 이는 비슷한 소득 수준의 국가가 비슷한 소비 패턴과 선호도가 있을 가능성이 높기 때문이다. 예를 들어, 고소득 국가는 서로 간 고급 소비재를 활발히 거래하는 경향이 있다.

대표적 수요이론은 특히 차별화된 제조업 제품의 무역을 설명하는 데 유용하다. 이는 동일 산업 내에서도 국가 간 양방향 무역이 일어나는 현상, 즉 산업 내 무역을 설명하는 데 도움을 준다. 그러나 천연자원이나 농산물 같은 1차 산업 제품의 무역을 설명하는 데는 적합하지 않다거나, 또한, 생산요소의 차이나 기술격차 등 공급 측면의 요인들을 충분히 고려하지 않는다는 한계도 존재한다.

4) 제품수명주기이론

연구개발요소이론의 공동연구자였던 버논(R. Vernon)은 기술 발전이 어떻게 국가 간 비교우위와 무역구조를 결정하는 데 영향을 미치는가를 설명하기 위하여 신제품의 수명주기를 연구하여 제품수명주기이론을 발표하였다. 제품수명주기이론(product life cycle theory, PLC theory)은 시간에 따라 변화하는 기술 발전의 정도에 따라 국가 간 비교우위와 무역구조가 어떻게 변화하는지를 설명하고 있다. 국가 간 생산기술이 동일하고 변하지 않는다는 헥셔-오린 정리의 가정을 완화하여 기술개발요소를 통해 더욱 현실적인 무역 패턴을 설명하고 있다.

제품수명주기이론은 생물의 생애주기처럼 제품도 순환과정을 거치는데 도입기, 성장기, 성숙기 그리고 쇠퇴기를 거치며 매기마다 생산, 소비 및 무역구조가 다르게 결정된다고 주장하였다. 제품수명주기이론에 의하면 기술선진국과 기술후진국이 존재하는데 어떤 신제품이 기술선진국에서 개발되어 수출되기 시작하면 그 제품은 외국에서의 수요를 충족시키기 위해 완만하게 수출이 증가한다고 주장한다. 하지만 시간이 지나면서 기술선진국이 대량생산 체제를 갖추어 가격경쟁력까지 얻게 되면서 대량의 수출이 발생하게 된다. 그리고 신제품을 수입했던 후진국과 중진국 등에서 신제품을 대체할 수 있는 제품들이 출현하면서 수요가 급감하게 되고 결국 쇠퇴하게 된다는 것이다.

단계별로는 다음과 같은 흐름을 가지고 있다. 먼저 도입기 전에 신제품을 개발하여 해외수요자들에게 제품을 소개하면 완만한 수출이 발생한다. 이후 도입기에 들어서면 해당 제품이 시장에서 반향이 있을 때 대량생산을 통한 저가격 수출이 가능해지기 때문에 급격한 수출 증가로 이어진다. 이후 해당 제품이 성장기에 들어서면 수출 규모가 고정적으로 변하여 안정적인 수입이 발생하게 된다. 성숙기부터는 해당 제품에 대한 대체상품이 출현하여 원래 신제품을 출시하여 수출하였던 국가의 수출은 격감하게 되거나 오히려 다른 국가와의 경쟁에서 생산요소의 열위로 수출이 중단되게 된다. 쇠퇴기에 들어서면 모방상품이나 오히려 기존의 상품보다 더 나은 제품의 출현으로 해당 수요를 대체하게 된다.

5) 산업 내 무역이론

산업 내 무역이론은 그루버(H. G. Grubel)와 로이드(P. J. Lloyd)가 분석하여 주장한 이론으로서, 과거 무역이론의 엄격한 제한적 가정에서 탈피하여 무역에 필연적으로 수반되는 운송비, 저장비, 규모의 경제, 제품 차별화 등을 인정한다면 서로 다른 산업뿐만 아니라 동일한 산업 간 무역이 발생할 수 있다는 이론이다.

산업 내 무역이론은 1960년대 후반부터 발전한 현대 국제무역이론의 중요한 분야이다. 이 이론은 전통적인 무역이론으로는 충분히 설명하기 어려웠던 선진국 간 무역 패턴, 특히 동일 산업 내에서 유사한 제품들이 양방향으로 거래되는 현상을 설명하고자 등장했다.

이 이론의 핵심은 같은 산업 분류에 속하는 제품들이 국가 간 동시에 수출되고 수입되는 현상을 이해하는 것이다. 예를 들어, 한 국가가 특정 브랜드의 자동차를 수출하면서 동시에 다른 브랜드의 자동차를 수입하는 경우가 이에 해당한다. 이는 전통적인 비교우위 이론으로는 설명하기 어려운 현상으로, 새로운 이론적 틀이 있어야 했다.

산업 내 무역이론은 제품 차별화, 규모의 경제, 불완전 경쟁, 소비자 선호의 다양성, 그리고 운송비용의 감소 등을 주요 요인으로 제시하고, 이러한 요인들이 결합하여 같은 산업 내에서도 국가 간 무역이 활발히 일어날 수 있다고 설명한다.

제품 차별화는 기업들이 유사하지만 약간씩 다른 특성을 가진 제품을 생산함으로써 소비자의 다양한 선호를 충족시키는 전략을 의미한다. 이에 따라 소비자들은 국내 제품뿐만 아니라 수입 제품에도 관심 두게 된다.

규모의 경제(economies of scale)는 생산량이 증가함에 따라 평균 단위당 비용이 감소하는 현상을 말하는데, 기업들은 국내시장뿐만 아니라 해외시장에도 진출함으로써 더 큰 규모의 경제를 달성할 수 있게 된다. 기업의 총비용은 크게 고정비와 변동비로 구성된다. 고정비는 생산량의 변화와 관계없이 일정하게 발생하는 비용으로, 공장 임대료, 설비 투자비, 보험료 등이 포함된다. 반면 변동비는 생산량에 비례하여 변하는 비용으로, 원자재비, 직접 노무비 등이 해당한다. 규모의 경제는 생산량이 증가함에 따라 단위당 평균 비용이 감소하는 현상을 말한다. 이때 고정비가 중요한 역할을 한다. 생산량이 증가하면 총고정비용은 더 많은 생산 단위로 나누어지므로, 단위당 고정비용이 감소한다. 이는 평균 총비용의 감소로 이어져 규모의 경제를 발생시킨다. 예를 들어, 연간 고정비용이 1,000만 원인 공장에서 100개의 제품을 생산하면 제품당 고정비용은 10만 원이다. 그러나 생산량을 1,000개로 늘리면 제품당 고정비용은 1만 원으로 감소한다. 이처럼 고정비의 분산은 생산 규모가 커질수록 더 효과적으로 이루어진다. 그러나 규모의 경제는 무한정 지속되지 않는다. 일정 규모를 넘어서면 관리의 복잡성 증가, 조직의 비효율성 등으로 인해 새로운 형태의 고정비가 발생하거나 기존 고정비가 증가할 수 있다. 이는 결과적으로 규모의 불경제로 이어질 수 있다.

불완전 경쟁은 시장에 독점적 경쟁이나 과점 상태[1)]가 존재함을 의미한다. 이러한 상황에서 기업들은 제품 차별화를 통해 경쟁우위(competitive advantage)[2)]를

1) 독점적 경쟁 시장은 다수의 기업이 존재하며, 각 기업은 약간씩 차별화된 상품을 생산한다. 이 시장에서는 제품 차별화가 주요 특징이며, 기업들은 비슷하지만 동일하지 않은 제품을 제공한다. 반면에 과점 시장은 소수의 기업이 시장을 지배하는 구조로, 이들 기업은 동질적이거나 이질적인 상품을 생산할 수 있다

2) 경쟁우위란 기업이 경쟁사 대비 우월한 성과를 달성할 수 있게 하는 독특한 강점이나 조건을 말한다. 이는 고객에게 더 높은 가치를 제공하거나 더 낮은 비용으로 운영할 수 있는 능력으로 나타나며, 기업의 장기적 성공과 수익성에 핵심적인 역할을 한다.

확보하려 하며, 이는 산업 내 무역을 촉진한다.

소비자 선호의 다양성은 소비자들이 다양한 제품을 원한다는 것을 의미한다. 이에 따라 국내에서 생산되지 않는 해외 제품에 대한 수요가 발생하게 된다.

운송비용의 감소는 국제무역을 더욱 쉽게 만들어, 다양한 국가의 제품들이 경쟁할 수 있는 환경을 조성한다.

이 이론은 특히 선진국 간 무역, 그리고 제조업 분야에서 많이 관찰된다. 선진국들은 유사한 기술 수준과 소득 수준을 가지고 있어 비슷한 제품군을 생산하고 소비하는 경향이 있기 때문이다. 예를 들어, 자동차, 전자제품, 의약품 등의 산업에서 산업내 무역이 활발히 이루어지고 있다.

산업 내 무역이론의 중요한 의의는 무역 이익의 새로운 원천을 설명하고, 현실의 무역 패턴을 더 잘 이해할 수 있게 해준다는 점이다. 전통적인 비교우위 이론이 국가 간 요소부존도의 차이에 기반한 무역 이익을 설명했다면, 산업 내 무역이론은 제품 다양성 증가, 규모의 경제 실현 등을 통한 새로운 무역 이익을 설명한다.

또한, 이 이론은 무역 자유화가 특정 산업에 미치는 영향이 예상보다 작을 수 있다는 정책적 시사점도 제공한다. 산업내 무역이 활발한 경우, 무역 자유화로 인한 산업 구조조정의 필요성이 줄어들 수 있기 때문이다. 이는 무역정책 수립에 있어 중요한 고려사항이 될 수 있다. 그러나, 1차 산업이나 서비스 산업의 무역, 그리고 개발도상국과 선진국 간 무역을 설명하는 데는 제한적일 수 있어 이러한 분야에서는 여전히 전통적인 비교우위 이론이 더 적합할 수 있다.

결론적으로, 산업 내 무역이론은 현대 국제무역의 복잡한 패턴을 이해하는 데 중요한 통찰을 제공한. 이는 전통적인 비교우위 이론을 보완하며, 특히 선진국 간 제조업 무역을 설명하는 데 유용한 도구가 되고 있다.

CHAPTER

03

무역의 국제질서와 동향

■ 학습목표

1. 무역정책의 개념을 이해한다.
2. 세계화와 자유무역에 대한 역사적 흐름을 이해한다.
3. 무역의 측면에서 경제통합을 이해한다.

1. 무역정책

1) 무역정책 개요

무역관리는 현대 국가 경제 운영의 필수적 요소로 자리 잡았다. 대다수 국가는 국민경제에 대한 무역의 영향력을 고려하여 체계적인 무역관리 체제를 구축하고 있다. 이러한 무역관리 체제의 근간이 바로 국가의 무역정책이다.

무역정책은 국가 차원의 무역 전략 및 전술로 정의될 수 있으며, 이는 광범위한 경제정책의 하나로 기능한다. 무역정책의 주요 목표로는 국내산업 보호, 국제수지 개선, 국내고용 증대, 국내 물가안정, 자원의 효율적 배분, 국가 경제성장 촉진 등이다.

이러한 목표들은 상호 연관되어 있으며, 각국의 경제 상황과 발전단계에 따라 그 우선순위가 달라질 수 있다. 따라서 무역정책은 국가의 전반적인 경제 전략과 밀접하게 연계되어 수립되고 실행되어야 한다.

(1) 국내산업 보호

많은 국가는 자국의 산업을 보호하기 위해 보호무역정책을 실시하고 있다. 이는 새로운 산업이나 쇠퇴하는 산업뿐만 아니라, 이미 경쟁력 있는 산업도 포함된다. 국가가 이런 정책을 펴는 주된 이유는 자국 기업들이 국제 경쟁에서 불리해져 시장을 외국 기업에 빼앗기는 것을 막기 위해서이다. 이는 결국 국가 전체의 경쟁력 약화로 이어질 수 있기 때문이다.

이를 막기 위해 정부는 주로 관세장벽과 비관세장벽이라는 두 가지 방법을 사용하는데, 세계 시장에서 이미 강한 경쟁력을 가진 산업들도 이러한 보호를 받아 경쟁우위를 유지하려고 한다.

하지만 이런 보호무역정책들은 1995년 1월 1일에 출범한 세계무역기구(WTO)

의 기본 원칙들과 충돌하는데, WTO의 주요 원칙들은 최혜국대우, 내국민대우, 시장접근보장, 투명성 원칙 등이다. 최혜국대우원칙은 WTO 회원국이 어떤 국가에 부여하는 무역 특혜를 모든 회원국에 동일하게 적용해야 한다는 것이다. 즉, 한 국가가 특정 국가에 제공하는 가장 유리한 대우를 다른 모든 WTO 회원국에도 차별 없이 제공해야 한다. 이는 국가 간 차별을 방지하고 공정한 무역 환경을 조성하는 데 기여한다. 내국민대우 원칙은 수입된 상품이나 서비스를 국내 상품이나 서비스와 동등하게 대우해야 한다는 것이다. 일단 관세를 지급하고 국내에 들어온 외국 상품에 대해서는 자국 상품과 동일한 대우를 해야 하며, 추가적인 세금이나 기타 부담을 부과해서는 안 된다. 이 원칙은 국내시장의 공정한 경쟁을 보장한다. 시장접근보장 원칙은 회원국들이 자국 시장에 대한 외국 상품과 서비스의 접근을 점진적으로 자유화해야 한다는 것이다. 이는 관세 인하, 수입 쿼터 폐지, 기타 무역장벽 제거 등을 통해 이루어진다. 시장접근보장은 국제무역의 확대와 경제적 효율성 증대를 목표로 한다. 투명성 원칙은 회원국들이 자국의 무역 관련 법규, 정책, 관행을 공개하고 명확히 해야 한다는 것이다. 이는 무역정책의 예측 가능성을 높이고, 다른 회원국들이 이해관계가 있는 정책 변화에 대해 의견을 제시하는 기회를 제공한다. 투명성은 무역분쟁을 예방하고 국제무역 체제의 안정성을 증진하는 데 중요한 역할을 한다. 이러한 원칙들은 모든 나라를 공평하게 대우하고, 국내외 기업을 차별하지 않으며, 시장 진입을 보장하고, 거래를 투명하게 하자는 의미를 담고 있다.

따라서 WTO 출범 이후, 각국은 직접적인 보호 정책 대신 자국 산업의 경쟁력을 높이는 방식으로 정책 방향을 바꾸고 있다. 이렇게 하면 WTO 규정을 준수하면서도 자국 산업을 지원할 수 있기 때문이고, 이러한 변화는 세계 무역 환경이 더욱 공정하고 개방적으로 발전하는 데 기여하고 있다.

(2) 국제수지 개선

국제수지란 한 국가와 다른 국가 사이의 모든 경제적 거래를 기록한 통계이다. 이는 상품 거래, 서비스 거래, 투자 등을 모두 포함하고, 국가 간 거래로 인한 돈의 흐름을 보여주는 중요한 지표이다.

국제수지의 핵심은 외화(주로 달러화)나 금과 같은 국제적으로 통용되는 화폐의 유출입이 한 나라의 경제에 큰 영향을 미친다는 점이다. 예를 들어, 외화가 많이 들어오면 그 나라의 경제력이 강해지고, 반대로 외화가 많이 나가면 경제력이 약해질 수 있다. 이 때문에 많은 국가는 국제수지를 개선하기 위해 다양한 무역정책을 실시한다. 무역에서 수출은 외화를 벌어들이고, 수입은 외화를 쓰는 활동이기에, 대부분의 무역정책은 수출을 늘리고 수입을 줄이는 방향으로 이루어진다. 이를 통해 국가는 더 많은 외화를 벌어들이고 적게 쓰려고 노력하며, 결과적으로 국제수지 흑자를 달성하고자 한다.

국제수지 흑자[1]란 한 나라가 벌어들인 돈이 쓴 돈보다 많은 상태를 말하는 것으로, 이는 대체로 경제가 건강하다는 신호로 여겨지지만, 지나치게 큰 흑자나 적자는 국제 경제 관계에서 문제를 일으킬 수 있다.

(3) 국내고용 증대

수출이 확대되면 국내 산업 발전과 고용 증가로 이어지는 경향이 있다. 기업들이 해외시장에 더 많은 제품을 팔게 되면서 생산량을 늘리고, 이에 따라 더 많은 노동력이 필요해지기 때문이다.

고용 문제는 경제의 핵심 동력 중 하나로, 정치, 경제, 사회 전반에 큰 영향을

1) 흑자(黑字)는 회계 및 경제 분야에서 사용되는 용어로, 옛날 회계사들은 장부를 기록할 때 수입과 지출을 다른 색으로 표시했는데, 흑색(검정색)은 수입이나 이익을 나타냈고 적색(빨간색)은 지출이나 손실을 나타냈다. 수입이 지출보다 많은 상태, 즉 이익이 발생한 상태를 '흑자'라고 불렀고, 반대로 손실이 발생한 상태를 '적자'라고 불렀다. 현재는 실제로 장부에 색을 사용하지 않더라도, 여전히 '흑자'와 '적자'라는 용어를 사용하여 재무 상태를 표현한다.

미친다. 실업률이 높으면 개인의 소득이 줄어들고, 소비가 감소하며, 사회 불안이 커질 수 있다. 이런 이유로 고용 증대는 무역정책의 주요 목표 중 하나가 된다.

경제학에서는 보통 실업률이 3~5% 수준일 때를 '완전고용' 상태로 본다. 이는 마찰적 실업(직장 이동 등으로 인한 일시적 실업)을 고려한 수치다. 실업률이 이 수준을 넘어서면 '불완전고용' 상태가 되는데, 이는 경제가 가용 자원을 효율적으로 활용하지 못하고 있음을 의미한다.

불완전고용 상태가 지속되면 여러 문제가 발생할 수 있다. 경제적 측면에서는 생산력 저하와 경제성장 둔화, 정치적 측면에서는 정부에 대한 불신 증가, 정치적 불안정 그리고 사회적 측면에서는 빈부 격차 확대, 범죄율 증가 등이 발생한다.

이러한 이유로 정부는 무역정책을 수립할 때 국내 고용 증대를 중요한 목표로 설정한다. 예를 들어, 수출 산업 지원, 해외 투자 유치, 무역 협정 체결 등을 통해 일자리 창출을 도모한다. 또한 수입 규제를 통해 국내 산업과 일자리를 보호하려는 정책을 펼치기도 한다.

(4) 국내 물가안정

수출의 증가와 수입의 증가는 각각 국제수지의 개선과 악화를 수반한다. 결과적으로 수출이 늘어나게 되면 국내로 외화가 유입되어 국내 물가가 상승하는 경향이 있다. 일반적으로 외화의 국내 유입이 늘어나게 되면(외환보유고 증가) 이를 국내에서 사용하기 위해 은행에서 원화로 바꾸게 되며, 이때 그만큼의 통화가 시중에 풀려나고 통화량이 증가하게 된다. 반대로 수입이 증가하는 경우 물가가 하락하는 경향이 있다.

국내 물가의 상승과 하락은 결과적으로 해외시장에서의 가격경쟁력을 좌지우지하게 된다. 따라서 물가안정을 위해서는 수출과 수입의 균형을 잘 맞추어야 한다. 아울러 수출입을 통한 국내 물가의 안정화 외에도 원유가격 상승, 국제원자재 가격 상승 그리고 국제금리 인상 및 환율 인상 등은 수입가격과 국내 물가상승에 영향을 미치게 되므로 이러한 해외 요인 역시 무역정책에 참작되어야 한다.

(5) 자원의 효율적 배분

세계의 자원은 한정되어 있고 지역마다 고르게 분포하지 않았다. 어떤 나라는 특정 자원이 풍부하지만, 다른 나라는 그 자원이 부족할 수 있다. 이런 상황에서 무역이론은 국가 간 자원 교환의 이점을 설명한다.

각 나라가 자국에 풍부한 자원을 활용해 만든 제품을 수출하고, 반대로 자국에 부족한 자원으로 만든 제품을 다른 나라에서 수입하면 어떻게 될까? 이렇게 하면 전 세계적으로 자원을 더 효율적으로 사용할 수 있게 된다. 예를 들어, 석유가 풍부한 나라는 석유 관련 제품을 수출하고, 기술력이 뛰어난 나라는 첨단 기기를 수출하는 식이다.

이러한 방식으로 국가 간 자원을 효율적으로 배분하면 여러 가지 긍정적인 효과가 나타난다. 우선, 자유무역 체제가 강화된다. 국가가 서로의 필요에 따라 자유롭게 물건을 사고팔 수 있게 되기 때문이다. 또한 국제적인 분업 체제도 확립된다. 각 나라가 잘할 수 있는 분야에 집중하게 되어 전체적인 생산성이 높아지는 것이다. 결론적으로, 국가 간 자원의 차이를 인식하고 이를 바탕으로 한 무역은 세계 경제를 더욱 효율적으로 만들고 국가 간 협력을 증진하는 중요한 수단이 된다.

(6) 경제성장

경제성장이란 무엇일까? 이는 한 나라의 경제 규모가 커지는 현상을 말한다. 구체적으로, 자본과 기술을 바탕으로 산업 분야에서 더 많은 물건과 서비스를 생산하게 되고, 이에 따라 국민의 소득도 함께 늘어나는 것을 의미한다.

하지만 모든 나라가 처음부터 풍부한 자원을 가진 것은 아니다. 자원이 부족한 나라들은 어떻게 할까? 이런 나라들은 국내 정책만으로는 경제성장에 필요한 투자자금을 마련하거나 새로운 기술을 개발하는 데 한계가 있다. 그래서 이런 나라들은 다른 방법을 찾는다. 바로 대외 무역정책이다. 예를 들어, 외국의 자본을 유치하는 정책, 환율을 조절하는 정책, 수출을 늘리는 정책 등을 활용한다. 이러한 정책들을 통해 경제성장의 발판을 마련할 수 있다.

경제가 성장하면 어떤 좋은 점이 있을까? 앞서 말한 것처럼, 새로운 일자리가 생기고 국제 거래에서 벌어들이는 돈이 늘어나는 등 여러 가지 긍정적인 효과가 나타난다. 이렇게 경제성장은 다양한 경제 현상들과 밀접하게 연결되어 있다.

2) 무역의 패러다임

패러다임(paradigm) 또는 사조(思潮)란 특정 시대의 사람들이 세상을 바라보는 기본적인 틀이다. 이는 그 시대 사람들의 생각과 관점을 근본적으로 형성하는 체계라고 할 수 있다. 이 개념은 미국의 과학사학자이자 철학자인 토마스 쿤(Thomas Kuhn)의 저서 『과학혁명의 구조(1962)』에서 처음 제시했다. 쿤은 과학의 발전이 점진적이고 연속적인 과정이 아니라, 기존의 패러다임이 새로운 패러다임으로 급격히 대체되는 '패러다임의 전환'을 통해 이루어진다고 주장했다.[2)]

무역 분야에서도 여러 가지 패러다임이 존재해 왔다. 과거부터 현재까지 다양한 무역 관련 패러다임이 등장했고, 앞으로도 새로운 패러다임이 계속 나타날 것이다. 이러한 무역 패러다임은 주로 각 시대의 무역정책을 통해 구체화 되었다.

지금까지 나타난 주요 무역 패러다임은 중상주의, 자유무역주의, 보호무역주의, 다자주의, 그리고 지역주의로 분류할 수 있다. 예를 들어, 중상주의는 16~18세기에 유럽에서 지배적이었던 경제사상으로, 국가의 부를 금과 은 같은 귀금속의 보유량으로 측정하고 수출을 장려하며 수입을 제한하는 정책을 추구했다. 반면, 자유무역주의는 19세기 영국을 중심으로 발전한 사상으로, 국가 간 무역장벽

2) Kuhn, T. S. (1962). The Structure of Scientific Revolutions. Chicago: University of Chicago Press.

을 낮추고 자유로운 무역을 통해 모든 참여국이 이익을 얻을 수 있다고 주장했다.

이러한 패러다임들은 각 시대의 경제적, 정치적 상황을 반영하며 발전해 왔다. 그러나 무역 환경은 계속 변화하고 있으므로, 앞으로 새로운 무역 사조나 패러다임이 등장할 가능성이 있다. 이는 글로벌 경제 상황, 기술 발전, 국제 관계 등 다양한 요인에 의해 영향을 받을 것이다. 마치 쿤이 과학에서의 패러다임 전환을 설명했듯이, 무역 분야에서도 기존의 패러다임을 뒤엎는 새로운 사고방식과 정책이 등장할 수 있다.

(1) 중상주의

중상주의(mercantilism)는 15세기 말부터 18세기 중반까지 유럽에서 지배적이었던 경제사상으로, 국가의 부를 귀금속, 특히 금과 은의 양으로 측정했다. 이 사상은 시간이 지남에 따라 발전을 거듭했는데, 초기에는 단순히 금과 은을 직접적으로 축적하는 데 집중했다. 당시 정부는 귀금속의 채굴과 수입을 장려하는 동시에 수출을 엄격히 금지했다.

그러나 점차 무역을 통해 금과 은을 획득할 수 있다는 사실을 깨닫게 되면서, 중상주의 정책은 더욱 정교해졌다. 이에 따라 '무역차액정책'이 등장했는데, 이는 상품 무역을 통해 금과 은을 얻는 방식이었다. 이 정책의 목표는 수출액을 수입액보다 크게 만드는 것이었으며, 정부는 수출을 장려하고 수입을 제한하는 정책을 펼쳤다. 나아가 중상주의는 국내 산업 보호 정책으로도 발전했다. 국내 산업을 보호하고 육성하면 더 많은 상품을 수출할 수 있고, 결과적으로 더 많은 부를 축적할 수 있다고 여겼기 때문이다.

유럽의 주요 국가는 각자의 방식으로 중상주의를 실천했다. 스페인은 초기 중상주의의 대표적인 예로, 콜럼버스(Christopher Columbus)의 신대륙 발견 이후 아메리카 대륙에서 막대한 양의 금과 은을 획득했다. 이를 통해 스페인은 일시적으로 유럽에서 가장 부유한 국가가 되었지만, 단순한 귀금속 축적만으로는 지속적인 경제 발전을 이루지 못했다.

영국은 중상주의를 가장 성공적으로 실행한 국가 중 하나였다. 엘리자베스 1세 시대부터 시작된 영국의 중상주의 정책은 해외 무역과 식민지 확장을 통해 국력을 키웠다. 특히 1651년의 항해조례는 영국 선박만이 영국과 그 식민지 간 무역을 할 수 있도록 규정함으로써 네덜란드의 해상 무역을 견제하고 영국의 해상력을 강화했다. 1651년의 영국 항해조례는 올리버 크롬웰(Oliver Cromwell)이 실권을 잡고 있던 영국 공화국 정부가 공포한 중요한 법률로서, 이 조례의 목적은 네덜란드 상인에 의한 중계무역을 제거하고 영국의 해운업과 상공업 발전을 촉진하는 것이었다. 주요 규정을 살펴보면, 첫째, 오직 영국 또는 영국 식민지의 배만이 영국 식민지로 상품을 운송할 수 있다. 둘째, 영국인(식민지 주민 포함) 선원이 최소 절반 이상 승선해야 한다. 셋째, 담배, 설탕, 직물 등 주요 상품은 오직 영국으로만 판매할 수 있다. 마지막으로 식민지로 향하는 모든 상품은 영국을 경유해야 하며 수입관세를 납부해야 한다. 이 조례는 영국의 무역을 영국 선박으로 제한함으로써 네덜란드의 중계무역에 타격을 주었고, 영국 해운업과 상공업 발전에 기여했다. 그러나 이 항해조례는 1652년 영국-네덜란드 전쟁을 일으켰고, 후에 1775년 미국 독립전쟁의 한 원인이 되기도 했다.

프랑스의 중상주의는 루이 14세의 재상이었던 콜베르의 이름을 따서 '콜베르주의(Colbertism)'라고도 불렸다. 17세기 프랑스의 재무장관 장바티스트 콜베르(Jean-Baptiste Colbert)는 국내 산업, 특히 사치품 제조업을 적극적으로 육성했으며, 수입을 제한하고 수출을 장려하는 정책을 펼쳤다.

네덜란드는 다른 국가와 달리 엄격한 중상주의 정책을 따르지 않았지만, 뛰어난 해상 무역 능력을 바탕으로 17세기에 유럽 경제의 중심지가 되었다.

중상주의 정책은 각국의 식민지 확장으로 이어졌고, 이는 세계 경제의 판도를 크게 바꾸었다. 그러나 동시에 식민지국에는 큰 고통을 안겨주었다. 또한 중상주의는 국가 간 경쟁을 심화시켜 종종 전쟁으로 이어졌다. 예를 들어, 영국과 네덜란드 사이의 일련의 영란전쟁[3]들은 무역 패권을 둘러싼 갈등에서 비롯되었다.

결국 중상주의는 18세기 후반 아담 스미스와 같은 경제학자들의 비판을 받게 되었다. 그들은 자유무역이 모든 국가에 이익이 된다고 주장했고, 이는 후에 고전 경제학의 기초가 되었다. 그러나 중상주의의 영향은 오늘날까지도 남아 있어, 현대의 보호무역주의 정책에서 그 흔적을 찾아볼 수 있다. 이처럼 중상주의는 단순한 귀금속 축적 정책에서 시작해 복잡한 무역정책과 산업 보호 정책으로 발전했으며, 국가가 경제에 강력하게 개입하는 보호무역주의 시대를 열었다.

(2) 자유무역주의

자유무역주의는 국가가 기업의 국제 활동에 개입하지 않고, 각 나라가 자국의 경쟁력 있는 상품을 가지고 자유롭게 경쟁하며 무역하는 체제를 말한다. 이러한 자유무역주의 사상은 18세기 후반부터 19세기 중반 사이에 산업혁명의 결과로 영국에서 본격적으로 발전하기 시작했다. 당시 영국의 경제학자 아담 스미스를 중심으로 이전의 중상주의 무역정책을 비판하고, 자유로운 무역이 모든 참여국에 이익이 된다는 주장이 제기되었다.

아담 스미스는 중상주의와는 다른 관점에서 국가의 부를 바라보았다. 그는 국부가 단순히 화폐나 귀금속의 양이 아니라, 그것으로 살 수 있는 재화의 양이라고 주장했다. 또한 스미스는 분업을 통해 재화의 생산량을 늘릴 수 있다고 보았다. 이는 국제무역에서도 적용되어, 각 국가가 비교우위를 가진 상품 생산에 특화함으로써 전체적인 생산성과 부가 증가할 수 있다고 주장했다. 자유무역주의는 크게 국제분업론, 자유경쟁론 그리고 소비자이익론과 같은 세 가지 주요 이론으로 설명할 수 있다. 국제분업론은 각 국가가 자신의 강점을 가진 상품 생산에 집중하

3) 영란전쟁(영국-네덜란드 전쟁)은 17세기와 18세기에 걸쳐 네덜란드 공화국과 잉글랜드 왕국(후에 영국)이 대서양의 제해권을 두고 벌인 일련의 전쟁이다. 네덜란드의 다른 명칭이 화란(和蘭)이라서 영란전쟁이라고도 불린다.

면 전체적인 생산성이 향상된다는 이론이다. 자유경쟁론은 시장에서의 자유로운 경쟁이 경제 발전을 촉진한다는 주장이다. 이는 기업들이 혁신을 통해 효율성을 높이고 소비자에게 더 나은 제품을 제공하게 만든다. 마지막으로 소비자이익론은 자유무역은 소비자들에게 다양한 선택권과 저렴한 가격을 제공한다는 이론이다. 수입 장벽이 낮아지면 소비자들은 더 많은 옵션 중에서 선택할 수 있게 된다.

그러나 자유무역주의가 모든 국가에서 동시에 받아들여진 것은 아니었다. 19세기 중반, 영국이 선진국으로서 자유무역을 옹호하고 있을 때, 미국과 독일 같은 국가는 여전히 자국 산업을 보호하기 위해 보호무역정책을 유지했다. 이는 각 국가의 경제 발전단계와 산업구조의 차이에서 비롯된 것으로 볼 수 있다.

이러한 역사적 맥락에서 "사다리 걷어차기" 이론이 등장했다. 이 이론은 영국 런던대학교의 경제학과 교수인 장하준 교수의 이론으로 그는 개발경제학과 제도경제학 분야에서 저명한 학자이다. 그의 『Kicking Away the Ladder: Development Strategy in Historical Perspective(2002)』 책에서 이 이론을 제시했는데, 장하준 교수는 이 책에서 현재의 선진국들이 과거에 사용했던 경제 발전 전략과 현재 개발도상국들에 권고하는 정책 사이의 차이를 지적했다. 그는 역사적 증거를 통해 많은 선진국이 자국 산업을 보호하고 육성하는 정책을 통해 경제 발전을 이룩한 후, 후발국에는 자유무역과 시장 개방을 요구하는 모순을 비판했다.

이 이론에 따르면, 선진국들은 자신들이 경제 발전을 이루는 데 사용했던 '사다리'(보호무역정책)를 걷어차고 자유무역을 주장함으로써, 후발 개발도상국들이 같은 방식으로 발전하는 것을 어렵게 만들었다는 것이다. 이는 자유무역이 항상 모든 국가에 이익이 되는 것은 아니며, 각 국가의 발전단계와 산업의 구조에 따라 다른 무역정책이 필요할 수 있다는 점을 시사한다.

(3) 보호무역주의

보호무역주의(protectionism)는 19세기 중반 이후 경제 발전이 뒤처진 국가에서 주목받기 시작했다. 특히, 당시 신생 독립국인 미국과 유럽의 후진국이었던 독일 같은 나라들이 자국 산업을 보호해야 한다는 필요성을 느끼면서 이 개념이 널리 퍼졌다.

보호주의의 핵심 아이디어는 정부가 국제무역, 국내 산업, 그리고 고용 문제에 적극적으로 개입해야 한다는 것이다. 이는 자유로운 시장 경제와는 대조되는 개념이라고 할 수 있다.

이 이론을 주도한 대표적인 인물로는 미국의 초대 재무장관인 알렉산더 해밀턴(A. Hamilton)과 독일의 경제학자 프리드리히 리스트(F. List)[4)]가 있다.

해밀턴은 '공업보호론(theory of industrial protection)'을 주장했다. 그의 논리는 당시 미국의 산업은 영국이나 프랑스에 비해 많이 뒤처져 있었지만, 정부가 적극적으로 지원하자 생산량이 늘어나고 국민소득도 증가했다는 것이다. 해밀턴은 이를 위해 보호관세를 매기거나, 특정 상품의 수출입을 금지하거나, 기업에 보조금이나 장려금을 주는 등의 정책을 제안했다.

한편 리스트는 '유치산업보호론(infant industry argument)'을 내놓았다. 그의 주장에 따르면 경제 발전 단계에서 뒤처진 산업들은 당장은 경쟁력이 없을 수 있다. 하지만 이들을 잘 보호하고 육성한다면 나중에 성장할 가능성이 있다. 따라서 이런 산업들을 지원해야 한다는 것이다.

리스트의 이론은 보호무역정책 중에서도 가장 논리적인 것으로 평가받는다. 하지만 이 이론에도 한계는 있다. 어떤 산업을 '유치산업'으로 볼 것인지, 또 언제까지 보호해야 할지를 정확히 결정하기가 어렵다는 점이다.

---

4) 해밀턴은 18세기 후반에서 19세기 초반에 활동했고, 리스트는 19세기 전반에 활동했다. 해밀턴의 사상이 리스트에 앞서 등장했으며, 리스트는 해밀턴의 아이디어를 알고 있었을 가능성이 높다. 리스트는 미국에 체류하는 동안 해밀턴의 사상을 접했을 가능성이 크다. 그는 해밀턴의 아이디어를 발전시켜 더 체계적인 이론으로 발전시켰다고 볼 수 있다.

이런 보호무역정책들은 오늘날에도 여전히 논란의 대상이 되고 있다. 일부 국가는 자국 산업을 보호하기 위해 이런 정책들을 사용하지만, 다른 한편으로는 자유무역을 통해 더 큰 경제적 이익을 얻을 수 있다는 주장도 있다. 결국 각 국가의 상황과 정책 목표에 따라 적절한 접근법을 선택해야 할 것이다.

(4) 신보호무역주의

제2차 세계대전 이후, 세계 경제는 큰 변화를 겪었다. 전쟁으로 인한 파괴를 극복하고 경제를 재건하기 위해 각국은 협력의 필요성을 느꼈다. 이러한 배경에서 1947년 23개국이 모여 '관세와 무역에 관한 일반협정(GATT)'을 체결했다. GATT의 주요 목표는 관세를 낮추고 무역장벽을 제거함으로써 국제무역을 자유화하는 것이었다. 이를 통해 각국은 비교우위에 따른 생산과 무역으로 경제적 이익을 얻을 수 있을 것으로 기대했다.

GATT 체제하에서 세계 무역은 빠르게 확대되었고, 이는 세계 경제성장의 원동력이 되었다. 특히 1950년대와 1960년대에는 "황금시대"라 불릴 만큼 높은 경제성장률을 기록했다. 이 시기 동안 선진국들은 평균 5% 이상의 경제성장률을 유지했고, 개발도상국들도 빠른 속도로 성장했다.

그러나 1970년대에 들어서면서 상황이 급변했다. 1973년과 1979년 두 차례에 걸친 석유파동으로 인해 원유 가격이 급등했고, 이는 세계 경제에 큰 충격을 주었다. 석유 의존도가 높았던 선진국들은 경기 침체와 인플레이션이 동시에 발생하는 현상인 스태그플레이션(stagflation)에 시달렸다. 실업률이 증가하고 경제성장률이 둔화하면서, 각국 정부는 자국 산업과 일자리를 보호해야 한다는 압박을 받게 되었다.

이러한 상황에서 보호무역주의가 다시 대두되었는데, 특히 미국이 이를 주도했다. 미국은 1970년대 후반부터 1980년대에 걸쳐 심각한 경기 침체를 겪었고, 특히 제조업 분야에서 국제경쟁력이 약화하고 있었다. 일본과 신흥공업국들의 부상으로 미국의 무역적자가 급증했고, 이에 대응하기 위해 미국은 다양한 보호무역 정책을 폈다.

이때 등장한 신보호무역주의는 과거의 보호무역주의와는 몇 가지 중요한 차이점이 있었다. 첫째, 과거의 보호무역주의가 주로 개발도상국들이 자국의 유치산업을 보호하기 위해 실시했다면, 신보호무역주의는 선진국들이 주도했다. 특히 미국, 유럽연합 등이 중심이 되었다. 둘째, 19세기 말의 보호무역주의는 성장 가능성이 있는 초기 산업을 보호하기 위한 것이었다. 반면 신보호무역주의는 한때 경쟁력이 있었지만, 이제는 쇠퇴하고 있는 산업(예: 미국의 철강산업, 자동차 산업 등)을 보호하려는 목적이 강했다. 셋째, 과거에는 주로 관세를 통해 자국 산업을 보호했다. 그러나 GATT 체제하에서 관세율이 크게 낮아졌기 때문에, 신보호무역주의는 비관세장벽을 주로 활용했다. 대표적인 비관세장벽으로는 수입쿼터, 자발적 수출제한(VER), 기술 규제, 위생 및 검역조치, 반덤핑관세, 상계관세 등이 있다. 넷째, 신보호무역주의는 특정 산업에 집중되는 경향이 있었다. 특히 노동집약적인 산업(예: 섬유, 의류)이나 전략적으로 중요한 산업(예: 자동차, 반도체)이 주요 대상이 되었다. 다섯째, 신보호무역주의는 종종 강한 정치적 성격을 띠었다. 노동조합의 압박, 지역구 의원들의 이해관계 등이 보호무역정책 결정에 큰 영향을 미쳤다.

신보호무역주의의 등장은 세계 무역 질서에 큰 도전이 되었다. GATT 체제가 지향했던 자유무역의 이상과는 배치되는 이러한 움직임은 국제무역 분쟁을 증가시켰고, 결국 1986년부터 1994년까지 우루과이라운드 협상이 진행되는 계기가 되었다. 이 협상의 결과로 세계무역기구(WTO)가 출범하게 되었고, WTO는 더 강력한 분쟁 해결 메커니즘을 통해 보호무역주의에 대응하고자 했다.

그러나 신보호무역주의의 영향은 현재까지도 지속되고 있다. 2008년 글로벌 금융위기 이후, 그리고 최근의 미국과 중국의 무역 갈등 등에서 볼 수 있듯이, 경제적 어려움이나 국제 정세의 변화에 따라 보호무역주의적 경향은 언제든 다시 강화될 수 있다. 이는 세계 경제의 통합과 자유무역 체제의 발전에 지속적인 과제로 남아 있다.

(5) 다자주의

20세기 초 제2차 세계대전이 끝난 후, 전쟁에서 승리한 연합국들은 새로운 세계 질서를 만들어야 할 필요성을 느꼈다. 이전에는 각 나라가 자국의 산업을 보호하기 위해 높은 관세를 매기는 등의 보호무역정책을 펼쳤는데, 이에 따라 국가 간 무역이 줄어드는 문제가 있었다. 연합국을 중심으로 여러 나라들은 이런 문제를 해결하고 자유로운 무역을 촉진하기 위해 새로운 국제 경제 기구를 만들고자 했다.

이러한 배경에서 세 가지 주요 국제기구의 설립이 논의되었다. 첫째는 국제통화기금(IMF)으로, 이는 국제 금융 시스템의 안정을 도모하는 역할을 한다. 둘째는 국제부흥개발은행(IBRD)으로, 현재 세계은행의 전신이며 개발도상국의 경제 발전을 지원하는 역할을 한다. 셋째는 국제무역기구(ITO)였다.

그러나 IMF와 IBRD는 설립되었지만, ITO는 각국의 경제 상황이 너무 달라서 합의를 이루기 어려웠다. 그 대신 좀 더 유연한 형태의 '관세와 무역에 관한 일반협정(GATT)'이 만들어졌다. GATT는 법적 구속력이 강한 기구는 아니었지만, 여러 나라가 함께 참여하는 다자간 협정이었다.

여기서 '다자주의(multilateralism)'란 여러 국가가 함께 협력하여 국제적인 경제 규칙을 만들고, 이를 통해 무역을 자유화하고 확대하며, 통화 가치를 안정시키려는 경제적 사고방식을 말한다. GATT는 이러한 다자주의 정신을 바탕으로, 국가 간 관세와 비관세장벽을 점진적으로 낮추고 없애는 데 큰 역할을 했다. 이에 따라 세계 무역은 크게 확대되었다.

시간이 지나면서 세계 경제가 더욱 커지고 무역 대상이 다양해짐에 따라, 1995년에는 GATT를 대체하는 새로운 국제기구인 세계무역기구(WTO)가 설립되었다.

WTO는 GATT의 정신을 이어받아 더욱더 체계적이고 강력한 국제무역 규범을 만들고 관리하는 역할을 하고 있다.

(6) 지역주의

지역주의(regionalism)는 특정 지역의 여러 국가가 경제 분야에서 긴밀히 협력하는 체제를 말한다. 이 국가는 무역, 통화, 산업, 금융 등의 분야에서 협정을 맺고 하나의 큰 경제 블록을 형성한다. 이렇게 형성된 경제 블록 내에서는 상품과 서비스가 자유롭게 이동할 수 있고, 회원국들은 금융과 통화 정책에서도 서로 협력한다.

지역주의는 관세와 무역에 관한 일반협정(GATT)이 시작된 후, 여러 시행착오를 겪으면서 다자주의의 대안으로 떠올랐다. 특히 세계무역기구(WTO)가 출범한 이후에 지역주의는 더욱 확대되었다. 왜 지역주의가 필요했을까? GATT와 WTO로 대표되는 다자주의 체제는 전 세계 국가의 관세와 비관세장벽을 낮추는 것을 목표로 한다. 하지만 이 과정에는 많은 시간과 비용이 든다. 또한 모든 국가의 이해관계를 조정하는 데에도 여러 가지 어려움이 있다.

이러한 한계를 극복하기 위해 지역주의가 대안으로 떠올랐다. 지역주의는 주로 지역무역협정(Regional Trade Agreement, RTA)의 형태로 나타난다. RTA는 양자 간 혹은 소수의 국가 사이에 맺어지는 협정으로, GATT 체제하에서도 존재했고 WTO 출범 이후에도 계속해서 확대되고 있다. 지역무역협정의 의미는 결국 다자주의가 추구하는 목표, 즉 세계 무역의 자유화를 달성하는 데 더 효율적인 방법이 될 수 있다는 것이다. 지역 단위의 협력을 통해 점진적으로 무역장벽을 낮추고, 이를 바탕으로 전 세계적인 무역 자유화로 나아갈 수 있기 때문이다.

2. 세계화 그리고 자유무역

1) 관세와 무역에 관한 일반협정(GATT)

지금의 세계 경제는 세계화와 반세계화 경향이 동시에 존재하는 복잡한 양상을 보인다. 이는 경제적 통합과 국가별 독자성 유지 사이의 균형을 찾으려는 노력의 결과라고 볼 수 있다. 세계를 하나의 경제 단위로 통합할 것인지, 아니면 각국의 경제적, 문화적 정체성을 보존하면서 발전을 추구할 것인지에 대한 논쟁은 여전히 진행 중이다.

역사적으로 살펴보면, 세계 경제 체제는 중세 시대의 중상주의에서 시작하여 큰 변화를 겪어왔다. 중상주의는 국가의 부를 금과 은과 같은 귀금속의 보유량으로 측정하고, 수출을 장려하고 수입을 제한하는 정책을 펼쳤다. 이후 보호무역주의가 등장했는데, 이는 자국 산업을 보호하기 위해 관세와 같은 무역장벽을 높이는 정책이다. 보호무역주의는 제2차 세계대전의 원인 중 하나로 지목되기도 했다.

제2차 세계대전 이후, 국제 사회는 보호무역주의의 폐해를 인식하고 이를 극복하기 위한 노력을 시작했다. 그 결과로 1947년 관세와 무역에 관한 일반협정(GATT)이 탄생했다. GATT는 자유무역을 촉진하고 무역장벽을 낮추는 것을 목표로 하는 국제 협정이었다.

GATT는 국제조약이었지만, 법적으로 설립된 기구는 아니었다는 점에 주목할 필요가 있다. 이는 GATT가 가진 한계점 중 하나였다. GATT에 서명한 국가는 높은 관세장벽을 낮추고 자유무역을 확대하는 데 동의했지만, 이를 강제할 수 있는 법적 구속력은 부족했다.

GATT 체제가 시작된 1947년에는 23개국만이 참여했으나, 약 50년이 지난 2000년대에 이르러서는 참여국 수가 135개국으로 많이 증가했다. 이는 GATT의 영향력이 전 세계적으로 확대되었음을 보여준다. GATT는 다자간 무역 협상을 통해 의사결정을 진행했는데, 이는 모든 참여국의 이해관계를 고려하려는 노력의 일환이었다.

GATT의 주요 목적은 관세, 수입제한, 그리고 기타 무역장벽들을 완화하고 철폐하는 것이었다. 초기에는 주로 관세 인하에 초점을 맞추었다. 관세는 수입품에 부과되는 세금으로, 이를 낮추면 국가 간 무역이 활성화될 수 있다. 이후에는 수입쿼터와 같은 비관세장벽의 완화에도 주력했다. 비관세장벽은 관세 이외의 방법으로 수입을 제한하는 모든 조치를 말한다.

GATT의 핵심 원칙 중 하나는 무차별대우 원칙이다. 이는 최혜국대우라고도 불리는데, 모든 회원국을 동등하게 대우해야 한다는 원칙이다. 예를 들어, 한 국가가 특정 국가의 상품에 대해 관세를 낮춘다면, 다른 모든 회원국의 동일한 상품에 대해서도 같은 혜택을 주어야 한다. 또한 이 원칙은 국내 상품과 수입 상품 간 차별을 금지한다. 이는 공정한 경쟁 환경을 조성하고 국제무역을 촉진하는 데 중요한 역할을 했다.

그러나 GATT는 법적 기구가 아닌 일반협정에 불과했기 때문에 여러 한계점을 가지고 있었다. 특히 세계 경제가 불황에 빠졌을 때 이러한 한계가 두드러졌다. 경제 위기 시에 많은 국가가 자국 산업을 보호하기 위해 보호무역정책을 펼치려는 경향이 있는데, GATT는 이를 효과적으로 규제할 수 있는 법적 권한이 부족했다. 또한 선진국들이 개발도상국에 대해 불공정한 무역 압박을 가하는 때에도 이를 제재하거나 규제할 수 있는 실질적인 수단이 부족했다.

이러한 GATT의 한계를 극복하고 자유무역을 더욱 체계적으로 확산시키기 위해, 국제사회는 법적 구속력을 갖춘 새로운 국제 무역기구의 필요성을 인식하게 되었다. 이러한 배경에서 1986년부터 1994년까지 진행된 우루과이라운드 협상을 통해 세계무역기구(WTO)의 설립이 합의되었고, 1995년 1월 1일 WTO가 공식 출범하게 되었다.

WTO는 사실상 제2차 세계대전 직후 구상되었던 국제무역기구(ITO)의 현대적 구현이라고 볼 수 있다. 당시 국제 사회는 국제통화기금(IMF), 국제부흥개발은행(IBRD, 현 세계은행)과 함께 세계 경제의 세 축을 담당할 ITO를 설립하려 했으나, 미국 의회의 반대로 무산되었다. 결과적으로 ITO의 구상은 약 50년이 지난 후에야 WTO라는 형태로 실현된 것이다.

GATT 체제에서 세계 각국은 자국의 경제 상황과 이해관계를 고려하면서도 점진적으로 무역 자유화를 추진해 왔다. 이러한 노력의 결과로 GATT가 유지되는 동안 세계 무역량은 연평균 8.2%라는 높은 성장률을 기록했다. 이는 자유무역이 세계 경제성장에 크게 기여했음을 보여주는 증거라고 할 수 있다.

결론적으로, 현대 세계 경제는 GATT에서 WTO로 이어지는 자유무역 체제의 발전 과정에서 형성되어 왔다. 그러나 동시에 각국의 경제적 이해관계와 정체성 보존 욕구로 인한 반세계화 움직임도 공존하고 있다. 이러한 복잡한 상황 속에서 국제 사회는 지속해서 균형점을 찾아가는 노력을 계속하고 있으며, 이는 앞으로의 세계 경제 질서 형성에 큰 영향을 미칠 것이다.

표 3-1 GATT 협상

1차 라운드	1947 Geneva(제네바) 23개국 / 관세인하협상(품목별 인하)
2차 라운드	1949 Annecy(앙시) 13개국 / 관세인하협상(품목별 인하)
3차 라운드	1950~1951 Torquay(토르퀘이) 38개국 / 관세인하협상(품목별 인하)
4차 라운드	1955~1956 Geneva(제네바) 26개국 / 관세인하협상(품목별 인하)
5차 라운드	1960~1961 제네바, 딜론라운드 26개국 / 관세인하협상(품목별 인하)
6차 라운드	1964~1967 제네바, 케네디라운드 62개국 / 관세 및 반덤핑 협상(일괄 인하)
7차 라운드	1973~1979 제네바, 도쿄라운드 102개국 / 관세 및 비관세협상(비관세장벽 철폐)
8차 라운드	1986~1993 제네바, 우루과이라운드 123개국 / 관세, 비관세, 서비스, 지적재산권, 분쟁 해결, 섬유, 농업으로 협상분야 확대, WTO 창설(NTBs 5년 내 철폐, 예외 없는 관세화, 무세품목 등장)

2) 세계무역기구(WTO)

(1) 세계무역기구(WTO) 개요

세계무역기구(World Trade Organization, WTO)는 1995년 1월 1일에 출범했다.

이는 1945년 4월부터 시작된 우루과이라운드 협상의 결과물이다. WTO의 주요 목적은 다자주의 무역 규범을 기반으로 무역 자유화를 추진하여 세계 경제 발전을 도모하는 것이다.

WTO의 핵심 원칙은 상호 호혜적인 약정을 통해 관세와 기타 무역장벽을 실질적으로 없애고, 국제무역의 차별 대우를 폐지하는 것이다. 이를 위해 WTO는 법인격을 갖춘 국제기구로 설립되었으며, 모든 회원국을 구속할 수 있는 다자간 규범을 제정할 권한을 가지고 있다.

WTO 회원국들은 무역 활동 시 WTO 규정을 반드시 준수해야 한다. 만약 이를 위반할 경우, WTO는 사법적 제재를 가할 수 있는 권한을 가지고 있어 실질적인 국제법의 효력을 발휘한다. 대부분의 회원국에서 WTO 규범은 국내 비준 절차를 거쳐 국내법과 동등하거나 그 이상의 효력을 갖게 된다.

WTO 출범 이후 첫 각료회의는 1996년 싱가포르에서 열렸다. 이 회의에서는 다자무역체제의 우위를 재확인하고, 지역협정과 WTO 규범 간 상호 보완성 및 일치성을 보장하기로 했다. 또한 최빈개도국을 지원하기 위해 자발적인 무관세 혜택을 제공하는 실행계획을 채택했다.

2차 각료회의에서는 광범위한 무역 자유화를 주제로 정기적인 회합을 갖기로 했고, 3차 각료회의에서 향후 협상의 범위와 방식을 결정하기로 했다. 이 회의에서는 전자상거래 활성화를 위해 온라인으로 거래되는 무형물에 대해 일정 기간 관세 부과를 유예하는 선언도 채택했다.

3차 각료회의에서는 의제의 광범위함과 회원국 간 갈등으로 인해 다자간 무역 협상이 결렬되었다. 4차 각료회의에서는 도하개발아젠다(DDA)가 출범했는데, 이는 농업, 공산품, 서비스, 반덤핑, 보조금, 투자, 경쟁정책, 무역 원활화, 정부조달 투명성, 환경 등 광범위한 의제를 일괄타결방식으로 다루고자 했다. 그러나 선진국과 개도국 간 갈등으로 인해 2005년까지로 예정되었던 협상 종료는 지연되었다.

5차 각료회의에서는 이전의 경험을 토대로 의제를 좁혀 투자, 경쟁정책, 무역 원활화, 정부조달 투명성 등 '싱가포르 이슈'라 불리는 4개 의제에 집중했다. 그러나 이후 협상에서도 큰 진전은 없었다.

2001년에 시작된 도하라운드는 2008년 포괄적 합의를 포기하고 부문별 협상으로 전환했다. 2011년 8차 각료회의에서는 합의 가능한 분야를 우선 협상하는 조기수확방식[5]을 채택했고, 2013년 9차 각료회의에서는 무역 원활화 조치 등에 대한 부분적 합의를 이뤄냈다.

그러나 세계화에 대한 반대 여론과 DDA 협상 진행 방식을 둘러싼 선진국과 개도국 간 견해차로 인해 갈등이 지속되었다. 10차 각료회의에서는 새로운 형태의 실용적 다자주의 필요성을 인식했지만, 결과적으로 WTO를 통한 다자주의적 접근의 한계를 드러내는 계기가 되었다.

표 3-2 WTO 각료회의

1차 각료회의	1996 Singapore(싱가포르) 최빈개도국 지원 실행계획
2차 각료회의	1998 Geneva(제네바) 전자상거래 비관세 채택
3차 각료회의	1999 Seattle(시애틀) 협상 결렬
4차 각료회의	2001 Doha(도하) 뉴라운드협상(DDA) 출범
5차 각료회의	2003 Canc n(칸쿤) 협상 결렬
6차 각료회의	2005 Hong Kong(홍콩) 최빈개도국 무관세 및 무쿼터원칙 합의
7차 각료회의	2009 Geneva(제네바) 전자상거래 비과세 유예연장
8차 각료회의	2011 Geneva(제네바) 조기수혹 협상 모색
9차 각료회의	2013 Bali(발리) 무역원활화 협정 합의
10차 각료회의	2015 Nairobi(나이로비) 정보기술협정 확대협상 타결
11차 각료회의	2017 Buenos Aires(부에노스 아이레스) 농업, 수산보조금, 무역구제, 전자상거래, 중소기업
12차 각료회의	2022 Kazakhstan(카자흐스탄) 팬데믹 대응, 농업, 수산보조금, 전자상거래 모라토리엄 연장
13차 각료회의	2024 UAE(아랍에미리트) 전자상거래 모라토리엄, 수산보조금, 농업, WTO 개혁, 서비스 국내 규제, 개발을 위한 투자원활화, 무역과 환경
14차 각료회	2026 Cameroon(카메룬) 예정

5) 조기수확(early harvest) 방식은 무역 협상이나 국제 협상에서 사용되는 전략으로, 합의가 쉬운 분야부터 먼저 협상하여 성과를 내는 방식을 말한다.

(2) WTO의 기본구조와 원칙

세계무역기구(World Trade Organization, WTO) 체제는 관세와 무역에 관한 일반협정(General Agreement on Tariffs and Trade, GATT)의 마지막 협상인 우루과이라운드 협정을 토대로 만들어졌다. 현재 WTO는 추가적인 작업을 진행하고 있으며, 앞으로 논의할 핵심 분야들은 우루과이라운드 협상 이후 새롭게 시작된 것들이라고 볼 수 있다.

우루과이라운드 다자무역협상의 결과로 나온 법적 문서는 매우 방대하다. 이 문서에는 60여 개가 넘는 협정과 부속서, 결정 및 양해가 포함되어 있다. 이 많은 협정은 크게 여섯 가지 주요 분야로 나눌 수 있다. 먼저 WTO 설립에 관한 총괄 협정이 있고, 그다음으로 WTO가 다루는 세 가지 무역 분야인 상품, 서비스, 지적재산권에 대한 협정들이 있다. 마지막으로 분쟁 해결과 무역정책 검토에 관한 협정이 있다.

상품, 서비스, 지적재산권에 대한 기본 원칙은 각각 다른 협정으로 구분되어 있다. 상품 무역에 대해서는 GATT, 서비스 무역에 대해서는 서비스 무역에 관한 일반협정(General Agreement on Trade in Services, GATS), 그리고 지적재산권에 대해서는 무역관련지적재산권에 관한 협정(Trade-Related Aspects of Intellectual Property Rights, TRIPS)이 적용된다. WTO는 과거 GATT가 가지고 있던 물품 무역에 대한 경험과 지식을 그대로 이어받았다. 동시에 새롭게 합의되는 사안들은 GATT보다 우선 적용되는 구조로 되어 있다.

한편, 국가를 정의하는 일은 생각보다 복잡하다. 여러 기준에 따라 국가의 수가 다르게 정의되기 때문이다. 예를 들어, 국제표준화기구(International Organization for Standardization, ISO)에서는 249개의 국가 코드를 부여하고 있는데, 이는 주권국가뿐만 아니라 거의 독립적인 속령, 해외 식민지, 무인도, 심지어 남극대륙까지도 개별 국가로 포함하고 있기 때문이다. 반면 국제축구연맹(FIFA)은 211개, 국제올림픽위원회(IOC)는 206개, 국제연합(UN)은 193개(바티칸 시티와 팔레스타인을 포함하면 195개)의 국가를 인정하고 있다. 분쟁지역까지 포함하면 그 수는 200개를 넘어간다. WTO의 규범은 사실상 전 세계 대부분의 국가에 적용되는 다자간 범세계규범이라고 할 수 있다. 이 규범의 주요 기본 원칙으로는 최혜국대우(Most Favored Nation, MFN), 내국민대우(National Treatment, NT), 시장접근보장, 그리고 투명성의 원칙이 있다.

최혜국대우원칙은 한 국가가 어떤 국가에 부여한 무역 혜택을 다른 모든 국가에도 똑같이 부여해야 한다는 것이다. 내국민대우 원칙은 수입품을 국산품과 동등하게 대우해야 한다는 것이다. 시장접근보장 원칙은 관세나 조세를 제외한 다른 모든 무역 제한을 철폐해야 한다는 것이다. 마지막으로 투명성 원칙은 무역과 관련된 모든 결정과 규정이 투명하고 예측할 수 있어야 한다는 것이다. 그러나 자유무역협정(Free Trade Agreement, FTA)은 이러한 WTO의 기본 원칙, 특히 최혜국대우원칙과 모순되는 면이 있다. FTA는 협정을 맺은 국가끼리 특별한 혜택을 주고받기 때문이다. 이러한 모순을 해결하기 위해 GATT 제24조에서는 최혜국대우의 예외를 규정하여 FTA를 인정하고 있다. 또한, 한 FTA 협상에서 적용된 최혜국대우가 다른 양자협상에 자동으로 적용되지는 않는다는 점도 중요하다.

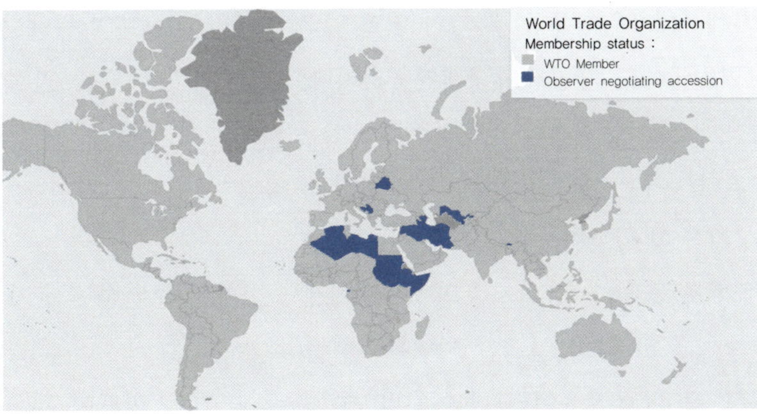

그림 3-1 WTO 가입국 현황

출처: WTO(2019), World Trade Statistical Review.

(3) 지역무역협정

세계무역에서 다자주의는 여러 국가가 함께 국제무역 문제를 해결하기 위해 노력하는 방식이다. 이를 위해 세계적인 기구를 만들고 공통된 규칙을 정한다. 대표적인 예로 세계무역기구(World Trade Organization, WTO)가 있다. WTO는 1995년 1월 1일에 설립되어 국제무역 규범을 관리하고, 무역 협상을 진행하며, 무역 분쟁을 해결하는 역할을 한다. 이 기구는 2024년 기준 164개 회원국으로 구성되어 있으며, 전 세계 무역의 98%를 차지한다.

한편 양자주의는 두 나라 간 무역 문제를 다룬다. 이는 보다 직접적이고 신속한 협상이 가능하다는 장점이 있지만, 글로벌 무역 시스템의 복잡성을 증가시킬 수 있다는 단점도 있다. WTO는 자유무역을 확대하고 무역장벽을 없애는 것을 중요하게 여긴다. 그래서 다자주의 원칙을 따르고 양자주의나 지역주의가 퍼지는 것을 막으려고 한다. 이는 모든 회원국에 동등한 무역 조건을 제공하고, 글로벌 경제의 안정성을 높이기 위함이다.

하지만 WTO가 무조건 지역주의를 반대하는 것은 아니다. 관세와 무역에 관한 일반협정(General Agreement on Tariffs and Trade, GATT) 제24조를 보면, 자유무역지대나 관세동맹이 만들어질 때 WTO의 기본 원칙인 최혜국대우의 예외를 인정한다. 최혜국대우원칙은 한 국가가 어떤 나라에 제공하는 무역 특혜를 다른 모든 WTO 회원국에도 제공해야 한다는 것이다. 다만 이런 예외를 인정받으려면 기존의 무역장벽을 낮추거나 없애야 하고, 다른 나라들에 대해 더 엄격한 규제를 하면 안 된다. 이는 지역 통합이 전반적인 무역의 자유화에 기여해야 한다는 WTO의 상황을 반영한다.

이런 예외 조항과 함께, 다자주의 WTO 체제의 한계를 보완하면서 자유무역을 추진하는 방법으로 앞서 언급한 지역무역협정(Regional Trade Agreement, RTA)이 주목받고 있다. 이는 여러 나라들이 모여 무역 블록을 만드는 것으로, 지역 통합의 한 형태다. RTA는 참여국 간 무역장벽을 낮추고 경제협력을 강화하는 것을 목표로 한다. 실제로 발효된 RTA 중 90% 이상이 자유무역협정(FTA) 형식이다. FTA는 참여국 간 관세를 철폐하거나 낮추는 것이 주요 내용이지만, 최근에는 서비스, 투자, 지적재산권 등 다양한 분야를 포함하는 포괄적인 협정으로 발전하고 있다.

WTO의 RTA 정보 시스템은 서비스와 상품에 대한 RTA를 따로 집계한다. 그래서 실제 체결된 RTA 수와 WTO 규칙에 따라 집계된 RTA 수가 다를 수 있다. 예를 들어, 하나의 RTA에 서비스와 상품 분야가 모두 포함되면 WTO 집계에서는 2건으로 계산되지만, 실제로는 1건의 협정이다. 이러한 집계 방식은 RTA의 범위와 복잡성을 더 정확히 반영하기 위한 것이다.

2018년까지 누적된 RTA는 WTO 집계로 468건, 실제로는 292건이었다. 2019년에 상품과 서비스 각각 2건씩 RTA가 체결되어 WTO 집계는 4건이 늘어 472건이 되었고, 실제 협정 수는 2건 늘어 294건이 되었다. 이러한 증가 추세는 국가가 점점 더 지역 경제통합에 관심이 있음을 보여준다. RTA는 참여국에 더 큰 시장 접근성, 규모의 경제, 투자 유치 등의 이점을 제공한다.

RTA는 내용보다는 표현에 따라 다양한 이름으로 불린다. RTA가 가장 흔히 쓰이는 표현이지만, 경제동반협정(Economic Partnership Agreement, EPA), 포괄적경제동반자협정(Comprehensive Economic Partnership Agreement, CEPA), 포괄적경제협력협정(Comprehensive Economic Cooperation Agreement, CECA), 전략적경제보완협정(Strategic Economic Complementation Agreement, SECA) 등 다양한 명칭이 사용된다. 이러한 다양한 명칭은 각 협정의 특성과 참여국들의 정치적, 경제적 목표를 반영한다.

예를 들어, EPA는 일본이 주로 사용하는 용어로, 무역 자유화뿐만 아니라 경제협력까지 포함하는 광범위한 협정을 의미한다. CEPA와 CECA는 주로 인도가 사용하는 용어로, 상품 무역 외에도 서비스, 투자, 경제협력 등을 포함하는 포괄적인 협정을 지칭한다. SECA는 상대적으로 덜 사용되는 용어로, 특정 경제 분야에서의 전략적 협력을 강조하는 협정을 의미한다.

이러한 다양한 형태의 RTA는 글로벌 무역 환경의 복잡성을 증가시키는 한편, 각국의 특수한 경제적 필요와 목표를 반영할 수 있는 유연성을 제공한다. 그러나 이는 동시에 WTO의 다자간 무역 체제에 도전이 될 수 있으며, '스파게티보울(spaghetti bowl)' 효과라고 불리는 복잡한 무역 규칙의 네트워크를 만들 수 있다. 다수의 FTA가 복잡하게 얽혀 있는 상황을 스파게티 그릇에 비유한 용어이다. 따라서 WTO와 개별 국가는 RTA의 확산과 다자간 무역 체제의 조화를 위해 지속해서 노력하고 있다.

표 3-3 다양한 지역무역협정(RTA) 용어

영문명칭	한글명칭
FTA(Free Trade Agreement)	자유무역협정
EPA(Economic Partnership Agreement)	경제동반협정
CEPA(Comprehensive Economic Partnership Agreement)	포괄적경제동반자협정
CECA(Comprehensive Economic Cooperation Agreement)	포괄적경제협력협정
SECA(Strategic Economic Complementation Agreement)	전략적경제보완협정

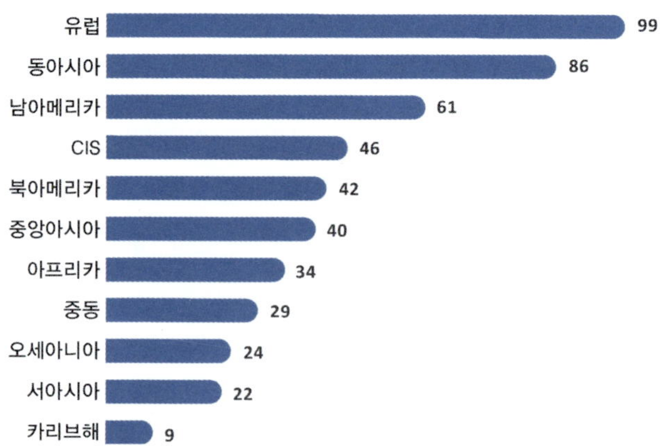

그림 3-2 주요 권역별 지역무역협정(RTA) 체결현황

출처: WTO(2019). World Trade Statistical Review

3. 경제통합

1) 경제통합의 단계와 형태

(1) 경제통합의 시작

제2차 세계대전 이후 자유무역지역, 관세동맹과 같은 지역경제 통합을 결성하려는 움직임이 활발하게 일어났다. 다시 말해 그 이전에는 국가가 통합한다는 측면의 경제통합 활동은 없었다. 이후 세계는 관세와 무역에 관한 일반협정(GATT)과 세계무역기구(WTO)를 통해 자유무역이 확대되면서 국가 간 경제통합을 통해 공통으로 추구하는 목적은 가맹국 간 무역 자유화이며, 나아가 경제통합을 통해 더욱 효율적인 경제활동을 추구하고자 한다.

(2) 경제통합의 형태

벨라 발라사(Bela Balassa)는 헝가리 출신의 경제학자로, 1960년대에 경제통합에 관한 이론을 체계화했다. 그의 이론은 지금까지도 경제통합을 이해하는 데 중요한 틀로 사용되고 있다. 그는 경제통합을 "2개 이상의 독립국이 각자의 상황을 초월하여 각종 차별을 무너뜨리면서 관계를 맺는 것"으로 정의했다. 여기서 차별이란 관세, 재화와 생산요소의 이동에 대한 제약 등을 말한다. 이는 단순히 국가 간 경제적 장벽을 없애는 것을 넘어, 더 깊은 수준의 경제적 결합을 의미한다.

발라사는 경제통합을 단순한 협력과 구분했다. 협력이 단순히 무역조건을 개선하는 것이라면, 통합은 국가를 하나의 경제 단위로 묶는 것을 의미한다. 이는 경제통합이 협력보다 더 깊고 광범위한 과정임을 강조한 것이다.

발라사는 경제통합이 5단계를 거쳐 이루어진다고 주장했다. 각 단계는 차별 해소와 통합의 정도에 따라 구분된다. 이 단계별 접근은 경제통합의 과정을 체계적으로 이해할 수 있게 해준다.

1단계는 자유무역지역(Free Trade Area)이다. 이 단계에서 참여국들은 서로 간의 관세와 수량제한을 없앤다. 하지만 비참여국에 대해서는 각자의 관세 정책을 유지한다. 북미자유무역협정(NAFTA)이나 유럽자유무역연합(EFTA)이 대표적인 예다. 실제로는 자유무역협정(FTA)을 통해 구현되므로, 보통 FTA를 경제통합의 첫 단계로 본다. 이 단계에서는 참여국 간 무역이 활성화되지만, 비참여국에 대한 정책은 각국이 독자적으로 결정할 수 있다.

2단계는 관세동맹(Customs Union)이다. 관세동맹은 자유무역지역보다 한 단계 더 나아간 형태다. 참여국 간 상품 이동의 차별을 없애고 관세를 폐지하거나 낮춘다. 더 나아가 비참여국에 대해서는 공통 관세를 부과하는 게 특징이다. 19세기 독일 관세동맹(Zollverein)이나 베네룩스 관세동맹이 대표적인 예시다. 이 단계에서는 참여국들이 대외 무역정책에서 일정 부분 주권을 포기하고 공동 정책을 취하게 된다.

3단계는 공동시장(Common Market)이다. 공동시장은 관세동맹보다 더 진전된 형태다. 상품뿐 아니라 노동, 자본 같은 생산요소의 자유로운 이동도 가능해진다. 즉, 참여국 간 노동자들이 자유롭게 일자리를 구할 수 있고, 기업들이 자유롭게 투자할 수 있는 환경이 조성된다. 유럽경제공동체(EEC)나 중미공동시장(CACM) 등이 이에 해당한다. 이 단계에서는 경제적 통합이 더욱 심화하며, 참여국 간 경제적 장벽이 대부분 제거된다.

4단계는 경제동맹(Economic Union)이다. 경제동맹은 공동시장에서 더 나가 참여국들의 경제정책을 조정한다. 재정, 금융, 노동 정책 등을 맞춰가는 것이다. 이는 단순히 시장을 통합하는 것을 넘어, 경제 운영의 근간이 되는 정책들을 조화시키는 것을 의미한다. 베네룩스 경제동맹이 그 사례다. 이 단계에서는 참여국들의 경제정책이 상당 부분 동조화되며, 이는 더 깊은 경제적 통합으로 이어진다.

5단계는 완전경제통합(Complete Economic Integration)이다. 이는 발라사가 제시한 경제통합의 최종 단계다. 초국가적 기구가 만들어져 참여국들의 경제정책을 통제하게 된다. 통화, 재정, 사회 정책 등이 완전히 통합되며, 참여국들은 경제정책에 대한 주권을 상당 부분 포기하게 된다. 현재 유럽연합(EU)이 이에 가장 가까운 사례라고 할 수 있다. EU는 공동 통화인 유로를 사용하고, 유럽중앙은행이 통화 정책을 담당하는 등 높은 수준의 경제통합을 이루고 있다.

발라사의 이론은 경제통합의 과정을 단계별로 체계화함으로써, 복잡한 경제통합 현상을 이해하기 쉽게 설명했다. EU의 발전 과정을 이 단계들에 따라 설명할 수 있다.

그러나 발라사의 이론이 모든 경제통합 과정을 완벽하게 설명하는 것은 아니다. 실제 경제통합은 이보다 더 복잡하고 다양한 형태로 나타날 수 있다. 또한 모든 경제통합이 반드시 이 단계들을 순차적으로 거치는 것도 아니다. 그런데도, 발라사의 이론은 경제통합의 기본적인 틀을 제공하고, 단계별 특징을 명확히 구분함으로써 경제통합에 대한 이해를 돕는다. 따라서 국제경제학이나 지역경제 통합을 공부할 때 중요한 이론적 기초가 된다.

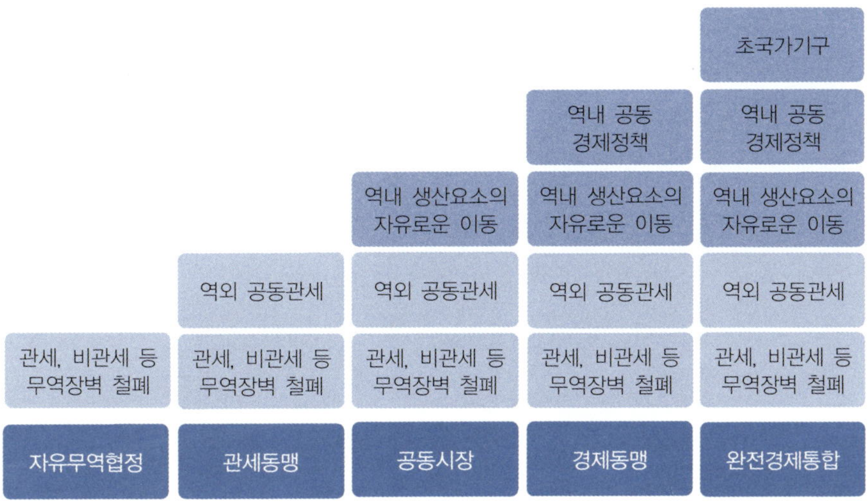

그림 3-4 경제통합 5단계

2) 경제통합의 효과

무역창출효과는 무역협정으로 인해 관세가 낮아지거나 없어지면서 발생한다. 관세가 낮아지면 수입품의 가격이 내려가고, 이에 따라 소비자들의 구매력이 높아진다. 또한, 기업들도 더 저렴한 원자재나 중간재를 구매할 수 있게 되어 생산 비용을 줄일 수 있다. 이러한 변화로 인해 이전에는 거래되지 않던 상품들이 새롭게 거래되기 시작하는 것이다. 이는 결과적으로 양국의 경제성장과 소비자 후생 증대로 이어진다. 한국과 베트남이 FTA를 체결했다고 가정 해보자. 이전에는 한국의 고품질 화장품이 베트남에 30%의 관세로 인해 비싸서 잘 팔리지 않았다. 그러나 FTA 체결 후 관세가 철폐되어 한국 화장품의 가격이 크게 낮아졌다. 이에 따라 베트남 소비자들이 한국 화장품을 대량으로 구매하기 시작했고, 양국 간 화장품 무역이 많이 증가했다. 이는 전형적인 무역창출효과의 사례다.

무역전환효과는 경제적 효율성 측면에서 양면성을 가지고 있다. 한편으로는 관세장벽이 낮아져 더 많은 무역 기회가 생기는 긍정적인 면이 있다. 하지만 다른 한편으로는, 실제로 생산 효율성이 더 높은 국가에서 낮은 국가로 무역이 전환될 수 있다는 문제점이 있다. 이는 전 세계적인 자원 배분의 효율성을 저해할 수 있다. 따라서 무역전환효과를 평가할 때는 단순히 무역량의 증가만이 아니라, 전체적인 경제적 효율성을 함께 고려해야 한다. 미국과 멕시코가 FTA를 체결했다고 하자. 이전에 미국은 더 저렴하고 품질 좋은 한국산 자동차를 많이 수입했다. 그러나 FTA 체결 후, 멕시코산 자동차에 대한 관세가 없어져 가격이 한국산보다 더 저렴해졌다. 그 결과, 미국 소비자들이 한국산 대신 멕시코산 자동차를 더 많이 구매하게 되었다. 이는 실제로는 생산 효율성이 더 높은 한국에서 멕시코로 무역이 전환된 경우로, 무역전환효과를 보여준다.

무역굴절효과에 대해 추가적으로 설명하자면, 이는 원산지 규정의 중요성을 부각하는 현상이다. 원산지 규정이 없거나 느슨하면, 앞서 설명한 것처럼 제3국 기업들이 낮은 관세율을 가진 국가를 거쳐 높은 관세율을 가진 국가로 우회 수출하는 일이 빈번해질 수 있다. 이는 무역협정의 본래 취지를 훼손하고, 협정 참여국들의 산업에 부정적인 영향을 미칠 수 있다. 따라서 최근의 무역협정들은 더욱 정교하고 엄격한 원산지 규정을 도입하고 있다. 일본, 태국, 인도네시아가 FTA를 체결했다고 가정 해보자. 일본의 대외 관세율은 5%, 태국은 10%, 인도네시아는 20%이다. 중국의 한 전자제품 제조업체가 인도네시아에 제품을 수출하고자 한다고 가정하자. 직접 수출하면 20%의 관세를 내야 하지만, 일본을 거쳐 태국으로, 다시 태국에서 인도네시아로 수출하면 각각 5%와 0%의 관세만 내면 된다. 이 경우 중국 기업은 일본과 태국을 거쳐 인도네시아로 수출하는 무역굴절효과를 활용할 수 있다.

앞서 언급한 스파게티볼 효과를 자세히 설명하면, 스파게티볼 효과는 글로벌 무역 환경의 복잡성을 잘 보여주는 현상이다. 각국이 여러 나라와 개별적으로 FTA를 체결하면서, 기업들은 수많은 규정과 절차를 숙지하고 따라야 하는 부담을 안게 된다. 이는 특히 중소기업에 큰 부담이 될 수 있다. 예를 들어, 한 기업이 10개국과 FTA를 맺은 국가에 수출하려 할 때, 그 기업은 10개의 서로 다른 원산지 규정과 통관 절차를 모두 이해하고 준수해야 한다. 이는 시간과 비용 면에서 상당한 부담이 될 수 있으며, 때로는 FTA 혜택을 포기하고 일반 관세율을 적용받는 것이 더 경제적일 수도 있다. 한국의 중소 전자제품 제조업체 A사가 있다고 하자. A사는 미국, EU, 아세안, 중국 등 여러 국가 및 지역과 FTA를 체결한 한국의 이점을 활용하여 수출을 확대하고자 한다. 그러나 FTA마다 원산지 규정이 다르다. 미국과의 FTA는 제품 가치의 45% 이상이 한국에서 생산되어야 하고, EU와의 FTA는 세번[6] 변경 기준을 충족해야 하며 아세안과의 FTA는 제품 가치의 40% 이상이 한국 또는 아세안에서 생산되어야 한다.

6) 무역에서 '세번'이란 수출입 업무에서 필수적으로 사용되는 HS 코드(HS Code, Harmonized System Code)를 의미. HS 코드는 국제적으로 통용되는 상품 분류체계로, 주로 6자리로 구성되며, 우리나라의 경우 추가로 4자리를 더 붙여 사용하여 총 10자리로 구성된 HSK(HSK Code)를 사용. 본서 9장에서 자세히 설명되어 있음.

한-중 FTA의 경우 제품 가치의 60% 이상이 한국 또는 중국에서 생산되어야 한다. 기업들은 각 시장에 수출할 때마다 서로 다른 원산지 규정을 충족시키기 위해 생산 라인을 조정하고, 복잡한 서류 작업을 해야 한다. 이에 따라 기업들은 FTA 혜택을 받기 위해 많은 시간과 비용을 투자해야 하며, 때로는 FTA 혜택을 포기하고 일반 관세율을 적용받는 것이 더 경제적일 수도 있다. 이는 전형적인 스파게티볼효과의 사례다.

Mega-FTA는 이러한 문제들을 해결하기 위한 하나의 방안으로 주목받고 있다. RCEP를 예로 들면, 이는 아세안 10개국과 한국, 중국, 일본, 호주, 뉴질랜드 등 15개국이 참여하는 대규모 무역협정이다. RCEP의 특징은 다음과 같다. 첫 번째, 광범위한 시장 통합이다. RCEP는 세계 인구의 약 30%, GDP의 약 30%, 무역량의 약 28%를 차지하는 거대 경제권을 형성한다. 두 번째는 포괄적인 협정 내용이다. 상품 무역뿐만 아니라 서비스, 투자, 전자상거래, 지식재산권 등 다양한 분야를 포함한다. 두 번째는 원산지 규정 통합이다. 역내 15개국에 대해 단일의 원산지 규정을 적용함으로써 스파게티볼효과를 완화한다. 세 번째는 역내 가치사슬 강화이다. 회원국 간 생산 네트워크를 강화하여 역내 경제통합을 촉진한다. 마지막으로 개발도상국 지원이다. 경제협력 조항을 통해 개발도상국의 능력 배양을 지원한다.

RCEP와 같은 Mega-FTA는 기존의 양자 간 FTA가 가진 한계를 극복하고, 더 넓은 범위의 경제통합을 추구한다. 이는 규모의 경제를 실현하고, 복잡한 무역 규정을 단순화하며, 역내 국가의 경제성장을 촉진할 것으로 기대된다. 그러나 동시에 역외국과의 무역 불균형, 국가 간 경제력 격차 심화 등의 문제가 발생할 수 있어, 이에 대한 대책도 함께 마련되어야 할 것이다.

참고 3-1 EU의 경제통합 과정

2019년 기준 유럽연합은 유로존 19개국을 포함하여 27개국이다. 지금의 유럽연합의 형성 과정을 연도별로 구분하면 다음과 같다.

- 1952(6) : 독일, 프랑스, 이탈리아, 네덜란드, 벨기에, 룩셈부르크(유럽석탄철강공동체:ECSC)
  * 전략적 자산의 공동관리, 알자스로렌, 보불전쟁(프로이센-프랑스), 1871년
- 1973(3) : 영국, 아일랜드, 덴마크
- 1981(1) : 그리스
- 1986(2) : 스페인, 포르투갈
- 1995(3) : 스웨덴, 핀란드, 오스트리아
- 2004(8) : 헝가리, 폴란드, 체코, 슬로베니아, 슬로바키아, 에스토이나, 라트비아, 리투아니아
- 2008(2) : 사이프러스, 몰타
- 2007(2) : 루마니아, 불가리아
- 2013(1) : 크로아티아
- 2016(-1) : 영국 탈퇴
  * 유로존 : 오스트리아 · 벨기에 · 키프로스 · 핀란드 · 프랑스 · 독일 · 그리스 · 슬로바키아 · 아일랜드 · 이탈리아 · 룩셈부르크 · 몰타 · 네덜란드 · 포르투갈 · 슬로베니아 · 스페인, 라트비아, 리투아니아
  * 비유로존 : 덴마크 · 스웨덴 · 영국 · 불가리아 · 체코 · 헝가리 · 크로아티아 · 폴란드 · 루마니아
  * 유로협정국 : 마요트, 모나코, 산마리노, 생피에르에미클롱, 바티칸시국
  * 유로비협정국 : 아크로티리, 데켈리아, 안도라, 코소보(발칸), 몬테네그로(발칸), 생바르텔르미섬(프), 세인트마틴섬(프)

CHAPTER

04

관세와 비관세

■ 학습목표

1. 관세의 개념과 그 유형에 대해 학습한다.
2. 관세의 작동원리에 대해 학습한다.
3. 비관세장벽의 개념과 그 유형에 대하여 학습한다.

1. 관세

1) 관세의 정의와 분류

(1) 관세의 정의

관세(customs)는 국가의 관세선을 통과하는 물품에 부과되는 조세를 지칭한다. 이는 국가 간 무역에서 중요한 역할을 하는 경제적 수단이다. 관세에 해당하는 영어 단어들이 존재하는데, 우선 Tariff은 가장 일반적으로 사용되는 용어로, 수입품에 부과되는 세금을 의미한다. 정부 정책, 국제무역 협상, 경제 뉴스 등에서 폭넓게 사용된다(예문: The government announced new tariffs on imported steel). Duty는 무역이나 국제 상거래(공항에서 자주 보는 Duty Free Shop, 즉 면세점)의 맥락에서 자주 볼 수 있다(예문: The imported goods are subject to duty). Duty는 또한 복수형인 "Duties"로 사용되어 관세를 의미하기도 한다(예문: The company had to pay hefty duties on its imports). Customs도 주로 세관이나 통관 절차와 관련된 맥락에서 사용된다(예문: The traveler had to pay customs on the luxury items in her luggage). 'Customs'는 또한 세관 자체를 의미하기도 한다(예문: We were stopped at customs for a routine inspection). 이러한 용어들이 단독으로 사용될 때는 문맥을 통해 그 의미를 정확히 파악해야 한다. 특히 'Customs'의 경우, 관세를 의미하는지 아니면 세관을 의미하는지 주의 깊게 살펴볼 필요가 있다. 또한, 이 두 단어가 결합한 'Customs duty"는 가장 명확하고 공식적인 관세 표현 중 하나로서, 법률 문서나 공식 무역 문서에서 자주 사용된다.

세율은 과세표준에 대한 납부 세액의 비율을 의미한다. 여기서 과세표준이란 세금을 매기는 기준이 되는 금액이나 수량을 뜻한다. 관세의 맥락에서 관세율은 수입 물품의 가격 또는 수량에 대한 관세액의 비율로 정의된다. 이때 관세 표준은 관세를 부과하는 기준이 되는 수입 물품의 가격이나 수량을 말한다.

관세율 결정은 원칙적으로 조세법률주의를 따른다. 조세법률주의란 조세의 부과와 징수는 반드시 법률에 근거해야 한다는 헌법상의 원칙이다. 따라서 관세율은 국회에서 법률로 정하는 것이 기본 원칙이다.

그러나 현대 경제의 복잡성과 변동성을 고려할 때, 관세 정책에도 일정 수준의 유연성이 요구된다. 이에 따라 국내외 경제 상황의 급격한 변화에 신속하고 탄력적으로 대응할 수 있도록 예외적 조치가 허용된다. 첫째, 대통령령이나 기획재정부령을 통해 탄력세율을 정할 수 있다. 이는 행정부에 일정 범위 내에서 관세율 조정 권한을 부여함으로써, 경제 상황의 변화에 신속하게 대응할 수 있게 한다. 둘째, 외국과의 조약이나 협약을 통해 협정세율을 설정할 수 있다. 이는 국제무역 관계에서 상호 이익을 도모하고 무역을 촉진하기 위한 수단으로 활용된다.

이러한 예외적 조치들은 관세 정책의 탄력성을 높이고, 국제 경제 환경의 변화에 효과적으로 대응할 수 있게 해준다. 그러나 이러한 조치들 역시 궁극적으로는 법률에 그 근거를 두고 있어, 조세법률주의의 기본 정신을 훼손하지 않는 범위 내에서 이루어진다는 점을 유념해야 한다.

(2) 관세 부과 시기에 따른 분류

관세는 그 부과 시기에 따라 세 가지 주요 유형으로 분류된다. 첫째, 수입세(import duty)는 외국 물품이 국내 관세영역으로 반입될 때 부과되는 관세를 말한다. 일반적으로 '관세'라는 용어를 사용할 때는 대개 이 수입세를 지칭한다.

둘째, 수출세(export duty)는 수출되는 상품에 부과되는 관세이다. 이는 주로 재정 수입 확보, 전략물자의 유출 방지, 그리고 국내 산업에 필요한 원자재의 안정적 공급 확보 등 특정 정책 목표를 달성하기 위해 부과된다. 여기서 전략물자란 국가 안보나 경제적 이익에 큰 영향을 미칠 수 있는 물품이나 기술을 의미한다. 그러나 수출세의 실효성은 해당 국가가 특정 상품에 대해 독점적 지위를 가진 경우에 한정된다. 수출세 부과는 국제 시장에서 해당 상품의 가격상승을 초래할 수 있어, 특별한 상황을 제외하고는 거의 사용되지 않는다.

셋째, 통과세(transit duty)는 특정 국가나 관세영역을 단순히 경유하는 물품에 대해 부과되는 관세이다. 그러나 1921년 '통과무역의 자유에 대한 국제조약(Convention and Statute on Freedom of Transit)'이 체결된 이후, 이 유형의 관세는 실질적으로 폐지되었다. 이 조약은 국제무역의 원활한 흐름을 촉진하기 위해 체결되었으며, 국가 간 물품의 자유로운 이동을 보장하는 것을 목적으로 한다.

이러한 관세 유형의 이해는 국제무역정책과 경제 관계를 분석하는 데 중요한 기초를 제공한다. 특히 세계화가 진전됨에 따라 관세 정책의 역할과 영향은 더욱 복잡해지고 있으며, 이는 국제경제학과 무역정책 연구에서 중요한 주제로 다루어지고 있다.

(3) 관세의 부과 목적에 따른 분류

관세는 그 목적과 기능에 따라 크게 재정관세와 보호관세로 구분될 수 있다. 이 두 유형의 관세는 각기 다른 경제적, 정책적 목표를 달성하기 위해 부과된다.

첫째, 재정관세(revenue duty)는 국가의 재정수입 확보를 주요 목적으로 하는 관세이다. 이는 무역정책의 수단이라기보다는 재정정책의 하나로 볼 수 있다. 재정관세는 본질적으로 내국세의 성격을 띠며, 주로 국가재정확보에 어려움을 겪는 개발도상국에서 채택되는 경향이 있다. 이는 관세가 상대적으로 징수하기 쉽고 안정적인 세원이 될 수 있기 때문이다.

둘째, 보호관세(protective duty)는 국내산업의 보호와 육성, 그리고 기존 산업의 유지 및 발전을 목적으로 부과되는 관세이다. 보호관세는 그 구체적인 목적에 따라 다양한 형태로 나타날 수 있다. 예를 들어, 육성관세는 신생 산업의 성장을 지원하기 위해 부과되며, 유지관세는 기존 산업의 경쟁력을 유지하기 위해 사용된다. 공황관세는 경제 위기 시 국내 산업을 보호하기 위해 일시적으로 부과되는 관세이며, 금지관세는 특정 상품의 수입을 사실상 금지할 정도로 높은 세율을 적용하는 관세이다. 방위관세는 국가 안보와 관련된 산업을 보호하기 위해 부과된다.

보호관세는 또한 그 적용 기간에 따라 일시적 보호관세와 계속적 보호관세로 구분될 수 있다. 일시적 보호관세는 특정 동안만 적용되는 반면, 계속적 보호관세는 장기간에 걸쳐 지속해서 부과된다.

최근 들어 환경 문제가 국제적 이슈로 대두되면서, 새로운 형태의 보호관세가 등장하고 있다. 예를 들어, 유럽연합(EU)에서 도입한 탄소국경세는 환경 보호를 명목으로 하는 일종의 보호관세로 볼 수 있다. 이는 탄소 배출량이 많은 국가에서 생산된 제품에 대해 추가적인 관세를 부과함으로써, 자국 산업을 보호하고 동시에 글로벌 탄소 배출 감축을 유도하는 정책이다.

(4) 관세의 부과 기준에 따른 분류

관세는 국제무역에서 중요한 정책 수단으로 활용된다. 주요 관세 유형으로는 종가세, 종량세, 복합세, 선택세가 있으며, 각 유형은 고유한 특성과 적용 방식을 지닌다.

종가세(ad valorem duty)[1]는 수입 물품의 가격을 과세 기준으로 삼는 관세이다. 이때 기준이 되는 가격은 CIF 가격으로, 이는 상품의 원가(Cost)에 보험료(Insurance)와 운임(Freight)을 합산한 금액을 의미한다. 종가세는 '관세액 = CIF 가격 × 환율 × 관세율'의 공식으로 산출된다. 예를 들어, CIF 가격이 10,000,000원인 수입 자동차에 10%의 종가세를 적용하면 1,000,000원의 관세가 부과된다. 종가세는 상품 가치에 비례하여 과세 되므로 공평성이 높다는 장점이 있으나, 정확한 가격 산정의 어려움이 단점으로 지적된다.

종량세(specific duty)는 수입 물품의 수량이나 중량을 관세 산정의 기준으로 삼는다. 종량세는 '관세액 = 수량 × 수량단위 당 관세액'으로 계산된다. 예를 들어,

---

1) "Ad valorem"은 라틴어 어구로, 직역하면 '가치에 따라' 또는 '가치에 비례하여'라는 의미. "Ad"는 ~에, ~로(영어의 'to' 또는 'according to'에 해당), "Valorem"는 가치, 값어치(라틴어 'valor'의 목적격 형태).

수입 석유에 리터당 100원의 종량세를 부과한다면, 1,000리터 수입 시 100,000원의 관세가 부과된다. 종량세는 세액 산출이 쉽고 국내산업 보호 기능이 강하다는 장점이 있으나, 물가 변동에 따른 탄력적 세율 적용이 어렵다는 단점이 있다.

복합세(compound duty)는 종가세와 종량세를 결합한 형태로, 한 품목에 대해 두 가지 과세 방식을 동시에 적용한다. 예를 들어, 수입 와인에 대해 가격의 15%와 리터당 1,000원을 동시에 부과하는 경우가 이에 해당한다. 그러나 복합세는 현재 거의 사용되지 않는 방식이다.

선택세(alternative duty)는 종가세와 종량세 중 높은 세액(또는 낮은 세액)을 선택하여 부과하는 관세이다. 예를 들어, 수입 신발에 대해 '가격의 20% 또는 켤레당 5,000원 중 높은 금액'을 관세로 부과하는 경우가 이에 해당한다.

이러한 다양한 관세 유형은 각국의 경제 상황, 산업 보호 정책, 국제무역 협정 등을 고려하여 선택적으로 적용된다. 관세 정책은 국가 간 무역 균형과 국내 산업 보호, 그리고 소비자 후생 사이의 균형을 도모하는 중요한 정책 도구로 활용되고 있다.

(5) 관세의 부과 근거와 결정 주체에 따른 분류

관세의 부과 근거와 결정 주체에 따라 크게 국정관세와 협정관세로 구분된다. 국정관세(national duty)는 국가가 자체적으로 결정한 관세율, 즉 국정세율에 따라 부과되는 관세를 의미한다. 관세는 조세의 일종으로, 그 징수 방법과 세율은 국회의 입법 과정을 통해 결정된다. 우리나라의 관세율표는 국정관세를 기본관세, 잠정관세, 탄력관세, 일반특혜관세로 분류하고 있다. 특히, 탄력관세 제도는 경제 상황에 따라 관세율을 신축적으로 조정할 수 있는 제도를 말한다. 탄력관세의 형태로는 행정부에서 대통령령에 따라 결정되는 편익관세, 조정관세, 할당관세, 일반특혜관세, 보복관세가 있다. 또한 기획재정부령에 따라 결정되는 덤핑방지관세, 긴급관세, 특정국물품 긴급관세, 농림축산물에 대한 특별긴급관세, 상계관세,

계절관세 등이 존재한다.

협정관세(conventional duty)는 국가 간 통상 조약이나 관세조약 등 국제적 합의에 기반하여 설정되는 관세를 말한다. 협정관세의 주요 특징은 상호주의 원칙에 따라 결정된다는 점이다. 상호주의 원칙이란 국가 간 호혜적인 대우를 주고받는 것을 의미하며, 이는 협정관세의 설정뿐만 아니라 그 변경에도 적용된다. 따라서 협정관세는 일방적으로 변경하거나 폐지할 수 없는 것이 원칙이다.

협정관세는 다자간 협정과 양자 간 협정에 의한 관세로 구분할 수 있다. 다자협력에 의한 관세로는 WTO 양허관세, GSTP, TNDC, APTA 등이 있다. 여기서 GSTP는 'Global System of Trade Preferences Among Developing Countries'의 약자로, 국제연합무역개발협의회(UNCTAD)의 개발도상국 간 양허관세를 의미한다. TNDC는 'Trade Negotiation Among Developing Countries'의 약자로, WTO 개도국 간 양허관세를 뜻한다. APTA는 'Asia-Pacific Trade Agreement'의 약자로, 아시아·태평양 무역협정에 의한 양허관세를 말한다. 양허관세(Bound tariff)는 국가 간 무역 협상을 통해 합의된 관세율을 의미한다. 이는 특정 품목에 대해 일정 수준 이상의 관세를 부과하지 않겠다는 국가 간의 약속이다.

한편, 양자협력에 의한 관세로는 FTA 협정관세와 특정국과의 협정에 의한 양허관세가 있다. FTA는 'Free Trade Agreement'의 약자로, 자유무역협정을 의미하며, 이에 따른 관세 혜택을 FTA 협정관세라고 부른다.

이 가운데 특혜관세, 차별관세(differential duty) 그리고 탄력관세를 보면, 첫째, 특혜관세는 특정 국가나 지역의 수입품에 대해 할인된 관세율을 적용하는 제도이다. 이는 크게 기존특혜와 일반특혜로 구분된다. 기존특혜는 주로 과거 식민지와 종주국 간 무역에 적용되며, 영연방특혜가 대표적인 예시이다. 영연방특혜란 영국과 그 옛 식민지 국가 사이에 적용되는 특별 무역조건을 의미한다. 그러나 이러한 기존특혜는 차별적 성격으로 인해 관세와 무역에 관한 일반협정(GATT)에서 신설 및 확대가 금지되었다.

반면, 일반특혜관세는 선진국이 개발도상국의 경제 발전을 지원하기 위해 도입한 제도이다. 이는 1971년부터 시행됐으며, 선진국이 개발도상국으로부터 수입하는 물품에 대해 일방적으로 관세율을 낮추는 방식으로 운영된다. 우리나라도 과거에는 이 제도의 수혜국이었으나, 경제 발전에 따라 현재는 수혜 대상에서 제외되었다.

둘째, 차별관세는 특정 국가의 특정 물품이나 품목에 대해 다른 물품보다 낮거나 높은 세율을 적용하는 제도이다. 이는 주로 중상주의 시대와 제2차 세계대전 이전의 관세 정책에서 널리 활용되었다. 그러나 현대에 들어 최혜국대우의 원칙과 세계무역기구(WTO)의 협정 등으로 인해 그 적용 빈도가 감소하고 있다. 최혜국대우란 통상 조약에서 한 국가가 다른 국가에 부여하는 가장 유리한 대우를 의미하며, 이는 국제무역에서 차별을 줄이고 공정한 경쟁을 촉진하는 역할을 한다.

마지막으로 탄력관세는 조세법률주의의 예외적 조치로, 급변하는 국제경제환경에 대응하기 위해 고안된 관세 정책 수단이다. 이는 행정부에 일정 범위 내에서 관세율 조정권을 위임하여, 관세율을 탄력적으로 조정하거나 변경할 수 있도록 하는 제도를 말한다. 현재 우리나라에서 시행 중인 주요 탄력관세 유형은 다음과 같다. 첫째, 덤핑방지관세는 외국 기업이 자국 시장에서의 정상가격보다 낮은 가격으로 상품을 수출하는 '덤핑'에 대응하는 조치이다. 이는 국내 산업 보호를 목적으로 기본관세 외에 덤핑[2] 마진 금액 이하의 추가 관세를 부과하는 제도이다. 둘째, 보복관세는 외국이 자국 상품에 대해 부당한 수입관세나 차별적 대우를 적용할 때, 이에 대한 대응으로 해당 국가로부터 수입되는 물품에 부과하는 관세이다. 이는 국제무역에서의 형평성을 유지하기 위한 수단으로 활용된다. 셋째, 긴급관세는 특정 물품의 급격한 수입 증가로 인해 국내 산업에 중대한 피해가 발생하거나 그 위협이 존재할 때 적용된다. 이는 일시적으로 관세율을 높여 수입을 제한함으로써 국내 산업을 보호하는 기능을 한다. 넷째, 조정관세는 국제경쟁력이 취

2) 덤핑은 기업이 자국 시장에서의 정상가격보다 낮은 가격으로 상품을 해외시장에 수출하는 행위를 의미.

약한 국내 개발 물품이나 농산물 등의 보호, 또는 국민 보건, 환경보존, 소비자 보호 등을 위해 필요한 경우 적용되는 높은 세율의 관세이다. 다섯째, 상계관세는 수출국에서 제조, 생산 또는 수출에 대해 직·간접적으로 보조금이나 장려금을 지급한 물품이 수입되어 국내 산업에 실질적 피해를 주거나 그 우려가 있을 때 부과된다. 보조금(subsidy)은 정부가 특정 산업, 기업, 또는 개인에게 제공하는 직접적인 재정 지원을 의미함. 주로 특정 경제 활동을 장려하거나 지원하기 위해 사용되며, 예를 들어, 농업 보조금, 신재생에너지 보조금 등이 있다. 장려금(incentive)은 특정 행동이나 성과를 유도하기 위해 제공되는 금전적 또는 비금전적 혜택을 의미. 보조금보다 더 넓은 개념으로, 세금 감면, 우대 금리, 상금 등 다양한 형태를 포함할 수 있다. 예를 들어, 수출 장려금, 연구개발 투자 장려금 등이 있다. 그러나 실제 정책에서는 이 두 용어가 때로 혼용되거나 명확한 구분 없이 사용되는 예도 있다. 통상적으로 수출국에서 제공하는 다양한 형태의 지원을 포괄적으로 지칭하는 용어이다. 여섯째, 할당관세는 특정 물품에 대해 정부가 정한 일정 수량 내에서는 저율의 관세를, 그 이상의 수량에 대해서는 고율의 관세를 적용하는 이중관세율 제도이다. 일곱째, 편익관세는 협정세율을 적용받지 않는 특정국의 특정 상품에 대해 협정세율 범위 내에서 자국에 유리한 세율을 적용하는 제도로, 협정관세와 유사한 성격을 지닌다.

이 외에도 우리나라는 농림축산물에 대한 특별긴급관세와 계절관세를 운영하고 있다. 계절관세는 농산물의 수확기와 비수확기에 따라 관세율을 달리 적용하는 제도로, 국내 농업 보호와 소비자 이익을 동시에 고려하는 정책 수단이다.

이러한 다양한 관세 제도는 국내 산업 보호, 공정무역 촉진, 경제 안정화 등 다양한 정책 목표를 달성하기 위한 중요한 수단으로 활용되고 있다. 각 제도의 특성을 이해하고 적절히 활용함으로써, 급변하는 국제 경제 환경 속에서 국가 경제의 안정과 발전을 도모할 수 있다.

표 4-1 관세의 구분

구분	결정주체		대상관세율
국정관세	국회	관세법	기본세율, 잠정세율
	행정부	대통령령	편익관세, 조정관세, 할당관세, 일반특혜관세, 보복관세
		기획재정부령	덤핑방지관세, 긴급관세, 특정국물품긴급관세, 농림축산물에 대한 특별긴급관세, 상계관세, 계절관세
협정관세	다자협력		WTO 양허관세, GSTP, TNDC, APTA
	양자협력		FTA 협정관세, 특정국과의 협정에 의한 양허관세

GSTP : UNCTAD 개발도상국 간 양허관세,
TNDC : WTO 개도국 간 양허관세
APTA : 아시아·태평양 무역협정에 의한 양허관세

표 4-2 관세의 적용순위

적용순위	세율종류	비고
1순위	덤핑방지관세, 상계관세, 보복관세, 긴급관세, 특정국물품긴급관세, 농림축산물에 대한 특별긴급관세	관세율의 높낮이에 관계 없이 최우선 적용
2순위	국제협력관세, 편익관세, WTO양허관세에 의한 세율, 자유무역협정(FTA)세율, 농림축산물양허관세	3, 4, 5, 6순위 세율보다 낮은 경우에만 적용(단, 농림축산물양허관세는 세율이 높은 경우에도 5, 6순위 세율보다 우선 적용)
3순위	조정관세, 할당관세, 계절관세	할당관세의 세율은 일반특혜관세의 세율보다 낮은 경우에 한하여 적용
4순위	일반특혜관세(최빈특혜)	
5순위	잠정세율	
6순위	기본세율	

1. 관세율은 신품, 중고품 구분 없이 동일하게 적용
2. 관세율은 모든 국가에 동일하게 적용
   다만, 덤핑, 양허관세처럼 해당 세율 적용국가(업체)를 정한 경우 제외
3. 같은 순위에서 경합 시 낮은 세율 우선 적용

출처: 관세법 제50조, 한국관세무역개발원 홈페이지(www.custra.com)

2) 관세의 경제적 효과

관세의 부과는 국가 경제에 광범위한 영향을 미치는 중요한 정책 수단이다. 수

입 물품에 대한 관세 부과는 해당 국가의 국민경제에 복합적인 경제적 효과를 초래한다. 이러한 효과는 수요와 공급, 무역조건, 관세수입, 국민소득, 고용 및 국제수지 등 다양한 경제 지표에 변화를 초래한다.

관세 부과로 인한 경제적 효과를 정확히 분석하기 위해서는 현실 경제의 다양한 변수를 종합적으로 고려해야 한다. 그러나 국가의 경제 규모에 따라 그 효과가 상이하게 나타나기 때문에, 분석에 어려움이 따른다. 이러한 이유로, 관세 효과 분석 시 주로 상대적으로 경제 규모가 작은 국가를 대상으로 한다. 대규모 경제국의 경우, 관세가 수출입 물량에 미치는 영향이 상대적으로 적을 수 있지만, 소규모 경제국은 수출입 가격변동에 더욱 민감하게 반응하여 관세의 효과를 명확히 관찰할 수 있기 때문이다.

관세의 경제적 효과를 분석하기에 앞서, 국내시장의 변화를 세 단계로 구분하여 고찰할 수 있다. 첫째, 무역이 없는 상황, 둘째, 무역 발생 후 관세가 부과되지 않은 상황, 셋째, 무역 발생 후 관세가 부과된 상황이다. 관세의 효과는 주로 세 번째 단계, 즉 무역 발생 이후 관세를 부과한 상황에서 관찰된다.

관세 부과로 인한 주요 경제적 효과는 소비억제효과, 가격상승효과, 국내산업보호효과, 재정수입증대효과, 소득재분배효과, 수입대체효과, 국제수지개선효과, 무역조건개선효과 등이다. 이러한 효과들은 상호 연관되어 있으며, 국가 경제 전반에 복합적인 영향을 미친다.

결론적으로, 관세 정책의 수립과 시행에 있어서는 이러한 다양한 경제적 효과를 종합적으로 고려해야 하며, 국가의 경제 규모와 특성에 맞는 세심한 접근이 요구된다.

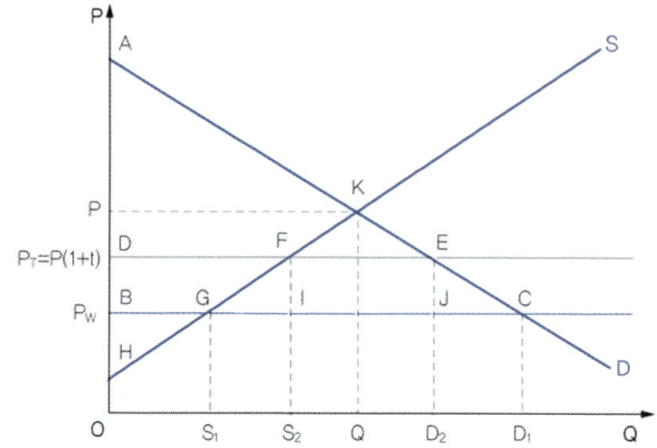

그림 **4-1** **관세의 효과**

(1) 무역이 없는 상황

결론적으로, 관세의 효과를 분석하기 위해서는 소비자잉여, 생산자잉여, 국내 생산량, 수입량 그리고 가격의 변화를 관찰해야 한다. 소비자잉여(Consumer surplus)는 소비자가 재화나 서비스에 대해 지급할 의사가 있는 최대 금액과 실제로 지급한 금액의 차이를 의미한다. 반면 생산자잉여(Producer surplus)는 생산자가 재화나 서비스를 판매하여 받은 실제 금액과 판매하고자 하는 최소 금액의 차이를 나타낸다. 이 두 개념은 시장의 효율성과 경제적 후생을 측정하는 데 중요한 지표로 사용되며, 수요곡선(Demand curve)과 공급곡선(Supply curve)을 통해 그래프상에서 시각적으로 표현될 수 있다. 그림에서 우하향하는 직선 D는 수입 상품에 대한 한 국가의 국내 수요곡선을 의미하고, 우상향하는 직선 S는 그 상품에 대한 국내의 공급곡선을 의미한다. 수요곡선과 공급곡선은 경제학의 기본 개념으로, 시장에서 상품의 가격과 거래량 간 관계를 나타낸다. 수요곡선은 소비자들이 각 가격 수준에서 구매하고자 하는 상품의 양을 보여주며, 일반적으로 우하향하는 형태를 띤다. 반면 공급곡선은 생산자들이 각 가격 수준에서 공급하고자 하는 상품의 양을 나타내며, 대개 우상향하는 형태를 보인다. 이 두 곡선의 교차점에서 시장균형가격과 균형거래량이 결정된다. y축은 거래가격으로 가격 P는 관세가 없는 자유무역 조건하의 국제가격이다. 관세가 부과되지 않는 상태의 자유무역하에서 가격은 P로 국내생산은 생산량 Q, 국내소비도 Q로 균형상태가 된다. 즉, 수입이 발생하지 않으면 국내시장의 수요와 공급은 공급량 Q, 수요량 Q, 그리고 가격은 P이다. 이때 생산자잉여는 그림에서 △HPK 면적이며, 소비자잉여는 △APK가 된다.

(2) 무역 발생 이후 관세 부과가 없는 상황

기존의 국내시장에, 해외에서 가격경쟁력이 있는 제품이 시장에 공급되면 시장에서 가격 P는 하락하여 P_W로 가격이 형성된다. 가격의 하락은 수요를 증가시켜 기존의 균형적인 수요량 Q에서 QD_1만큼 수요가 증가하게 된다. 즉, 시장이 균형적인 상황에서 해외로부터 P보다 낮은 PW의 가격으로 수입을 통한 공급이 발생하면, 수요량은 기존의 Q에서 QD_1만큼 증가한 OD_1이 된다. 하지만 P_W의 가격에서 가능한 국내의 공급량은 OS_1이며, 가격하락으로 증가한 국내 수요에 필요한 물량 OD_1-OS_1는 수입에 의존하게 된다. 결과적으로 국내공급과 국내수요의 차이에 해당하는 S_1D_1만큼은 수입에 의존하게 된다. 이 경우 국내생산은 S_1Q만큼 감소하게 되며, 수입량은 S_1D_1이 된다. 그리고 생산자의 잉여는 △HBG이며, 소비자의 잉여는 △ABC가 되어 소비자의 잉여가 □PBCK만큼 증가하게 되고, 생산자의 잉여는 □PBGK만큼 줄어들게 된다.

(3) 무역 발생 이후 관세를 부과하는 상황

무역이 발생한 후 관세장벽이 없는 상황에서 관세를 부과하게 되면 기존의 수입 가격에서 관세율만큼 가격이 상승하게 된다. 즉 P_W의 가격에서 관세율(t)만큼 인상되어 PT의 가격이 된다. 관세의 부과에 따른 가격상승은 무역으로 인해 위축되었던 국내생산을 기존의 OS_1에서 S_1S_2만큼 증가시켜 국내생산량은 OS_2가 된다. 반면 수입량의 경우 기존의 S_1D_1에서 감소하여 S_2D_2가 되면서 소비량 역시

OD_1에서 OD_2로 줄어들어 D_2D_1만큼 소비억제효과를 유발하게 된다. 결과적으로 관세를 통한 가격의 인상은 국내생산 증가와 함께수입량 감소로 이어진다. 이때 줄어든 수입량은 S_1S_2와 D_2D_1가 되며 관세부과로 인해 인상된 가격의 변동폭과 수입량은 관세수입이 된다. 즉, P_T-P_W와 S_2D_2 의 곱이 관세로 인한 수입이 되며, 그림에서 □FIJE가 된다. 한편 관세부과로 발생한 외부의 힘으로 전체 잉여는 기존의 소비자잉여 △ABC에서 △ADE로 줄어들게 되고, 생산자잉여는 △HBG에서 △HDF로 증가하게 된다. 이때 관세부과 전과 후의 소비자잉여 차이는 □DBCE이며, 관세수입 □FIJE만큼을 제외하면 △FGI와 △EJC는 총 잉여에서 사라지게 된다. 이 부분을 외부의 힘에 의한 경제적 순손실(Dead Weight Loss: DWL)이라고 한다.

이상의 관세부과로 인한 경제적 효과를 보면 먼저 소비억제 효과(D_2D_1), 가격상승 효과(P_T-P_W), 국내산업보호 효과(S_1S_2), 재정수입 증대 효과(□FIJE만 큼), 소득재분배 효과(□DBGK), 수입 대체효과(S_1S_2), 국제수지 개선 효과($P_W\times(S_1S_2+D_2D_1)$), 무역조건 개선 효과(D_2D_1) 등이 있다.

(4) 관세부과 효과

① 소비억제효과

시장을 수요와 공급에 맡겨 놓지 않고 외부의 힘, 즉 국가가 무역정책으로 관세를 부과하는 경우 해외에서 수입되는 수입품에는 관세가 부과된다. 관세율을 t라고 두고, 해외로부터의 수입을 규제하기 위하여 t만큼의 관세를 부과하면, 수입품의 국내가격은 $P_T=P_W(1+t)$가 된다. 점 D와 점 B의 차이만큼 국내가격은 상승하게 된다. 수입품에 관세가 부과되기 전 수입품의 국내가격은 P_W였으며, 이때 소비량은 OD_1이었다. 국내생산량 OS_1 외에 OD_1-OS_1만큼의 수요량을 위해 해당 제품은 수입되었다. 관세가 부과되면 국내가격 상승효과로 국내소비량은 P_T의 가격에 따라 OD_2가 된다. 이때 국내생산량은 OS_2가 되며 수입량은 OD_2-OS_2 가

된다. 관세의 부과로 국내가격은 상승하고, 국내생산량은 증가하는 반면 수입량은 감소하게 된다. 이 경우 소비자측에서는 소비자잉여의 손실이 발생한다. 수입품에 관세가 부과되기 이전 소비자잉여는 △ABC만큼이었지만, 관세를 부과하고 난 이후 소비자잉여는 △ADE로 □DECB만큼의 잉여가 감소하게 된다.

② 가격상승효과

관세를 부과할 때 국내 소비자는 관세부과 이전의 가격보다 높은 수준의 가격에서 물품을 구매해야 한다. 이때 상승한 가격은 수입가격에 관세율(t)이 부가된 $P_T = P_W(1+t)$이다. 수입국에서 수요가 있기만 하면 수출국이 얼마든지 공급이 가능한 경우, 즉 교역상대국의 수출공급이 무한히 탄력적인 경우를 가정한 분석이기 때문에 결국 국내 소비자가 관세 부가액만큼의 가격상승분을 부담해야 한다.

③ 국내산업보호효과

관세의 보호효과는 수입상품에 대하여 관세가 부과될 때 수입량의 감소로 인하여 국내산업이 보호를 받는 것을 의미한다. 국내산업의 보호효과는 수입수요의 가격탄력성 및 국내공급의 가격탄력성 크기와 관세율의 차이에 따라 영향을 받는다. 만일 양자의 탄력성이 크고 관세율이 높을 때 보호효과가 크며, 반대의 경우에는 보호효과가 작다. [그림 4-1]에서 소비자들은 국내가격의 상승과 소비량의 감소로 인하여 □DECB의 소비자잉여 감소를 경험하게 된다. 하지만 생산자들에게는 □DBGF만큼의 생산자잉여가 추가된다. 결과적으로 관세를 부과하여 국가의 재정수입이 확보되고 생산자잉여가 증가하는 반면, △FGI와 △EJC만큼의 사회적 손실이 발생한다. 아울러 △FGI는 관세의 부과로 국내에서 증가한 생산량의 비용은 이를 외국으로부터 수입하는 비용보다 더 비싸므로 관세의 보호비용이라고 한다.

④ 재정수입증대효과

관세부과로 인해 정부는 재정수입을 얻게 된다. [그림 4-1]에서 단위당 관세율(t)에 관세부과로 인한 수입량 D_2-S_2를 곱한 만큼 관세부과로 인하여 정부는 재정수입을 얻는다. 그러나 재정수입을 얻기 위하여 관세를 부과하는 데는 일정한 한계가 있다. 지나치게 고율의 관세를 부과하면 수입이 억제될 수 있으므로, 오히려 재정수입은 감소할 수 있다. 따라서 관세율의 변화와 수입량의 변화 간 상관관계를 고려하여 적정관세율이 책정되어야 한다.

⑤ 소득재분배효과

소득재분배효과란 실직소득이 소비자에서 생산자로 재분배되는 것을 의미하는 것으로, 관세부과는 소득의 재분배효과를 가져온다. 관세부과는 소비자에게는 잉여의 감소를 가져오지만, 생산자에게는 잉여의 증가를 가져올 뿐만 아니라 정부의 재정수입도 증가한다. [그림 4-1]에서 관세를 부과하면 소비자잉여는 □ADE가 되지만, 생산자잉여는 △DHF가 되어 증가한다. 이처럼 관세부과로 소비자잉여는 감소하지만, 이 감소분의 일부는 생산자와 정부로 전환되는데, 이러한 효과를 재분배효과라고 한다. 하지만 △FGI와 △EJC 두 삼각형 면적은 관세의 부과로 경제 전체로 볼 때는 부(−)의 효과가 발생하는데, 이를 관세의 비용이라고 한다.

⑥ 수입대체효과

국내에서 생산할 수 있으면서도 수입가격이 낮아 외국으로부터 수입되는 경우, 관세를 부과하면 국내의 상품보다 가격이 높아져 수입이 억제된다. 억제된 수입량만큼 국내에서 더 생산하게 되고, 이러한 생산의 증가가 완전고용 상태를 전제로 생산자 보수의 증가로 나타나게 되는 효과를 수입대체효과 또는 소득효과라고 한다.

관세가 부과되지 아니하면 총수요량은 D_1이 되고, 이 경우 국내공급량은 S_1,

국내 수입량은 D_1-S_1이 된다. t율의 관세가 부과되면, 총수요량은 D_1에서 D_2로 줄지만, 국내 공급량은 S_1에서 S_2로 증가하므로 수입량은 D_1-D_2만큼 더 축소된다. 따라서 S_2-S_1만큼의 수입대체효과가 발생한다.

⑦ 교역조건개선효과

관세의 교역조건개선효과란 관세부과 전보다 관세부과 후 교역조건이 개선됨을 의미하는데, 구체적으로 교역조건의 개선은 관세를 부과할 때 수출량을 관세부과 후에도 유지하는 상황에서 수입량의 감소를 의미한다. 관세의 부과로 수출량은 유지되면서 수입량이 줄어들면 줄어든 수입량만큼의 무역 이익이 발생한다. 결과적으로 한 국가는 관세가 부과되어 관세부과국의 교역조건은 개선되지만, 교역상대국의 교역조건은 악화한다. [그림 4-1]에서는 줄어든 수입량(D_1-D_2)이 교역조건의 개선효과이다.

⑧ 고용효과

고용효과는 관세부과를 통해 국내의 생산량 증가로 국내산업 활성화를 통한 고용의 증가 및 소득 증가의 효과를 의미한다. 관세부과를 통해 줄어든 수입을 대체하기 위하여 국내생산량은 증가하게 되어 생산규모의 확대는 시설뿐만 아니라 고용의 증대로 이어진다. [그림 4-1]에서는 국내생산량 증가분(S_2-S_1)을 고용효과로 볼 수 있다.

⑨ 국제수지개선효과

국제수지개선효과란 수입 물품에 대한 관세의 부과로 수입이 감소하고, 국내의 생산량이 증가하여 국제수지가 개선되는 것을 의미한다. 그림에서 관세의 부과로 생산 면에서 S_2-S_1의 생산 증가와 소비 면에서 D_1-D_2의 수입 감소가 발생하여 금액을 계산할 때 $P_W \times [(S_2-S_1)+(D_1-D_2)]$로 수입의 감소분만큼 정(+)의 국제수지효과로 나타난다.

(5) 실효보호율

관세의 생산효과는 수입품에 대한 관세 부과로 인해 해당 수입품의 가격이 상승함으로써 이와 경쟁 관계에 있는 국내 상품을 보호하는 효과를 의미한다. 예컨대, 10,000원에 수입되는 외국산 구두에 20%의 관세를 부과하면 국내시장에서의 가격은 12,000원으로 상승하게 된다. 이를 통해 국내 구두 산업은 일정 수준의 보호를 받게 된다.

그러나 완제품에 부과되는 명목관세율 만으로는 관세의 실제 보호 효과를 정확히 측정하기 어렵다. 이는 제품 생산에 필요한 원자재나 부품 등 투입재에도 관세가 부과될 수 있기 때문이다. 따라서 관세의 실질적인 보호 효과를 측정하기 위해서는 실효보호율 개념을 도입할 필요가 있다.

실효보호율은 관세 정책으로 인해 창출되는 실질적인 국내 부가가치의 증가를 의미한다. 이는 완제품에 부과되는 관세뿐만 아니라 투입재에 부과되는 관세도 고려하여 계산된다. 실효보호율을 통해 특정 산업이 관세로 인해 실제로 어느 정도의 보호를 받고 있는지를 파악할 수 있다.

실효보호율의 계산 방법을 구체적인 예를 들어 설명하면 다음과 같다. 상품 A의 가격이 10,000원이고 명목관세율이 30%라고 가정하자. 또한 상품 A를 생산하는 데 필요한 부품 B의 가격이 4,000원이고 관세율이 20%라고 하자. 이 경우, 상품 A의 실효보호율은 36.67%로 계산된다. 이는 명목관세율 30%보다 높은 수치로, 실제 보호 효과가 더 크다는 것을 의미한다.

$$\frac{(13{,}000\text{원} - 4{,}800\text{원}) - (10{,}000\text{원} - 4{,}000\text{원})}{10{,}000\text{원} - 4{,}000\text{원}} \times 100 = 36.67\%$$

실효보호율을 높이기 위해서는 완제품에 대한 관세율을 투입재의 관세율보다 높게 설정해야 한다. 완제품에 대한 관세는 국내 부가가치를 상승시키는 반면, 원료나 부품 등에 대한 관세는 국내 부가가치를 하락시키기 때문이다. 따라서 원자재나 부품 등 중간재에는 무관세 또는 낮은 세율을 적용하고, 완제품에는 높은 세율을 적용하는 것이 실효보호율을 높이는 효과적인 관세 정책이 될 수 있다.

이러한 관세 정책의 이해는 국제무역정책 수립과 분석에 있어 중요한 역할을 한다. 명목관세율과 실효보호율의 차이를 인식함으로써, 정책 입안자들은 더욱 정교하고 효과적인 산업 보호 정책을 수립할 수 있게 된다.

2. 비관세

1) 비관세장벽

비관세장벽(Non-Tariff Barriers, NTBs)은 국제무역에서 관세 이외의 방법으로 수입을 억제하는 모든 조치를 포괄하는 용어이다. 비관세장벽의 정의와 관세장벽과의 차이점을 살펴보면, 관세장벽이 수입 물품의 가격을 직접적으로 높여 국내 시장에서의 경쟁력을 약화하는 방법이라면, 비관세장벽은 가격 이외의 다양한 방법을 통해 수입 물품의 경쟁력을 저하하는 정책이다. 두 장벽 모두 국제무역에서 상품, 서비스, 자본 등의 자유로운 이동을 저해하는 요소로 작용한다.

비관세장벽의 목적과 발전 과정 측면에서, 비관세장벽은 주로 신보호무역주의의 확산과 함께 발전했다. 그 주요 목적은 수출을 장려하고 수입을 억제함으로써 국제수지를 개선하고 국가 경제 발전을 도모하는 것이다. 그러나 비관세장벽의 목적이 단순히 경제적인 것에만 국한되지 않는다는 점을 주목할 필요가 있다. 때로는 수입 물품이 자국의 사회문화에 미칠 수 있는 부정적 영향을 차단하기 위한 수단으로도 활용된다.

비관세장벽과 관세장벽의 적용 범위와 특성을 보면, 관세는 주로 물품에 대해서만 부과되지만, 비관세장벽은 그 적용 범위가 훨씬 넓고 다양하다. 각 국가의 비관세장벽 내용과 형태가 다르며, 이에 따라 비관세장벽의 실체를 정확히 파악하고 그 영향을 측정하기가 매우 어렵다. 이러한 특성 때문에 비관세장벽으로 인한 무역 마찰을 해결하는 데 있어 관세장벽과 같은 정량적 접근 방식을 적용하기 어렵다는 한계가 있다.

이러한 장벽들은 직접적으로 수입품의 가격을 높이지는 않지만, 수입절차를 복잡하게 만들거나 시간을 지연시켜 결과적으로 수입 비용을 증가시킨다. 이는 국내 소비자들의 선택권을 제한하고 물가 상승을 유발할 수 있다. 동시에 국내 산업을 보호하는 효과도 있어, 정책 입안자들은 이러한 득실을 신중히 고려해야 한다.

국제무역기구(WTO)와 같은 국제기구들의 비관세장벽에 대한 대응도 중요한 주제이다. WTO는 비관세장벽을 완화하고 국제무역을 자유화하기 위해 다양한 협정을 체결하고 있다. 예를 들어, 기술장벽협정(TBT)과 위생 및 식물위생조치협정(SPS)은 각각 기술 규제와 식품 안전 관련 조치들이 불필요한 무역장벽이 되지 않도록 규제하고 있다.

디지털 경제의 발전에 따라 데이터 현지화 요구, 사이버 보안 규제 등 새로운 형태의 비관세장벽이 등장하고 있다. 또한 환경 보호, 노동권 보호 등 사회적 가치와 연계된 비관세장벽도 증가하는 추세이다. 이는 국제무역이 단순한 경제적 이슈를 넘어 사회, 환경, 윤리적 측면까지 고려해야 하는 복잡한 영역으로 발전하고 있음을 시사한다.

마지막으로, 비관세장벽이 개발도상국과 선진국 간 무역 관계에 미치는 영향도 중요한 연구 주제이다. 일반적으로 개발도상국들은 복잡한 비관세장벽을 극복할 기술적, 재정적 능력이 부족하여 선진국 시장 진입에 어려움을 겪는 경우가 많다. 이는 국제무역의 형평성 문제와 직결되며, 개발도상국의 경제 발전을 저해하는 요인이 될 수 있다.

이처럼 비관세장벽은 단순히 무역정책의 한 요소를 넘어 국제 경제 질서, 국가 간 관계, 그리고 글로벌 가치 체계와 밀접하게 연관된 복잡한 주제이다. 따라서 이에 대한 종합적이고 다각적인 이해가 글로벌 비즈니스를 이해하고 분석하는 데 있어 비관세장벽에 대한 깊이 있는 이해가 필수적이라고 할 수 있다.

2) 비관세장벽의 분류[3)]

(1) 비관세장벽의 분류체계

비관세장벽은 그 범위가 넓고 종류가 다양하여 일관된 분류체계를 수립하기가 쉽지 않다. 이에 따라 연구자, 개별 국가, 그리고 국제기구마다 서로 다른 분류 방식을 채택하고 있다. 이러한 다양한 분류체계 중 대표적인 몇 가지를 살펴보면 다음과 같다.

첫째, 1970년 로버트 볼드윈(R. E. Baldwin)이 제시한 12개 카테고리 분류 방식이 있다. 이 분류법은 비관세장벽에 대한 초기의 체계적 접근으로 평가받고 있으며, 이후 많은 연구의 기초가 되었다.

둘째, 국제연합무역개발협의회(UNCTAD)는 비관세장벽을 7개 범주로 분류하고 있다. UNCTAD는 이 중에서도 수량통제조치, 금융통제조치, 가격통제조치를 특히 중요하게 여긴다. 이 세 가지 조치는 무역을 가장 크게 제한하는 효과가 있으며, 각국에서 가장 빈번하게 사용된다고 판단하여 이를 '핵심비관세장벽(core non-tariff barriers)'으로 규정하고 있다.

셋째, 세계무역기구(WTO)는 비관세장벽을 6개 범주로 분류하고 있다. WTO의 분류체계는 주로 특정 장벽이 WTO 규정에 부합하는지를 판단하는 분쟁 해결의 관점에서 활용된다. 이는 WTO가 국제무역 규범을 제정하고 분쟁을 조정하는 역할을 수행하는 기구라는 특성을 반영한 것이다.

---

3) 비관세장벽의 분류에 대한 내용은 수입규제 통합지원센터(http://ntb.kita.net)에서 정의하고 있는 내용을 이용하였음.

표 4-3 비관세장벽의 분류 비교

관세	볼드윈	UNCTAD	WTO	미국	EU	일본
세금차별	선별적 간접세			수입정책	관세 이외 세금	
수입허가		자동허가조치	수입에 관한 특정제한		수입감시	
수량규제	쿼터, 무역 제한적 국영무역정책	수량통제			수입금지 수입허가 수량규제	수량규제
통관절차	무역제약적 통관절차		세관 및 행정상의 수입절차		등록, 서류, 통관절차	
무역구제법	반덤핑 규제					반덤핑 등 무역구제법
가격통제		가격통제정책			최소수입가	
독점행위		독점적 조치		독점방지관행	국영무역기업 수입카르텔	
기술장벽	행정 및 기술규제	기술조치	제품기준	표준, 검사, 라벨링, 인증 (환경포함)	표준 및 기술적 요건	표준, 적합성평가 제도 원산지 규정
수출제한	수출세				수출제한	
정부보조	수출보조금 및 선별적 국내보조금		정부관여	수출보조금	보조금	
정부조달	차별적 정부조달			정부조달	정부조달	정부조달
투자장벽	외국인 투자 제한			투자장벽	투자관련조치	무역관련 투자규정
지적재산권				지적재산권 보호 미비	지재권 관련조치	지재권보호
서비스업제한				서비스업 장벽		서비스무역
전자상거래 제한				전자상거래 장벽		
기타	지역적 영업관행 제한적 이민정책 선별적 통화통제	금융통제정책 기타조치	가격에 의한 규제 기타규제	기타	로컬콘텐츠 규정 수입밸런싱 규정	차별관행

출처: 수입규제 통합지원센터(http://ntb.kita.net). 2019년 자료.

이처럼 비관세장벽의 분류는 각 기관의 목적과 관점에 따라 다양하게 이루어지고 있다. 또한 개별 국가도 자국의 경제 상황과 무역정책에 따라 비관세장벽에 대한 고유한 정의와 분류체계를 가지고 있다. 이러한 다양성은 비관세장벽의 복잡성과 다면성을 보여주는 동시에, 국제적으로 통일된 접근 방식의 필요성을 제기한다고 볼 수 있다.

(2) 비관세장벽의 종류

① 수입권한 및 자격제한

수입권한 및 자격제한은 크게 세 가지 형태로 나타나며, 이는 국제무역에 있어 중요한 비관세장벽으로 작용한다.

첫째, 국영무역제도로 인한 제약이 있다. 이는 특정 품목 또는 모든 품목에 대한 수입 권한을 국가가 독점적으로 운영하는 경우를 말한다. 이에 따라 실제 수요자에게 직접 수출하는 것이 어려워지거나 수출 관련 부대비용이 증가하는 등의 문제가 발생한다.

둘째, 지정무역제도에 따른 어려움이 있다. 이는 특정 개인이나 단체에만 수입권한을 부여하는 제도로, 실수요자에게 직접 수출하는 것이 어려워지거나 대행수수료 등의 추가 비용이 발생하게 된다.

셋째, 무역업 허가제로 인한 제약이 있다. 이는 수입 자격을 허가제로 운영하고 제한함으로써 무역 활동에 어려움을 주거나 비용을 증가시키는 경우를 말한다. 예를 들어, 외국인에게 무역업 자격 취득을 불허하는 등의 정책이 이에 해당한다.

이러한 수입권한 및 자격제한은 자유로운 무역을 저해하고 시장 진입 장벽을 높이는 역할을 한다. 이는 결과적으로 국제무역의 효율성을 떨어뜨리고 소비자 후생을 감소시킬 수 있다. 따라서 이러한 제도들은 국제무역 협상에서 중요한 논의 대상이 되며, 점진적인 개선과 철폐가 요구되는 영역이다.

② 수입규제 및 수량제한

수입 규제 및 수량제한에 의한 무역장벽들은 종종 표면적으로는 합법적이거나 정당해 보일 수 있지만, 실제로는 무역을 왜곡하고 자유로운 상품 이동을 방해할 수 있다. 비관세장벽의 주요 형태들을 살펴보면 다음과 같다.

첫째, 수입금지는 가장 극단적인 형태의 비관세장벽이다. 이는 특정 품목, 예를 들어 중고자동차와 같은 상품의 수입을 완전히 금지하는 조치이다. 이러한 금지 조치가 비합리적인 근거나 차별적인 방식으로 실행될 경우, 해당 상품의 수출이 불가능해져 무역에 심각한 장애가 된다.

둘째, 비자동 수입승인 제도는 특정 상품을 수입할 때 사전에 일정한 요건을 심사받도록 요구한다. 이 제도 자체는 합법적일 수 있지만, 때로는 비합리적인 수입 거부나 보류 등을 통해 사실상의 수입 억제 수단으로 악용될 수 있고, 이는 수출국의 기업에 불확실성과 추가적인 비용을 부담시킬 수 있다.

셋째, 자동수입승인 제도는 원칙적으로 일정 기간 내에 특별한 사유가 없는 한 수입허가서를 자동으로 발급하게 되어 있다. 그러나 실제로는 부당한 발급 지연이나 수출 조건의 수정 요구 등을 통해 수입을 제한하는 수단으로 사용될 수 있다. 이는 형식적으로는 자유로운 것처럼 보이지만 실질적으로는 무역을 방해하는 요소로 작용할 수 있다.

넷째, 수입쿼터(import quota) 제도는 국가별 또는 업체별로 수입 물량을 제한하는 방식이다. 이 제도가 비합리적으로 운영될 경우, 수출 기업들은 시장 접근에 상당한 어려움을 겪게 된다. 특히 쿼터 배분이 투명하지 않거나 차별적으로 이루어질 때 문제가 된다.

다섯째, 관세할당(tariff quota) 제도는 일정 수량까지의 수입에 대해서는 정상적인 관세율을 적용하지만, 그 이상의 수입량에 대해서는 매우 높은 관세를 부과하는 방식이다. 이는 사실상 수입량을 제한하는 효과를 가져오며, 수출 기업들의 시장 진입을 어렵게 만든다.

여섯째, 수출자율규제(voluntary export restraints, VERs)는 수입국의 요구에 따라 수출국의 기업들이 자발적으로 수출 물량을 제한하는 제도이다. 이는 표면적으로는 자율적인 조치로 보이지만, 실제로는 수입국의 압력에 의한 것으로 무역을 왜곡시키는 요인이다.

마지막으로, 특정 지역에 대한 수입감시제는 특정 국가나 지역을 수입감시 대상으로 지정하여 별도로 관리하는 제도이다. 이는 해당 지역으로부터의 수입을 억제하는 정책으로 작용하여, 결과적으로 수출에 장애가 될 수 있다.

③ 선적전검사 및 영사확인제도

선적전검사(Pre-shipment Inspection) 및 영사확인제도(Consular Legalization System)는 국제무역에서 중요한 역할을 하는 절차이다. 이 제도들은 수출입 과정에서 상품의 품질, 수량, 가격 등을 확인하고 문서의 적법성을 검증하는 데 사용된다. 그러나 이러한 제도들은 여러 가지 문제점을 안고 있어 수출업체에 상당한 부담을 주고 있다.

첫째, 선적전검사 절차의 복잡성이다. 이 절차는 매우 복잡하고 까다로워 많은 시간이 소요된다. 이에 따라 선적이 지연되는 경우가 빈번하게 발생하며, 이는 수출업체의 비용 증가와 경쟁력 약화로 이어질 수 있다.

둘째, 선적전검사 수수료의 과다 문제이다. 많은 국가에서 과도하게 높은 수수료를 요구하고 있어 수출업체의 재정적 부담이 가중되고 있다. 이는 특히 중소기업이나 신생 수출업체에 큰 부담으로 작용할 수 있다.

셋째, 지나치게 높은 감정가격 책정 문제이다. 선적전검사 기관의 감정 능력 부족이나 자의적인 판단으로 인해 상품의 가치가 실제보다 높게 책정되는 경우가 있다. 이는 수입국에서 관세 부담을 증가시켜 수출업체의 가격 경쟁력을 떨어뜨리는 결과를 초래한다.

넷째, 선적전검사와 현지검사의 중복 문제이다. 이미 선적전검사를 통과한 물품을 수입국에서 다시 검사하는 경우가 있어 불필요한 시간과 비용이 소요된다. 이는 수출 과정의 비효율성을 증가시키고 수출업체에 추가 부담을 준다.

다섯째, 영사확인제도의 문제점이다. 이 제도는 한 국가의 문서가 다른 국가에서 인정을 받기 위해 거치는 인증제도이다. 그러나 이 과정에서 과도한 수수료가 부과되고 절차가 복잡하여 수출이 지연되는 등의 문제가 발생하고 있다. 아포스티유 협약의 확산으로 일부 국가 간 거래에서는 영사확인 대신 아포스티유를 사용할 수 있게 되었다. 예를 들어, 2021년 9월부터 싱가포르가 아포스티유 협약에 가입하면서 한국과 싱가포르 간의 문서 교환 시 아포스티유를 사용할 수 있게 되었다.

이러한 문제점들은 국제무역을 저해하는 요소로 작용하고 있으며, 특히 개발도상국의 수출 증진에 장애가 되고 있다. 따라서 이들 제도의 간소화와 효율화, 그리고 국제적 표준화를 위한 노력이 필요하다. 또한, 관련 국가 간 협력을 통해 이중 검사를 줄이고 수수료를 합리적인 수준으로 조정하는 등의 개선 방안을 모색해야 할 것이다.

④ 원산지제도

원산지제도(Country of Origin Labeling)는 국제무역에서 매우 중요한 역할을 하는 제도이다. 이 제도는 상품의 국적을 결정하는 기준을 제공하며, 이는 관세, 무역정책, 그리고 기타 무역 관련 조치의 적용에 직접적인 영향을 미친다. 하지만 이 제도의 운용 과정에서 여러 가지 문제점들이 발생할 수 있다.

첫째, 차별적 원산지증명서(Certificate of Origin) 요구 문제가 있다. 일부 국가는 다른 나라들에 비해 불필요하게 엄격하고 복잡한 원산지증명서를 요구하는 경향이 있다. 이는 수출업체들에 추가적 부담을 주며, 무역장벽으로 작용할 수 있다.

둘째, 특정 상황에서 더 강화된 원산지 기준을 적용하는 문제가 있다. 이는 일관성 없는 정책 적용으로 인식될 수 있으며, 무역 파트너 간 불신을 초래할 수 있다.

셋째, 불명확한 원산지제도 운영의 문제가 존재한다. 원산지 규정이 모호하거나 일관성이 없을 때, 이를 해석하고 적용하는 과정에서 자의적 판단이 개입될 여지가 있다. 이는 무역 당사자들 간 마찰을 일으키고 수출 과정에서 예측하지 못한 어려움을 초래할 수 있다.

넷째, 무리한 원산지 표시 요구의 문제가 있다. 일부 국가는 제품이나 부품에 대해 특정한 방식으로 원산지를 표시할 것을 요구하는데, 이러한 요구가 때로는 과도하거나 비현실적일 수 있다. 이는 생산자와 수출업체에 불필요한 비용과 부담을 안겨줄 수 있다.

이러한 문제점들은 국제무역을 저해하고 불필요한 비용을 발생시킬 수 있다. 따라서 원산지제도의 투명성과 일관성을 높이고, 국제적으로 조화로운 기준을 마련하는 것이 중요하다. 이를 통해 무역 당사자들 간 신뢰를 구축하고 보다 효율적인 국제무역 환경을 조성할 수 있을 것이다.

⑤ 라벨링(Labelling)

라벨링(Labelling)은 제품에 관한 정보를 소비자에게 전달하는 중요한 수단이다. 그러나 국제무역에서 라벨링 요구사항이 때로는 비관세장벽(non-tariff barrier)으로 작용할 수 있다. 이는 수입품에 대해 과도하거나 차별적인 라벨링 요구를 함으로써 발생한다.

첫째, 수입품에 대한 차별적 대우의 문제가 있다. 일부 국가는 자국 상품과 비교하여 수입품에 대해 서로 다른 라벨링 표시나 부착을 요구한다. 이는 공정 경쟁을 저해하고 수입업자에 추가적 부담을 줄 수 있다.

둘째, 과도한 정보 표시 요구의 문제가 있다. 소비자에게 적절한 정보를 제공하는 것은 중요하지만, 일부 국가는 라벨링에 과다한 내용을 요구한다. 이는 제조업체나 수입업자에게 불필요한 비용과 시간을 초래할 수 있다.

셋째, 언어 표기와 관련된 제한이 있다. 일부 국가는 자국어 표기만을 요구하고 영어 등 다른 언어의 표기를 인정하지 않는다. 이는 국제무역을 어렵게 만들고 수입업자의 부담을 가중할 수 있다.

넷째, 특정 위치에 대한 표기 요구의 문제가 있다. 일부 국가는 상품 자체에 특정 위치에 라벨을 부착할 것을 강제한다. 이는 제품 디자인이나 포장에 영향을 미칠 수 있으며, 제조업체에 추가 비용을 발생시킬 수 있다.

다섯째, 국가별 조달비율 표시 요구의 문제가 있다. 글로벌 공급망(global supply chain)이 복잡해짐에 따라 완제품은 여러 국가로부터 부품을 조달받아 생산된다. 일부 국가는 이러한 완제품에 대해 각 부품의 국가별 조달비율을 표시할 것을 요구한다. 이는 제조업체에 상당한 부담이 될 수 있으며, 실질적으로 이행하기 어려운 요구사항일 수 있다.

이러한 라벨링 관련 요구사항들은 국제무역을 저해하고 불필요한 비용을 발생시킬 수 있다. 따라서 각국은 소비자 보호와 정보 제공이라는 라벨링의 본래 목적을 달성하면서도, 불필요한 무역장벽을 만들지 않도록 균형 있는 접근이 필요하다.

⑥ 표준, 규격 및 검사제도

국제무역에서 각국의 표준, 규격 및 검사제도는 중요한 역할을 한다. 이러한 제도들은 제품의 품질과 안전을 보장하는 데 필수적이지만, 때로는 무역장벽으로 작용할 수 있다. 이 장에서는 이러한 제도와 관련된 주요 문제점들을 살펴본다.

첫째, 국제표준과의 불일치 문제가 있다. 일부 국가는 국제적으로 인정된 표준 대신 자국의 고유한 기술 요건이나 표준을 고집하는 경향이 있다. 이는 불필요한 비용을 발생시키고 수출 기업에 어려움을 줄 수 있다.

둘째, 유사 규격 불인정 문제가 존재한다. 어떤 국가는 국제적으로 인정받은 규격이나 더 엄격한 기준을 충족하는 제품에 대해서도 자국의 절차에 따른 추가 검사를 요구하는 경우가 있다. 이는 중복된 노력과 비용을 초래한다.

셋째, 타국 검사기관 결과 불인정 문제가 있다. 일부 국가는 자국 내 검사기관의 결과만을 인정하고 다른 나라의 검사기관 결과를 인정하지 않는 경우가 있다. 이러한 경직된 제도는 수출 기업들에 추가 부담을 준다.

넷째, 이중 표준·규격제도 운영의 문제점이 있다. 같은 지역 내에서도 서로 다른 규격이나 표준을 요구하는 경우가 있어 수출 기업에 혼란을 줄 수 있다.

다섯째, 중복검사 시행의 문제가 있다. 한 국가 내에서 여러 기관이 동일하거나 유사한 검사를 중복해서 요구하는 경우가 있어 시간과 비용의 낭비를 초래한다.

여섯째, 수입품에 대해 차별적 기준 적용이 있다. 일부 국가는 수입품에 대해 자국 제품보다 더 엄격한 검사기준이나 기술 요건을 요구하는 경우가 있다.

일곱째, 과도한 기술 요건 요구의 문제가 있다. 안전이나 보건 등의 목적에 비해 지나치게 많거나 복잡한 규격, 표준, 기술 요건을 요구하는 경우가 있다.

여덟째, 인증 획득 및 검사의 장기화 문제가 있다. 필요한 규격이나 인증을 얻는 데 너무 오랜 시간이 걸려 사실상 수입 장벽으로 작용하는 경우가 있다.

아홉째, 과다한 검사료 요구의 문제가 있다. 일부 국가는 통관 과정에서 지나치게 높은 검사료를 요구해 수출 상품의 가격경쟁력을 떨어뜨리는 경우가 있다.

열 번째, 검사 지연과 연기 문제가 있다. 수입국의 사정으로 인한 검사 지연이 수출 기업에 손해를 끼치거나 수출 일정에 차질을 빚는 경우가 있다.

열한 번째, 잦은 기준 변경과 짧은 공시 기간 문제가 있다. 검사기준을 자주 바꾸거나 변경 사항을 너무 짧은 기간 내 공지하여 수출 기업들이 대응하기 어려운 때도 있다.

열두 번째, 불공정한 검사의 문제가 있다. 자국이나 관련국의 민간 기업을 검사기관으로 지정하여 정보 유출이나 불공정한 검사가 우려되는 경우가 있다.

마지막으로, 불투명한 검사기준 및 절차의 문제가 있다. 통관 과정의 검사 기준이나 절차가 명확하지 않아 그 결과를 신뢰하기 어려울 때도 있다.

이러한 다양한 문제점들은 국제무역을 저해하고 불필요한 비용을 발생시킬 수 있다. 따라서 각국은 이러한 문제점들을 인식하고 개선하려는 노력을 기울여야 하며, 국제적으로 조화된 표준과 투명한 검사 제도를 구축하는 것이 중요하다.

⑦ 관세평가 및 수입부가금

관세평가 및 수입부가금은 국제무역에서 중요한 요소로, 각국 정부가 수입품에 대해 취하는 다양한 정책과 조치를 포함한다. 첫째, 최저가격제도 또는 표준가격 고시제도(minimum price or standard price system)은 정부가 특정 수입품에 대해 최저 또는 표준 수입가격을 설정하는 방식이다. 만약 수입품의 가격이 이 기준 미만일 경우, 정부는 두 가지 방식으로 대응할 수 있다. 하나는 그 차액에 대한 관세를 예치하도록 요구하는 것이고, 다른 하나는 수입허가서(Import License, I/L) 발급을 거부하는 것이다. 이러한 조치들은 사실상 해당 가격 이하의 수입을 금지하는 효과를 가진다.

둘째, 최고가격제도는 최저가격제도와 반대되는 개념이다. 이 제도 아래에서 정부는 수입가격의 상한선을 정해놓고, 이를 초과하는 가격으로 신고된 수입품에 대해 매우 엄격한 세관 심사를 한다. 이에 따라 통관 절차가 지연되거나 기타 어려움이 발생할 수 있어, 수입업자들에 부담으로 작용한다.

셋째, 실거래가격 불인정 및 자의적 평가는 세관이 수입업자가 신고한 실제 거래 가격을 인정하지 않고, 자체적인 기준으로 수입품의 가치를 평가하는 관행을 말한다. 이러한 방식은 종종 부당하게 높은 관세 부과로 이어져 수입업자에 불이익을 줄 수 있다.

넷째, 차별적 수입부가금은 수입품에 대해 자국산 제품과는 다른 기준의 세금이나 부담금을 부과하는 정책을 의미한다. 이는 외국 수출업체들을 불리한 위치에 놓이게 하여 자국 산업을 보호하는 효과를 가진다.

이러한 관세평가 및 수입부가금 정책들은 국제무역에서 중요한 비관세장벽으로 작용할 수 있다. 이들은 직접적인 관세 부과 외에도 다양한 방식으로 수입을 제한하거나 자국 산업을 보호하는 수단으로 활용된다. 따라서 국제무역 협상에서 이러한 정책들의 공정성과 투명성이 주요 쟁점이 되곤 한다.

⑧ 수입통관

국제무역에서 통관 절차는 매우 중요한 과정이다. 하지만 종종 이 과정에서 여러 가지 문제점들이 발생하곤 한다. 이러한 문제점들은 수출업체에 상당한 부담을 안겨주며, 원활한 무역 활동을 저해할 수 있다. 이 글에서는 통관 과정에서 발생할 수 있는 주요 문제점들을 살펴보고자 한다.

첫째, 과다한 서류 요건이 문제가 될 수 있다. 현지 통관 시 지나치게 복잡하거나 불필요한 서류 작성을 요구하는 때도 있다. 이는 수출업체에 상당한 시간과 노력을 요구하며, 불필요한 비용을 발생시킬 수 있다.

둘째, 자국어에 의한 통관 서류 작성 요구도 큰 부담이 된다. 일부 국가에서는 모든 통관 서류를 반드시 자국어로만 작성하도록 요구한다. 이는 언어 장벽으로 인해 수출업체에 번역 비용과 시간을 추가하게 만든다.

셋째, 중복된 자료 요구로 인한 문제가 있다. 현지의 각기 다른 기관들이 유사한 자료들을 중복적으로 요구하는 경우가 있다. 이는 불필요한 업무 부담을 발생시키며, 통관 절차를 지연시키는 요인이 된다.

넷째, 자의적 심사 기준의 적용이 문제가 될 수 있다. 현지 세관별, 담당자별로 각기 다른 기준을 적용하여 수출 지연이나 혼선을 초래하는 경우가 있다. 이는 예측 가능성을 저해하며, 수출업체의 계획 수립에 어려움을 줄 수 있다.

다섯째, 지나치게 잦은 통관 방침 변경도 문제가 된다. 현지의 통관 방침이 자주 바뀌면 수출업체들이 적응하기 어려울 뿐만 아니라, 종종 예기치 못한 차질을 발생시킬 수 있다.

여섯째, 지나친 통관 지연이 발생할 수 있다. 현지 세관의 근무 시간이 너무 짧거나, 세관원의 업무 태만, 인력 부족 등으로 인해 통관이 지연되는 경우가 있다.

이는 수출 일정에 차질을 빚을 수 있으며, 추가 비용을 발생시킬 수 있다.

이외에도 부당한 통관 시비, 과도한 지체금 부과, 과다한 통관 수수료, 부적절한 세번 분류, 그리고 샘플이나 전시용품에 대한 부당한 관세 부과 등의 문제가 발생할 수 있다.

이러한 문제들은 국제무역을 저해하는 요소로 작용할 수 있으며, 특히 중소기업에 더욱 큰 부담이 될 수 있다. 따라서 각국 정부와 관련 기관은 이러한 문제점을 인식하고, 보다 효율적이고 공정한 통관 절차를 마련하기 위해 노력해야 할 것이다. 동시에 수출업체들도 이러한 잠재적 문제점들을 미리 인지하고 대비책을 마련하는 것이 중요하다.

⑨ 운송 · 항만 이용

일부 국가는 다양한 방식으로 운송과 항만 이용을 제한하거나 방해함으로써 무역장벽을 만들어 내고 있다. 이러한 장벽들은 무역 비용을 증가시키고 효율성을 저하하는 결과를 초래한다. 주요한 운송 및 항만 이용 관련 무역장벽은 다음과 같다.

첫째, 보세운송(bonded transportation) 제한이 있다. 일부 국가는 현지 내륙으로의 보세운송을 제한함으로써 통관 절차를 지연시키고 창고료 등 부가적 운송 비용을 발생시킨다. 이는 수입업자에 추가로 경제 부담을 주게 된다.

둘째, 수입항구(port of entry) 제한이 존재한다. 특정 물품에 대해 수입할 수 있는 항구를 별도로 지정해 놓음으로써 불필요한 운송비용과 시간 지연을 유발한다. 이는 수입업자의 선택권을 제한하고 물류 효율성을 저하하는 결과를 낳는다.

셋째, 특정 운송수단의 강요 또는 제한이 있다. 일부 국가는 자국의 운송수단을 이용하도록 강제하거나 반대로 특정 국가의 운송수단 이용을 제한함으로써 무역 당사자들에게 불편을 초래한다. 이는 운송의 자유로운 선택을 방해하고 비용 증가로 이어질 수 있다.

넷째, 부당한 항만 이용료 부과가 문제가 된다. 일부 국가는 현지 항만의 입출항과 관련하여 과도하거나 부당한 각종 이용료를 요구한다. 이는 무역 비용을 직접적으로 증가시키는 요인이 된다.

다섯째, 통과화물에 대한 예치금 제도가 있다. 단순히 한 국가의 영토를 통과하는 화물에 대해서도 예치금을 요구하는 경우가 있다. 이는 불필요한 자금 부담을 초래하고 무역 거래의 유동성을 저해하는 요인이 된다.

이러한 운송 및 항만 이용 관련 무역장벽은 국제무역의 흐름을 방해하고 거래 비용을 증가시킨다. 따라서 이를 해소하기 위한 국제적 협력과 각국의 노력이 필요하며, 무역 원활화를 위한 제도적 개선이 지속되어야 할 것이다.

⑩ 수입대금결제

국제무역에서 수입을 억제하기 위한 여러 정책 수단이 존재한다. 이러한 수단들은 주로 수입 과정에서 필요한 금융 거래나 대금 지급을 제한하는 방식으로 작동한다.

첫째, 신용장(Letter of Credit, L/C) 개설 제한 정책이 있다. 신용장은 국제무역에서 널리 사용되는 대금 지급 보증 수단이다. 이 정책은 수출입을 연계한 경우에만 신용장 개설을 허용함으로써 수입을 억제하려는 목적을 가진다. 예를 들어, 수출실적이 있는 기업에만 수입을 위한 신용장 개설을 허용하는 방식으로 운영될 수 있다.

둘째, 외환 할당 정책이 있다. 이는 현지 수입업자들이 수입대금 결제를 위해 필요한 외환을 자유롭게 매매할 수 없도록 제한하는 것이다. 정부나 중앙은행이 특정 목적이나 산업에 한정하여 외환을 배정함으로써 전반적인 수입을 통제하는 효과를 얻을 수 있다.

셋째, 수입대금 지급기간 제한 정책이 있다. 이는 상품 선적 후 일정 기간 내에 수입대금을 지급하도록 강제하는 방식이다. 이러한 제한은 수입업자들의 자금 운용을 어렵게 만들어 수입을 줄이는 효과를 가져올 수 있다.

넷째, 상습적 대금결제 지연 정책이 있다. 이는 정부가 정책적으로 고의적이고 상습적으로 수입대금 결제를 지연하거나 미결제 상태로 두는 것을 말한다. 이러한 행위는 수출국과의 무역 관계를 악화시킬 수 있으며, 장기적으로는 해당 국가의 신용도를 떨어뜨릴 수 있는 위험이 있다.

이러한 정책들은 각국의 경제 상황과 무역정책에 따라 선별적으로 사용되며, 국제무역 규범과 협정을 고려하여 신중하게 적용되어야 한다.

CHAPTER

05

외환시장과 국제수지

■ 학습목표

1. 외환과 외환시장에 대해 학습한다.
2. 환율의 개념에 대해 이해한다.
3. 환율의 구조를 학습한다.
4. 국제수지의 개념과 활용에 대해 학습한다.

1. 외환과 외환시장

1) 외환의 정의

환(exchange, 煥)이란 서로 멀리 떨어져 있는 사람들 사이의 채권(돈을 받을 권리)과 채무(돈을 갚아야 할 의무)의 관계를 현금의 흐름 없이 어음, 수표, 증서를 사용하여 은행 등의 금융기관을 통해 결제, 송금, 추심 등의 방법으로 처리하는 수단이나 방식을 의미한다. 외환(외국환)은 먼저 환의 정의에 따라 서로 멀리 떨어져 있는 사람 중 특히 해외에 있는 당사자나 경제 주체와 채권 및 채무의 관계에 있어 현금의 흐름 없이 금융기관을 통해 결제하는 방식을 의미하며, 아울러 외화(외국 화폐), 즉 외국통화(foreign currency)의 개념도 함께 가진다. 한편 국내에 있는 당사자나 경제 주체와 채권 및 채무 관계를 현금의 흐름 없이 금융기관을 통해 결제하는 방식은 내국환이라 한다. 외환과 내국환은 채권·채무관계를 현금의 흐름 없이 금융기관을 통해 결제한다는 유사점이 있으나, 국제 거래인지 아닌지에 대한 차이점이 있다. 외환의 개념에 대해 우리나라는 외국환거래법에서 대외지급수단, 외화증권, 외화파생상품 및 외화채권을 의미한다고 정의하고 있으며, 각각의 정의는 다음과 같다. 먼저 대외지급수단은 외국통화, 외국통화로 표시된 지급수단, 그 밖에 표시 통화와 관계없이 외국에서 쓸 수 있는 지급수단을 의미한다. 대외 지급수단에는 외국에서 가용할 수 있는 정부지폐, 은행권, 주화, 우편환, 신용장, 환어음, 약속어음, 직불카드(debit card) 등이 있다. 참고로 내국지급수단은 대외지급수단 외의 지급수단을 말한다. 다음으로 외화증권은 외국통화로 표시된 증권 또는 외국에서 지급받을 수 있는 증권을 의미하며, 외화파생상품은 외국통화로 표시된 파생상품[1] 또는 외국에서 지급받을 수 있는 파생상품을

---

1) 파생상품(Derivatives)은 기초자산(Underlying Asset)의 가치에 근거하여 그 가치가 결정되는 금융상품이다. 주식, 채권, 상품, 통화 등이 기초자산이 될 수 있으며, 선물(Futures), 선도(Forwards), 옵션(Options), 스왑(Swaps) 등이 대표적인 파생상품이다. 이들은 위험관리, 투기, 차익거래 등의 목적으로 활용되며, 금융

의미한다. 마지막으로 외화채권은 외국통화로 표시된 채권 또는 외국에서 지급받을 수 있는 채권을 의미한다. 참고로 내국통화는 대한민국의 법정통화인 원화(KRW)를 의미하며, 결과적으로 외국통화는 내국통화 외의 통화를 말한다.

외국환거래는 기본적으로 환위험과 함께 환거래계약을 수반한다. 먼저, 외국환은 사용하는 통화가 서로 다른 국가 간 발생하는 결제 과정이므로 통화 간 교환비율인 환율(foreign exchange rate) 문제가 반드시 발생한다. 이러한 환율 문제는 결과적으로 거래의 시점과 대금결제의 시점이 다를 경우 환율변동으로 발생하는 환위험을 의미한다.

다음으로 외국환의 경우 내국환과 달리 유통성이 지극히 제한적이기 때문에 예치환거래관계에 있는 은행을 통해 결제가 이루어짐으로 외국환을 사용할 때 주의가 필요하다. 예치환거래은행은 외국환은행이 외국환업무를 수행하기 위해서는 상호 간 은행의 서비스가 필요하다. 따라서 외국환은행은 외국에 환거래은행을 설치하게 된다. 예치환거래은행에는 당좌예금계정(current account, 언제든지 현금화할 수 있는 계정)을 개설하여 자금의 지급이나 수취를 하도록 한다. 이렇게 예금계정을 개설하고 있는 환거래은행을 예치환거래은행이라고 한다. 그리고 예치환 관계가 아닌 은행을 무예치환거래은행이라고 한다.

2) 외환시장

외환시장은 두 가지 관점에서 이해할 수 있다. 첫째, 좁은 의미의 외환시장은 단순히 외환거래가 이루어지는 물리적 또는 가상의 공간을 지칭한다. 이는 외환의 매입자와 매도자, 딜러(dealer)[2], 중개회사 등 다양한 시장 참여자들이 통신망

시장에서 중요한 역할을 한다. 파생상품은 높은 레버리지 효과로 인해 고수익의 가능성과 동시에 고위험의 특성을 가진다.

2) 딜러(dealer)는 자기 계정으로 거래하며 매수–매도 호가 스프레드로 수익을 얻고, 시장 유동성을 제공하나 재고 위험을 부담한다. 반면 브로커(broker)는 고객을 대신해 거래를 중개하고 수수료로 수익을 얻으며, 재고 위험은 없으나 직접적인 시장 참여는 하지 않는다. 딜러dealer는 시장 조성자 역할을, 브로커broker는

을 통해 상호작용하며 거래를 성사하는 장(場)을 의미한다. 둘째, 넓은 의미의 외환시장은 단순한 장소적 개념을 넘어서 외환거래와 관련된 모든 과정과 체계를 포괄한다. 이는 외환거래의 형성부터 유통, 결제에 이르는 전 과정을 아우르는 메커니즘(mechanism)을 일컫는다. 따라서 외환시장은 단순한 거래의 장소를 넘어 복잡한 경제체제 일부로 이해할 수 있다.

외환시장의 주요 목적은 서로 다른 통화 간 구매력 이전을 가능케 하는 것이다. 이를 통해 국제무역과 투자가 원활히 이루어질 수 있는 기반을 제공한다. 외환시장의 주요 참가자로는 금융 회사(은행 포함), 개인과 기업, 기관투자자, 각국의 중앙은행, 정부 부처, 외환중개회사 등이 있다.

외환시장의 특징은 크게 세 가지로 요약할 수 있다. 첫째, 거래 규모 측면에서 은행 간 외환시장이 가장 큰 비중을 차지한다. 이는 대규모 금융기관들이 외환시장의 주요 참여자임을 시사한다.

둘째, 외환거래의 발생 형태를 살펴보면 실수요 거래와 투기 거래로 나눌 수 있다. 실수요 거래는 실질적인 경제 활동에 기반한 외환 수요에 의한 거래를 의미하며, 투기거래는 순수하게 환율변동을 통한 수익을 목적으로 하는 거래를 말한다. 흥미롭게도 외환시장에서는 투기거래의 비중이 실수요 거래보다 상대적으로 크다.

셋째, 외환시장은 국제적으로 통합된 하나의 시장이며, 24시간 운영되는 특징을 가진다. 예를 들어 뉴욕의 트레이더가 도쿄에 있는 거래 상대방과 실시간으로 엔화–달러 거래를 할 수 있다. 이는 시간대가 다른 두 도시 간 즉각적 거래가 가능함을 보여준다. 런던의 외환시장이 마감할 때 뉴욕 시장이 열리고, 뉴욕 시장이 마감할 때 시드니와 도쿄 시장이 열린다. 이러한 연속적인 시장 운영으로 24시간 끊임없는 거래가 이루어진다. 그리고 글로벌 외환 플랫폼을 통해 서울의 투자자

최적 거래조건 탐색자 역할을 한다. 외환시장에서 양자는 상호보완적 기능을 수행하여 시장의 효율성을 높인다. 중고 자동차 딜러와 공인중개사(브로커)의 차이점과 맥락이 같다.

가 밤새 호주 달러의 가치변동을 모니터링하고 적절한 시점에 거래할 수 있다. 이는 전 세계 금융 중심지들의 시차를 활용하여 끊임없이 거래가 이루어지는 글로벌 시장의 성격을 잘 보여준다.

이러한 특징들로 인해 외환시장은 세계 경제의 중추적인 역할을 담당하며, 국제 금융 시스템의 핵심 요소로 작용한다.

3) 외환의 종류

(1) 송금환과 추심환

송금환(remittance bill)은 국제간 자금 결제 과정에서 채무자가 채권자에게 자금을 보내는 방식을 말한다. 이는 돈의 흐름과 환어음의 흐름이 같은 방향으로 진행되기 때문에 순환(順煥)이라고도 불린다. 예를 들어, 한국 기업이 미국 기업에 물품 대금을 지급해야 할 때, 한국 기업이 직접 미국 기업에 자금을 송금하는 경우가 이에 해당한다. 이 방식은 채무자가 주도적으로 결제를 진행하므로 거래의 신속성과 확실성을 높일 수 있다는 장점이 있다.

둘째, 추심환(collection exchange)은 반대로 채권자가 채무자에게 자금을 요구하는 방식이다. 이 경우 환어음의 흐름이 자금의 흐름과 반대 방향으로 진행되므로 역환(逆煥)이라고도 한다. 예를 들어, 미국 기업이 한국 기업에 물품을 수출하고 대금을 받아야 할 때, 미국 기업이 한국 기업에 대금 지급을 요청하는 환어음을 발행하는 경우가 이에 해당한다.

송금환의 과정은 다음과 같다. 첫째, 채무자(예: 수입업자)가 자국의 거래 은행에 송금을 요청한다. 둘째, 채무자의 거래 은행은 해외 환거래은행에 송금 지시를 보낸다. 셋째, 해외 환거래은행은 채권자(예: 수출업자)의 거래 은행에 자금을 이체한다. 넷째, 채권자의 거래 은행은 최종적으로 채권자에게 자금을 지급한다.

송금환의 장점은 거래의 신속성과 확실성이 높다는 것이다. 채무자가 주도적으로 결제를 진행하므로 채권자는 대금 회수에 대한 불확실성이 낮아진다. 또한 비교적 간단한 절차로 인해 거래비용을 절감할 수 있다. 그러나 채무자가 송금을 지연하거나 거부할 때 채권자가 대응하기 어려운 단점이 있다.

추심환은 반대로 채권자가 채무자에게 자금을 요구하는 방식이다. 이 경우 환어음의 흐름이 자금의 흐름과 반대 방향으로 진행되므로 역환(逆換)이라고도 한다. 예를 들어, 미국 기업이 한국 기업에 물품을 수출하고 대금을 받아야 할 때, 미국 기업이 한국 기업에 대금 지급을 요청하는 환어음을 발행하는 경우가 이에 해당한다. 추심환의 과정은 다음과 같은 과정을 거친다. 첫째, 채권자(예: 수출업자)가 환어음을 발행하여 자국의 거래 은행에 추심을 의뢰한다. 둘째, 채권자의 거래 은행은 채무자 국가의 환거래은행에 추심을 의뢰한다. 셋째, 채무자 국가의 환거래은행은 채무자(예: 수입업자)에게 환어음을 제시하고 지급을 요청한다. 넷째, 채무자가 대금을 지급하면, 그 자금은 역순으로 채권자에게 전달된다.

추심환의 장점은 채권자가 대금 회수에 대한 주도권과 통제력을 가진다는 것이다. 또한 채권자가 선적서류를 통제할 수 있어 물품에 대한 소유권을 보장받을 수 있다. 그러나 송금환에 비해 절차가 복잡하고 시간이 더 소요되며, 채무자가 지급을 거부하면 추가적인 법적 조치가 필요할 수 있다는 단점이 있다.

이 두 방식의 선택은 다양한 요인에 의해 결정되는데, 거래 당사자 간 신뢰도와 관계, 각국의 외환 정책과 규제, 국제 금융 시장의 상황, 거래의 규모와 빈도, 업계의 관행과 표준 등에 달려 있다.

또한 최근에는 전자 결제 시스템의 발달로 인해 이러한 전통적인 방식들이 변화하고 있다. 실시간 국제 송금 시스템, 블록체인 기술을 활용한 결제 방식 등이 등장하면서 국제 금융 거래의 효율성과 안전성이 높아지고 있다.

(2) 당발환과 타발환

국제 금융 시장에서 중요한 역할을 하는 외환거래는 크게 당발환(outward exchange)과 타발환(inward exchange)으로 구분된다. 이 두 가지 개념은 외환은행의 관점에서 정의되며, 거래의 방향과 처리 방식에 따라 다르게 적용된다.

당발환은 외환은행이 주도적으로 외환을 취급하거나 추심하는 과정을 의미한다. 이는 환거래의 시작점이 되는 은행, 즉 당발은행에서 처리하는 외환거래를 지칭한다. 당발환은 다음과 같이 두 가지 주요 형태로 나눌 수 있다. 첫째, 당발송금환은 외환은행이 채무자의 요청에 따라 채권자에게 외환을 송금하는 형태다. 이 과정에서 외환은행은 송금인(remitter)의 역할을 수행하며, 국제적인 자금 이동을 촉진하게 된다. 둘째, 당발추심환은 외환은행이 채권자의 요청에 따라 외국의 지급인으로부터 대금을 추심하는 형태다. 이 경우 외환은행은 추심 대리인(collecting agent)의 역할을 맡게 된다.

타발환(Inward Exchange)은 외환은행이 해외에 있는 상대 은행으로부터 송금을 받거나 추심을 의뢰받는 과정을 의미한다. 이는 거래가 종결되는 은행으로서, 자금을 송금한 은행(타발은행)이 취급하는 외환을 지칭한다. 타발환 역시 두 가지 주요 형태로 구분된다. 첫째, 타발송금환은 외환은행이 해외의 상대 은행으로부터 송금된 외환을 매입하고, 그에 대한 대가로 채권자에게 송금 대금을 지급하는 것을 의미한다. 이 과정에서 외환은행은 수취인(beneficiary)의 대리인 역할을 수행한다. 둘째, 타발추심환은 외환은행이 해외의 상대 은행으로부터 수표나 어음의 추심을 의뢰받아, 채무자(지급인)로부터 대금을 받은 후 이를 상대 은행에 송금하는 형태다. 이 경우 외환은행은 추심 대리인(collecting agent)의 역할을 수행하게 된다. 다음은 당발환과 타발환의 예시를 보여준다.

당발환의 예시로, 한국의 A회사가 미국의 B회사로부터 물건을 수입하고 대금을 지급해야 하는 상황을 가정해보자. 당발송금의 경우, A회사(한국)가 한국의 외환은행에 요청하여 B회사(미국)에게 대금을 보내는 경우다. 이때 한국의 외환은행이 '당발은행'이 되어 미국 B회사로 돈을 보내는 과정을 처리한다. 당발추심환의 경우, B회사(미국)가 A회사(한국)에게 물건을 보내고 나서, 한국의 외환은행에 A회사로부터 대금을 받아달라고 요청하는 경우다. 한국의 외환은행이 A회사로부터 돈을 받아 B회사에 전달하는 과정을 처리한다.

타발환 예시로는 한국의 C회사가 일본의 D회사에 물건을 수출하고 대금을 받아야 하는 상황을 가정해보자. 타발송금환의 경우, D회사(일본)가 일본의 은행을 통해 C회사(한국)에 돈을 보내는 경우다. 한국의 외환은행은 일본 은행으로부터 송금된 돈을 받아 C회사의 계좌에 입금해준다. 타발추심환의 경우에는 C회사(한국)가 D회사(일본)에 물건을 보내고, 한국의 외환은행에 D회사로부터 대금을 받아달라고 요청하는 경우다. 한국의 외환은행은 일본 은행에 연락하여 D회사로부터 돈을 받아오는 과정을 처리한다.

결국, 당발환은 한국의 외환은행이 주도적으로 외화를 보내거나 받아오는 경우를 지칭하고 타발환은 해외 은행이 주도하여 한국의 외환은행으로 돈을 보내거나, 한국의 외환은행에 추심을 요청하는 경우를 말한다.

(3) 매도환과 매입환

외환거래는 외환은행의 활동에 따라 두 가지 주요 유형으로 구분할 수 있다.

매도환(selling exchange)은 외환은행이 고객에게 외환을 판매하는 경우를 말한다. 예를 들어, 국내 기업이 해외 공급업체에 대금을 지급해야 할 때, 해당 기업은 외환은행에서 필요한 외국통화를 구매한다. 이 과정에서 외환은행은 자신이 보유한 외환을 고객에게 매도하게 된다. 예를 들어, 한국의 의류 회사가 이탈리아에서 원단을 수입하고 유로로 대금을 지급해야 한다. 이 회사는 은행에서 원화를 유로로 바꿔야 하는데, 이때 은행이 유로를 팔고 원화를 받는 것이 매도환이다. 또한 한국인 여행자가 미국 여행을 위해 원화를 달러로 바꾸려고 은행에 간다. 이때 은행이 여행자에게 달러를 팔고 원화를 받는 것이 매도환이다. 은행으로서는 외환(달러)을 팔고 원화를 받는 것이다.

매입환(buying exchange)은 외환은행이 고객으로부터 외환을 구매하는 경우를 의미한다. 예를 들어, 국내 수출업체가 해외 거래처로부터 받은 외화 지급을 국내

통화로 환전하고자 할 때, 외환은행은 이 외화를 매입한다. 예를 들어, 한국의 전자제품 제조업체가 미국 회사에 제품을 수출하고 달러로 대금을 받았다. 이 회사가 받은 달러를 원화로 바꾸기 위해 은행에 가면, 은행은 이 달러를 사고 원화를 지급한다. 이것이 은행으로서는 매입환이다. 또한, 미국 여행을 마치고 돌아온 여행자가 남은 달러를 다시 원화로 바꾸려고 한다. 이때 은행이 여행자로부터 달러를 사고 원화를 주는 것이 매입환이다. 은행 처지에서는 외환(달러)를 사고 원화를 주는 것이다.

외환은행의 관점에서 이러한 거래를 더 구체적으로 분류할 수 있다. 당발송금환(remittance issued by the bank)의 취결과 타발추심환(collection received from other banks)의 지급은 매도환에 해당한다. 반면, 타발송금환(remittance received from other banks)의 지급과 당발추심환(collection issued by the bank)의 추심은 매입환으로 분류된다.

이러한 외환거래 시스템은 국제무역과 투자를 원활하게 만드는 중요한 기능을 한다. 기업과 개인이 다양한 통화를 필요할 때, 외환은행은 이를 가능하게 하는 중개자 역할을 수행한다. 또한 이 과정에서 외환시장의 수요와 공급이 형성되어 환율이 결정되는 기초가 된다.

(4) 보통환과 전신환

보통환(ordinary exchange)은 전통적인 결제 방식으로, 주로 우편을 통해 이루어진다. 이 방식에서 핵심적인 역할을 하는 것이 예치환거래은행(depositary correspondent bank)이다. 예치환거래은행은 국제 거래를 위해 다른 나라의 은행과 특별한 관계를 맺고 있는 은행을 말한다. 보통환 거래에서 이 은행은 자행예금계좌(nostro account)라고 불리는 특별한 계좌를 이용한다. 이 계좌는 예치환거래은행이 외국의 협력 은행에 개설한 계좌로, 국제 거래를 위한 자금을 보관하고 있다.

보통환 거래의 과정은 다음과 같다. 먼저, 거래 당사자가 예치환거래은행에 결제를 요청한다. 이 요청은 우편을 통해 전달된다. 예치환거래은행은 이 요청을 받으면 자행예금계좌에서 해당 금액을 차기(debit)한다. 차기란 계좌에서 돈을 빼는 것을 의미한다. 이렇게 해서 외환의 결제가 완료된다. 이 과정에서 예치환거래은행은 자행 예금을 인출 하도록 지시를 받게 되는데, 이 지시 역시 우편을 통해 전달된다.

전신환(telegraphic exchange)은 보통환보다 더 빠른 결제 방식이다. 이 방식은 전신, 즉 전자 통신을 이용해 결제 지시를 전달한다. 현대에는 주로 컴퓨터 네트워크나 인터넷을 통해 이루어진다. 전신환의 가장 큰 장점은 신속성이다. 국제거래에서 시간이 중요한 경우, 예를 들어 환율변동이 심한 시기나 긴급한 자금이체가 필요한 상황에서 주로 사용된다.

전신환 거래의 과정은 보통환과 유사하지만, 결제 지시의 전달 방식에서 차이가 있다. 거래 당사자가 은행에 결제를 요청하면, 은행은 즉시 전자적 방식으로 해외 협력 은행에 결제 지시를 보낸다. 이에 따라 자금 이체가 거의 실시간으로 이루어질 수 있다.

결론적으로, 보통환과 전신환은 각각의 장단점을 가지고 있다. 보통환은 상대적으로 저렴하지만, 시간이 오래 걸리지만, 전신환은 비용이 더 들지만, 빠른 거래가 가능하다. 따라서 거래의 성격과 상황에 따라 적절한 방식을 선택하는 것이 중요하다.

(5) 현물환과 선물환

현물환은 즉시 인도를 전제로 하는 외환거래를 말한다. 여기서 '즉시'라는 것은 실제로 계약체결 직후를 의미하는 것이 아니라, 관행적으로 계약일로부터 2영업[3]일 이내에 결제가 이루어지는 것을 뜻한다. 이 2일간의 유예기간은 거래 당사

---

3) 금융기관이나 기업이 정상적으로 업무를 수행하는 날을 의미한다. 일반적으로 월요일부터 금요일까지의 평일을 가리키며, 공휴일은 제외된다. 국제 금융 거래에서는 관련된 모든 국가에서 영업일인 날을 기준으로

자들이 필요한 자금을 준비하고 관련 서류를 처리할 시간을 제공한다. 예를 들어, 월요일에 계약이 체결되면 수요일에 실제 통화의 교환이 이루어진다. 이러한 방식은 국제 은행 간 거래의 표준이 되었으며, 'T+2' 시스템으로 알려져 있다.

반면, 선물환은 미래의 특정 시점에, 사전에 약정된 환율로 외환을 교환하기로 하는 계약이다. 이 경우, 계약체결일과 실제 통화 교환일 사이의 기간이 2영업일을 초과한다. 선물환 계약은 일반적으로 1개월, 3개월, 6개월, 1년 등의 표준화된 만기를 가지지만, 거래 당사자들의 필요에 따라 맞춤화될 수 있다. 선물환의 주요 목적은 환율변동환율변동에 따른 리스크를 헷징하는 것이다.

현물환과 선물환의 가장 큰 차이점은 결제 시점과 환율 결정 방식에 있다. 현물환은 현재의 시장 상황을 반영한 환율(spot rate)로 거래되며, 이른 시일 안에 결제가 이루어진다. 반면 선물환은 계약체결 시점에 미래의 환율(forward rate)을 미리 정해두고, 약정된 미래 시점에 그 환율로 거래를 실행한다.

이 두 가지 외환거래 방식은 각각 고유한 장단점을 가지고 있으며, 기업이나 투자자들의 필요에 따라 선택적으로 활용된다. 현물환은 즉각적인 외환 수요를 충족시키는 데 적합하고, 선물환은 미래의 환율변동에 대비하는 데 유용하다.

4) 외환거래계약

외환거래계약(correspondent arrangement)은 국제 금융 시장에서 중요한 역할을 하는 은행 간 협약이다. 이 계약의 주요 목적은 국제무역과 자본 거래에서 발생하는 다양한 외환 업무를 효율적으로 처리하는 것이다. 우선, 외환거래계약의 핵심 기능은 거래 당사자 간 대금 송금(remittance), 추심(collection), 지급(payment) 등을 원활히 수행하는 것이다. 이를 통해 국제 거래의 복잡성을 줄이고 거래 속도

한다. 'T+2' 시스템에서 거래일(T) 이후 2영업일에 결제가 이루어지며, 이는 주말과 공휴일을 제외한 날짜 계산을 의미한다. 영업일 개념은 계약 이행, 지급 기한, 이자 계산 등 다양한 금융 거래에서 중요하게 작용한다.

를 높일 수 있다. 둘째, 환거래 약정(foreign exchange agreement)을 체결할 때, 은행들은 여러 중요한 사항들을 상호 합의한다. 이에는 외환은행의 대상지점, 대금결제방법, 거래통화의 종류 등이 포함된다. 이러한 세부 사항들은 향후 발생할 수 있는 혼란을 예방하고 거래의 투명성을 보장한다. 셋째, 계약체결계약체결 후에는 여러 다른 문서들도 교환하는데 계약목록(schedule of agency arrangement), 서명감(list of authorized signature), 전신암호(telegraphic test key), 거래조건 및 수수료율표과 같은 문서들이 포함된다. 이러한 문서들은 거래의 안전성과 신뢰성을 높이는 데 중요한 역할을 한다. 넷째, 외환계약을 체결하고 실제로 외환거래를 수행하는 은행을 환거래은행(correspondent bank)이라고 부른다. 이는 흔히 코레스 은행(corres bank)으로 약칭된다. 환거래은행은 국제 금융 시스템에서 중요한 중개자 역할을 한다.

이러한 외환거래계약 시스템은 글로벌 금융시장의 바탕을 이루며, 국제무역과 투자의 원활한 흐름을 가능케 하는 중요한 메커니즘이다. 이를 통해 다양한 통화와 금융 시스템을 가진 국가 간 경제 활동이 더욱 효율적으로 이루어질 수 있다.

2. 환율의 이해

1) 환율의 정의와 환율제도

환율은 국제 경제 활동에서 핵심적인 역할을 하는 경제 지표다. 환율이란 한 나라의 통화를 다른 나라의 통화로 표시한 것으로, 양국 통화 간 교환비율을 의미한다. 쉽게 말해, 서로 다른 나라 통화 간 교환 비율이다. 환율의 기능과 의미를 살펴보면, 우선 환율은 자국통화로 외국 상품 및 서비스를 구매할 수 있는 구매력을 나타낸다. 그리고 환율은 자국통화의 대외가치를 표현한다. 이 대외가치는 자국과 타국 간 경제력 차이에 따라 결정된다. 예를 들어, 한 국가의 경제가 성장하고 물가가 안정되면 그 나라의 통화 가치가 상승하는 경향이 있다.

환율제도는 간략하게 크게 두 가지로 구분할 수 있다. 고정환율제도(fixed exchange rate system)는 정부나 중앙은행이 환율의 수준을 일정하게 고정시켜 통제하는 제도다. 이 제도의 대표적인 예는 19세기 말부터 시작된 금본위제도(gold standard)다. 금본위제도는 화폐의 가치를 금에 고정시키고, 지폐를 금으로 교환해주는 것을 법적으로 보장하는 화폐제도이다. 이 제도는 19세기 말부터 제1차 세계대전 이전까지 세계 경제의 기본적인 통화체제로 기능했다. 금본위제도의 주요 특징을 살펴보면, 첫째, 화폐의 가치가 일정량의 금에 고정된다. 예를 들어, 1온스의 금이 20달러의 가치를 가진다고 정해지면, 중앙은행은 이 비율을 유지할 의무가 있다. 둘째, 각국의 화폐는 자유롭게 금으로 교환이 가능하다. 즉, 누구든지 지폐를 가지고 중앙은행에 가면 정해진 비율로 금을 받을 수 있다. 셋째, 국가 간 자유로운 금의 이동이 보장된다. 이는 국제수지의 자동조절 메커니즘을 가능하게 한다. 예를 들어, 한 국가가 무역적자가 발생하면 금이 해외로 유출되고, 이로 인해 국내 통화량이 감소하여 물가가 하락하게 된. 물가 하락은 수출 증가로 이어져 결과적으로 무역수지가 개선되는 효과가 있다. 이 제도의 장점은 환율이 안정적으로 유지되면, 인플레이션을 억제하는 효과가 있으며, 국제무역과 투자가 촉진된다. 반면 단점은 정부의 통화정책 자율성이 제한되며, 금 생산량에 따라 통화량이 제한되어 경제성장이 저해될 수 있고, 경제위기 시 탄력적인 대응이 어렵다. 금본위제도는 제1차 세계대전을 계기로 중단되었다가, 1920년대에 변형된 형태로 부활했으나, 1930년대 대공황 시기에 대부분의 국가들이 이 제도를 포기했다.

변동환율제도(floating exchange rate system)는 외화의 수요와 공급에 따라 자유롭게 환율이 결정되는 제도다. 현재 대부분 국가에서 이 제도를 채택하고 있다.

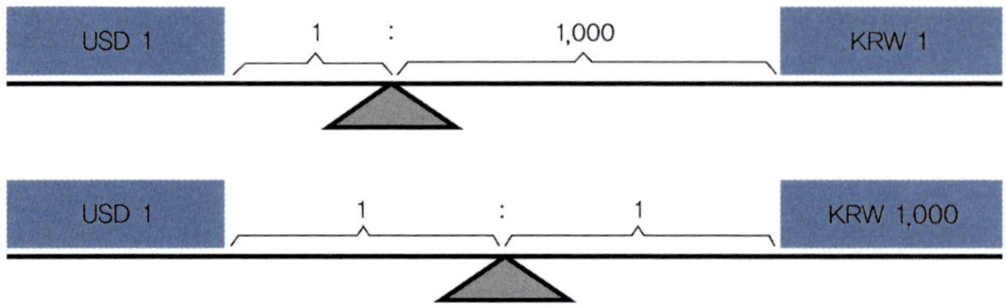

그림 5-1 환율의 이해

환율제도의 역사적 변천을 살펴보면, 브레턴우즈 체제(Bretton Woods system)부터 시작해야 한다. 1944년 7월, 제2차 세계대전 종전을 앞두고 44개 연합국 대표가 미국의 브레턴우즈에서 합의한 제도다. 이 체제는 금 1온스[4] 당 35달러의 고정된 비율로 금과 달러를 교환하기로 했다. 구체적으로, 미 달러의 가치를 금에 고정시키고, 다른 국가는 자국의 통화 가치를 미 달러에 고정했다. 이를 금태환제도(金兌換制度, gold exchange standard)라고 하는데 국제 통화 체제의 한 형태로, 각국의 통화가 기축통화(주로 미국 달러)[5]와 고정 환율로 연결되고, 기축통화는 다시 금과 고정 비율로 교환될 수 있는 제도다. 이 제도는 환율의 안정성 제공, 국제무역과 투자 촉진 및 인플레이션 억제 효과라는 장점이 있다. 단점으로는 각국의 독자적 통화정책 제한, 기축통화국의 과도한 특권과 책임, 유동성 문제 발생 가능성 등이 단점이다.

그러나 미국의 국제수지적자와 미 달러의 신용 추락으로 미국 달러에 대한 금태환이 불가능해지면서 이 체제는 붕괴하였다. 1971년 미국 닉슨 대통령이 금태환 중단을 선언하면서 공식적으로 끝났다. 사실 닉슨 대통령의 금태환 정지는 베트남 전쟁과 연관이 깊다.

베트남 전쟁(Vietnam War)은 미국에 막대한 재정 부담을 안겼다. 전쟁 비용은

4) 1온스(ounce)는 약 28.35그램(gram)이다

5) 기축통화(基軸通貨, key currency)는 국제 금융 시스템에서 중심적 역할을 하는 통화를 의미. 국제 거래에서 폭넓게 사용되며, 각국의 외환보유고로 널리 보유되는 통화로서 국제무역 결제의 주요 수단이고, 외환시장에서 기준 통화로 사용되며, 다른 국가의 주요 외환보유대상 화폐이다.

미국 경제에 심각한 압박을 가했고, 이는 국제수지(balance of payments) 악화로 이어졌다. 미국은 전쟁 비용을 충당하기 위해 달러를 대량 발행했는데, 이는 달러의 가치 하락을 초래했다. 그런 상황에서 당시 국제 통화 체제였던 브레턴우즈 체제하에서 미국은 금 1온스당 35달러의 고정 환율을 유지해야 했다. 그러나 베트남 전쟁으로 인한 달러 가치 하락은 이 체제의 유지를 어렵게 만들었다. 결국, 베트남 전쟁의 장기화와 막대한 비용 지출로 인해 미국 경제의 기초체력이 약화하였고, 이는 달러에 대한 국제적 신뢰도 하락으로 이어졌다. 많은 국가가 보유한 달러를 금으로 교환하려 했고, 이는 미국의 금 보유량을 급격히 감소시켰다. 이러한 상황에서 1971년 8월 15일, 리처드 닉슨(Richard Nixon) 대통령은 금태환 정지를 선언했다. 이는 사실상 브레턴우즈 체제의 종말을 의미했다. 이 조치는 '닉슨 쇼크(Nixon Shock)'라고도 불린다. 결국 금태환 정지 선언은 미국이 베트남 전쟁의 경제적 부담에서 벗어나려는 시도였다. 이에 따라 달러는 변동환율제(floating exchange rate system)로 전환되었고, 국제 통화 체제는 새로운 국면을 맞이하게 되었다. 결국, 1976년 자메이카의 수도 킹스턴(Kingston)에서 개최된 IMF 잠정위원회에서 새로운 체제가 출범했다. 이 체제에서는 각 국가가 자국의 경제 여건에 따라 환율제도를 자유롭게 선택할 수 있게 되었다.

추가로, 제한적 변동환율제도(managed floating exchange rate system)라는 중간 형태의 제도도 있다. 이는 고정과 변동의 중간 단계에 있는 환율제도로, 특정 통화에 대한 환율변동폭이 일정 범위 내(예: 1~2.15%)로 제한되는 제도다.

표 5-1 환율제도 변화

1816년	영국, 금본위제 법제화
1871년	독일, 금본위제 채택
1873년	네덜란드 등으로 금본위제 확산
1914년	금본위제 소멸 및 각국별 자체 태환제도 수립
1929년	각국 평가절하 경쟁, 국제금융시장 혼란
1944년	미국달러화 기준 브레턴우즈 체제 설립
1971년	미국, 달러화 금태환정지 선언(브레턴우즈 해제)
1976년	변동환율제도 출범(킹스턴 체제)

출처: KDI경제정보센터(2019), http://eiec.kdi.re.kr

2) 환율의 표시방법

환율의 표시 원리는 크게 두 가지가 있다. 하나는 자국통화표시환율이고, 다른 하나는 외국통화표시환율이다. 현재 우리나라를 비롯하여 대부분의 나라에서는 자국통화표시방법을 사용하고 있다. 자국통화표시방법과 외국통화 표시방법에 따라 직접표시환율, 간접표시환율, 미국식(American term) 그리고 유럽식(European term) 등으로 분류되지만 기본원리는 동일하다.

(1) 직접표시환율과 간접표시환율

국제 금융 시장에서 환율을 표시하는 방법은 크게 두 가지로 나눌 수 있다. 첫째는 직접표시환율(direct quotations)이고, 둘째는 간접표시환율(indirect quotations)이다. 이 두 가지 방식은 각국의 경제 상황과 통화 정책에 따라 선택되어 사용된다.

직접표시환율은 외국통화 한 단위를 기준으로 자국 통화의 가치를 표시하는 방법이다. 예를 들어, '1달러 = 1,000원'과 같이 표시하는 것이 직접표시환율 방식이다. 이 방식은 외국통화의 가치를 직접적으로 보여주기 때문에 국제 거래에서 자주 사용된다.

반면, 간접표시환율은 자국 통화 한 단위를 기준으로 외국통화의 가치를 나타내는 방식이다. 예를 들어, '1원 = 0.001달러'로 표시하는 것이 간접표시환율 방식이다. 이 방식은 자국 통화의 가치 변화를 더 쉽게 파악할 수 있게 해준다.

환율 표시 방식의 선택은 각 국가의 경제적 위상과 관련이 있다. 일반적으로 경제 규모가 큰 국가나 국제 거래에서 중요한 위치를 차지하는 국가의 통화는 직접표시환율 방식으로 표시되는 경향이 있다. 예를 들어, 미국 달러(USD)는 대부분 국가에서 직접표시환율 방식으로 표시된다.

흥미로운 점은 동일한 환율 표시가 관점에 따라 다르게 해석될 수 있다는 것이다. 예를 들어, '1달러 = 1,000원'이라는 표시는 한국의 처지에서는 직접표시환율이지만, 미국으로서는 간접표시환율이 된다. 이는 환율이 두 국가 간 상대적인 가치를 나타내는 지표이기 때문이다.

한국을 비롯한 많은 국가에서는 주로 미국 달러를 기준으로 하는 직접표시환율을 사용한다. 이는 미국 달러가 국제 금융 시장에서 기축통화(key currency)의 역할을 하고 있기 때문이다. 기축통화란 국제 거래의 결제 수단으로 널리 사용되는 통화를 의미한다.

(2) 유럽식 표시법과 미국식 표시법

국제금융시장에서는 환율을 표시하는 두 가지 주요 방식이 존재한다. 이는 유럽식 표시법(European term)과 미국식 표시법(American term)으로 알려져 있다. 이 두 방식은 국내 금융시장에서 사용되는 직접표시환율방식과 간접표시환율방식의 원리와 밀접한 관련이 있다.

첫째, 유럽식 표시법은 미국 달러를 기준으로 다른 통화를 표시하는 방법이다. 이는 미국의 관점에서 볼 때 간접표시환율방식에 해당한다. 예를 들어, 'USD/HKD = 7.88'은 1미국 달러당 7.88홍콩달러를 의미한다. 또 다른 예로 'USD/CNY = 5.29'는 1 미국 달러당 5.29위안을 나타낸다.

둘째, 미국식 표시법은 외국통화 한 단위당 지급해야 할 미국 달러의 양을 표시하는 방법이다. 이는 직접표시환율방식과 동일하다. 예를 들어, 'GBP/USD =

1.21'은 1 영국 파운드당 1.21 미국 달러를 의미한다. 'EUR/USD = 1.19'는 1유로당 1.19미국 달러를 나타낸다.

한국 원화를 기준으로 이 두 가지 표시법을 설명하면, 'USD/KRW = 1,000' 또는 'USD 1 = KRW 1,000'은 유럽식 표시법이며, 미국 기준으로는 간접표시환율방식이다. 반면에 'KRW/USD = 0.001' 또는 'KRW 1 = USD 0.001'은 미국식 표시법이며, 미국 기준으로는 직접표시환율방식이다.

환율변동을 측정하는 단위로 '핍(Percentage In Point, PIP)'이라는 개념이 사용된다. 핍은 일상적인 상거래에서 사용되는 최소 화폐 단위의 1/100을 의미하며, 외환거래시장에서 최소 가격 변동폭을 나타낸다. 예를 들어, 미국식 표시법으로 'KRW/USD'를 표현할 때, 1핍은 0.01센트 또는 0.0001달러에 해당한다.

대부분 통화에서 1핍은 0.0001을 의미하지만, 일본 엔화의 경우 예외적으로 0.01을 1핍으로 간주한다. 이 핍 단위는 국제 외환거래시장, 특히 장외해외통화선물거래(foreign exchange margin trading)에서 호가[6] 단위로 사용된다.

3) 환율의 종류

앞서 살펴본 외환의 종류에는 송금환, 추심환, 당발환, 타발환, 매도환, 매입환, 보통환, 전신환, 현물환, 선물환 등이 있었다. 송금환은 외국으로 돈을 보낼 때 사용되며, 추심환은 외국으로부터 돈을 받을 때 사용된다. 당발환은 자국에서 외국으로 발행한 환어음을, 타발환은 외국에서 자국으로 발행한 환어음을 의미한다. 매도환은 은행이 고객에게 외환을 파는 것을, 매입환은 은행이 고객으로부터 외환을 사들이는 것을 말한다. 보통환은 우편을 통해 결제하는 방식이며, 전신환은

6) 외환시장에서 "호가"는 매수자와 매도자가 거래를 위해 제시하는 가격을 의미한다. 호가는 보통 두 가지 가격으로 구성되는데, 매수 호가(bid price)와 매도 호가(ask price)입니다. 매수 호가는 시장에서 구매자가 지불할 의사가 있는 최대 가격을 나타내고, 매도 호가는 판매자가 수용할 최소 가격을 나타낸다. 이 두 가격 간의 차이를 "스프레드"라고 하며, 이는 거래비용의 일부가 된다.

전신을 통해 신속하게 결제하는 방식이다. 현물환은 계약 후 즉시 또는 단기간 내에 결제되는 거래를, 선물환은 미래의 특정 시점에 결제되는 거래를 의미한다.

외환거래는 그 종류에 따라 성격이 다르며, 이에 따라 적용되는 환율도 달라진다. 특히 주목해야 할 점은 다음과 같다. 첫째, 매도환율과 매입환율의 차이이다. 은행은 외환을 팔 때와 살 때 서로 다른 환율을 적용하며, 이 차이를 스프레드(spread)라고 한다. 둘째, 현물환율과 선물환율의 차이이다. 현물환거래와 선물환거래는 결제 시점이 다르기에 적용되는 환율도 다르다. 이 차이는 두 통화 간 이자율 차이, 시장의 수요와 공급 등 여러 요인에 의해 결정된다. 셋째, 재정환율(fiscal exchange rate)과 기준환율(base exchange rate)이 있다. 재정환율은 정부가 재정적 목적으로 사용하는 환율이며, 기준환율은 다른 환율을 계산하는 데 기준이 되는 환율이다.

또한, 외환거래는 결제일(value date)을 기준으로 다음과 같이 구분된다. 첫째, 당일거래(cash, value today)는 계약 당일에 결제가 이루어지는 거래이다. 둘째, 익일거래(next day, value tomorrow)는 계약 다음 날에 결제가 이루어지는 거래이다. 셋째, 현물환거래(spot)는 일반적으로 계약 후 2영업일 이내에 결제되는 거래이다. 넷째, 선물환거래(forward)는 계약 시점으로부터 2영업일 이후의 특정 미래 시점에 결제되는 거래이다.

이러한 구분에 따라 각각의 거래에 적용되는 환율도 다르다. 일반적으로 거래금액이 많을수록 당일거래나 익일거래보다는 현물환거래와 선물환거래의 비중이 크다. 이는 대규모 거래의 경우 결제에 필요한 준비 시간이 더 필요하고, 환율변동에 대한 위험 관리가 더욱 중요해지기 때문이다.

이와 같이 외환거래는 복잡하고 다양한 형태로 이루어지며, 각각의 거래 유형에 따라 적용되는 환율과 특성이 다르다. 따라서 외환시장에 참여하는 주체들은 이러한 차이를 이해하고 적절한 거래 전략을 수립해야 한다.

(1) 매도환율과 매입환율

외국환 거래(foreign exchange transaction)는 국제 금융 시장에서 중요한 역할을 하는 경제 활동이다. 이 거래에서 주요 주체로 은행이 참여하며, 은행은 고객과의 거래 시 서로 다른 두 가지 환율을 적용한다. 이러한 환율 체계는 은행의 수익 구조와 밀접한 관련이 있다. 첫째, 매도율(offer rate)은 은행이 고객에게 외국환을 판매할 때 사용하는 환율이다. 예를 들어, 고객이 미국 달러를 구매하고자 할 때 은행이 제시하는 환율이 바로 매도율이다. 이 경우 은행은 상대적으로 높은 환율을 적용하여 이익을 얻고자 한다. 둘째, 매입률(bid rate)은 반대로 고객이 은행에 외국환을 판매할 때, 즉 은행이 외국환을 매입할 때 적용되는 환율이다. 고객이 보유한 외화를 자국 통화로 바꾸려 할 때 은행이 제시하는 환율이 매입률이다. 일반적으로 매입률은 매도율보다 낮게 책정된다.

이 두 환율 사이의 차이를 스프레드(spread)라고 부른다. 스프레드는 은행의 주요 수익원 중 하나로, 외국환 거래에서 발생하는 위험과 비용을 보상하는 역할을 한다. 스프레드가 클수록 은행의 수익은 증가하지만, 동시에 고객에게는 불리한 조건이 된다. 은행은 이러한 매도율과 매입률의 차이를 통해 외국환 매매에 따른 이익을 얻게 된다. 예를 들어, 은행이 1달러당 1,000원에 매입하여 1,010원에 매도한다면, 달러당 10원의 이익을 얻게 되는 것이다.

결론적으로, 외국환 거래에서의 환율 체계는 단순히 통화 간 교환 비율을 나타내는 것이 아니라, 금융기관의 수익 구조와 시장 참여자들 간 거래조건을 결정짓는 중요한 요소이다. 따라서 국제 금융 거래에 참여하는 개인이나 기업은 이러한 환율의 특성을 이해하고 적절히 대응하는 것이 중요하다.

(2) 현물환율과 선물환율

환율은 크게 현물환율(spot rate)과 선물환율(forward rate)로 나눌 수 있다. 첫째, 현물환율은 외국환 거래 중 현물환(spot exchange)을 거래할 때 적용되는 환율이다. 여기서 현물환이란 매매계약일을 기준으로 통상 두 번째 영업일에 결제하기로 하는 거래를 의미한다. 즉, 현재 시점에서 거의 즉시 이루어지는 외환거래에 적용되는 환율이라고 볼 수 있다. 일상생활에서 우리가 흔히 접하는 환율이 바로 이 현물환율이다. 둘째, 선물환율(forward rate)은 선물환(forward exchange)거래에 적용되는 환율이다. 선물환거래는 매매계약일을 기준으로 통상 두 번째 영업일을 지난 후에 결제하기로 하는 거래를 말한다. 이는 미래의 특정 시점에 이루어질 외환거래의 환율을 미리 정해두는 것이다. 선물환율은 현재의 시장 상황뿐만 아니라 미래의 경제 전망, 금리 차이 등 다양한 요인을 반영하여 결정된다.

환율 거래에서 중요한 개념 중 하나는 스프레드(spread)다. 스프레드는 매입 환율과 매도 환율의 차이를 말한다. 일반적으로 선물환율의 스프레드는 현물환율의 스프레드보다 크다. 이는 선물환거래가 현물환거래에 비해 불확실성이 더 크고, 리스크가 높기 때문이다.

마지막으로, 일반적으로 '환율'이라고 지칭할 때는 대부분 현물환율을 의미한다. 이는 현물환율이 일상적인 외환거래에서 가장 많이 사용되고, 경제 지표의 역할도 하기 때문이다. 하지만 국제무역이나 금융 거래에서는 선물환율 역시 중요한 역할을 한다는 점을 잊지 말아야 한다.

(3) 재정환율

재정환율(arbitrated rate)은 국제 금융 시장에서 중요한 개념이다. 이는 미국 달러화를 매개로 하지 않고 두 나라의 통화를 직접 교환할 때 적용되는 환율을 말한다.

재정환율은 미국 달러 이외의 두 통화 간 교환 비율을 나타낸다. 예를 들어, 일본 엔화(JPY)와 한국 원화(KRW) 사이의 환율, 또는 영국 파운드(GBP)와 중국 위안화(CNY) 사이의 환율 등이 여기에 해당한다. 이러한 환율은 보통 'JPY/KRW' 또는 'GBP/CNY'와 같은 형태로 표시된다.

재정환율은 자국 통화를 기준으로 표현할 수 있다. 한국의 경우, 원화(KRW)를 기준으로 다른 통화의 가치를 나타낼 수 있다. 예를 들어, '1 JPY = 10.22 KRW'는 일본 엔화 1엔이 한국 원화 10.22원과 같다는 의미이다. 마찬가지로 '1 GBP = 1,479.75 KRW'는 영국 파운드 1파운드가 한국 원화 1,479.75원과 동일한 가치를 지닌다는 뜻이다.

재정환율은 국제무역과 투자에서 중요한 역할을 한다. 기업들이 미국 달러화를 거치지 않고 직접 다른 나라와 거래할 때 이 환율을 사용한다. 이는 환전 비용을 줄이고 거래의 효율성을 높이는 데 도움이 된다.

재정환율은 시장의 수요와 공급, 각국의 경제 상황, 정치적 요인 등 다양한 변수에 의해 결정된다. 따라서 이 환율은 시시각각 변동할 수 있으며, 국제 금융 시장의 동향을 반영한다.

(4) 기준환율

국제 금융 시장에서 중요한 역할을 하는 기준환율(benchmark exchange rate)은 외국환은행이 고객과 외환거래를 할 때 기준이 되는 환율을 말한다. 이는 단순한 숫자가 아니라 국가 간 통화 가치를 비교하는 중요한 지표다.

기준환율의 결정 과정은 다음과 같다. 먼저, 외국환중개회사(foreign exchange brokerage company)인 서울외국환중개와 한국자금중개를 통해 전영업일에 이루어진 은행 간 원/달러 현물거래 중 익일물(value spot) 거래를 집계한다. 여기서 익일물이란 거래 체결 후 다음 영업일에 실제 외환의 인수도가 이루어지는 거래를 말한다. 그 다음, 이 거래들의 환율을 각 거래량으로 가중평균하여 최종적인 기준환율을 산출한다.

대부분 국가에서는 미국 달러(USD)를 기준으로 자국 통화와의 기준환율을 정한다. 이는 미국 달러가 국제 금융 시장에서 기축통화(key currency)의 역할을 하기 때문이다. 예를 들어, 한국의 경우 원화(KRW)와 미국 달러의 기준환율을

'USD 1=KRW 1,125.50'와 같은 형식으로 표현한다. 이는 1 미국 달러가 1,125.50원의 가치를 가진다는 의미다.

기준환율의 중요성은 여러 측면에서 찾아볼 수 있다. 첫째, 기준환율은 외국환은행이 고객과 외환거래를 할 때 기준점이 된다. 은행은 이 기준환율을 바탕으로 매매기준율, 현찰매매율 등 실제 거래에 사용되는 여러 환율을 결정한다. 둘째, 기준환율은 국제무역과 투자에 있어 중요한 지표가 된다. 수출입 기업들은 기준환율의 변동을 주시하며 비즈니스 전략을 수립한다. 셋째, 기준환율은 한 국가의 경제 상황을 반영하는 거울 역할을 한다. 환율의 급격한 변동은 해당 국가의 경제적 불안정을 시사할 수 있다.

(5) 크로스 환율

크로스 환율(Cross Exchange Rate)은 국제 금융 시장에서 중요한 개념으로, 두 가지 다른 환율을 이용하여 제3의 통화에 대한 환율을 간접적으로 계산하는 방법이다. 이는 직접적인 환율 정보가 없을 때 유용하게 사용된다.

크로스 환율의 계산에는 재정환율(Arbitrage Rate)과 기준환율(Base Rate)이 사용된다. 재정환율은 두 통화 간 직접적인 교환 비율을 나타내며, 기준환율은 일반적으로 미국 달러(USD)나 유로(EUR)와 같은 주요 통화를 기준으로 하는 환율이다.

크로스 환율 계산 시 주의해야 할 점은 통화 표기법이다. 환율 표기 방식에 따라 계산 방법이 달라지기 때문이다. 첫째, 표기법이 동일한 경우에는 나누기 연산을 사용한다. 둘째, 표기법이 다른 경우에는 곱하기 연산을 적용한다.

표기법이 다른 경우의 예를 들어보자. 미국 달러 대 원화(USD/KRW) 환율이 1,000이고, 원화 대 유로(KRW/EUR) 환율이 1.2라고 가정하자. 이 경우 두 환율을 곱하여 미국 달러 대 유로(USD/EUR) 환율을 구할 수 있다. 예를 들어, 1,000 × 1.2 = 1,200, 즉 USD/EUR = 1,200이 된다.

반대로, 표기법이 동일한 경우를 살펴보자. 미국 달러 대 원화(USD/KRW) 환율이 1,000이고, 유로 대 원화(EUR/KRW) 환율이 1,200이라고 하자. 이때는 두 환율을 나누어 미국 달러 대 유로(USD/EUR) 환율을 계산한다: 1,000 ÷ 1,200 ≈ 0.8333. 따라서 USD/EUR = 0.8333이 되며, 이는 1 미국 달러가 0.8333 유로와 같다는 의미이다.

크로스 환율의 이해와 활용은 국제무역, 투자, 그리고 외환거래에서 매우 중요하다. 이를 통해 직접적인 환율 정보가 없는 통화 쌍에 대해서도 환율을 산출할 수 있으며, 글로벌 금융 시장에서의 효율적인 의사결정에 도움을 준다.

4) 환율의 변동

환율의 등락에 따라 자국통화든 상대 국가의 통화든 그 가치는 변하게 되며 가격변동으로 표시된다. 환율(exchange rate)은 한 국가의 통화와 다른 국가의 통화 간 교환 비율을 말한다. 환율은 국제 거래에서 중요한 역할을 하며, 각국 통화의 상대적 가치를 나타낸다. 환율의 변동은 자국 통화든 상대국 통화든 그 가치에 영향을 미치며, 이는 가격변동으로 표시된다.

환율을 표시하는 방식에는 직접표시환율제(direct quotation)와 간접표시환율제(indirect quotation)가 있다. 이 두 방식에 따라 환율변동이 의미하는 바가 달라진다. 직접표시환율제는 외국통화를 기준으로 자국 통화를 표시하는 방식이다. 예를 들어, 'USD 1 = KRW 1,000'과 같은 표기법이다. 이 방식에서 환율이 상승한다는 것은 자국 통화의 가치가 하락함을 의미한다. 반대로 환율이 하락한다는 것은 자국 통화의 가치가 상승함을 의미한다. 예를 들어, 'USD 1 = KRW 1,000'에서 환율이 2배 상승하여 'USD 1 = KRW 2,000'이 되었다고 가정 해보자. 이는 기존에 1,000원의 가치를 가졌던 1달러가 이제는 2,000원의 가치를 갖게 되었음을 의미한다. 따라서 원화의 가치는 상대적으로 하락한 것이다.

또한, 환율변동에 따른 통화 가치의 변화는 환율제도에 따라 다르게 나타난다. 주요 환율제도로는 고정환율제도(fixed exchange rate system)와 변동환율제도

(floating exchange rate system)가 있다. 고정환율제도에서는 정부가 환율을 일정 수준으로 유지하려고 노력한다. 이 제도에서는 통화 가치의 변동이 제한적이다. 반면, 변동환율제도에서는 시장의 수요와 공급에 따라 환율이 자유롭게 변동한다. 이 제도에서는 통화 가치가 더 빈번하고 큰 폭으로 변동할 수 있다.

(1) 환율의 가치변동

고정환율제도(fixed exchange rate system)는 정부나 중앙은행이 환율을 일정 수준으로 유지하는 제도다. 이 제도 아래에서는 통화 당국이 적극적으로 개입하여 환율을 관리한다. 고정환율제도에서 환율의 변동은 정부나 중앙은행의 결정에 따라 이루어진다. 직접표시환율(direct quotation) 방식을 기준으로 할 때, 환율을 올리면 자국 화폐가치가 하락하고, 환율을 내리면 자국 화폐가치가 올라간다.

이러한 맥락에서, 자국 화폐가치의 변동을 나타내는 특정 용어들이 사용된다. 자국의 화폐가치가 하락하는 것을 평가절하(devaluation)라고 하며, 반대로 자국의 화폐가치가 상승하는 것을 평가절상(revaluation)이라고 한다. 이러한 용어들은 고정환율제도 하에서 정부나 중앙은행의 의도적인 정책 결정을 반영한다.

둘째, 변동환율제도(floating exchange rate system)는 고정환율제도와는 다른 원리로 작동한다. 이 제도하에서는 환율이 시장의 수요와 공급에 따라 자유롭게 변동한다. 즉, 외환의 가치인 환율이 일반 재화의 가격처럼 시장 메커니즘에 의해 결정되는 것이다. 이는 정부나 중앙은행의 직접적인 개입이 상대적으로 적은 시스템을 의미한다.

변동환율제도에서는 환율변동의 의미가 고정환율제도와 다르게 해석된다. 직접표시환율 방식을 기준으로 환율이 상승하면, 이는 단순히 시장의 힘에 의한 결과로 간주 된다. 따라서 '평가'라는 의미를 제외하고 다른 용어를 사용한다.

구체적으로, 변동환율제도에서 직접표시제 기준환율이 상승하여 자국 화폐가치가 하락할 경우, 이를 '절하(depreciation)'라고 표현한다. 반대로 환율이 하락하여 자국 화폐가치가 상승하는 경우 '절상(appreciation)'되었다고 말한다. 이러한 용어는 시장의 자연스러운 변동을 반영하며, 정부의 의도적인 정책 결정을 의미하지 않는다.

결론적으로, 고정환율제도와 변동환율제도는 각각 다른 방식으로 환율을 결정하고, 이에 따라 화폐가치 변동을 설명하는 용어도 달라진다.

(2) 변동환율제의 환율결정

외환에 대한 수요와 공급은 국가 간 경제 활동에서 발생한다. 첫째, 외환 수요는 주로 두 가지 경로를 통해 형성된다. 하나는 경상수지(current account)를 통한 것으로, 해외의 재화와 서비스를 구매할 때 발생한다. 다른 하나는 자본·금융수지를 통한 것으로, 해외 자산을 취득하려 할 때 생긴다. 경상수지와 자본금융수지에 관한 내용은 뒷부분의 국제수지 설명에서 자세히 다룬다.

외환 수요곡선은 우하향 형태를 보인다. 이는 환율과 외환 수요량 간 역의 관계를 나타낸다. 환율이 하락하면, 즉 자국 통화의 가치가 상승하면, 수입품의 가격이 상대적으로 저렴해진다. 이에 따라 수입재화에 대한 수요가 증가하고, 결과적으로 외환에 대한 수요도 늘어난다. 예를 들어, 원/달러 환율이 하락하면 미국 제품의 원화 가격이 낮아져 한국 소비자들의 미국 제품 구매가 늘어나고, 이에 따라 달러에 대한 수요도 증가하게 된다.

반면, 외환의 공급은 국내 재화나 자산을 해외에 판매할 때 발생한다. 외환 공급곡선은 우상향의 형태를 띤다. 환율이 상승하면, 즉 자국 통화의 가치가 하락하면, 국내 재화의 해외 판매가격이 상대적으로 저렴해져 수출이 증가한다. 이에 따라 수출대금으로 받는 외화의 양이 늘어나, 외환시장에 공급되는 외화의 양도 증가한다.

둘째, 환율변동은 자본 이동에도 영향을 미친다. 환율 상승으로 국내 자산의 외화 표시 가격이 하락하면, 외국인 투자자들의 국내 자산 매입이 증가할 수 있다. 이 과정에서 외화의 국내 유입이 늘어나, 외환 공급이 증가하게 된다.

결론적으로, 외환시장은 수요와 공급의 법칙에 따라 작동하며, 환율변동에 따라 외환의 수요량과 공급량이 변화한다.

(3) 변동환율제의 환율변화

외환시장(foreign exchange market)은 재화시장과 유사한 원리로 작동한다. 이 시장에서 가장 중요한 변수는 환율이다. 환율의 변화는 외환의 수요량과 공급량에 직접적인 영향을 미치며, 이는 수요-공급곡선 상의 움직임으로 나타난다. 그러나 환율 이외의 요인들이 대외거래에 영향을 줄 경우, 이는 외환의 수요곡선과 공급곡선 자체를 이동시키는 결과를 초래한다. 환율에 영향을 미치는 주요 요인들을 살펴보면 다음과 같다.

첫째, 수출입(exports and imports)이 가장 큰 영향을 미치는 요인이다. 예를 들어, 한 국가의 주요 수출 대상국에서 경기 침체가 발생하면, 해당 국가의 재화와 서비스에 대한 수요가 감소한다. 이는 결과적으로 수출 감소로 이어지며, 국내시장에 공급되는 외환의 양을 줄이게 된다. 이러한 변화는 환율 자체의 변동에 의한 것이 아니므로, 외환 공급곡선을 좌측으로 이동시킨다. 이에 따라 환율은 상승하고 달러의 거래량은 감소하게 된다.

둘째, 이자율(interest rate)의 변화도 외환시장에 큰 영향을 미친다. 다른 조건이 모두 동일한 상황에서 한 국가의 이자율이 상승하면, 해외 투자자들은 해당 국가의 자산에 대한 예상 수익률이 높아졌다고 판단하여 투자를 증가시킨다. 이 과정에서 투자자금을 현지 통화로 환전하면서 외환 공급이 증가하게 되고, 이는 외환 공급곡선을 우측으로 이동시켜 환율을 하락시키는 효과를 가져온다.

셋째, 물가(price level)의 변동 역시 외환시장에 영향을 준다. 국내 물가가 상승하면, 환율에 변화가 없더라도 수출품의 가격이 상승하게 된다. 이는 수출 감소로 이어져 외환 공급을 감소시킨다. 반면, 수입품의 상대적 가격은 하락하여 수입이 증가하고, 이는 외환 수요를 증가시킨다. 결과적으로 국내 물가 상승은 수출 감소와 수입 증가를 통해 외환시장에서 공급 감소와 수요 증가를 동시에 야기하여 환율을 상승시키는 효과를 가져온다.

넷째, 해외직접투자(foreign direct investment, FDI)와 같은 자본 이동은 외환의 직접적인 유입과 유출을 발생시킨다. 이는 외환의 공급과 수요에 즉각적인 영향을 미치므로 환율변동의 중요한 요인이 된다.

이러한 요인들은 복합적으로 작용하여 외환시장의 동태를 결정한다. 따라서 외환시장을 이해하고 분석하기 위해서는 이들 요인의 상호작용과 그 영향을 종합적으로 고려해야 한다.

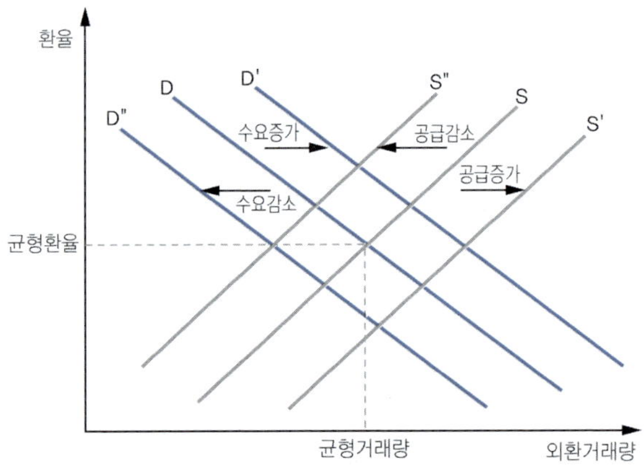

그림 5-2 외환의 수급과 환율변동

3. 환율의 구조

1) 구매력 평가설

(1) 일물일가의 법칙

일물일가의 법칙은 동질적인 재화(homogeneous goods)가 어느 국가에서 거래되든 그 가격이 동일해야 한다는 것을 의미한다. 여기서 '동질적인 재화'란 품질, 기능, 브랜드 등이 완전히 동일한 상품을 말한다. 예를 들어, 순금 1온스의 가격은 전 세계 어디서나 동일해야 한다는 것이 이 법칙의 핵심이다.

일물일가의 법칙이 성립하는 근거인 차익거래(arbitrage transaction)란 동일한 상품이 서로 다른 시장에서 다른 가격으로 거래될 때, 가격이 낮은 시장에서 구매하여 가격이 높은 시장에서 판매함으로써 이익을 얻는 거래 행위를 말한다. 이는 무위험 차익(risk-free profit)을 얻을 기회를 의미한다. 무위험 차익에 관해 커피콩을 예로 들어보면, 브라질 상파울루와 미국 뉴욕에서 동일한 품질의 아라비카 커피콩이 거래되고 있다고 가정하자. 상파울루 시장에서는 1kg당 4 USD, 뉴욕 시장에서는 1kg당 5 USD, 그리고 운송비와 관세 등 모든 거래비용은 1kg당 0.5 USD라 하자. 이 상황에서 무위험 차익 기회가 존재한다. 그 과정을 보면, 거래자는 상파울루에서 커피콩 1kg을 4 USD에 구매한다. 그리고 이 커피콩을 뉴욕으로 운송한다. 이 과정에서 0.5 USD의 비용이 발생한다. 뉴욕에서 해당 커피콩을 5 USD에 판매한다. 그 결과 이 거래자의 이익은 판매가격(5 USD) − 구매가격(4 USD) − 거래비용(0.5 USD) = 0.5 USD이다. 이렇게 거래자는 kg당 0.5 USD의 무위험 이익을 얻을 수 있다. 이러한 차익 기회가 현실에서 존재하면 다음과 같은 일이 발생한다. 먼저, 많은 거래자가 상파울루에서 커피를 구매하여 뉴욕으로 가져오려 할 것이다. 상파울루에서는 커피에 대한 수요가 증가하여 가격이 상승하기 시작한다. 반면에 뉴욕에서는 커피 공급이 증가하여 가격이 하락하기 시작한다. 이 과정이 계속되면 두 지역의 가격 차이가 거래비용과 같아질 때까지 조정된다. 최종적으로 두 시장의 가격이 다음과 같이 균형을 이루게 된다. 상파울루 가격 + 거래비용 = 뉴욕 가격(예: 상파울루 4.5 USD + 0.5 USD = 뉴욕 5 USD).

이 상태에서는 더 이상 무위험 차익 기회가 존재하지 않는다. 이것이 바로 일물일가의 법칙(law of one price)이 실현되는 과정이다.

이 법칙이 완벽하게 적용되려면 거래비용(transaction costs)이 없거나 무시할 만큼 작아야 하며, 시장 간 자유로운 거래가 가능해야 한다. 그러나 현실에서는 운송비, 관세, 비관세장벽 등 다양한 거래비용과 제약이 존재하기 때문에 완전한 일물일가의 법칙 실현은 어려울 수 있다.

일물일가의 법칙은 국제무역 이론, 환율 결정 이론, 구매력 평가 이론 등 다양한 경제 이론의 기초가 된다. 또한 실제 경제에서 시장의 효율성을 측정하거나 국가 간 물가 수준을 비교하는 데 활용된다. 일물일가의 법칙을 수식으로 나타내면 다음과 같다.

$$p = S \cdot p^*$$

S : 현물환율(방화표시법)
p : 특정 재화의 국내통화 표시 가격
p^* : 특정 재화의 외국통화 표시 가격

하지만 일물일가의 법칙을 적용하여 계산한 환율은 대부분 실제 환율과 많은 차이를 보인다. 그 이유는 국제적 재화의 차익거래가 현실적으로 성립하기 매우 어려운 엄격한 가정에 기반하고 있기 때문이다. 일물일가의 법칙이 현실에서 성립하기 어려운 이유는 다음과 같이 생각해 볼 수 있다. 첫째, 운송비를 포함한 거래비용이 무시할 수 없을 만큼 높은 경우, 둘째, 관세 등의 무역장벽이 존재하는 경우, 셋째, 제품차별화의 정도가 심하여 동질적인 재화로 보기 어려운 경우, 넷째, 특정 재화가 비교역재(non-traded good)[7]인 경우 등이다.

빅맥지수(Big Mac index)나 스타벅스 지수(Starbucks Index)는 일물일가의 법칙을 적용한 각 국가의 환율 수준을 나타낸다고 할 수 있다. 글로벌 프랜차이즈 기업인 맥도날드(McDonald's)와 스타벅스(Starbucks)는 세계 각국에 동일한 빅맥과 카페라테(tall size)를 각각 판매하고 있다. 만약 일물일가의 법칙이 성립한다면 동질적인 재화인 빅맥과 카페라테는 세계 각국에서 동일한 가격에 판매되어야 한다. 빅맥지수에 대해 좀 더 알아보면 다음과 같다.

빅맥지수(Big Mac Index)는 구매력평가(Purchasing Power Parity, PPP) 이론을 쉽게 설명하기 위해 고안된 비공식적인 경제 지표다. 이 지수는 1986년 영국의 경제 잡지 '이코노미스트(The Economist)'에서 처음 소개했으며, 이후 전 세계적으로 널리 알려지게 되었다. 빅맥지수의 기본원리는 다음과 같다.

첫째, 빅맥 햄버거를 선택한 이유는 전 세계 많은 국가에서 동일한 규격과 품질로 판매되는 표준화된 제품이기 때문이다. 이는 일물일가의 법칙을 적용하기에 적합한 조건을 제공한다. 둘째, 각국의 빅맥 가격을 해당 국가의 통화로 조사한 후, 이를 미국 달러로 환산하여 미국의 빅맥 가격과 비교한다. 셋째, 이 비교를 통해 각국 통화의 실질적인 구매력을 평가하고, 이를 바탕으로 통화의 고평가 또는 저평가 여부를 판단한다. 빅맥지수의 실제 사례를 살펴보면 이 개념을 더 쉽게 이해할 수 있다. 2023년 7월에 미국의 빅맥 가격은 5.58달러이고 한국의 빅맥 가격은 4,900원이라 하자. 당시의 실제 환율은 1달러 = 1,280.81원이다. 빅맥지수에 따른 환율을 계산해 보면, 빅맥지수 환율 = 한국의 빅맥 가격 / 미국의 빅맥 가격 = 4,900원 / 5.58달러 = 878.14원/달러이다. 즉, 한국의 원화가 미국 달러화 대비 저평가된 것이다. 저평가 정도를 계산해 보면, (실제 환율 − 빅맥지수

7) 비교역재(non-traded good)는 국가 간 거래가 어렵거나 불가능한 재화나 서비스를 말한다. 이는 주로 물리적 이동이 불가능하거나, 운송비용이 많이 들거나, 법적 규제로 인해 국제 거래가 제한되는 경우를 포함한다. 예를 들어 부동산, 대부분의 개인 서비스(이발, 미용 등), 공공 서비스(경찰, 소방 등)가 여기에 해당한다.

환율) / 실제 환율 × 100 = (1,280.81 − 878.14) / 1,280.81 × 100 ≈ 31.4%이다. 즉 빅맥지수에 따르면 원화는 미국 달러화 대비 약 31.4% 저평가되었다. 이는 구매력 평가 이론에 따를 때 원화의 가치가 실제 환율보다 약 31.4% 더 높아야 함을 의미한다.

빅맥지수의 장점으로는 첫째, 이해하기 쉽다. 복잡한 경제 이론을 일상적인 제품을 통해 설명함으로써 일반 대중도 쉽게 이해할 수 있다. 둘째, 데이터 접근성이 좋다. 전 세계 대부분의 국가에서 빅맥 가격 정보를 쉽게 얻을 수 있다. 셋째, 비교의 용이성이다. 동일한 제품을 기준으로 삼아 국가 간 비교가 간편하다. 하지만 빅맥지수에도 한계점이 있다. 우선, 단순화의 문제이다. 복잡한 경제 현실을 지나치게 단순화할 수 있다. 셋째, 국가별 노동비용의 차이를 충분히 반영하지 못한다. 넷째, 빅맥의 선호도와 소비 패턴이 국가마다 다를 수 있다. 다섯째, 시장 진입 장벽이다. 일부 국가에서는 맥도날드 매장이 없거나 제한적일 수 있다.

그림 5-3 빅맥지수

출처: 연합뉴스(2022. 04.04.).

결론적으로, 빅맥지수는 완벽한 경제 지표는 아니지만, 구매력평가와 환율의 개념을 대중적으로 이해시키는 데 큰 역할을 했다. 또한, 장기적인 환율 추세를 대략 파악하는 데 유용한 도구로 여전히 활용되고 있다.

(2) 절대적 구매력평가설

'절대적 구매력평가설(purchasing power parity theory - absolute version)'은 일물일가의 법칙을 하나의 재화에서 재화 바스켓(basket)으로 확장한 개념이다. 특정 재화가 아닌 재화 바스켓으로 확장했다는 것은 특정 재화의 단일가격이 아닌 물가수준과 환율을 연계했다는 것을 의미한다. 구매력(purchasing power)이란 화폐로 상품을 구매할 수 있는 능력을 의미한다. 물가가 상승하면 화폐의 구매력은 하락한다. 예를 들어, 동일한 금액으로 이전보다 적은 양의 상품을 구매할 수 있게 되는 것이다. 따라서 물가 상승은 화폐가치의 하락과 동일한 의미로 해석할 수 있다.

물가지수(price index)는 경제 내에서 대표적으로 사용되는 상품 바스켓의 가격을 가중평균하여 계산한다. 이는 전반적인 물가 수준을 나타내는 지표로 활용된다. 절대적 구매력평가설에 따르면, 두 국가 간 환율은 양국의 물가 수준 비율과 일치해야 한다.

다음은 절대적 구매력평가설의 수식이다. 일물일가의 법칙과 수식은 같지만 여기서 P와 P*는 특정 재화의 가격이 아닌 각각 국내물가수준과 해외물가수준을 의미한다.

$$P = S \cdot P^*$$

S : 현물환율(방화표시법)

P : 국내물가수준

P^*: 해외물가수준

일반적으로 물가지수는 특정 경제에서 대표적으로 통용되는 재화의 바스켓을 대상으로 해당 재화들의 가격을 가중평균하여 도출할 수 있다. 위의 식이 현실에서 잘 성립하지 않은 이유로는 일물일가의 법칙과 마찬가지로 다음의 4가지를 생각해 볼 수 있다. 첫째, 거래비용이 높은 경우다. 운송비, 관세 등의 거래비용이 많이 들면 동일한 상품이라도 국가별로 가격 차이가 발생할 수 있다. 둘째, 무역장벽이 존재하는 경우다. 관세, 수입 할당제 등의 무역장벽은 국가 간 가격 차이를 유발할 수 있다. 셋째, 제품차별화가 심한 경우다. 같은 종류의 상품이라도 품질, 브랜드 등의 차이에 따라 가격이 다르게 형성될 수 있다. 넷째, 물가지수 산출에 사용되는 상품 바스켓의 구성이 국가마다 다르거나, 비교역재의 비중이 높은 경우다. 비교역재는 국제 거래가 어려운 상품이나 서비스를 말하며, 이들의 가격은 국가별로 크게 다를 수 있다. 이러한 요인들로 인해 절대적 구매력평가설은 현실에서 정확하게 적용되기 어렵다. 그런데도, 이 이론은 장기적인 환율 동향을 이해하는 데 유용한 틀을 제공하며, 국가 간 물가 수준을 비교하는 데 중요한 기준점이 된다.

(3) 상대적 구매력평가설

상대적 구매력평가설(Relative Purchasing Power Parity Theory)은 절대적 구매력평가설의 한계를 보완하기 위해 제시된 이론이다. 이 이론은 환율의 변화율과 물가상승률의 차이 간 관계에 초점을 맞춘다.

이 이론은 두 국가 간 환율변화율이 두 국가의 물가상승률 차이와 같아야 한다고 주장한다. 즉, 물가상승률이 높은 국가의 통화는 물가상승률이 낮은 국가의 통화에 대해 평가절하(depreciation)되어야 한다는 것이다. 또한, 상대적 구매력평가설은 절대적 가격 수준이 아닌 가격 변화율에 초점을 맞춘다. 이는 초기의 균형환율이 무엇이었는지 알 필요가 없다는 점에서 실용적이다. 이 이론은 다음과 같은 수식으로 표현할 수 있다.

상대적 구매력평가설은 장기적으로 실질환율(real exchange rate)이 일정하게 유지된다고 가정한다. 실질환율은 명목환율(nominal exchange rate)을 물가 수준으로 조정한 것이다. 이 이론은 절대적 구매력평가설보다 현실에 더 부합하는 것으로 평가받는다. 그 이유는 상대적 변화에 초점을 맞추기 때문에 거래비용, 무역장벽 등의 영향을 일부 상쇄할 수 있기 때문이다.

$$\hat{S} = \pi - \pi^*$$

$\hat{S}$: 환율의 상대적 변화율
π : 국내물가상승률
π^* : 해외물가상승률

그러나 상대적 구매력평가설도 완벽하지는 않다. 단기적으로는 여러 요인으로 이 이론이 성립하지 않을 수 있다. 예를 들어, 자본 이동, 생산성 변화, 정부 정책 등이 단기적으로 환율에 영향을 미칠 수 있다.

2) 이자율평가설

이자율평가설(Interest Rate Parity Theory)은 국제금융시장에서 환율과 이자율의 관계를 설명하는 중요한 이론이다. 이 이론은 두 국가 간 이자율 차이가 환율의 변화에 반영된다는 개념을 기반으로 한다. 이 이론은 두 가지 형태로 나뉜다. 유위험 이자율평가설(Covered Interest Rate Parity, CIRP)[8)]과 무위험 이자율평가

8) Covered Interest Rate Parity는 한국어로 '유위험 이자율평가설' 또는 '커버부 이자율평가설' 또는 로 번역할 수 있다. '유위험'이라는 표현은 '위험이 있는'이라는 뜻으로, 여기서는 환위험(foreign exchange risk)을 고려한다는 의미로 사용된다. '커버부'라는 용어는 '위험이 커버된' 또는 '위험이 해지된'이라는 의미를 내포한다. 이는 선물환 계약을 통해 환율 변동환율변동 위험을 제거한 상태를 의미한다.

설(Uncovered Interest Rate Parity, UIRP)이다.

유위험 이자율평가설(CIRP)은 선물환율(forward exchange rate)과 현물환율(spot exchange rate)의 차이가 두 국가 간 이자율 차이와 일치해야 한다고 주장한다. 이는 다음과 같은 수식으로 표현할 수 있다.

$$(F - S) / S = (i_{국내} - i_{국외}) / (1 + i_{국외})$$

여기서 F는 선물환율, S는 현물환율, $i_{국내}$와 $i_{국외}$는 각각 국내와 국외의 이자율을 나타낸다.

무위험 이자율평가설(UIRP)은 예상 환율변화율이 두 국가 간 이자율 차이와 일치해야 한다고 주장한다. 이는 다음과 같은 수식으로 표현할 수 있다.

$$(E[St+1] - St) / St = i_{국내} - i_{국외}$$

여기서 E[St+1]은 t+1 시점의 예상 환율, St는 현재의 환율을 나타낸다.

이자율평가설은 자본의 완전한 이동성(perfect capital mobility)과 위험중립성(risk neutrality)을 가정한다. 이는 투자자들이 수익률이 높은 쪽으로 자유롭게 자본을 이동시킬 수 있고, 위험에 대해 중립적인 것을 의미한다. 이 이론에 따르면, 이자율이 높은 국가의 통화는 평가절하(depreciation)될 것으로 예상된다. 이는 높은 이자율로 인한 수익이 환율 하락으로 상쇄될 것이라는 예측에 기반한다.

유위험 이자율평가설은 현실에서 꽤 잘 성립하는 편이지만, 무위험 이자율평가설은 여러 실증연구에서 현실과 괴리가 있는 것으로 나타났다. 이는 위험 프리미엄, 예측 오류, 거래비용 등 다양한 요인 때문일 수 있다.

결론적으로, 이자율평가설은 완벽하지는 않지만, 국제 금융시장의 작동 원리를 이해하는 데 중요한 통찰을 제공한다. 이 이론은 환율, 이자율, 국제 자본 흐름

간의 복잡한 상호작용을 설명하는 데 유용한 틀을 제공하며, 금융 전문가들과 정책 입안자들에게 중요한 참고 자료가 된다.

3) 환율의 구조

구매력평가설과 이자율평가설은 환율을 설명하기 위해 각각 재화시장과 금융시장을 이용하고 있다. 구매력평가설의 경우, 재화시장을 중심으로 환율을 설명한다. 이 이론에 따르면, 장기적으로 동일한 재화의 가격은 어느 국가에서나 같아지는 경향이 있다. 이는 국가 간 차익거래(arbitrage transaction)를 통해 이루어진다. 예를 들어, 한 국가에서 특정 상품이 더 저렴하다면, 그 상품을 구매하여 다른 국가에서 판매함으로써 이익을 얻을 수 있다. 이러한 과정이 반복되면 결국 가격 차이가 사라지게 된다.

이자율평가설은 금융시장을 통해 환율을 설명한다. 이 이론은 국가 간 이자율 차이가 환율변동을 유발한다고 본다. 투자자들은 높은 수익률을 찾아 자금을 이동시키는데, 이 과정에서 환율이 변동한다. 예를 들어, 한 국가의 이자율이 상승하면 해당 국가의 통화 가치가 상승하게 된다.

두 이론 모두 차익거래의 원리를 기반으로 한다. 구매력평가설에서 재화의 가격이, 이자율평가설에서는 금융상품의 수익률이 균형을 이루는 과정을 통해 환율이 결정된다고 본다.

화폐의 기능 측면에서 볼 때, 구매력평가설은 화폐를 '교환의 매개체(medium of exchange)' 또는 '가치의 척도(measure of value)'로 보고 있다. 이는 화폐의 구매력이 환율과 직접적으로 연관된다는 것을 의미한다. 반면, 이자율평가설은 화폐를 '가치의 저장 수단(store of value)'으로 인식한다. 이 관점에서는 화폐의 미래 가치, 즉 이자율이 환율 결정에 중요한 역할을 한다.

실증연구 결과에 따르면, 구매력평가설은 장기적으로 더 잘 성립하는 것으로 나타났다. 이는 단기적으로는 다양한 요인들이 환율에 영향을 미치지만, 장기적으로는 국가 간 물가 수준의 차이가 환율을 결정하는 주요 요인이 된다는 것을 시사한다.

결론적으로, 구매력평가설과 이자율평가설은 각각 재화시장과 금융시장이라는 서로 다른 관점에서 환율을 설명하고 있지만, 둘 다 국제 경제에서의 균형 원리를 기반으로 하고 있다. 이 두 이론은 환율의 복잡한 결정 메커니즘을 이해하는 데 중요한 통찰을 제공한다. [그림 5-4]는 환율과 이자율, 물가상승률 간 상호관계를 보여준다.

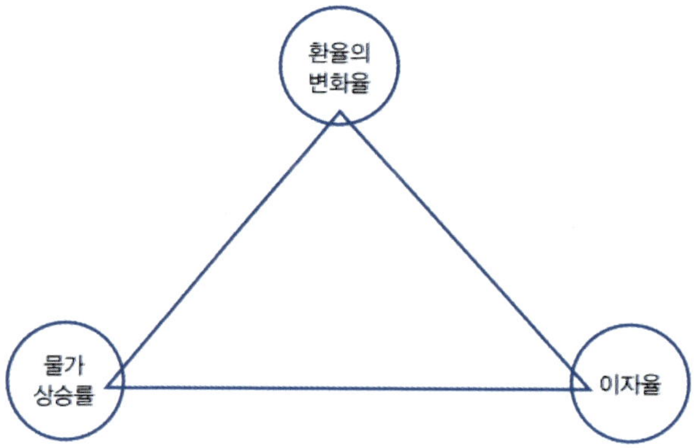

그림 **5-4 환율의 구조: 이자율, 환율 및 물가상승률의 상호관계**

투자자 심리(investor psychology)와 환율의 관계는 국제 금융 시장에서 중요한 역할을 한다. 이 두 요소의 상호작용은 단기적인 환율변동에 특히 큰 영향을 미친다. 우선, 시장 심리와 기대는 환율변동의 주요 원인이 될 수 있다. 투자자들의 낙관적 또는 비관적 전망은 특정 통화에 대한 수요를 증가시키거나 감소시킬 수 있다. 예를 들어, 한 국가의 경제성장 전망이 긍정적이라면 투자자들은 해당 국가의 통화를 더 많이 구매하려 할 것이고, 이는 그 통화의 가치 상승으로 이어질 수 있다.

둘째, 위험 회피(risk aversion) 성향은 환율에 큰 영향을 미친다. 글로벌 경제의 불확실성이 증가하는 시기에 투자자들이 안전자산(safe-haven currencies)을 선호하는 경향이 있다. 이에 따라 미국 달러나 스위스 프랑과 같은 통화의 가치가 상승할 수 있다.

셋째, 군집 행동(herd behavior) 또는 밴드웨곤 효과(bandwagon effect)는 환율의 급격한 변동을 초래할 수 있다. 투자자들이 다른 이들의 행동을 모방하면서 특정 방향으로의 움직임이 증폭될 수 있다. 이는 때때로 통화 가치의 과대평가나 과소평가로 이어질 수 있다. 이와 관련 유명한 일화가 있다.

조지 소로스(George Soros)의 파운드화 투기 사건은 투자자 심리와 군집 행동이 환율에 미치는 영향을 극명하게 보여주는 역사적 사례다. 이 사건은 1992년 9월 16일, 일명 '검은 수요일(Black Wednesday)'에 발생했으며, 영국 파운드화에 대한 대규모 투기로 인해 영국이 유럽환율조정제도(ERM)에서 탈퇴하게 된 사건이다.

사건의 배경을 살펴보면, 당시 영국은 ERM의 일원으로 파운드화의 가치를 독일 마르크화에 연동시키고 있었다. 그러나 영국의 경제 상황은 독일과 달랐고, 이에 따라 파운드화의 가치가 과대평가 되어 있다는 인식이 퍼져 있었다. 소로스는 이러한 상황을 파악하고 파운드화의 가치가 하락하리라고 예측했다. 그는 자신의 헤지펀드를 통해 대규모로 파운드화를 공매도(short selling)[9]하기 시작했다.

소로스의 이러한 행동은 다른 투자자들의 주목을 받게 되었고, 여기서 군집 행동이 시작되었다. 많은 투자자가 소로스의 예측이 맞겠다고 판단하고 그의 행동을 모방하기 시작했다. 이러한 군집 행동은 파운드화에 대한 매도 압력을 급격히 증가시켰다. 영국 중앙은행(Bank of England)은 파운드화의 가치를 지키기 위해 대규모 외환시장 개입을 시도했지만, 결국 실패하고 말았다.

---

9) 공매도(short selling)는 주식 시장에서 사용되는 투자 전략 중 하나로, 투자자가 주식 가격이 하락할 것으로 예상할 때 사용한다. 간단히 말해, 아직 소유하지 않은 주식을 빌려서 팔고, 나중에 더 낮은 가격에 다시 사서 돌려주는 방식이다. 조지 소로스의 경우 영국은행에서 파운드화를 빌린 후 외환시장에서 파운드화를 매도하여 마르크화를 매입하는 방식으로 공매도를 하였다.

결과적으로 영국 정부는 ERM에서 탈퇴하고 파운드화의 가치를 시장에 맡기기로 했다. 이에 따라 파운드화의 가치는 급락했고, 소로스와 그를 따랐던 투자자들은 막대한 이익을 얻었다.

이 사건은 군집 행동이 어떻게 환율에 극적인 영향을 미칠 수 있는지를 보여주는 대표적인 사례다. 한 명의 영향력 있는 투자자의 행동이 다른 투자자들의 행동을 유발하고, 이것이 눈덩이처럼 불어나 결국 한 국가의 통화 정책을 뒤흔들 수 있음을 보여준다. 또한 이 사건은 투자자들의 기대와 심리가 어떻게 자기실현적 예언으로 이어질 수 있는지도 보여준다. 파운드화 가치 하락에 대한 기대가 실제로 그 가치를 하락시키는 결과를 낳은 것이다.

넷째, 과신(overconfidence)과 편향(bias)도 환율에 영향을 미친다. 투자자들이 자신의 분석이나 예측 능력을 과대평가하면, 이는 비합리적인 투자 결정으로 이어질 수 있으며 결과적으로 환율의 왜곡을 초래할 수 있다.

다섯째, 손실 회피(loss aversion) 성향은 투자자들이 이익보다 손실에 더 민감하게 반응하도록 만든다. 이에 따라 환율이 하락하기 시작하면 투자자들이 더 빠르게 해당 통화를 매도하려 할 수 있으며, 이는 하락세를 더욱 가속할 수 있다.

여섯째, 투자자들의 단기 지향적(short-term oriented) 성향은 환율의 변동성을 증가시킬 수 있다. 장기적 경제 기초보다는 단기적 이익에 집중하는 경향이 높아질수록, 환율은 더 큰 변동성을 보일 수 있다.

마지막으로, 앵커링(anchoring) 효과도 환율에 영향을 미칠 수 있다. 투자자들이 특정 환율 수준에 심리적으로 고정되면, 이는 환율 움직임을 제한하거나 특정 수준에서 저항을 만들어 낼 수 있다.

결론적으로, 이자율, 물가상승률 그리고 투자자 심리는 환율변동에 상당한 영향을 미칠 수 있다. 따라서 환율 분석 시 투자자 심리와 경제 기초 요인인 이자율과 물가상승률을 모두 고려하는 균형 잡힌 접근이 필요하다.

4. 국제수지의 이해

1) 국제수지와 국제수지표

국제수지(International Balance of Payments)는 한 국가의 경제 상황을 파악하는데 중요한 지표 중 하나이다. 이는 특정 기간 한 나라와 외국 간 모든 경제적 거래를 종합적으로 기록한 것을 말한다. 국제수지(balance of payment, BP)의 정의와 구성 요소를 살펴보자. 국제수지는 일정 동안 한 국가가 외국과의 거래를 통해 발생한 수입과 지출의 총합을 의미한다. 이러한 거래는 상품 거래, 서비스 거래, 그리고 자본 거래 등 모든 형태의 경제적 교류를 포함한다. 이를 체계적으로 정리하여 표로 나타낸 것을 국제수지표라고 한다.

국제수지표는 단순한 회계장부 이상의 의미를 지닌다. 이는 한 국가의 대외 경제 상황을 종합적으로 보여주는 중요한 경제 지표로, 정부의 경제정책 수립에 핵심적인 자료로 활용된다. 또한, 기업의 해외 진출전략 수립, 투자자들의 투자 결정, 학술 연구 등 다양한 분야에서 중요한 참고 자료로 사용된다.

또한, 국제수지표에 기록되는 경제 활동의 범위를 이해해야 한다. 이는 국내외 거래(cross-border transactions)를 포함하며, 구체적으로 한 국가의 경제영역 내에 있는 거주자(residents)와 그 영역 밖에 있는 비거주자(non-residents) 사이의 모든 경제 활동을 의미한다. 이때 주목해야 할 점은 거주자와 비거주자의 구분이 단순히 국적에 따라 이루어지지 않는다는 것이다. 거주자와 비거주자의 구분 기준을 살펴보면, 국내총생산(Gross Domestic Product, GDP)과 국민총생산(Gross National Product, GNP)의 차이와 유사한 개념으로 이해할 수 있다. 즉, 경제 활동이 어디에서 발생했는지가 중요한 기준이 된다. 예를 들어, 외국 국적을 가진 경제 주체라도 1년 이상 해당 국가에서 경제 활동을 하거나 그럴 의향이 있다면 그 국가의 거주자로 간주한다. 이러한 기준은 국제수지 통계의 정확성과 일관성을 유지하는 데 중요한 역할을 한다.

(1) 국제수지표의 구성

새롭게 적용되는 국제수지표 작성매뉴얼(BPM6)에 따르면 국제수지표는 크게 경상수지와 자본·금융계정 그리고 오차 및 누락계정으로 구분된다. 여기서 오차 및 누락계정은 단순히 통계상의 불일치 조정을 위한 것으로 큰 의미는 없기에 경상수지계정과 자본·금융계정이 국제수지표의 골자라고 하겠다.

경상수지계정에는 상품수지, 서비스수지, 본원소득수지, 이전소득수지가 있다. 특히 상품수지는 상품의 수출입에 대한 계정이며, 서비스수지는 운송, 여행, 통신, 건설, 보험, 금융, 컴퓨터, 지적재산권, 유지보수, 사업, 개인, 문화, 오락, 정부서비스 등 서비스와 관련한 계정이다.

자본·금융계정은 자본수지와 금융계정으로 구분된다. 금융계정은 직접투자, 증권투자, 파생금융상품, 기타 투자 그리고 독립계정이었던 준비자산계정이 금융계정으로 편입되었다.

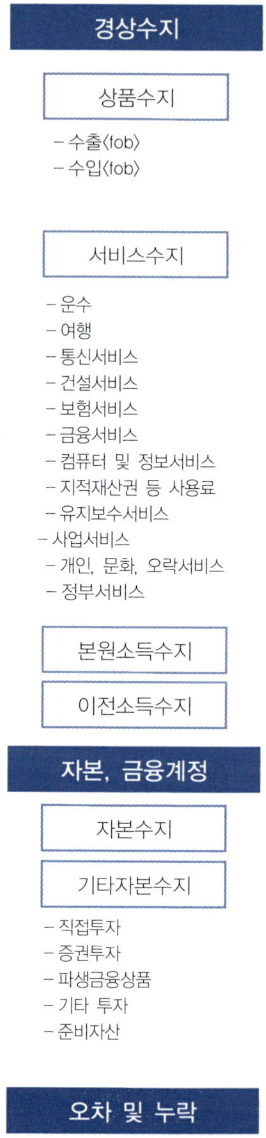

그림 5-5 국제수지표

(2) 국제수지의 균형

국제수지는 단식부기가 아닌 복식부기원리[10]에 따라

---

10) 부기란 장부기입의 약칭이며, 복식부기란 하나의 동일한 경제활동을 장부 좌측의 차변(−)과 우측의 대변(+)에 두 번 기록하는 것을 말한다. 단식부기는 모든 거래를 수입 또는 지출이라는 한쪽 측면에서만 기록하는 방식으로 입출금만 기록하기 때문에 전체적인 자산보유내역을 한눈에 파악하기 힘들다. 복식부기에서 왼쪽 차변항목에는 자산의 증가, 부채의 감소, 자본의 감소, 비용의 발생과 관련한 사항이 기록되며,

작성된다. 국제수지표에서 각 연도의 경상수지, 자본・금융계정, 오차 및 누락의 합을 구하면 언제나 '0'이 된다. 이 말은 복식부기의 원리를 따른다는 의미이다. 국제수지표의 각 계정의 합이 '0'이라는 것은 외화 수취의 합과 지급의 합이 같다는 말이다. 한 국가의 자산의 현황을 한눈에 파악할 수 있도록 단식부기가 아닌 복식부기를 사용한다.

국제수지에서 수익은 대변에, 지급은 차변에 적는데, 외화를 지급하는 거래를 차변, 외화를 수취하는 거래를 대변이라고 판단할 수 있다. 경상수지의 차변에는 상품수입(실물자산증가), 서비스지급(서비스 제공받음), 본원소득 지급, 이전소득 지급이 기록되며, 금융・자본계정에는 금융자산 증가, 금융부채 감소, 자본이전 지급, 비생산・비금융 자산취득이 기록된다. 경상수지의 대변에는 상품수출(실물자산 감소), 서비스수입(서비스를 제공함), 본원소득 수입, 이전소득 수입이 기록되며, 금융・자본계정에는 금융자산 감소, 금융부채 증가, 자본이전 수입, 비생산・비금융자산 처분이 기록된다.

예를 들어 수출, 해외여행, 그리고 해외직접투자가 발생했다고 가정하자. 먼저 첫 번째 거래는 우리나라의 한 기업이 200달러의 물품을 수출한 것이며, 두 번째 거래는 우리나라 어느 국민이 해외여행을 한 것이다. 마지막으로 해외 특정 기업이 우리나라에 직접투자 500달러를 했다고 하자. 이 경우 복식부기의 원리에 따르면 먼저 첫 번째 거래로 발생하는 수출은 경상수지 대변에 실물자산의 감소로 기록됨과 동시에 금융・자본계정의 차변에는 수출로 발생한 대금으로 금융자산의 증가가 기록되어야 한다. 두 번째 거래로 발생하는 해외여행서비스로 경상수지의 차변 기록해야 하며, 이에 해당하는 비용발생으로 금융・자본수지 계정의 대변에는 금융자산 감소로 기록되어야 한다. 마지막으로 해외에서 우리나라로 직접투자가 발생하였기 때문에 자본・금융계정 차변에 금융자산 증가로 기록됨과 동시에 대변에는 금융부채 증가의 의미로 동시에 기록된다.

오른쪽 대변에는 자산의 감소, 부재의 증가, 자본의 증가, 수익 항목이 기록된다.

표 5-2 국제수지와 복식부기원리

	차변(-)/출금	대변(+)/입금	수지
경상수지	100달러 (거래2)	200달러 (거래1)	200달러 -100달러
자본·금융계정	200달러 (거래1) 500달러 (거래3)	100달러 (거래2) 500달러 (거래3)	-200달러
소계	800달러	800달러	0

(3) 경상수지

① 경상수지

국제수지표에 기록하는 대외거래는 경상거래와 자본거래로 구성된다. 재화와 용역(서비스)의 거래를 경상거래라 정의한다. 경상거래로 한 국가는 외국으로부터 벌어들인 외화가 발생하게 되며, 반대로 외국으로 지급한 외화가 발생하게 된다. 이때 지급 받은 외화와 지급한 외화의 차이를 경상수지라고 한다. 그리고 경상수지는 다시 상품수지, 서비스수지, 본원소득수지, 그리고 이전소득수지로 구분된다.

경상수지계정에서 상품수지는 재화의 수출액과 수입액의 차액을 의미한다. 서비스수지는 용역, 즉 서비스거래로 수취한 돈과 지급한 돈의 차액이다. 본원소득수지는 거주자와 비거주자 간 급료 및 임금 또는 투자의 대가로 받은 배당금이나 이자소득의 차액을 기록한 것이다. 이전소득수지는 한 국가의 거주자와 비거주자 간 아무런 대가 없이 주고받은 거래의 수지를 의미한다. 특히 이전소득수지는 아무 대가 없이 단순히 주고받은 것이기 때문에 경제적 의미의 거래라고 보기 어렵지만, 경상수지에 기록하는데 대외송금, 재화의 무상원조, 국제기구 출연금 등이 여기에 분류된다.

경상수지는 흑자와 적자의 형태로 나타나며, 국제수지에서 가장 큰 비중을 차지하고 있다. 경상수지가 흑자인 경우는 국제수지표로만 보면 단순히 수출의 증가로 판단할 수 있지만, 수출의 증가는 결과적으로 수출을 위한 수요의 증가로 이어진다. 수요의 증가는 생산의 확대로 이어지며 생산의 확대는 고용으로 이어져 가계소득의 증대로 이어진다. 앞서 국민경제에 무역이 미치는 영향과 같은 맥락이다. 한편 경상수지가 적자일 때 수입이 수출을 넘고 있는 상황으로 해외로부터 재화와 용역을 수입하여 외화가 유출되는 것 외에도 국내 생산의 위축이 발생한다. 생산의 위축은 결과적으로 고용의 축소로 이어지며 가계소득의 감소로 이어진다. 따라서 경상수지는 국가의 무역 및 경제정책을 펼침에 있어 중요한 지표라고 할 수 있다.

② 경상수지의 구성항목

경상수지의 세부 구성항목을 보면 수출, 수입으로 구성된 상품수지가 있다. 그리고 운송, 여행, 통신서비스, 건설서비스, 보험서비스, 금융서비스, 컴퓨터 및 정보서비스, 지적재산권 등 사용료, 유지보수서비스, 사업서비스, 개인·문화·오락 서비스, 정부서비스로 구성된 서비스수지가 있다. 그리고 본원소득수지와 이전소득수지로 구성되어 있다. 경상수지 항목 중에서 특이한 것을 몇 가지 살펴보면 금을 거래하는 것은 재화의 수출입으로 간주해 상품수지에 포함한다. 승무원을 포함한 운송장비의 임대차는 서비스수지의 '운수' 항목이지만, 승무원을 포함하지 않은 수송 장비의 임대차는 '사업서비스'에 해당한다. 또한 해외여행에서 취득한 물건은 상품수지가 아니라 서비스수지에 해당한다. 본원소득수지 중에서 투자수지를 보면 자본투자의 목적에 따라 3가지 소득이 발생하는 것으로 구분한다. 투자를 위한 자본의 이동은 자본수지이며 이로 인한 소득의 발생은 경상수지의 본원소득수지에 해당한다. 이처럼 구성항목의 적용에서는 항목의 명칭을 넘어 실무적 구분의 이해가 필요하다.

(4) 자본 · 금융계정

① 자본 · 금융계정

자본・금융계정은 우리나라가 다른 나라와 주고받는 자본거래를 보여준다. 자본・금융계정 수지는 자본거래의 결과로 유입된 외화와 유출된 외화의 차이를 기록한 것이며, 이는 다시 자본계정과 금융계정으로 구분된다. 자본계정(자본수지)는 과거 계정의 기타 자본수지 항목을 의미하는 것으로, 자본이전과 비생산・비금융자산으로 구분된다. 자본이전은 해외 이주비나 채무면제 등이 포함된다. 비생산・비금융자산은 토지, 지하자원 등 비생산유형자산과 특허권, 저작권, 상표권 등의 비생산무형자산의 취득 및 처분 거래(매매)를 기록한 것이다.

금융계정은 직접투자, 증권투자, 파생금융상품, 기타투자, 준비자산으로 나눠진다. 직접투자는 경영참여 등 영속적인 이익을 취득하기 위해 행하는 대외투자로 주식 구입이나 자금대여 등의 채무거래를 포함한다. 증권투자는 투자자본의 가치 증가 또는 이윤획득만을 목적으로 한 대외투자로, 외국과의 주식・채권 거래가 여기에 해당한다. 이때 주의할 점은 똑같은 주식 구입이라 해도 목적에 따라 서로 다른 항목(직접투자와 증권투자)으로 계산된다는 점이다. 투자대상기업의 의결권을 10% 이상 보유하고 있는 경우에는 직접투자로 분류한다. 파생금융상품은 파생금융상품 거래에서 발생한 손익을 기록한다. 기타 투자는 직접투자・증권투자・파생금융상품 거래를 제외한 모든 금융 거래를 포함한다. 즉, 대출 및 차입, 무역신용, 현금 및 예금 등의 금융 거래를 기록한다. 재화를 1억 달러 수출하고 수출대금을 현금으로 받았다면 수출은 경상수지에, 대금 수취는 금융계정의 기타투자에 기록한다. 마지막으로 중앙은행이 국제수지 불균형을 바로 잡기 위해 사용할 수 있는 대외자산의 증감을 기록하던 준비자산도 과거와 달리 금융계정에 포함되었다.

② 자본 · 금융계정의 구성항목

자본 · 금융계정의 구성항목 중에서 특이한 사항은 민간의 별장이나 주택과 같은 해외부동산 취득은 직접투자에 계상되며, 토지나 지하자원 등의 거래는 자본계정의 비생산 · 비금융자산에 기록된다는 점이다. 또한 특허권 매매 자체는 특허권이라는 자본을 사고, 판 것으로 자본계정에 포함되지만, 특허권의 사용은 무형자산의 사용료로 경상수지의 서비스수지에 포함된다.

PART 02

국제무역 실무의 이해

CHAPTER

06

무역계약

■ 학습목표

1. 무역의 절차를 이해한다.
2. 무역계약의 청약과 승낙을 이해한다.
3. 계약물품 조건에 대하여 학습한다.
4. 계약이행 조건에 대하여 학습한다.

1. 무역의 절차

무역의 흐름은 크게 무역계약이 성립하기 전과 후로 구분할 수 있다. 절차나 단계를 정형화할 수 있는 것은 아니지만, 무역을 처음 시작한다고 가정한다면 무역을 진행하면서 공통으로 고민해야 할 부분과 함께 일반적으로 밟아야 할 절차가 있다. 따라서 무역의 전체 흐름에 대해 언급한 것처럼 무역계약을 체결하는 시점을 기준으로 무역 계약체결 전과 후로 구분하여 세부적으로 접근한다면 단계별로 더욱 명확하게 무역을 진행할 수 있다. 그리고 무역은 수입과 수출로 이루어져 있지만, 일반적으로 무역의 흐름은 수출자를 중심으로 기술하기 때문에 이 장에서도 각 절차의 중심은 수출자의 관점에서 기술하며, 단계별 필요에 따라 수입자의 관점에서 책임과 의무를 기술한다.

국제물품 매매거래는 무역계약을 의미하므로 당사자는 매도인과 매수인이 존재하며 각각 수출자와 수입자이다. 참고로 우리나라 대외무역법에서는 무역당사자에 해당하는 무역업자와 무역대리업자를 무역거래자로 통칭하고 있다.

1) 무역계약 성립 전 절차

무역계약이 성립하기까지의 단계를 보면, 사업자등록증과 무역업 고유번호(선택사항)를 보유한 매도인의 주요 활동은 다음과 같이 구분할 수 있다. 1단계 무역 품목 선정, 2단계 해외시장조사, 3단계 목적시장 선정, 4단계 거래처 선정, 5단계 거래의 권유이다. 그리고 6단계 거래조회, 7단계 거래회신, 8단계 신용조회, 9단계 청약 단계, 10단계 승낙으로 구분할 수 있다.

1단계 무역 품목 선정은 무역 거래 중 가장 중요한 단계이며, 수출과 수입을 통한 이익이 발생할 수 있는 물품 등을 선정하는 것이다. 시장의 상황에 따라 수요와 공급을 고려하여 무역 품목을 선정해야 한다.

2단계 해외시장조사에서는 해외거래처를 발굴하기 위해 대한무역투자진흥공사(KOTRA), 한국무역협회(KITA), 대한상공회의소(KORCHAM) 등 기관을 이용하거나 개별적으로 시장조사를 진행할 수 있다.

3단계 목적시장 선정은 조사된 자료를 토대로 무역 품목에 적합한 시장을 선정하는 단계이다.

4단계는 거래처선정 단계로 해외시장 조사자료에 기초하여 목적시장을 세분화하여 선정한 다음 구체적으로 거래당사자를 정하는 단계이다. 이 단계에서 전시회나 박람회 또는 직접적 거래처 발굴의 활동을 진행한다.

5단계 매도인의 거래권유 또는 거래제의는 일반적으로 거래권유장(circular letter)을 통해 이루어진다. 오늘날 인터넷을 통한 전자메일의 보편화로 거래권유장 역시 과거 팸플릿이나 일방적인 우편이 아니라 거래처 선정 과정에서 확보된 거래처 명단을 대상으로 전자메일을 통해 이루어진다. 참고로 거래의 권유기회는 전시회나 박람회를 통해 활성화되어 있어 4단계와 5단계가 동시에 발생하여 효과를 극대화하고 있다. 다만, 매도인이 거래권유장을 잠재적 매수인에게 발송한 이후 매수인이 거래권유에 대한 아무런 반응이 없다면 무역은 더 이상 이루어질 수 없다.

6단계 거래조회는 매수인이 매도인의 거래권유장에 대해 처음으로 반응하는 단계이며 거래권유에서 제시된 정보에 대해 매수인이 더 구체적으로 거래에 대해 문의하는 단계이다.

7단계 회신에서는 매수인의 거래조회에 대해 매도인의 회신(reply to inquiry)이 이루어진다.

8단계 신용조회에서는 매도인은 매수인의 신용조사를 진행한다. 거래조회와 이에 대한 회신으로 실무적인 논의가 진행되면서 동시에 거래 당사자들은 상호간 신용을 조회하게 된다. 일반적으로 거래 상대방의 특성(character), 거래역량(capacity), 자본역량(capital)을 조회하며 때에 따라 문화, 정치, 경제 등 거래에 영향을 미치는 간접적인 요소를 점검한다.

9단계에서는 매도인은 매수인에게 거래를 위한 청약(offer)을 진행한다. 청약(offer)은 일반적으로 매수인의 반대청약(counter offer)을 통해 매도인의 최종 확정청약(firm offer)으로 진행하기까지 매도인과 매수인이 협상하는 과정으로 무역대상에 대한 거래조건(품질, 수량, 가격, 포장, 선적, 결제, 보험, 클레임 조항 등)에 대한 합의를 이루는 과정이다.

최종적으로 합의가 이루어지게 되면 이 시점이 바로 10단계 매수인이 승낙(acceptance)으로 무역계약은 성립하게 된다. 즉, 매도인의 청약(selling offer)에 대한 매수인의 승낙으로 계약을 체결하는 것이다. 반대로 매수인이 매도인을 발굴하여 거래를 청약(buying offer)하는 것은 주문(order)이 되는데, 매도인이 청약(selling offer) 시 발행하는 청약서(offer sheet)를 바로 계약서로 사용할 수 있는 것처럼, 매도인이 주문승낙(acknowledgement)하는 주문서가 계약서를 대체할 수 있다. 이 경우 사용하는 것이 바로 견적송장(proforma invoice, P/I)이다. 수출상이 수입상에게 발행하는 예비적 성격의 송장으로서, 수출상이 거래를 유발하거나 촉진하기 위해 작성하는 예비 송장이다. 견적송자의 목적은 수입상의 수입허가 또는 외화배정 신청을 위한 자료로 사용되게 하거나, 구매자에게 제공할 상품 및 서비스 목록과 예상 지불 금액을 알려주기 위함이다. 매수인의 주문에 대해 매도인이 확인한다는 견적송장을 작성 및 서명하면 이 역시 계약서의 효력을 갖게 된다. 이처럼 매도인의 청약에 대한 매수인의 승낙이든, 매수인의 주문에 대한 매도인의 주문승낙이든, 승낙은 무역계약의 성립을 의미한다. 하지만 계약 성립 단계까지 진행하는 동안 상호 간 수정요청, 반영 또는 거절, 그리고 합의사항을 명확히 하기 위해 전체 합의 내용을 정리하여 문서화할 필요가 있다. 또한 계약 성립 이후 무역계약을 이행하는 데 있어 당사자 간 합의내용을 최대한 성실하고 정확하게 이행하여 클레임이 발생하지 않도록 하기 위해서는 문서로 만든 계약서를 활용하는 것이 가장 현명하다. 참고로 계약서는 편지식과 표준식으로 구분하는데, 편지식은 당사자가 2명일 경우 활용하며, 표준식은 계약당사자의 수가 많은 경우 활용한다.

표 6-1 무역계약체결 이전 절차

1단계 : 매도인(Seller)	1단계 : 무역품목 선정
2단계 : 매도인(Seller)	2단계 : 해외시장조사
3단계 : 매도인(Seller)	3단계 : 목적시장 선정
4단계 : 매도인(Seller)	4단계 : 거래처 선정
5단계 : 매도인(Seller)	5단계 : 거래의 권유
6단계 : 매수인(Buyer)	6단계 : 거래조회
7단계 : 매도인(Seller)	7단계 : 회신
8단계 : 매도인(Seller), 매수인(Buyer)	8단계 : 상호 간 신용조사
9단계 : 매도인(Seller)	9단계 : 청약
10단계 : 매수인(Buyer)	10단계 : 승낙(계약 성립)

2) 무역계약 성립 후 절차

계약 성립 이후 매도인은 계약체결의 대상이 된 물품을 수출하기 위한 활동과 함께 대금 수령을 위한 활동을 전개하며, 매수인은 무역계약의 반대급부로 대금 결제와 함께 수입 물품 인수를 위한 활동을 시작한다. 무역계약 성립 후 절차는 은행의 신용을 이용한 대금결제 방식인 신용장을 기초로 설명한다. 만약 신용장을 이용하지 않을 때는 무역 절차를 상당 부분 간소화할 수 있다.

먼저 1단계에서 매수인은 수입 물품 승인 절차를 거쳐야 한다. HS(harmonized commodity description and coding system) 코드를 확인하여 관련 법령 등에 기초하여 품목별 수출입 요령에 따라 수입승인을 진행한다. 특히 수입 물품에 관한 통합공고를 확인하여 수입 물품에 제한이 없는지 확인해야 한다.

수입승인은 수입승인신청서(import license)를 통해 진행한다. 참고로 수입승인은 대외무역법상 수출입공고의 제한품목을 승인품목이라고 한다. 승인품목의 경우 당해 물품을 관장하는 기관에서 승인받아 수출입 통관을 진행할 때 세관에 이를 제시하여야 한다.

매수인과 매도인이 상호 체결한 무역계약에서 대금결제 수단으로 신용장을 이용한다면, 2단계는 매수인이 자신의 거래은행에 신용장 개설을 신청하는 것이다. 이 경우 매수인은 신용장 개설은행과 은행거래 약정 및 담보 관계를 설정해야 한다. 신용장 개설에는 수수료가 발생하며, 즉시 지급이 아닌 후지급의 경우 이자도 발생한다.

3단계에서는 신용장 개설은행이 발행한 신용장이 매도인의 현지은행을 통하여 매도인에게 전달된다. 이를 신용장의 내도라고 하며, 내도를 알리는 은행은 통지은행이 된다. 이때 매도인은 무역계약체결 내용과 신용장의 내용이 완전히 일치하는지 확인해야 한다. 무엇보다도 신용장 유효기간과 화물 선적기한 확인이 필수적이며, 선적서류 제시기간 역시 확인해야 한다.

4단계는 매도인이 수출승인을 이행하는 단계로서 수출승인신청서를 통해 진행하는데, 수출 물품이 승인품목인지의 여부를 품목별 수출입요령을 통해 확인해야 한다. 요건확인 대상은 통합공고 및 전략물자공고를 통해 진행한다.

5단계는 매도인이 무역계약에 기초하여 대상 물품을 조달하거나 생산하여 선적을 준비하는 단계이다. 이 경우 수출 물품과 관련하여 내국신용장 또는 외화획득용 원료 및 물품 등에 관한 구매확인서를 사용한다.

6단계에서는 가격조건(특히 인코텀즈: INCOTERMS)[1]에 따라 운송계약과 보험계약을 책임당사자가 체결한다. 만일 매도인이 운송과 보험계약의 책임이 있다면 (CIP 또는 CIF 조건)[2], 매도인은 운송 및 보험계약을 체결하고 무역계약에 맞게 서류를 준비한다. 7단계에서 매도인은 수출신고와 함께 통관을 진행한다.

---

1) 인코텀즈(Incoterms)는 국제상업회의소(ICC)가 제정한 국제무역 용어의 해석에 관한 규칙이다. 이는 국제무역에서 책임, 비용, 위험 분배를 명확히 하여 거래의 불확실성을 줄이고 분쟁을 예방하는 데 도움을 준다. 현재 가장 널리 사용되는 버전은 Incoterms 2020이다

2) CIP는 모든 운송 방식에 적용 가능하며, 판매자가 지정된 내륙 목적지까지의 운송비와 보험료를 부담. 위험은 지정된 운송인에게 화물을 인도할 때 구매자에게 이전. CIP는 상대적으로 높은 수준의 보험 보장을 요구. 반면 CIF는 해상운송에만 적용되며, 판매자가 도착항까지의 운임과 보험료를 부담. 위험은 선적항에서 본선에 화물이 적재되는 시점에 구매자에게 이전. CIF는 최소한의 보험 보장만을 요구.

8단계에서 매도인은 기존에 체결한 운송계약을 기반으로 선적을 진행한다.

9단계에서 매도인은 신용장의 지급, 연지급, 인수, 그리고 매입 가운데 해당하는 방식에 맞게 대금결제를 진행하며, 은행을 통해 선하증권(bill of lading, B/L)을 포함한 선적서류를 매수인에게 전달한다. 선하증권은 화물의 선적을 증명하고 화물에 대한 권리를 나타내는 운송인이 발행한 유가증권. 소유권 이전과 대금 결제의 기능을 함. 이때 전달된 서류를 기반으로 매수인은 화물을 인수한다.

마지막 10단계에서 매수인은 인수한 화물의 수입신고 및 통관절차를 진행한다.

표 6-2 무역계약체결 이후 절차

1단계 : 매수인(Buyer)	1단계 : 수입승인
2단계 : 매수인(Buyer)	2단계 : 신용장 개설 및 통지(신용장 기준)
3단계 : 매도인(Seller)	3단계 : 신용장 내도 및 확인(신용장 기준)
4단계 : 매도인(Seller)	4단계 : 수출승인
5단계 : 매도인(Seller)	5단계 : 수출물품 확보(조달, 생산 등)
6단계 : 매도인(Seller)	6단계 : 운송, 보험계약(CIP 또는 CIF 기준)
7단계 : 매도인(Seller)	7단계 : 수출신고 및 통관
8단계 : 매도인(Seller)	8단계 : 선적
9단계 : 매수인(Buyer)	9단계 : 대금결제 및 물품 인수(신용장 기준)
10단계 : 매수인(Buyer)	10단계 : 수입신고 및 통관

2. 무역계약

1) 무역계약의 정의

무역계약(trade contract)은 국제 상거래의 바탕을 이루는 중요한 개념이다. 이는 서로 다른 국가에 속한 무역 당사자들 간 이루어지는 물품매매계약(contract of sale of goods)을 지칭한다. 이러한 계약은 국제적 차원에서 이행되며, 각국의 법률과 관행, 그리고 국제 규범이 복합적으로 작용하는 특수한 환경 속에서 진행된다.

법률적 관점에서 계약(contract)이란 일정한 채권 관계 발생을 목적으로 하는 당사자 간 의사 표시의 합치로 성립하는 법률행위를 말한다. 이는 단순한 약속이 아니라 법적 구속력을 갖는 합의를 의미한다.

이러한 맥락에서 물품매매계약을 살펴보면, 이는 물품을 대상으로 특정한 채권 관계를 발생시킬 목적으로 당사자 간 대치되는 의사의 합의로 성립하는 계약이라고 정의할 수 있다. 여기서 '대치되는 의사'란 판매자의 판매 의사와 구매자의 구매 의사가 서로 부합함을 의미한다.

무역계약의 특성으로 첫째, 국제성(internationality)이다. 무역계약은 서로 다른 국가에 속한 당사자들 사이에서 이루어지므로, 국제법과 각국의 법률이 복합적으로 적용된다. 둘째, 물품의 이동이 수반된다. 이는 단순한 국내 거래와는 달리 통관절차, 국제운송, 환율변동 등의 요소를 고려해야 함을 의미한다. 셋째, 위험의 분산이 필요하다. 국제거래에 내재한 다양한 위험을 당사자들이 어떻게 분담할 것인지가 계약의 중요한 부분을 차지한다.

결론적으로, 무역계약은 국제적 맥락에서 이루어지는 물품매매계약으로, 일반적인 계약의 본질을 기반으로 하되 국제거래의 특수성을 반영하는 복합적인 법률행위라고 할 수 있다.

이에 여러 국가 사이에서 발생하는 물품매매계약에 대해 1980년 비엔나(Vienna)에서 국제법으로 규정한 것이 바로 국제물품 매매계약에 관한 UN협약(United Nations Convention on Contracts for the International Sale of Goods, 1980), 즉 비엔나협약(Vienna Convention)이다. 약칭 CISG인 비엔나협약은 UN 국제무역법위원회(UNCITRAL)이 제정하였으며, 1988년부터 세계적으로 발효하였다. 우리나라는 2005년부터 이 협약의 적용을 받고 있다. CISG는 계약의 성립부터 총칙, 매도인과 매수인의 의무, 위험이전, 매도인과 매수인의 의무에 대한 공통 규정 등에 관해 규정하고 있다.

한편 무역계약을 적용하고 해석하기 위해서는 법원(source of law)이 필요하다.

이는 계약의 유효성과 해석에 대한 기준을 제공하는 법적 근거를 의미한다. 무역계약의 법원 중 가장 중요한 것은 당사자의 약정이다.

무역 거래는 기본적으로 개인 간 문제로, 사법(私法, private law)의 영역에 속한다. 이에 따라 계약자유의 원칙(principle of freedom of contract)이 기본적으로 적용된다. 이 원칙에 따라 당사자들은 자유롭게 계약 내용을 결정할 수 있으며, 이렇게 합의된 내용은 법적 구속력을 갖게 된다.

당사자 간 합의된 내용은 다른 법원들보다 우선하여 적용된다. 이는 실정법(positive law)인 조약이나 상관습법(商慣習法, commercial customary law)보다도 우선한다는 점에서 중요하다. 실정법은 사람들이 제정하거나 경험적 사실에 따라 형성된 법을 말한다.

기타 무역계약의 법적 근거 관련, 당사자의 약정 외에도 다양한 법적 근거가 존재한다. 이에는 국제무역계약법, 무역클레임 해결에 관한 법, 당사국의 국내매매법, 상관행(commercial practice), 성문화되지 않은 상관습법, 조리(條理, legal principle)[3] 등이 포함된다.

무역계약의 법원은 실무적 의미에서 준거법이라고 할 수 있다. 준거법은 무역계약의 성립과 효력 등 제반 법률관계에 적용되는 법을 말한다. 이는 계약당사자들 간 분쟁 발생 시 어느 국가의 법을 적용할 것인지를 결정하는 중요한 요소이다.

국가 대부분에서는 주관주의(subjective approach)에 따라 당사자의 합의로 준거법을 지정한다. 그러나 일부 국가에서는 행위지법(lex loci actus) 또는 계약지법을 준거법으로 하기도 한다. 반대로 이행지법을 준거법으로 하는 국가도 존재한다. 이러한 다양성은 국제무역 거래의 복잡성을 보여주는 동시에, 계약체결 시

3) 조리(條理, legal principle)란 법률 해석과 적용에 있어서 사용되는 기본적인 논리와 이성적 판단 기준을 의미한다. 이는 성문법이나 관습법에 명시되지 않았더라도, 일반적으로 인정되는 사회 통념과 정의 관념에 기초한 법의 기본 원리임. 조리는 법의 흠결이 있을 때 보충적으로 적용되며, 구체적인 사안에 대해 합리적이고 공평한 결론을 도출하는 데 도움을 줌. 예를 들어, '신의성실의 원칙'이나 '권리남용 금지의 원칙' 등이 조리에 해당한다.

준거법 선택의 중요성을 강조한다.

표 6-3 거래의 당사자

구분	수출자(수출)	수입자(수입)
무역	수출자(exporter)	수입자(importer)
매매	매도인; 판매자(seller)	매수인; 구매자(buyer)
신용장	수익자(beneficiary)	개설의뢰인; 신청인(applicant)
운송	송화인(shipper); 위탁자(consignor)	수화인; 수탁인(consignee)
어음	발행인(drawer)	지급인(drawee)

2) 무역계약의 특징

(1) 유상계약

유상계약은 계약당사자 간 서로 경제적 가치가 있는 것을 주고받기로 약속하는 계약을 말한다. 이는 계약의 기본원리인 '대가성'을 잘 보여주는 예다.

유상계약의 핵심 요소는 약인(consideration)이다. 약인은 계약을 법적으로 구속력 있게 만드는 요소로, 당사자들이 서로에게 제공하기로 약속한 가치 있는 것을 의미한다. 예를 들어, 매매계약에서 매도인은 물건을 팔고, 매수인은 그 대가로 돈을 지급한다. 여기서 물건과 돈이 각각 약인이 된다.

유상계약에서 약인으로 사용되는 경제적 대가는 주로 돈의 형태를 취한다. 국제 거래에서는 보편적으로 인정되는 화폐가 사용된다. 하지만 약인이 반드시 금전일 필요는 없다. 물물교환 계약처럼 실물자산을 교환하는 것도 유상계약에 해당한다. 중요한 점은 교환되는 대상이 경제적 가치를 지녀야 한다는 점이다.

유상계약의 반대 개념으로 무상계약(gratuitous contract)이 있다. 무상계약은 한 당사자가 다른 당사자에게 경제적 이익을 제공하지만, 그에 대한 반대급부를 받지 않는 계약이다. 증여계약이 대표적인 예다.

유상계약의 의의는 크게 두 가지로 볼 수 있다. 첫째, 유상계약은 경제활동의 기본이 되는 법적 장치다. 상품과 서비스의 교환, 노동력 제공에 대한 보수 지급 등 대부분의 경제 거래가 유상계약의 형태로 이루어진다. 둘째, 유상계약은 당사자들의 신중한 의사결정을 유도한다. 경제적 대가를 지급해야 하므로, 계약체결 시 더욱 신중하게 판단하게 된다.

(2) 쌍무계약

쌍무계약(bilateral contract)은 계약의 양 당사자가 서로에게 대가성 있는 의무를 부담하는 계약 형태를 말한다. 이는 계약당사자 모두가 상호 간 법적 구속력 있는 약속을 하고, 각자의 의무를 이행해야 하는 계약 유형이다.

쌍무계약의 본질을 이해하기 위해 국제무역 계약을 예로 들어 설명할 수 있다. 무역계약에서 매도인(seller)과 매수인(buyer)은 각각 특정한 의무를 지닌다. 첫째, 매도인은 계약에서 정한 물품을 적절히 포장하고 선적하여 수출해야 하는 의무를 갖는다. 둘째, 매수인은 이에 대한 대가로 약정된 대금을 지급해야 하는 의무를 부담한다. 이처럼 양측이 서로에게 의무를 지고 있으며, 이러한 의무들은 상호 대가적(reciprocal) 관계에 있다.

쌍무계약의 특징은 계약당사자 사이의 권리와 의무가 서로 밀접하게 연관되어 있다는 점이다. 각 당사자의 의무 이행은 상대방의 의무 이행을 조건으로 하는 경우가 많다. 예를 들어, 매수인의 대금 지급은 매도인이 물품을 제대로 인도했을 때 이루어지는 것이 일반적이다.

또한, 쌍무계약에서는 계약당사자 간 법률관계가 준거법(governing law)에 따라 규정된다. 이는 계약의 해석, 이행, 그리고 분쟁 해결 등에 있어 특정 법률체계가 적용됨을 의미한다. 국제무역 계약의 경우, 준거법은 종종 계약당사자가 합의하여 선택하거나, 특정 국제협약을 따르기도 한다.

쌍무계약과 대비되는 개념으로 편무계약(unilateral contract)이 있다. 편무계약은 계약의 한 당사자만이 의무를 부담하는 계약 형태를 말한다. 예를 들어, 무상

증여 계약에서는 증여자만이 재산을 이전할 의무를 지며, 수증자는 아무런 의무를 부담하지 않는다.

(3) 낙성계약

낙성계약(consensual contract)은 계약당사자 사이의 단순한 합의만으로 성립되는 계약 형태를 말한다. 이는 계약체결에 대한 당사자들의 의사 표시가 서로 일치하는 것만으로도 계약이 성립된다는 의미다.

낙성계약의 대표적인 예로 무역계약을 들 수 있다. 무역계약에서는 한 당사자가 거래를 제안하고 상대방이 이를 승낙하기만 하면 계약이 성립한다. 이때 중요한 점은 거래의 목적물, 즉 계약의 대상이 되는 물건이나 서비스가 실제로 존재하지 않아도 계약이 유효하게 성립한다는 것이다.

이러한 낙성계약은 때로 합의계약(agreement contract)이라고도 불린다. 이는 계약의 핵심이 당사자들 간 합의에 있다는 점을 강조한 표현이다.

낙성계약과 대비되는 요물계약(real contract)은 당사자들의 합의 외에 추가적인 법률 사실이 필요한 계약 형태다. 예를 들어, 물건의 실제 인도나 소유권의 이전과 같은 구체적인 행위가 동반되어야 계약이 성립한다.

낙성계약과 요물계약의 가장 큰 차이점은 계약 성립의 요건에 있다. 낙성계약은 합의만으로 즉시 효력이 발생하지만, 요물계약은 합의 외에 추가적인 행위가 필요하다. 이러한 차이는 계약의 유연성과 효율성 측면에서 중요한 의미가 있다. 낙성계약은 복잡한 절차 없이 신속하게 계약을 체결할 수 있어 현대 상거래에서 널리 활용되고 있다.

(4) 불요식계약

불요식계약(informal contract)은 계약의 성립을 위해 특정한 형식이나 절차가 필요하지 않은 계약 유형을 의미한다. 이는 계약당사자 간 합의만으로도 법적 구속력을 가지는 계약이 성립될 수 있음을 뜻한다.

불요식계약의 가장 큰 특징은 계약체결 시 특별한 형식적 요건을 요구하지 않는다는 점이다. 예를 들어, 무역계약의 경우 반드시 서면으로 작성될 필요가 없다. 이는 국제무역의 신속성과 유연성을 고려한 것으로, 구두 합의나 이메일 교환 등으로도 유효한 계약이 성립될 수 있음을 의미한다.

또한, 불요식계약에서는 계약서 작성 시 법정기재사항(statutory requirements)을 포함할 필요가 없다. 법정기재사항이란 법률로 계약서에 반드시 포함되어야 한다고 규정된 항목들을 말한다. 불요식계약에서는 이러한 항목들을 생략하더라도 계약의 유효성에는 영향을 미치지 않는다.

구두청약(oral offer)의 경우에도 불요식계약의 원칙이 적용된다. 구두로 이루어진 제안에 대해 상대방이 승낙의 의사를 표시하면, 그 즉시 법적 구속력 있는 계약이 성립된다. 이는 계약체결의 신속성과 편의성을 높이는 효과가 있다.

한편, 모든 계약이 불요식계약인 것은 아니다. 예를 들어, 해상운송에서 중요한 역할을 하는 선하증권(bill of lading)의 경우는 요식계약(formal contract)에 해당한다. 특히 헤이그규칙(Hague Rules)[4]을 따르는 경우, 해당 규칙에서 정하는 특정 내용을 반드시 선하증권에 기재해야 한다. 이는 해상운송의 특수성과 중요성을 고려하여, 계약 내용의 명확성과 안정성을 확보하려는 조치이다.

3) 무역계약서의 종류

무역계약(trade contract)은 당사자 일방의 거래제의(offer)에 대해 상대방이 수락(acceptance)하면 성립한다. 이때 양 당사자 간 합의(agreement)가 이루어지는 시점이 바로 무역계약이 성립하는 시기다. 이는 계약법의 기본 원칙인 '청약과 승

4) 헤이그 규칙(Hague Rules)은 1924년 채택된 국제 해상물품운송 협약으로, 선박 소유자와 화주 간 권리와 의무를 규정한다. 이 규칙은 선하증권에 관한 일부 법규의 통일을 위한 국제협약으로, 해상운송에서의 책임 제도를 표준화하고 선주의 면책 사유를 제한하여 화주를 보호하는 역할을 한다.

낙의 합치'를 반영한 것이다. 무역계약의 주요 특성 중 하나는 불요식계약(informal contract)이라는 점이다. 이는 계약 성립을 위해 특정 형식이나 절차가 있어야 하지 않는다는 의미다. 따라서 청약, 승낙 및 기타 관련된 의사 표시를 반드시 서면으로 할 필요는 없다. 구두 합의나 전자적 방식의 의사소통으로도 계약이 성립할 수 있다. 무역계약은 낙성계약(consensual contract)의 성격을 갖는다. 이는 당사자 간 합의만으로 계약이 성립함을 의미한다. 별도의 서면 작성이나 물건의 인도 등 추가적인 행위 없이도 합의 자체로 계약이 효력을 발생한다. 그러나 실무에서는 몇 가지 이유로 계약 내용을 서면화하는 것이 일반적이다. 그 이유는 서면 계약서는 당사자들이 합의한 내용을 정확히 기록하여 향후 오해를 방지하기 위함이다. 또한 문서화된 계약은 추후 발생할 수 있는 분쟁에서 중요한 증거로 활용될 수 있다. 그리고 서면 계약은 계약 내용에 대한 법적 확실성을 제공한다.

무역 실무에서 사용되는 대표적인 계약 관련 서식들로는 판매확인서(sales confirmation), 구매주문서(purchase order), 청약서(offer sheet), 주문서(order form) 그리고 일반거래조건협정서(general terms and conditions agreement) 등이 있다.

(1) 판매확인서

판매확인서(sales confirmation)는 매도인과 매수인 사이의 거래 계약이 성립되었음을 공식적으로 확인하는 서류다.

우선, 이 문서는 매수인이 주문하고 매도인이 이를 승낙했을 때, 즉 매매계약이 성립된 시점에 작성된다. 주된 목적은 양 당사자 간 합의된 계약 내용을 명확히 하고 문서로 만드는 것이다. 둘째, 매도인이 작성하며, 보통 정본(original copy)과 부본(duplicate copy)을 함께 만든다. 매도인은 정본과 부본 모두에 서명한 후 매수인에게 발송한다. 셋째, 매수인은 받은 판매확인서의 내용을 꼼꼼히 검토해야 한다. 내용에 이상이 없다면 매수인도 서명하고, 부본을 매도인에게 다시 보내 계약 내용에 대한 상호 확인을 완료한다. 넷째, 일반적으로 상품의 품명, 수량, 단가, 총액, 선적 조건, 대금 결제 방법, 보험 조건 등 계약의 핵심 사항들이 명시된다. 다섯째, 판매확인서의 법적 의미를 인지해야 한다. 이 문서는 단순한 확인용 서류가 아니라 계약의 증거로서 법적 구속력을 갖는다. 따라서 분쟁 발생 시 중요한 근거 자료로 활용될 수 있다.

(2) 구매주문서

구매주문서(purchase order, PO)는 상거래에서 중요한 문서로, 매수인이 매도인에게 특정 상품이나 서비스를 구매하겠다는 의사를 공식적으로 표현하는 수단이다. 이 문서는 매매계약(sales contract)의 성립 과정에서 핵심적인 역할을 한다.

구매주문서의 발행 과정은 다음과 같다. 1단계, 매도인이 청약(offer)한다. 이는 상품이나 서비스를 특정 조건으로 판매하겠다는 제안이다. 2단계, 매수인이 이 청약을 승낙(acceptance)한다. 이로써 매매계약이 성립된다. 3단계, 매수인은 합의된 계약 내용을 바탕으로 구매주문서를 작성한다. 구매주문서에는 일반적으로 주문 날짜, 주문 번호, 매수인과 매도인의 상세 정보, 주문 상품 또는 서비스의 설명, 수량, 가격, 납품 조건, 지급 조건 등이 포함된다.

구매주문서는 보통 정본(original copy)과 부본(duplicate copy) 두 가지 형태로 작성된다. 매수인은 이 두 가지 형태의 문서에 모두 서명(signature)을 한 후 매도인에게 발송한다. 이는 거래의 공식성을 높이고 양 당사자 간 합의를 명확히 하는 역할을 한다.

매도인이 구매주문서를 받으면, 그 내용을 꼼꼼히 검토한다. 모든 내용이 이전에 합의한 사항과 일치한다면, 매도인은 확인(confirmation)의 의미로 부본에 서명하고 이를 매수인에게 반송한다. 이로써 구매주문 절차가 완료되며, 양측은 계약의 세부 사항에 대해 명확한 기록을 갖게 된다.

이러한 과정을 통해 구매주문서는 비즈니스 거래에서 중요한 법적, 회계적 문서로 기능하며, 향후 발생할 수 있는 분쟁을 예방하는 역할도 한다.

(3) 청약서

국제무역 거래에서 계약의 성립은 매우 중요한 과정이다. 이 과정에서 핵심적인 역할을 하는 것이 바로 청약(offer)이다. 청약은 계약을 체결하고자 하는 일방의 확정적인 의사 표시를 의미한다.

청약은 거래 당사자 중 누가 발행하느냐에 따라 그 명칭과 성격이 달라진다. 첫째, 매도인이 발행할 때 이를 청약서(offer sheet)라고 부른다. 둘째, 매수인이 발행하면 주문서(order sheet)라고 한다. 그러나 이 두 문서는 모두 확정청약서로서의 기능을 수행한다.

확정청약서는 계약체결을 목적으로 하는 문서로, 청약자(offeror)가 피청약자(offeree)에 계약의 주요 조건들을 명시하고 자기 의사를 확정적으로 표현한 것이다. 이 문서에는 상품의 종류, 수량, 가격, 납기 등 계약의 핵심적인 요소들이 포함된다.

무역계약은 일반적으로 다음과 같은 과정을 통해 성립된다. 첫째, 매도인이 청약서를 발행하고 매수인이 이에 승낙(acceptance)의 의사 표시로 서명하는 경우이다. 둘째, 매수인이 주문서를 발행하고 매도인이 이에 승낙의 의사 표시로 서명하는 경우이다. 이렇게 상대방의 서명이 이루어진 확정청약서는 법적 구속력을 가진 무역계약서의 역할을 하게 된다.

이처럼 서명된 확정청약서는 단순한 청약의 단계를 넘어 완전한 무역계약서(trade contract)로 기능한다. 이 문서는 양 당사자 간 권리와 의무를 명확히 규정하며, 향후 발생할 수 있는 분쟁을 예방하고 해결하는 기준이 된다.

결론적으로, 국제무역에서 청약과 그에 대한 승낙은 계약 성립의 핵심 요소이며, 확정청약서는 이 과정에서 중추적인 역할을 담당한다.

(4) 일반거래조건협정서

국제무역은 서로 다른 국가 간 이루어지는 복잡한 경제 활동이다. 이러한 무역 거래는 본질적으로 미이행 조건부 매매(executory contract)의 성격을 지닌다. 즉, 계약체결 시점과 실제 이행 시점 사이에 시간적 간격이 존재하며, 양 당사자가 서로 다른 법률체계와 상관습을 가진 국가에 속해 있기에 여러 가지 잠재적 문제가 발생할 수 있다.

이러한 배경에서, 무역 거래의 원활한 진행을 위해 양 당사자 간 관습적 차이를 조정하고 명확한 거래조건을 설정할 필요성이 대두된다. 이를 위해 활용되는 것이 바로 일반거래조건협정서(Agreement of General Terms and Conditions of Business)이다. 이 문서는 때로 일반협정서(general agreement) 또는 거래협정서(memorandum of agreement, MOA)라고도 불린다.

일반거래조건협정서의 주요 목적은 첫째, 서로 다른 법률과 관습을 가진 국가 간 무역 거래를 보다 신속하고 효율적으로 진행할 수 있게 한다. 둘째, 거래 당사자들 간 오해나 분쟁을 사전에 방지하여 원활한 거래관계를 유지할 수 있도록 돕는다. 셋째, 장기적인 거래관계 또는 특정 계약에 적용될 일반적인 거래조건을 명확히 하여 향후 발생할 수 있는 문제를 최소화한다.

일반거래조건협정서는 보통 당사자 간 거래관계에 대한 합의가 이루어진 후, 또는 청약(offer)과 승낙(acceptance)이 완료된 후에 작성된다. 이 협정서에는 품질(quality), 수량(quantity), 가격(price), 포장(packing), 선적(shipment), 보험(insurance), 결제(payment) 등 7가지 기본조건에 대한 기초적인 협의사항과 거래형태, 방법, 거래 절차, 분쟁 발생 시 해결 방법 등이 담겨있다.

주목할 점은 일반거래조건협정서가 모든 경우에 공통으로 적용되는 사항들을 다룬다는 것이다. 반면, 상품명, 단가, 구체적인 수량, 금액 등과 같은 특정 거래에 한정된 세부 사항들은 이 협정서에 포함되지 않는다. 이러한 구체적인 정보는 대신 판매확인서(sales note)나 구매주문서(purchase order) 등의 개별 계약서에 명시된다.

일반거래조건협정서는 주로 포괄계약(blanket contract)에 활용된다. 포괄계약은 장기간에 걸쳐 반복적으로 이루어지는 거래에 대해 기본적인 조건을 미리 정해두는 계약 형태로, 일반거래조건협정서를 통해 이러한 장기적이고 반복적인 거래의 기본 틀을 효과적으로 설정할 수 있다.

결론적으로, 일반거래조건협정서는 국제무역 거래에서 발생할 수 있는 다양한 위험과 불확실성을 줄이고, 거래의 효율성과 안정성을 높이는 중요한 도구로 활용된다. 이를 통해 무역 당사자들은 더욱 원활하고 예측할 수 있는 거래관계를 구축할 수 있게 된다.

3. 청약과 승낙

1) 청약

청약(offer)이란 매매거래의 조건을 구체적으로 상대방에게 제시하면서 그러한 조건으로 물품을 판매 또는 구매하겠다는 제의를 의미하며, 피청약자의 승낙이 있으면 계약을 체결하겠다는 의사 표시이다.

청약서에는 보통 청약자(offeror)와 피청약자(offeree)의 상호와 주소를 기재하며, 이외 연락처 등을 청약서 머리말로 표시한다. 그리고 물품에 대한 명세, 즉 품명, 규격, 소재, 용도 등 품질과 관련한 내용을 기재한다. 또한 수량, 단가, 금액과 함께 기타 매매조건(선적, 보험, 화인 등)을 표시하며, 발행일자와 유효기간(승낙기간) 그리고 서명을 포함한다.

(1) 청약의 종류

무역 거래에서 청약(offer)은 계약체결 과정의 첫 단계를 구성하는 중요한 요소다. 청약은 발행 주체에 따라 크게 두 가지로 나뉜다. 매도인이 이행하는 판매청약(selling offer)은 일반적으로 '청약'이라고 할 때 지칭하는 것이며, 매수인이 발행하는 매수 또는 구매청약(buying offer)은 주문(order)이라고도 부른다.

청약은 구속력의 유무에 따라 확정청약(firm offer)과 불확정청약(free offer)으로 구분할 수 있다. 확정청약은 법률상 효력이 발생하면 당사자를 구속하며, 유효기간 내에는 내용을 변경하거나 취소할 수 없다. 보통 유효기간을 명시하며, '확정적(firm)', '취소불가능한(irrevocable)' 등의 표현을 사용한다. 반면 불확정청약은 구속력이 없고 단순한 제안의 성격을 띤다. 피청약자의 승낙만으로는 계약이 성립하지 않으며, 청약자의 최종 확인이 필요하다. 보통 유효기간을 명시하지 않으며, 조건 변경 가능성을 명시하는 경우가 많다.

조건부청약(conditional offer)은 불확정청약의 성격을 띠지만 특수한 확정청약으로 분류되는 형태다. 무확약청약(offer without engagement)은 거래조건, 특히 가격의 사전 통고 없는 변경 가능성을 명시하며, 승낙만으로 계약이 성립한다.

재고잔류조건청약(offer subject to being unsold)은 승낙 시 물품 재고 존재를 계약 성립 조건으로 한다. 점검후구매조건청약(offer on approval)은 피청약자의 점검 후 구매 결정을 허용하며, 반품허용조건청약(offer on sale or return)은 미판매 물품의 반품을 허용한다. 확인조건부청약(subject to confirmation offer)은 피청약자의 승낙 후 청약자의 최종 확인으로 계약이 성립한다.

반대청약(counter offer)은 피청약자가 원래 청약의 일부를 변경하여 원 청약자에게 새로운 청약을 하는 것을 말한다. 이 경우 원래의 청약자와 피청약자의 역할이 바뀌며, 원 청약의 법률적 효력은 상실된다. 청약 내용의 부가(addition), 제한(limitation), 변경(modification) 등이 포함될 수 있다.

이러한 다양한 청약의 형태와 특성을 이해하는 것은 국제무역 거래에서 계약의 성립과 이행을 원활히 하는 데 중요한 역할을 한다.

(2) 청약의 효력

청약의 효력 발생 시점은 계약 성립의 핵심 요소로서 국제 상거래에서 매우 중요한 의미를 지닌다. 이는 청약의 성립, 철회, 변경, 취소와 밀접하게 연관되어 있으며, 거래 당사자들의 권리와 의무가 언제부터 발생하는지를 결정하는 중요한 기준이 된다.

국제물품매매계약에 관한 유엔협약(United Nations Convention on Contracts for the International Sale of Goods, CISG), 일명 비엔나협약에서는 도달주의(receipt theory)를 채택하고 있다. 도달주의란 청약의 의사 표시가 상대방에게 도달한 시점에 그 효력이 발생한다는 원칙이다. 여기서 '도달'은 구두 또는 기타 방법으로 직접 상대방에게 전달되는 경우, 상대방의 영업소(place of business)나 우편 주소로 전달되는 경우, 또는 이러한 장소가 없는 경우 상대방의 상주 주소(habitual residence)로 전달되는 것을 의미한다.

도달주의는 비단 국제 거래에만 국한된 원칙이 아니다. 대륙법(civil law) 체계와 영미법(common law) 체계를 따르는 대부분 국가, 그리고 우리나라 민법에서도 이 원칙을 채택하고 있다. 이는 거래의 안정성과 예측 가능성을 높이는 데 기여한다.

청약의 효력 발생 시기에 관해서는 도달주의 외에도 다양한 이론이 존재한다. 표백주의(declaration theory)는 의사 표시의 내용을 명백히 표시한 시점에 효력이 발생한다는 견해이지만, 객관적 입증의 어려움으로 인해 실제 거래에서는 채택되지 않는다. 발신주의(dispatch theory)는 의사 표시를 상대방에게 발송한 시점에 효력이 발생한다는 견해이다. 요지주의(information theory)는 상대방이 의사 표시의 내용을 인지한 시점에 효력이 발생한다는 견해이지만, 표백주의와 마찬가지로 객관적 입증의 어려움으로 인해 실제 거래에서는 채택되지 않는다.

이 중 도달주의가 가장 널리 채택되는 이유는 의사 표시의 전달 시점을 객관적으로 확인할 수 있어 법적 안정성을 제공하기 때문이다. 또한 발신자와 수신자 간 이익을 균형 있게 고려한다는 점에서도 합리적인 기준으로 평가받고 있다.

청약의 효력 발생 시점에 관한 이해는 국제 상거래에서 계약의 성립과 그에 따른 법률관계를 파악하는 데 필수적이다. 특히 도달주의의 원칙을 숙지하고 적용하는 것은 거래의 안정성과 예측 가능성을 높이는 데 큰 도움이 될 것이다.

(3) 청약의 취소

국제물품매매계약에 관한 유엔협약(CISG, 일명 비엔나협약)에서는 청약(offer)의 취소에 관해 상세한 규정을 두고 있다. 이는 국제 거래에서 계약체결 과정의 안정성과 예측 가능성을 높이기 위함이다.

첫째, 비엔나협약에 따르면 청약의 취소가 불가능할 수가 있다. 청약에 유효기간(effective period)이 명시되어 있거나 기타 방법으로 취소 불가능함을 표시한 경우가 이에 해당한다. 이는 청약의 구속력을 인정하여 거래의 안정성을 보장하려는 조치이다.

둘째, 청약에 유효기간을 설정하지 않았거나 취소 불가능함을 명시하지 않은 경우, 제한적으로 청약의 취소가 가능하다. 이 경우 청약의 취소는 상대방이 승낙(acceptance)의 의사를 발송하기 전에 청약자의 취소 의사가 상대방에게 먼저 도달해야 한다. 이는 의사 표시의 도달주의 원칙을 반영한 것으로, 상대방의 신뢰보호와 거래의 신속성을 고려한 규정이다.

의사 표시를 실효시키는 행위와 관련하여, 법률적으로 철회(withdraw)와 취소(cancellation)를 구분하는 것이 중요하다.

철회는 의사 표시의 효력이 발생하기 전이나 당사자 간 권리와 의무가 발생하기 전에 의사 표시한 사람이 임의로 그 효력 발생을 저지하는 행위를 말한다. 예를 들어, 우편으로 발송한 청약의 의사 표시가 상대방에게 도달하기 전에 그 효력을 없애는 것이 철회에 해당한다.

반면, 취소는 이미 효력이 발생한 의사 표시를 일정한 원인에 근거하여 소급적으로 무효화시키는 행위이다. 한국 민법은 취소의 원인으로 제한능력자(person of limited capacity)[5)]에 의한 법률행위, 착오(mistake)로 인한 의사 표시, 사기(fraud)나 강박(duress)에 의한 의사 표시를 인정하고 있다. 이는 의사 표시의 하자를 치유하고 당사자의 진정한 의사를 보호하기 위한 제도적 장치이다.

이러한 구분은 국제 거래 및 국내 계약법에서 중요한 의미가 있다. 계약당사자는 이러한 개념을 정확히 이해하고 적용함으로써 자신의 권리를 보호하고 의무를 명확히 인식할 수 있다.

(4) 청약의 소멸

청약의 효력 소멸 원인(causes of termination of offer)에 대해 살펴보자. 청약의 효력이 소멸되는 주요 원인은 크게 세 가지로 나눌 수 있다.

첫째, 청약의 거절(rejection of offer)이다. 청약의 거절은 피청약자가 청약을 명시적으로 거절하는 경우를 말한다. 이때 중요한 점은 거절의 의사 표시가 청약자에게 도달해야 한다는 것이다. 단순히 청약받고 침묵하거나 아무런 행위도 하지 않는 것은 청약의 승낙으로 간주하지 않으며, 동시에 거절로도 간주하지 않는다. 이는 법적으로 의사 표시의 해석에 있어 중요한 원칙이다.

둘째, 청약의 철회(withdraw)와 취소(cancellation)가 있다. 청약의 철회는 청약자가 청약의 의사 표시를 자발적으로 철회하는 것을 의미하며, 취소는 법률적 하자로 인해 청약의 효력을 소멸시키는 것을 말한다. 이는 계약법에서 중요한 개념으로, 청약자의 권리를 보호하는 동시에 거래의 안정성을 유지하는 역할을 한다.

---

5) 법률행위 능력이 제한된 자로, 미성년자, 피성년후견인, 피한정후견인을 포함한다. 이들의 법률행위는 원칙적으로 법정대리인의 동의가 필요하며, 동의 없는 행위는 취소 가능하다. 제한능력자 제도는 개인의 권리를 보호하고 거래의 안전을 도모하기 위해 마련되었다. 계약 체결계약체결 시 상대방의 능력 확인이 중요하며, 제한능력자와의 거래에는 특별한 주의가 요구된다.

셋째, 유효기간의 경과(expiration)이다. 청약에 유효기간 또는 승낙기간이 설정된 경우, 그 기간이 지나면 청약은 자동으로 효력을 잃는다. 우리나라 민법에 따르면, 승낙기간을 정하지 않은 청약의 경우에도 청약자가 상당한 기간 내에 승낙의 통지를 받지 못하면 그 효력을 잃는다. 이는 거래의 신속성과 안정성을 위한 규정이다.

유효기간의 산정(calculation)에 대해서도 주목할 필요가 있다. 유효기간이 명시적으로 지정된 경우(예: "This offer shall remain effective until August 10, 2023")에 문제가 없지만, 기간을 정해 놓은 경우(예: "This offer shall be valid for 10 days")에 기산일을 정확히 산정해야 한다.

우편의 경우, 청약서에 표시된 날짜를 기준으로 하며, 표시된 날짜가 없다면 우편 봉투에 찍힌 날짜를 기준으로 한다. 전자메일의 경우에는 발송일을 기준으로 하고, 전화나 화상회의 등 동시적 통신 수단의 경우에는 피청약자에 청약이 도달한 시점부터 기간을 계산한다.

일수 계산에 있어서는 공휴일과 휴무일도 포함된다는 점을 유의해야 한다. 다만, 유효기간의 만료일이 청약자의 영업소 소재지에서 공휴일이나 휴무일인 경우에는 다음 최초 영업일로 연장된다는 특별 규정이 있다. 이는 비즈니스 관행과 형평성을 고려한 규정이라고 볼 수 있다.

이러한 청약 효력 소멸에 관한 규정들은 계약체결 과정에서의 불확실성을 줄이고, 당사자들의 권리와 의무를 명확히 하는 데 중요한 역할을 한다. 따라서 계약 실무에서 이러한 원칙들을 정확히 이해하고 적용하는 것이 매우 중요하다.

2) 승낙

(1) 승낙의 의미와 효력 발생

계약법의 핵심 개념 중 하나인 승낙(acceptance)은 계약 성립 과정에서 중요한 역할을 한다. 승낙은 청약(offer)의 내용에 동의하여 계약을 성립시키겠다는 의사 표시를 의미한다. 이는 계약당사자 간 합의를 나타내는 중요한 요소이다.

승낙의 효력 발생 시기는 각국의 민법이나 매매법에서 일반적으로 도달주의(到達主義, arrival theory)를 채택하고 있다.

도달주의란 승낙의 의사 표시가 상대방에게 도달한 시점에 그 효력이 발생한다는 원칙이다. 여기서 '도달'이란 상대방이 승낙의 내용을 알 수 있는 객관적 상태에 놓이는 것을 의미한다. 예를 들어, 우편으로 보낸 승낙서가 상대방의 우편함에 투입되었거나, 이메일로 보낸 승낙 메시지가 상대방의 서버에 도착한 시점을 말한다.

표 6-4 승낙의 효력발생

<table>
<tr><th colspan="3">준거법 / 통신수단</th><th>한국법</th><th>일본법</th><th>영국법</th><th>미국법</th><th>독일법
비엔나협약</th></tr>
<tr><td colspan="3">의사표시의 일반원칙</td><td>도달주의</td><td>도달주의</td><td>도달주의</td><td>도달주의</td><td>도달주의</td></tr>
<tr><td rowspan="6">승낙의 의사 표시</td><td rowspan="4">대화자 간</td><td>대면</td><td>도달주의</td><td>도달주의</td><td>도달주의</td><td>도달주의</td><td>도달주의</td></tr>
<tr><td>전화</td><td>도달주의</td><td>도달주의</td><td>도달주의</td><td>발신주의</td><td>도달주의</td></tr>
<tr><td>텔렉스</td><td>도달주의</td><td>도달주의</td><td>도달주의</td><td>도달주의</td><td>도달주의</td></tr>
<tr><td>EDI(e-mail)</td><td>도달주의</td><td>도달주의</td><td>도달주의</td><td>도달주의</td><td>도달주의</td></tr>
<tr><td rowspan="2">격지자 간</td><td>우편</td><td>발신주의</td><td>발신주의</td><td>발신주의</td><td>발신주의</td><td>도달주의</td></tr>
<tr><td>전보</td><td>발신주의</td><td>발신주의</td><td>발신주의</td><td>발신주의</td><td>도달주의</td></tr>
</table>

이와 대비되는 개념으로 발신주의(發信主義, dispatch theory)가 있다. 발신주의에 따르면 승낙의 의사 표시를 발신한 시점에 그 효력이 발생한다. 그러나 이 이론은 현대 계약법에서 거의 채택되지 않고 있다.

도달주의를 채택하는 이유는 크게 두 가지로 볼 수 있다. 첫째, 청약자(請約者, offeror)를 보호하기 위함이다. 승낙의 의사 표시가 실제로 도달하기 전까지는 청약자가 계약 성립 여부를 알 수 없으므로, 도달 전에 효력을 인정하면 청약자에게 불측의 손해가 발생할 수 있다. 둘째, 계약 성립 시기를 객관적으로 확정하기 위함이다. 도달 시점은 상대적으로 명확하게 확인할 수 있어 법적 안정성을 높일 수 있다.

그러나 도달주의에도 예외가 존재한다. 예를 들어, 국제물품매매계약에 관한 유엔협약(CISG)에서는 승낙의 효력 발생 시기에 대해 원칙적으로 도달주의를 취하면서도, 특정 상황에서는 발신주의를 인정하고 있다.

(2) 승낙의 취소와 철회

승낙은 청약(offer)과 마찬가지로 철회할 수 있다. 이는 계약당사자가 최종 결정을 내리기 전에 자기 의사를 변경할 수 있는 유연성을 제공한다. 그러나 승낙이 효력을 발생한 이후에는 승낙의 취소가 불가능하다. 이는 승낙이 계약의 성립을 의미하기 때문이다. 즉, 승낙이 이루어지는 순간 계약이 성립되며, 승낙은 그 목적을 달성하고 소멸한다.

승낙의 철회 가능성은 승낙의 효력 발생 시기에 관한 법리와 밀접한 관련이 있다. 이와 관련하여 두 가지 주요 이론이 있다. 그 첫 번째로 도달주의(arrival theory)에 따르면 승낙은 청약자에게 도달한 시점에 효력이 발생한다. 이 경우 승낙의 의사 표시가 청약자에게 도달하기 전까지는 철회할 수 있다. 두 번째, 발신주의(dispatch theory)에 따르면 승낙은 발신한 시점에 효력이 발생한다. 이 경우 승낙을 발신한 순간부터 철회할 수 없다.

또한, 통신 수단에 따라 승낙의 철회 가능성이 달라질 수 있다. 동시적 통신 수단(예: 전화, 화상통화)을 사용하는 경우, 대화 중에 승낙의 의사를 즉시 철회할 수 있다. 반면, 격지자 간 통신 수단(예: 우편, 이메일)을 사용하는 경우, 일반적으로 발신주의가 적용되어 승낙의 철회가 불가능하다.

국제물품매매계약에 관한 유엔협약(CISG, 비엔나협약)은 이 문제에 대해 보다 유연한 접근을 취한다. 비엔나협약은 통신 수단 관계없이 승낙의 철회를 허용한다. 그러나 다음 두 가지 조건, 즉 첫째, “승낙 철회의 의사가 승낙보다 먼저 청약자에게 도달해야 한다"와 둘째, "승낙과 승낙 철회의 의사가 동시에 청약자에게 도달해야 한다" 중 하나를 충족해야 한다.

(3) 계약을 성립시키지 못하는 승낙

모든 승낙이 유효한 것은 아니며, 계약 성립을 방해하는 여러 형태의 승낙이 존재한다. 이러한 승낙 유형들을 자세히 살펴보면, 첫째, 조건부승낙(conditional acceptance)은 피청약자가 원래의 청약 조건을 일부 수정하거나 새로운 조건을 추가하는 경우를 말한다. 예를 들어, "귀하의 제안을 수락하지만, 배송 기간을 2주에서 1주로 단축해 주기 바랍니다."와 같은 응답이 이에 해당한다. 이는 법적으로 새로운 청약으로 간주 되어 원래의 청약자가 이를 수락해야 계약이 성립된다. 둘째, 일부승낙(partial acceptance)은 청약의 일부분만을 수락하는 것이다. 예를 들어, 100개의 상품 구매 제안에 대해 50개만 구매하겠다고 응답하는 경우가 이에 해당한다. 이 역시 원래의 청약과 다른 새로운 청약으로 취급된다. 셋째, 지연승낙(delay of acceptance)은 청약에서 지정한 기간이나 합리적인 기간을 넘어서 승낙이 이루어지는 경우를 말한다. 이런 경우, 청약자는 승낙을 거부할 권리를 가진다. 넷째, 변경승낙(modified acceptance)은 청약의 본질적인 내용을 변경하여 승낙하는 것이다. 예를 들어, 청약된 상품의 색상이나 규격을 변경하여 수락하는 경우가 이에 해당한다. 이 또한 새로운 청약으로 간주한다. 다섯째, 침묵 또는 무행위에 의한 승낙(acceptance by silence or inactivity)은 피청약자가 청약에 대해 아무런 반응을 보이지 않는 것을 말한다. 일반적으로 침묵은 승낙으로 간주하지 않지만, 특정 상황에서는 예외가 있을 수 있다.

마지막으로, 반대청약 후 원 청약의 승낙은 피청약자가 처음에는 반대제안을 했다가 이를 철회하고 원래의 청약을 수락하는 경우를 말한다. 이 경우, 원래의 청약이 여전히 유효한지에 따라 계약 성립 여부가 결정된다.

이러한 다양한 형태의 승낙은 계약법에서 중요한 의미가 있다. 유효한 계약 성립을 위해서는 청약과 승낙이 정확히 일치해야 하며, 그렇지 않으면 새로운 청약으로 간주 되어 계약 성립 과정이 다시 시작될 수 있다.

4. 계약물품조건

무역계약은 무역 거래의 조건을 대상으로 한다. 청약과 승낙에서 매도인과 매수인의 협의 대상이 바로 무역 거래의 조건들이다. 무역 거래조건은 무역계약이 자유계약인 만큼 다양하게 제시하여 협의할 수 있다. 그런데도 계약서는 권리 및 의무를 발생 · 변경 · 소멸을 꾀하는 것이므로, 육하원칙에 따라 정확 · 간결 · 평이 · 명료하게 작성되어야 한다. 또한 계약서는 당사자가 누구이며, 또한 어떠한 법률관계가 어떻게 이루어져 어떻게 이행할 것에 관하여 요점이 되는 사실만을 어법에 맞게 그리고 법률 용어 및 거래상 명확하게 확정된 용어를 사용하여 작성하여야 한다. 일반적으로 국제거래에 사용되는 계약서에는 계약서 제목(title), 전문(nonoperative part), 본문(operative part), 그리고 말미 문언 및 서명날인으로 구성한다. 전문은 계약날짜, 당사자 그리고 설명 조항 등으로 구성된다. 본문은 주된 계약 내용에 관한 조항, 기타 계약상 일반조항, 계약기간, 계약의 종료, 불가항력, 중재, 준거법, 재판관할, 통지, 다른 계약과의 관계 등으로 구성된다.

계약서 작성에 있어 세부적인 항목들의 경중을 따지기는 쉽지 않지만, 관습적으로 본문에 기재되어 협의 대상이 되는 무역 거래의 조건에는 기본조건과 물품조건 그리고 이행 및 불이행조건, 기타 조건이 있다. 무역 거래의 기본조건에는 거래형태, 서명 합의, 확정 문언, 그리고 계약의 유효기간을 명시하여야 한다. 그리고 거래의 대상, 즉 물품에 대한 조건 및 이행조건, 불이행조건이 합의의 대상이 된다. 세부적으로 주요한 계약조건에는 품질조건(terms of quality), 수량조건(terms of quantity), 가격조건(terms of price), 포장 및 화인 조건(terms of packing/marking), 선적조건(terms of shipment), 보험조건(terms of insurance), 결제조건(terms of payment), 그리고 클레임(terms of claim) 등이 있다.

1) 품질조건

무역계약에서는 거래목적물의 품명을 표시하고 그 물품의 명세를 구체적으로 제시한다. 거래목적물의 크기, 형태, 규격, 색상, 종류 등 그 물품의 특징적 내용을 나타내는 물품명세나 품질수준 표시에 쓰이는 조건을 말한다. 즉 어떤 물품을 인도하기로 하는가를 약정하는 조건이 품질조건이다. 품질조건에서 결정해야 할 사안은 먼저 거래목적물의 명세나 품질수준의 약정조건을 결정하는 것이다. 즉 어떤 물품을 계약물품으로 정의하는가이다. 다음으로 어느 시점의 품질상태를 기준으로 계약물품을 정의할 것인가에 대한 품질검사의 시기 문제를 고려하여 결정해야 한다.

(1) 물품의 품질 기준

무역계약의 대상인 물품의 품질은 화물의 특성에 따라 구분한다. 화물은 크게 공산품(단위화된 화물)과 벌크화물(1차 산물 및 광물 등)로 구분할 수 있으며, 화물의 특성에 따라 품질을 결정하는 기준은 다르다. 특히 벌크화물의 경우에는 표준품매매(sales by standard)방식을 이용한다.

① 견본매매

견본매매 방식은 견본을 제공하고 그와 같이 제조하여 물품을 인도하는 것이다. 일반적으로 견본매매는 중소형 공산품에 많이 사용되는 품질조건 방법이다. 그리고 매매당사자의 일방이 제공한 원 견본(original sample)을 받은 상대방이 그 형태나 색상 또는 규격이나 소재 등의 물품명세에 대하여 그 일부 또는 전부를 수정하여 반대로 제시하는 경우가 많은데 이러한 견본을 반대견본(counter sample)이라고 한다. 이때 샘플을 제시한 당사자는 상대방에게 제공한 샘플과 같은 제2견본(duplicate sample)을 보유하여 향후 조회나 분쟁 발생 시 입증용으로 사용할 수 있다.

그리고 실무에서 견본을 이용하여 품질조건을 결정할 때 주의해야 하는 점은 바로 견본에 대한 설명이다. '견본과 같은 것'이라는 표현은 유사할 수도 있지만(유사일치), 반드시 똑같아야 하는 경우(엄밀일치)도 있다. 이때 엄밀일치와 유사일치의 문제가 발생하는 경우가 있기에 각각의 표현을 숙지하는 것이 좋다. 엄밀일치의 표현에는 same as the sample, up to the sample, fully(exactly) equal to the sample 등이 있으며, 유사일치의 표현에는 as per the sample similar to the sample, about equal to the sample, almost equal to the sample 등이 있다.

② 상표매매

상표매매는 일반적으로 널리 알려진 제품으로 견본이 특별하게 필요하지 않은 경우 사용한다. 상표매매는 단순하게 상표(Brand) 또는 통명(Trade Mark)으로 거래목적물의 규격이나 품질을 약정하는 방법이다.

③ 명세서 또는 규격서매매

선박, 철도, 대형기계류 등 거대한 중공업제품이나 산업설비 등의 무역에는 견본이나 상표를 이용하여 품질을 약정할 수 없다. 따라서 거래목적물의 설계도나 규격서 또는 설명서에 의하여 거래목적물의 명세를 약정하며, 이러한 거래방식을 명세서 또는 규격서매매라고 한다.

④ 표준규격매매

국제기구나 공인기관이 설정한 기준과 방법에 따라 물품의 규격이나 품질수준에 대해 등급을 부여할 수 있는 제품의 경우에 표준규격매매(sales by grade)를 이용할 수 있다. 국제 및 국가 규격에는 국제표준화기구가 제시하는 규격(ISO),

한국산업규격(Korean industrial Standards, KS), 일본표준규격(JIS), 미국규격협회(ANSI), 중국강제인증(CCC), 유럽공동체마크(CE) 등이 있다.

⑤ 표준품매매

평균중등품질조건은 당해 연도 당해 지역에서 생산되는 동종 생산물 가운데 중간 정도의 품질에 해당하는 생산물을 기준조건으로 거래목적물을 약정하는 방법이다. 이러한 조건은 곡물이나 과일류에 많이 사용한다.

- 판매적격품질조건(good merchantable quality term, GMQ): 판매적격품질 조건은 거래목적물의 인도 당시에 그 품질이 판매할 수 있는 상태의 것을 인도하기로 약정하는 것이다. 이 품질조건은 거래목적물의 등급 여하를 상관하지 않고 인도 상시에 상품성이 보장되는 생산물을 인도하는 경우 그 품질조건을 인정받는 조건이다. 특히 목재류, 냉동어류, 광석류 등 잠재하자(latent defect)가 있을 가능성이 많은 생산물의 매매에 사용한다.
- 보통품질조건(usual standard quality term, USQ): 보통품질조건은 생산물을 관장하는 공인기관의 판정 때문에 보통 수준의 품질인 것을 인도하기로 하는 조건이다. 주로 인삼, 오징어, 원면 등에 사용한다.

(2) 물품의 품질결정시기

물품의 검품 시기는 선적품질조건(shipped quality term)과 양륙품질조건(landed quality term)으로 구분한다. 실무적으로 선적품질조건은 수출국(선적지)에서 검사를 최종적으로 하는 것으로 공산품 거래에서 가장 많이 사용한다. 선적지에서 공인검사기관의 품질확인을 받음으로써 검사증명서(inspection of certificate)를 발부받기 때문에 운송 중 제품의 하자에 대해서 매도인은 책임을 지지 않게 된다. 양륙품질조건의 경우 수입국(목적지)에서 물품의 품질을 최종적으로 검사하는 조건으로 1차 산품에서 주로 활용한다. 양륙지에서 품질검사를 받고 물품이 계약에서의 품질 기준과 차이가 없다면 수출업자는 제품의 품질에 대해서는 책임이 없다는 논리이다. 선적품질조건의 경우 품질입증책임은 매도인에게 있으며, 양륙품질조건의 경우 매수인에게 품질입증책임이 있다.

이론적으로는 공산품의 경우 인코텀즈에서 선적지조건인 경우 선적품질조건을 이용할 수 있으며, 도착지조건인 경우 양륙품질조건을 이용할 수 있다. 특히 1차 산품 중 곡물의 경우 부패성이 있기에 품질결정시기는 매우 중요한 부분이다.

2) 수량조건

무역 거래에서 수량조건은 물품의 개수, 길이, 넓이, 부피, 중량, 포장 등을 포괄적으로 의미한다. 국제적으로 규격화된 도량형이 존재하지만, 주요 국가는 관습적 그리고 지배적으로 사용하여 보편화한 도량형이 존재한다. 이런 경우 수량조건에 대한 잘못된 해석으로 무역분쟁이 발생하기 쉽다. 따라서 계약체결 시 수량조건에서는 수량의 단위, 수량의 결정시기, 그리고 과부족용인조항에 대한 주의가 필요하다.

(1) 주요 단위

① 개수단위

개수단위는 낱개로 거래되는 공산품의 주요 계산단위로 piece(pcs), each, set, unit, dozen, gross(12 dozen=12×12=144 pcs), small gross(10 dozen=120 pcs), great gross(12 gross=1,728 pcs) 등의 단위를 사용한다.

② 길이 및 넓이단위

길이는 meter, inch(약 2.54 cm), feet(=12인치, 약 30.4 cm), yard(3 ft=36 inch, 약 91 cm) 등이 있다. 넓이는 ㎡, ft^2, yd^2, acre(약 4,177.7 ㎡), hectar(약

10,000 ㎡), 평(약 3.3 ㎡) 등이 있다.

③ 부피(용적)단위

부피를 나타내는 단위는 CBM(cubic meter, m^3), CFT(cubic feet, ft^3), liter, gallon(미국 3.8 liter, 영국 4.5 liter), barrel(158.984 liter), bushel,drum(200 liter) 등이 있다. 참고로 컨테이너 단위인 TEU(twenty-foot equivalent unit)는 부피관점에서 평균 25 CBM, 최대 33 CBM이며, FEU(forty-footequivalent unit)는 평균 55 CBM, 최대 67 CBM을 적재할 수 있다.

④ 중량단위

중량은 pound(lb)[6], kilogram(kg), tonnage(ton)이 대표적이다. 특히 ton의 경우 중량을 표시하는 중량톤과 용적톤이 있다. 중량톤은 다시 long ton(L/T), short ton(S/T), metric ton(M/T)이 있다. 영국계는 주로 L/T를 사용하며, 미국계는 S/T를 사용하고, 유럽계에서는 M/T를 사용한다.

표 6-5 중량톤의 종류

- long ton(English ton; Gross ton; L/T)=2,240 lbs=1,016 kgs: 영국식
- short ton(American ton; Net ton; S/T)=2,000 lbs=907.2 kgs: 미국식
- metric ton(French ton; Kilo ton; M/T)=2,204 lbs=1,000 kgs: 대륙식

중량은 무역물품의 거래단위 중에서 매우 중요하며, 특히 운송 과정에서 화물의 무게는 매우 중요하기 때문에 구분하여 처리한다. 중량의 종류에는 정미중량, 순중량, 법정중량, 총중량 등이 있다. 무역 거래에서 중요한 비엔나협약에서는 순중량에 의하여 산출한 금액을 결제금액으로 한다는 원칙을 채택하고 있다. 하지

6) 무게를 나타내는 파운드(pound)는 약어로 lb를 사용하는데 어원은 라틴어의 libra로 로마시대무게단위(리브라 폰도, libra poundo)에 어원을 두고 있다. 리브라는 저울, 폰도는 무게를 의미한다.

만 운송에 있어서는 순중량 외에도 총중량과 부피 등을 고려하기 때문에 중량의 구분은 매우 중요하다.

먼저 정미중량(net net weight)은 순수한 내용물품 만을 계량한 무게를 의미한다. 순중량(net weight)의 경우 소매거래가 가능한 개별 포장을 인정한 상태의 포장을 무게로 포함한다. 법정중량(legal weight)은 특정 물품에 대해 포장과 내용물을 무게로 하는 것으로 캔 제품이 대표적이다. 마지막으로 총중량(gross weight)은 경우 개별 포장(unitary packing), 내포장(inner packing), 외포장(outer packing) 모두를 합한 무게를 의미한다. 특히 운송에서는 총중량이 중요하다고 할 수 있다. 참고로 tare weight는 'the weight of the wrapping or con- tainer in which goods are packed'의 의미로 포장 용기의 무게를 의미한다.

특히 오늘날 가장 많이 사용되는 컨테이너의 경우 외관을 보면 총중량과 순준량 그리고 총부피를 표기하고 있다. 컨테이너 뒷면에서 제시하고 있는 MGW(max gross weight)의 경우 총중량을 의미하며, tare는 컨테이너 박스의 무게를 의미한다. 그리고 net은 적재할 수 있는 화물의 무게를 의미하며, CUCAP(cubic ca-pacity)는 컨테이너의 적재 가능한 총부피를 의미한다.

그림 6-2 컨테이너 중량과 부피

⑤ 포장단위

포장단위는 벌크화물의 포장화에서 많이 발생하며 주로 면화, 소맥분, 시멘트, 비료, 유류, 통조림 등의 측정 기준으로 사용한다. 포장단위의 종류로는 상자

(case), 곤포(bale), 포대(bag), 마대(sack), 깡통(can), 나무통(keg), 통(cask), 드럼통(drum), 다발(bundle), 사리(coil) 등이 있다.

(2) 벌크화물의 수량

살화물(bulk cargo)이라고도 부르는 벌크화물은 불가산화물로 비포장상태로 거래되는 대량화물을 의미한다. 주요 살화물에는 철광석, 석탄, 곡물 등이 있다. 이러한 살화물의 경우 화물의 특성상 약정된 수량을 정확하게 인도하는 것은 불가능하다. 따라서 일정한 범위 안에서 초과 또는 부족을 허용하는 조건으로 계약하는 것이 현실적이다.

① 과부족용인조건(M/L clause, MOL clause, more or less clause)

과부족용인조건은 화물 수량의 과부족의 허용범위를 정해두고 그 범위 내에 속하는 수량을 인도하면 계약상의 물품인도의무를 수행한 것으로 간주하는 조건이다.

현행 신용장통일규칙(UCP 600)에서는 신용장상에 과부족을 인정하지 않는다는 금지표시가 없는 한 살화물의 경우에는 5%의 과부족(tolerance)이 허용된다는 규정을 두고 있다.

② 개산수량조건(approximate quantity term)

개산수량조건에서 개산은 어림 또는 대략의 의미로 무역 거래조건에서 물품의 수량을 개략적으로 개산하는 조건을 의미한다. 계약에 있어 화물의 수량을 표시할 때 about, circa, approximately 등의 용어를 사용하여 수량을 표시하면 대략의 개념이 된다. 이러한 개산수량조건에 대한 기준에 대해서는 일반적으로 신용장통일규칙(UCP 600)의 제30조 기준을 따른다. 신용장 수량이나 금액 또는 단가에 대하여 신용장상에 'about' 또는 'approximately'라는 단어는, 그것이 언급하는 금액, 수량 또는 단가에 관하여 10%를 초과하지 않는 범위에서 과부족 편차를 허용한다고 해석한다. 그리고 만일 신용장이 수량을 포장단위 또는 개별단위의 특정 숫자로 기재하지 않고 청구금액의 총액이 신용장의 금액을 초과하지 않을 때, 물품의 수량에서 5%를 초과하지 않는 범위 내의 많거나 적은 편차는 허용한다. 하지만 무역계약 시 구체적인 약정이 없을 때는 향후 분쟁의 소지가 있으므로 이에 대해서 구체적으로 미리 약정 또는 합의를 해 놓는 것이 좋다.

(3) 검량의 기준시기와 정산기준단가

① 검량의 기준시기

수량검사의 시기를 어느 때로 할 것인가, 즉 어느 시점의 수량을 실제 인도 수량으로 인정할 것인가에 대해 검품의 기준시기와 마찬가지로 선적수량조건(shipped quantity term)과 양륙수량조건(landed quality term) 두 가지가 있다.

② 정산기준단가

과부족용인조건을 사용하여 물품을 인도하는 경우 매수인은 그 수량대로 물품은 인수하되 매수인이나 매도인은 그 과부족수량에 대한 금액은 결제 과정에서 정산해 주어야 한다. 수량이 부족한 경우 매도인이, 수량이 과한 경우 매수인이 계약한 물량을 기준으로 정산한다. 이 경우 과부족분에 대한 금액을 산출할 때 적용할 단가를 어떤 가격으로 할 것인가가 문제가 될 수 있다. 이러한 기준으로는 선적시의 시가, 도착시의 시가, 계약단가로 정할 수 있다. 특별한 기준을 마련하지 않은 경우에는 계약 단가에 의해 정산하는 것이 일반적인 국제적 상관습이다.

③ 최소 또는 최대주문량

공산품의 경우에는 원부자재가 확보되고 충분한 시간이 주어지면 물량이 많더라도 생산과 공급에 응할 수 있지만, 거래물량이 적정량이 아니면 생산비와 수출

부대비용을 감안할 때 오히려 손해가 발생하거나 소기의 이윤을 기대할 수 없기에 그 거래를 포기할 수밖에 없다. 따라서 최소주문량(minimum order quantity, MOQ)을 설정하여 그 미만의 소량주문을 거절하는 경우가 많다. 그러나 농산물과 같은 1차 산물의 경우에는 공급의 탄력성이 낮아 생산능력을 초과하는 주문에는 응할 수 없으므로 최대수량을 설정하여 계약하는 경우가 있다.

3) 포장조건

포장은 물품의 운송, 보관, 판매 등에 있어 적정한 재료 또는 용기를 이용하여 그 가치와 상태를 유지하기 위해 물품을 보호하는 것이다. 포장은 기본적으로 내용물을 보호하는 기능이 있으며, 이외 운송, 보관, 하역 등 물류관리에 있어 효율적이고 편리하게 하는 기능이 있다. 무엇보다 개별포장의 경우 소비자에게 정보를 제공하고 구매의욕을 불러일으키는 마케팅 기능이 있다. 포장조건에서 고민되어야 할 부분은 바로 물품의 종류나 특성에 따라 무역 거래를 이행하면서 운송에 적합하도록 포장해야 하는 의무가 매도인에게 있다는 점이다. 이를 전제로 포장의 방법, 포장의 종류와 포장 외부에 표기하는 화인을 고민해야 한다.

(1) 포장의 종류

개별포장은 물품을 소매단위인 낱개로 포장한 것으로 소비자에게 직접적으로 노출되기 때문에 물품의 가치를 부가한다는 점과 보호한다는 점을 동시에 보유하고 있다. 내부포장의 경우 개별 포장된 물품의 수송 또는 취급이 쉽고 안전하게 적정의 재료로 재포장하거나 완충하는 포장이다. 외부 포장의 경우 운송 중 화물의 변질, 파손, 도난, 분실 방지를 위하여 물품을 상자, 나무, 금속 등의 용기로 최종 포장하는 것을 말한다. 한편 상품의 외형을 미화시켜 소비자의 구매욕구 자극을 목적으로 하는 포장을 상업포장이라고 하며, 운송 또는 유통 과정에서 화물을 보호하기 위하여 행해지는 포장을 공업 포장이라고 한다. 개장의 경우 전자에 해당하고, 내장과 외장은 후자에 해당한다.

(2) 화인

화인은 포장화물의 표면에 기재하는 특정한 기호, 번호, 목적지, 취급상의 주의 문구 등을 총칭한다. 화인의 목적은 화물취급자가 다른 물품과 구분하여 사용자의 편의 및 선적서류와 물품과의 대조에 편의를 제공하는 것이다. 국제 거래에서 부정확한 화인은 화물의 운송 및 처리 과정에서 혼동을 초래하므로 화인의 내용에 대해서 계약서에 명확하게 표기하여야 한다.

화인은 크게 주표시, 부표시, 품질표시, 목적지표시, 수량표시, 주의표시, 원산지표시, 기타 등으로 구분된다. 주표시는 화인 중 가장 중요한 표시로 타 상품과 식별을 목적으로 한다. 부표시는 주표시의 보조로 생산자나 수출대행사 등이 주표시 위쪽이나 아래쪽에, 필요에 따라 표시한다. 품질표시는 내용물의 품질이나 등급을 쉽게 파악하도록 표시하는 것이다. 목적지표시는 화물의 양륙항이나 최종 도착지를 표시한다. 수량표시는 포장화물이 여러 개일 경우 몇 번째 화물인지에 대한 표시로 일련번호가 이에 해당한다. 주의표시는 화물의 성격, 품질, 형상 등에 따라 취급상의 주의를 표시하는 것으로 문자나 그림으로 표시한다. 원산지표시는 물품의 생산지를 표시한다. 기타 표시에는 매수인의 요청에 따라 상품명, 내용품 번호, 총중량이나 순중량, 용적, 신용장번호, 수입허가번호 등을 표시한다.

4) 가격조건

매매계약에서 합의를 위해 제시되는 조건들은 전부 중요하지만, 이 가운데 가격조건은 대금결제와 함께 민감하고 중요한 부분이라고 할 수 있다. 특히, 물품의 거래가격은 시장의 수급상황에 따라 변동하기 때문에 쉽게 정하기 힘든 부분이다. 따라서 매매계약에서 제시하는 가격은 시장 상황을 반영하는 부분과 국제거래에 따른 비용부분에 대한 내용이 합의의 주된 대상이라고 할 수 있다. 이때 후자는 국제거래에서 발생하는 비용의 지급 범위를 어떻게 정하느냐가 물품의 단위당 가격, 즉 단가에 가장 큰 영향을 미친다고 할 수 있다. 물품가격을 원가기준방식으로 구분해 보면 크게 생산원가, 수출지 부대비용, 운송비용, 수입지 부대비용, 기타 비용 등이다. 생산원가는 제조원가, 기대이익, 수출용 포장비, 각종 검사 및 인허가비로 구성된다. 수출지 부대비용의 경우 수출지 내륙운송비, CY(Container Yard) 또는 CFS(Container Freight Station)[7] 창고료, 수출관세 및 통관비, 선적비 등으로 구성된다. 운송비용은 주운송비, 보험비로 구성된다. 수입지 부대비용은 수입항 양륙비, 수입지 창고료, 수입관세 및 통관비, 수입지 내륙운송비 그리고 기타 비용은 환비용, 이자, 수수료, 통신비용 등으로 구성된다. 이러한 원가를 기준으로 계약의 당사자들은 가격에 대한 준거규정을 합의할 수 있다.

한편 보편적으로 사용되는 가격에 관한 규정은 몇 가지가 되지만, 현재 가장 보편적으로 사용되는 국제물품거래의 가격에 관한 준거규정은 국제상업회의소(International Chamber of Commerce, ICC)에서 제정한 인코텀즈이다.

(1) 인코텀즈의 의미

정형화된 무역 거래에 관한 규칙으로, 국제무역 거래에서 사용하던 상관습상의 조건을 정형화(formulaic)하여 국제규칙화한 것이다. 하지만 인코텀즈는 계약당사자의 합의가 있는 경우에만 사용되기 때문에 실정법의 효력은 없다.

인코텀즈를 이해하기 위해서는 자의적인 해석보다는 의무규정을 잘 파악하는 것이 필요하다. 인코텀즈는 매도인의 관점에서 매도인을 주어로 하여 매매계약에 있어서 위험과 비용의 범위를 한정하고 있다. 따라서 어디서부터 어디까지 매도인이 위험과 비용을 의무적으로 부담해야 하는지에 대한 내용이라고 해도 무방하

7) CY(Container Yard)는 컨테이너를 보관, 적재 및 하역하는 터미널 내 장소. 주로 FCL(Full Container Load: 한 컨테이너를 가득 채우는 경우) 화물을 처리한다. CFS(Container Freight Station)는 LCL(Less than Container Load: 소량 혼재 화물)화물의 집하, 분류, 컨테이너 적입 및 적출 작업을 수행하는 시설.

다. 물론 매수인의 의무 역시 인코텀즈에서 규정하고 있다. 그리고 인코텀즈는 서문에서 명시하고 있는 것처럼 매매대금, 지급방법, 소유권의 이전, 계약위반 등의 내용은 규정하고 있지 않다. 이러한 내용은 계약조건 또는 준거법을 이용한다. 특히 인코텀즈에서 의미하는 포장은 매매계약의 일정한 조건을 준수하기 위하여 물품을 포장하는 것 또는 물품이 운송에 적합하도록 포장하는 것으로 포장한 물품을 컨테이너 및 기타 운송수단에 집어넣는 것은 포함하지 않는다. 따라서 인코텀즈 규칙에서는 컨테이너에 화물을 집어넣는 당사자의 의무를 다루지 않으며, 필요한 경우에 이러한 의무는 당사자들이 매매계약에서 다루어야 한다. 참고로 현재 인코텀즈는 Incoterms® 2020은 2019년 9월 10일 발표되어 2020년 1월 1일부터 그 효력이 시작되었다.

(2) 인코텀즈 2020의 내용

무역계약에 있어 가격조건으로 고려하여야 할 비용은 수출입 통관비용, 주운송비용, 적재비용, 양하비용, 그리고 보험료와 기타 비용들이 있다. 특히 가격의 주된 부분은 생산원가이지만, 무역계약에서는 물적이동에 따른 물류비용과 함께 보험료에 따라 가격변동이 크다. 따라서 인코텀즈 2020을 가격조건으로 합의한 경우, 물품의 인도지점을 기준으로 11가지 조건에 따라 비용과 위험의 책임을 구분한다. 각 조건들은 11가지 조건 가운데 합의한 조건을 무역계약에 표시한 후 조건에 맞는 장소명을 기재하고 마지막으로 Incoterms® 2020를 표기하여 인코텀즈 조건을 따름을 명시한다.

EXW(Ex Works, 공장인도조건)는 판매자가 자신의 시설에서 물품을 구매자에게 인도하는 조건. 이후의 모든 비용과 위험은 구매자가 부담한다. FCA(Free Carrier, 운송인인도조건)는 판매자가 지정된 장소에서 구매자가 지정한 운송인에게 물품을 인도하는 조건이다. CPT(Carriage Paid To, 운송비지급인도조건)는 판매자가 지정 목적지까지의 운송비를 지급하고 물품을 인도하는 조건이고, CIP

(Carriage and Insurance Paid to, 운송비·보험료지급인도조건)는 CPT와 비슷하지만, 판매자가 보험료도 지급한다. DAP(Delivered At Place, 도착지인도조건)은 판매자가 지정된 목적지에서 하역 준비된 상태로 물품을 인도하는 조건이지만, DPU(Delivered at Place Unloaded, 양하인도조건)는 판매자가 지정된 목적지에서 물품을 하역하여 인도하는 조건이다. DDP(Delivered Duty Paid, 관세지급인도조건)는 판매자가 수입 통관을 마치고 지정된 목적지에서 물품을 인도하는 조건이다. FAS(Free Alongside Ship, 선측인도조건)는 판매자가 지정된 선적항의 선박 옆에서 물품을 인도하는 조건이고 FOB(Free On Board, 본선인도조건)는 판매자가 지정된 선적항에서 물품을 선박에 적재하여 인도하는 조건이다. CFR(Cost and Freight, 운임포함인도조건)는 판매자가 목적항까지의 운임을 지급하고 물품을 선적하여 인도하는 조건이고 CIF(Cost, Insurance and Freight, 운임·보험료포함인도조건)는 CFR이 비슷하지만, 판매자가 보험료도 지급한다.

인코텀즈 2020의 주요 내용과 위험이전 및 인도장소, 비용분기점 및 통관 비용과 운송비용은 〈표 6-6〉과 같다.

표 6-6 인코텀즈의 주요 내용

규칙	주요 내용	위험이전 및 인도장소	비용 분기점	수출 통관	주운송비 (적재비) (양하비)	보험료	수입 통관
EXW	지정인도장소에서 수취용 차량에 적재하지 않은 채 매수인의 처분하에 둠	지정인도장소(수출국)		매수인	매수인 (매수인) (매수인)		매수인
FCA	지정인도장소에서 매수인이 지정한 운송인(또는 제3자)에 게 인도(또는 그렇게 인도된 물품 조달)	지정인도장소(수출국)		매도인	매수인 (매도인) (매수인)		매수인
CPT	지정인도장소에서 매도인과 운송계약을 체결한 운송인에 게 물품교부(또는 그렇게 인도된 물품 조달) 매도인이 지정목적지까지 운임 부담	지정인도장소 (수출국)	지정목적지 (수입국)	매도인	매도인 (매도인) (매수인)		매수인

CIP	지정인도장소에서 매도인과 운송계약을 체결한 운송인에게 물품교부(또는 그렇게 인도된 물품 조달) 매도인이 지정목적지까지 운임 및 보험료 부담	지정인도장소(수출국)	지정목적지(수입국)	매도인	매도인(매도인)(매수인)	매도인	매수인
DAP	지정목적지에서 도착운송수단에 실어둔 채 양하준비된 상태로 매수인의 처분하에 둠(또는 그렇게 인도된 물품 조달)	지정목적지(수입국)		매도인	매도인(매도인)(매수인)		매수인
DPU	지정목적지에서 도착운송수단으로부터 양하하여 매수인의 처분하에 둠(또는 그렇게 인도된 물품 조달)	지정목적지(수입국)		매도인	매도인(매도인)(매도인)		매수인
DDP	지정목적지에서 도착운송수단 에 실어둔 채 양하준비된 상태 로 매수인의 처분하에 둠(또는 그렇게 인도된 물품 조달) 매도인이 수입통관(수입관세 와 기타 수입관련 조세 납부)	지정목적지(수입국)		매도인	매도인(매도인)(매수인)		매도인
FAS	지정선적항에서 매수인이 지정한 선박의 선측에 둠(또는 그렇게 인도된 물품 조달)	지정선적항(수출국)		매도인	매수인(매수인)(매수인)		매수인
FOB	지정선적항에서 매수인이 지정한 본선에 적재함(또는 그렇게 인도된 물품 조달)	지정선적항(수출국)		매도인	매수인(매도인)(매수인)		매수인
CFR	지정선적항에서 매도인이 지정한 본선에 적재(또는 그렇게 인도된 물품 조달) 매도인이 지정목적항까지 운임 부담	지정선적항(수출국)	지정목적항(수입국)	매도인	매도인(매도인)(매수인)		매수인
CIF	지정선적항에서 매도인이 지정한 본선에 적재(또는 그렇게 인도된 물품 조달) 매도인이 지정목적항까지 운임 및 보험료 부담	지정선적항(수출국)	지정목적항(수입국)	매도인	매도인(매도인)(매수인)	매도인	매수인

5. 계약이행조건

1) 결제조건

인코텀즈 2020의 대금결제는 무역계약에서 매도인의 기본적 의무인 물품인도 의무에 대응하는 매수인의 기본적 의무로서 그 의미를 찾을 수 있다. 대금결제에 대해서는 결제시기와 결제방식에 대한 고민이 필요하다.

(1) 결제시기

결제시기로 대금결제를 구분하면 선지급, 동시지급, 그리고 후지급으로 구분할 수 있다. 선지급은 매도인이 물품을 인도하기 전에 매수인이 대금을 결제하는 방법이다. 주문과 동시에 현금을 지급하는 방식(cash with order, CWO), 송금수표나 우편환 또는 전신환 등을 이용하여 송금하는 방법 등이 있다. 동시지급은 매도인이 현물 또는 현물의 소유권을 갖추고 있는 운송서류를 인도함과 동시에 대금을 수령하는 방법으로 물품인도시지급방식(cash on delivery, COD), 서류상환불(cash against document, CAD), 그리고 추심에서 지급인도방식(documents against payment, D/P), 일람불(at sight) 형태의 지급 또는 매입방식이 있다. 후지급의 경우 물품의 선적이나 인도 또는 어음의 일람 이후 일정 기간 내 대금결제가 이루어지는 방식으로 기한부어음이 발행되는 인수신용장, 기한부매입신용장, 인수인도방식(document against acceptance, D/A), 청산계정결제(open acount, O/A) 등이 있다.

(2) 결제방법

결제방법은 크게 신용장을 이용하는 방법과 신용장 외의 방법으로 구분할 수 있다. 신용장의 경우 지급, 연지급, 인수 그리고 매입신용장이 있다. 신용장 외의 대금결제방법은 현금, 송금을 이용한 CWO, CIA, COD, CAD, 그리고 추심방식인 D/P, D/A, 청산계정결제, 에스크로우, 팩토링, 포페이팅 등의 방법이 있다. 이런 내용에 대해서는 본서 9장에서 상세히 설명하고 있다.

2) 선적조건

무역계약에서의 선적의 의미는 선박에 화물을 적재하는 의미 이상을 포함하고 있다. 과거 신용장 통일규칙 UCP 500에서는 선적기일을 표시하는 데 사용하는 "shipment(선적)"이라는 표현을 "loading on board(본선 적재)", "dispatch(발송)", "accepted for carriage(운송을 위한 인수)", "date of post receipt(우편수취일)", "date of pick-up(집하일)"과 그 밖의 유사한 표현, 그리고 신용장에서 복합운송서류를 요구할 경우, "taking in charge(수탁)"와 같은 표현을 포함하는 것으로 정의하였다. 무역 거래에서 선적의 의미를 파악하기 위해서는 과거 UCP 500의 선적에 대한 정의가 중요하다고 할 수 있다. 선적에서 고민해야 할 부분은 선적의 시기와 지연 그리고 선적 시 화물을 분할할 수 있는지에 대한 분할선적의 유무와 환적에 대한 부분이다.

(1) 선적시기

선적의 시기는 특정일, 특정월, 그리고 즉시선적으로 구분할 수 있다. 특정일 선적에서 가장 많이 이용하는 조건은 계약서에 특정일 이전 또는 최종선적기일을 약정하여 표기하는 것이다. 특정일 이전 선적은 특정기간을 표시하여 그 날짜 이전에 선적을 완료하는 조건이다. 예를 들면, 대금결제 선지급을 받은 날로부터 6개월 이내에 선적을 완료해야 한다는 표현이 이에 해당한다. 최종선적기일 조건은 최종선적일이 특정일을 넘지 않도록 기간을 정하는 것이다.

특정월 선적의 경우 선적기간을 월로 표현하는 방법이다. 예를 들면 5월에 선적이 완료되어야 한다고 하는 경우 선적기간은 5월 1일부터 5월 31일까지이다.

그리고 연월선적으로 2달 또는 2달 이상으로 선적기간을 지정할 수 있다. 즉시선적은 선적시기를 특정일이나 특정월로 정하지 않고 가능하면 빨리라는 의미로 표현하는 선적이다. 주로 immediate shipment, shipment as soon as possible, shipment without delay, prompt shipment 등의 용어를 사용한다. 이에 대해 미국은 관례상 신용장 발행일로부터 30일 이내, 영국은 관습에 따라 계약 성립 후 2주 이내로 해석하지만, 보편적으로는 분쟁의 소지가 있어서 보다 명확하게 표현하거나 사용하지 않는 것이 좋다.

(2) 선적일자의 해석

운송서류별로 선적일자를 해석하는 것에는 다소 차이가 존재하지만, 선적의 개념이 다를 뿐 거의 유사하다. 선하증권의 경우 본선적재일 또는 선하증권 발행일이 선적일이 된다. 비유통성 해상화물운송장이나 복합운송서류의 경우 발송일, 인수일, 본선적재일이 선적일이 된다. 항공운송서류의 경우 항공운송서류 발행일 또는 비행일, 운송서류상의 인수 스탬프 일자 또는 발행일을 선적일로 간주한다. 도로, 철도, 내수로 운송서류는 수취 스탬프의 일자 또는 발행일자가 선적일이 되며, 우편이나 국제특배송(courier)의 경우 접수일이나 수령일이 선적일이 된다. 마지막으로 국제물류주선업자인 프레이트 포워더(freight forwarder)[8]가 발행하는 운송주선인 발행서류는 서명이나 확인일이 선적일이 된다.

(3) 분할선적

분할선적은 무역계약에서 계약물품을 최소 2회 이상 나누어서 선적을 이행하는 방법이다. 전량선적이 1회에 모두 선적하는 개념이라면, 분할선적은 계약 물

8) 국제 물류의 중개자 역할을 하는 전문 업체. 주요 업무로는 최적의 운송 방법 선택, 복합 운송 주선, 관련 서류 작업, 통관 절차 지원, 창고 보관 주선, 화물 보험 조언 등이 있다. 화주와 운송사 사이에서 효율적인 물류 프로세스를 구축하는 '물류 전문가'로 볼 수 있다.

품을 여러 차례 나누어 선적하는 것이다. 따라서 계약은 1건이지만 선적은 두 번 이상 진행하게 되며, 이에 따른 운송서류도 건별로 발행한다. 그리고 수출입신고 역시 건별로 진행하여 각각의 면장을 발행할 수 있다. 하지만 선적의무기한 내에 선적을 진행한다면 1건으로 신고를 진행하되 분할 차수와 무관하게 모든 건의 개수와 수량이 수출신고필증과 일치하면 된다.

일반적으로 신용장에서 분할선적을 금지한다는 명시가 없으면 분할선적을 허용한다. 단, 신용장에서 선하증권이나 환어음의 분할발행이 금지되는 경우는 분할선적 금지로 해석하여 분할선적은 허용하지 않는다고 해석한다. 그리고 분할선적에서 동일 목적지로 동일 항로를 운항하는 동일 선박에 대한 선적은 이를 증명하는 두 세트 이상의 선하증권이 있다고 하더라도, 즉 다른 선적일자 또는 다른 선적항을 표시하더라도 분할선적으로 간주하지 않는다. 반면 동일 목적지 및 동일 일자에 선적하더라도 다른 선박에 선적하는 경우 분할선적으로 간주한다. 즉 선적지가 아닌 목적지를 기준으로 동일 또는 다른 선박에 선적하는가가 분할선적을 정의하는 기준이 된다. 참고로 할부선적의 경우 계약된 물품의 일정 수량을 일정 기간으로 나누어 주기적으로 선적하는 것으로, 주의 사항은 해당 기간 내에 회차의 누락이 있다면 해당 회차뿐 아니라 이후의 선적은 무효가 된다는 점이다. 예를 들어 5회에 걸쳐 할부선적이 진행될 때 3회차에 선적의 의무를 다하지 못하였다면 3회차뿐 아니라 4회, 5회는 선적을 이행하였다고 하더라도 무효가 된다.

(4) 환적

환적은 선적항으로부터 양륙항까지의 운송 과정에서 화물을 한 운송수단으로부터 양하 또는 이전하여 다른 운송수단으로 재선적하는 것을 말한다. 일반적으로 신용장에서는 환적의 금지 문언이 없다면 환적을 허용한다.

참고로, 환적은 물류 효율성을 높이는 데 중요한 역할을 하지만, 동시에 여러 가지 문제점을 야기할 수 있다. 환적 과정은 본질적으로 위험을 수반한다. 선박

간 화물 이동 중 사고 발생 가능성이 높으며, 특히 악천후 시 위험성이 증가한다. 컨테이너 추락, 화물 손상, 선원 부상 등의 사고가 발생할 수 있다. 또한, 위험물질 운송 시 환적 과정에서의 누출은 심각한 환경오염을 초래할 수 있다. 환적 작업은 또한 상당한 시간이 소요되며, 이는 전체 운송 일정에 영향을 미친다. 특히 환적항에서의 체류 시간 증가는 운송비용 상승으로 이어진다. 또한, 환적 과정에서 발생하는 추가 하역비용, 항만 사용료 등은 전체 물류비용을 증가시키는 요인이 된다. 그리고 여러 선박을 거치는 환적 과정에서 화물 추적이 복잡해질 수 있다. 이는 화주가 화물의 현재 위치와 상태를 정확히 파악하기 어렵게 만든다. 특히 국제 운송의 경우, 서로 다른 운송업체와 시스템 간 정보 공유 부족으로 인해 문제가 더욱 심화될 수 있다. 환적 과정에서 화물 손상이나 분실이 발생할 경우, 책임 소재를 명확히 하기 어려울 수 있다. 여러 운송업체가 관여하는 환적의 특성상, 손해 배상 청구 과정이 복잡해지며 법적 분쟁으로 이어질 가능성이 높다. 환적 과정은 화물에 대한 불법적인 접근이나 조작의 기회를 제공할 수 있다. 이는 밀수, 테러, 해적 행위 등의 위험을 증가시킨다. 특히 국제 운송에서 환적은 각국의 보안 기준 차이로 인해 취약점으로 작용할 수 있다. 마지막으로, 빈번한 환적은 해양 생태계에 부정적인 영향을 미칠 수 있다. 선박의 잦은 정박과 이동은 해양 오염을 증가시키며, 특히 연안 지역의 환경에 악영향을 줄 수 있다. 또한, 환적 과정에서의 소음과 빛 공해는 해양 생물의 서식 환경을 교란시킬 수 있다.

3) 보험조건

(1) 보험부보의 의무

일반적으로 무역 거래에서는 장거리, 장시간의 운송을 전제하므로 수출자로부터 수입자에게 인도되기까지 여러 가지 위험이 존재한다. 이러한 위험으로부터 발생할 수 있는 손해에 대비하여 화물에 대하여 보험에 가입하며 이 보험을 적하보험이라고 한다. 해상운송 외의 적하보험에 대한 용어는 항공운송의 경우 항공운송보험, 육상운송의 경우 육상운송보험, 복합운송의 경우 통과보험이라고 부른다. 한편, 적하보험은 해상보험의 일부이며, 해상보험에는 선주를 위한 선박보험, 운송인을 위한 손해배상책임보험이 존재한다. 환적은 인코텀즈를 가격조건으로 이용한다면, 보험은 CIF, CIP 조건에서 매도인의 부보[9] 의무사항이며, 그 밖의 인코텀즈 조건에서는 매도인과 매수인은 각자의 판단에 따라 화물에 대하여 적하보험을 들 수 있다.

(2) 보험금액

보험금액은 보험사고 또는 소정의 손해가 발생하였을 때 보험자가 지급하여야 하는 금액 또는 그 최고한도의 금액으로 보험계약자와 보험자가 약정한 금액이다. 보험료는 보험계약자가 보험자에게 화물(피보험이익)을 부보하고 납입하는 금액이다. 보험금액은 인코텀즈의 CIF를 이용하는 경우 최소부보조건인 협회적하약관(ICC) (C)로 부보하며, CIF 송장금액에 10% 가산하여 부보하는 것이 일반적이다. 단, 협회적하약관을 (A), 또는 (B)로 조정하는 경우 가산비율이 달라지며 당사자의 합의에 따라 가능하다. 한편 인코텀즈 2020에서 CIP의 경우에는 협회적하약관 (A)에 해당하는 최대부보조건을 적용하며, 이 경우에도 당사자의 합의가 있는 경우 (B) 또는 (C)로 부보범위를 조정할 수 있다.

(3) 손해보상범위

적하보험의 손해보상범위는 피보험자가 부보한 조건에 따라 보험자가 담보한 위험에 기인하여 발생한 손해만을 보상하며 약관에서 제외하고 있는 위험이나 면책위험의 경우 보상받지 못한다. 보험계약을 체결할 때 담보위험과 면책위험[10)]

---

9) 부보(附保)란 쉽게 말해 '보험을 들다' 또는 '보험에 가입하다'라는 뜻이다. 특정 물건이나 위험에 대해 보험계약을 맺어 보호를 받는 행위를 말한다. 예를 들어, 수출 화물에 대해 부보를 했다면, 그 화물에 대한 보험을 들었다는 의미이다.

10) 담보위험 (보장하는 위험)은 보험회사가 "이런 일이 생기면 돈을 줄게요"라고 약속한 위험들이다. 즉, 보

에 대한 이해가 필요하며, 협회적하약관에 따라 면책위험의 범위가 달라질 수 있다는 점을 유념해야 한다. 그리고 특별약관을 통하여 면책위험이 담보위험으로 바뀌는 일도 있다. 예를 들어, 전쟁약관과 동맹파업약관의 경우 특약을 통하여 면책위험에서 담보위험으로 변경할 수 있다.

4) 클레임 조건

클레임은 무역 거래에 대한 합의가 이루어져 계약이 성립한 이후 무역 거래를 이행하는 과정에서 계약당사자 일방이 계약을 위반하여 상대 당사자에게 손해를 입혔을 때 피해자가 가해자에게 자기의 권리 회복을 요구하거나 손해 배상을 요구하는 적극적인 행위를 말한다. 일반 거래에서 클레임이 발생하였을 때 법률상 구제 방법은 일반적으로 법원 등의 국가공권력이 계약을 위반한 당사자에게 계약의 내용 이행을 명하거나 손해 배상을 청구하는 방법이 있다. 하지만 국제적 상거래에 기반한 무역 클레임은 국가권력이 다른 국가에 미치지 못할 수 있으므로 이에 대한 충분한 대비가 필요하다. 글로벌 비즈니스와 관련된 분쟁 영역은 그 당사자 주체에 따라 구분할 수 있다.

개별기업 간 국제통상 분쟁, 개별기업과 국가 간 국제통상 분쟁, 국가들 간 국제통상 분쟁으로 나눌 수 있다. 먼저 개별기업 간 분쟁은 무역계약을 기초로 계약당사자가 계약의 의무를 불이행하거나 충족시키지 못하면 발생한다. 다음으로 개별기업과 국가 간 분쟁은 해외직접투자, 공익사업, 자원탐사 및 개발을 위한 국가와 외국투자기업 간 합작투자 등에서 발생한다. 마지막으로 국가 간 분쟁은 무역거래에 있어서 특정 국가가 관련 법, 규칙 등을 위반하거나 국제통상협정을 위반

험에서 보호해주는 상황들을 말하는데, 예를 들어, 자동차 보험에서 '교통사고로 인한 차량 파손'은 담보위험에 해당할 수 있다. 반면에 면책위험 (보장하지 않는 위험)은 "이런 경우에는 돈을 안 줄 거예요"라고 보험회사가 미리 말해둔 상황들이다. 보험으로 보호받지 못하는 위험을 뜻하며, 예를 들어, 자동차 보험에서 '고의로 일으킨 사고'는 보통 면책위험에 해당된다.

하여 다른 회원 및 협정국에 손해를 끼칠 때 발생한다. 국가 간 분쟁은 회원국 간 분쟁, 회원국과 비회원국과의 분쟁, 그리고 비회원국끼리의 분쟁이 있다. 세계무역기구(WTO) 회원국이라면 세계무역기구에서 규정하고 있는 분쟁 해결절차에 따라 해결할 수 있지만, 이외의 경우 외교적 수단, 국제기구, 국제중재, 국제재판 등에서 규정한 분쟁 해결절차를 이용하여 해결한다.

(1) 클레임 처리조건

클레임이란 권리의 주장, 청구권, 채권의 신청이라는 의미로 계약의 위반에 의한 손해에 관하여 피해자인 당사자가 책임이 있는 상대방에게 제기하는 손해배상청구의 소(訴)를 말한다. 여기서 '소(訴)'는 '알리다', '호소하다', 그리고 '고소하다'의 의미를 지닌다. 무역 거래에서 클레임은 무역계약의 이행을 하지 않음, 즉 계약의 불이행에 따라 발생하는 것을 말한다. 무역계약에서 클레임은 일정한 기한 내에 클레임을 처리하지 않으면 그 이후에는 클레임을 제기할 수 없다는 내용의 클레임제기 기한에 관한 조항을 설정하였으면 그 기한 내에 권리행사와 이행이 있어야 한다. 이때 제한된 기한(제척기간)이 지나면 매수인은 인수한 화물에 하자가 있더라도 구제권을 행사할 수 없으므로 제척기간[11] 동안 매도인은 클레임에 대한 책임을 부담하고 이후에는 면책된다.

(2) 준거법 조건

준거법 조항은 그 계약서를 해석하고 당사자의 권리와 의무를 결정하는데 어느 국가의 실체법을 적용할지를 규정하는 조항이다. 즉, 준거법은 계약이 성립할 때

---

11) 제척기간은 법률에 의해 정해진 권리 행사의 기한을 말한다. 이 기간이 지나면 해당 권리는 완전히 소멸되어 더 이상 행사할 수 없게 된다. 제척기간의 특징은 당사자들이 합의로 변경할 수 없고, 법원이 직권으로 그 기간의 경과 여부를 조사한다는 점이다. 시효와 달리 제척기간은 중단되거나 정지되지 않으며, 기간이 지나면 권리 자체가 소멸된다. 제척기간의 존재는 법적 안정성을 위해 중요하며, 권리자는 이 기간 내에 반드시 권리를 행사해야 한다. 기간을 놓치면 아무리 정당한 권리라도 행사할 수 없게 되므로, 관련 당사자들은 제척기간에 대해 주의를 기울일 필요가 있다.

당해 계약에 대하여 규율할 근거가 되고 규범 밖의 사항을 관할하는 지정된 각국의 국내법을 의미한다. 준거법은 무역계약을 체결하는 데 계약당사자가 정하며, 지정 준거법이 없거나 당사자의 의사가 불분명할 때는 법률관계의 성질에 따라 법정지의 국제사법에 정하는 준거법이 적용된다. 국제사법은 대한민국에서의 외국인 및 외국에서의 대한민국 국민의 섭외적 생활 관계[12]에 관하여 준거법을 정하는 것을 목적으로 하는 법이다.

(3) 중재 및 재판관할 조항

준거법과 함께 고민되어야 할 부분은 재판관할 조항으로 계약에서 분쟁 해결에 관한 규정이 없는 경우 계약당사자가 분쟁에 관하여 새롭게 해결할 것을 합의하지 않는 한 그 계약으로 인한 분쟁은 최종적으로 국가가 행하는 재판에 따라 해결하게 된다. 일반적으로 계약당사자가 국가를 달리하는 소송은 원고는 피고의 관할 법원에 소송하지 않으면 안 된다는 원칙에 따라 피고의 소재지의 법원에 소송을 제기하면 그 법원이 재판관할권을 행사한다. 당사자 간 분쟁 해결이 어려울 때는 알선, 조정, 중재 그리고 소송의 방법을 통한 제3자의 개입으로 문제를 해결한다. 이 경우 역시 분쟁 해결에 대한 문언이 계약서에 명시되어 있어야 하며, 만약 없는 경우 새로운 합의를 통한다.

(4) 클레임 제기와 해결의 형태 그리고 해결 방안

클레임 제기의 형태는 크게 철회 또는 취소, 거절, 수락으로 구분할 수 있다. 클레임의 철회는 클레임을 제기한 자가 자기가 제기한 클레임을 스스로 철회 또

12) '섭외적 생활 관계'란 간단히 말해, 외국 요소가 들어있는 일상생활의 관계를 의미하며, 여기서 '외국 요소'라는 건, 관계된 사람 중 한 명이라도 외국인이거나, 관련된 일이 외국에서 일어났거나 관련된 물건이나 재산이 외국에 있는 경우를 말한다. 예를 들어, 한국 사람과 외국 사람이 결혼하는 경우, 한국 회사와 외국 회사가 계약을 맺는 경우, 외국에 있는 집을 한국 사람이 사는 경우 그리고 외국에서 일어난 교통사고에 한국 사람이 연관된 경우이다.

는 취소하여 무효화시키는 행위이다. 클레임의 거절은 클레임을 제기 받은 자가 클레임을 제기한 것에 대하여 부당성을 입증할 만한 증거와 이유를 제시하여 거절하는 것이다. 클레임의 수락은 클레임을 제기 받은 당사자가 클레임을 수락하는 것으로 전면수락과 부분수락이 있다.

클레임 해결의 형태는 손해배상금의 지급, 대금의 감액, 물품의 반송, 계약의 이행, 해결불능, 중재 또는 소송의 형태로 나타난다. 손해배상금의 지급은 제기된 클레임에 대하여 제기당한 당사자가 상대방에게 계약이 이행된 것과 같은 상태로 회복시킬 목적으로 입힌 손해를 금전적으로 보상하는 것이다. 대금의 감액은 물품대금을 분할하여 지급 또는 후지급의 경우 등 대금의 잔액이 남아 있는 상황에서 감액하는 방법이다. 물품의 반송은 화물의 인수를 거절하여 다시 선적지로 반송하는 것이다. 계약의 이행은 원 계약대로 의무를 이행하는 것이고, 해결 불능의 경우는 클레임을 제기당한 당사자가 파산하거나 소재 불명으로 해결할 수 없는 경우이다. 마지막으로 중재와 소송은 당사자 간 해결이 힘들 때 제3자를 통하여 해결하는 방법이다.

클레임의 해결 방법은 먼저 거래 당사자 자신이 무역실무에 대한 전문성을 갖추는 것으로 실무능력과 경험 그리고 지식을 통하여 무역에서 발생할 수 있는 분쟁의 요소를 제거하거나 최소화할 수 있다. 당사자 간 관점에서의 해결 방법에는 클레임의 포기, 타협과 화해 등이 있다. 클레임의 포기는 클레임을 제기한 당사자가 구상액이 작거나 다른 조건에 만족하는 경우 제기한 클레임을 철회하는 것을 말한다. 또한 향후 상대방과의 원만한 거래관계를 위해 클레임을 제기하여 분쟁의 사안을 인지시켰지만, 철회나 취소를 할 수 있다. 타협과 화해는 클레임의 포기보다 다소 심각한 분쟁 사안으로 쌍방 간 클레임에 대하여 합리적인 해결 방안을 찾는 것으로 적당한 청구액과 구상방법[13]의 합의라고 할 수 있다. 물론 이

13) 구상(求償)이란 구할 구와 갚을 상의 조합으로 '보상을 요구하다'라는 의미를 담고 있다. 즉 자신이 대신 갚은 돈을 다른 책임자에게 요구하는 행위를 표현하는 단어이다.

경우 쌍방 간 직접적으로 타협하거나 중개인을 통해 교섭할 수 있다. 쌍방 간 관점에서 클레임이 해결되지 않는 경우 부득이 제3자의 역할이 발생하며 제3자를 통하여 클레임을 해결하는 방법으로는 보통 알선(intermediation), 조정(conciliation), 중재(arbitration) 그리고 소송(litigation)이 있다. 이 책에서는 클레임 해결에 있어 시간과 비용이 많이 소요되고, 법적 효력 생성에 문제가 생길 수 있는 소송을 제외한 대안적 분쟁 해결 방안(Alternative Dispute Resolution, ADR), 즉 알선, 조정, 그리고 중재에 대해 살펴본다.

(5) 제3자에 의한 분쟁 해결 방안

① 알선

알선(arbitration)은 국내외 상거래에서 발생하는 분쟁에 대하여 당사자의 일방 또는 쌍방의 요청으로 제3자가 중간에서 사건에 개입하여 어느 일방에 치우치지 않는 공정한 입장에서 분쟁 당사자들이 원만한 합의에 도달할 수 있도록 조언하는 것이다. 대한상사중재원의 경우 일방 당사자의 신청만으로 진행할 수 있으며, 모든 경비는 무료이다. 알선은 양 당사자 간 자발적인 합의를 통한 해결 절차이기 때문에 법률적인 구속력은 없다. 일반적으로 알선은 형식적 절차가 없어서 제3자의 성격을 갖는 기관인 상공회의소, 대한상사중재원, 대사관, 영사관 등의 전문가가 사건에 개입하여 해결 방안을 제시하거나 조언한다.

국내거래 당사자 간 분쟁에서 알선을 이용한 분쟁 해결은 국내알선으로 우리나라의 경우 대한상사중재원에서 알선 전문인력을 1~2개월 범위에서 무료로 지원한다. 한편 국제알선의 경우 대내알선과 대외알선으로 구분된다. 먼저 대내알선은 분쟁 당사자 일방이 외국인(법인 포함)인 경우이며 외국 당사자가 국내 당사자를 상대로 클레임을 제기한 경우로 대외무역법(제44조)에서 정의한 바와 같이 무료로 지원한다. 대외알선의 경우 국내 당사자가 외국 당사자를 상대로 제기한 분쟁으로 3개월 범위에서 무료로 지원한다.

② 조정

조정(mediation)은 분쟁 당사자가 조정인의 도움을 받아 당사자 사이의 대화와 상호양해를 통하여 조리를 바탕으로 분쟁을 실정에 맞게 자율적으로 해결하는 제도이다. 즉, 중립적인 제3자인 조정인이 분쟁 당사자들 간 합의를 통해 분쟁을 해결하도록 도와주는 ADR의 대표적인 제도 중 하나이다. 참고로 우리나라의 대표적인 ADR 기관으로는 법정 상설중재 기관인 대한상사중재원이 있다.

조정은 당사자가 중재를 진행하는 데 중재 절차에 앞서 간편하게 해결하면서 중재판정과 동일한 효력을 갖는 것으로 당사자들이 조정안을 수락할 의무는 없지만 일단 수락하면 구속력을 갖는다. 조정은 조정인 선정일로부터 일정 기간 이내에 조정이 실패하면 중재로 넘어간다.

분쟁을 조정에 의하여 해결하기로 하는 합의를 조정합의라고 하는데, 중재원의 조정을 이용하기 위해서는 분쟁 당사자 간 체결한 계약서나 합의서 등에 '대한상사중재원의 조정 규칙에 따른 조정 또는 대한상사중재원의 조정에 따라 해결하기로 합의한 경우', 즉 조정합의가 있는 경우에 해당해야 한다. 조정은 대한 사전합의(조정 조항)나 사후 조정합의의 형식으로 할 수 있다. 사법형 조정이나 행정형 조정의 경우 관련 법률에서 조정을 할 수 있는 근거 규정을 두고 있으므로 조정합의가 필요 없으나, 중재원의 조정은 당사자가 합의한 때에만 조정 규칙이 당사자의 합의 일부로 편입되어 적용된다. 만일, 당사자 간 조정합의가 없는 경우나 사후 조정합의가 곤란한 경우 일방 당사자(신청인)는 중재원에 조정참여 권유 요청을 할 수 있고, 이 경우 중재원은 타방 당사자(피신청인)에게 조정참여 권유 요청을 하고, 피신청인이 동의하면 조정절차를 진행한다.

조정의 대상은 조정제도 도입 및 시행을 위한 조정규칙(2012년 7월 시행)에 명시한 것처럼 '사법(私法)상의 분쟁'으로서 '당사자 간 계약, 기타 법률관계로부터 이미 발생하였거나 장래 발생할 분쟁'을 대상으로 하고 있다. 구체적으로 매매, 납품, 건설, 해사, 무역, 보험, 엔터테인먼트, 의료, 부동산 등 일반적인 민사, 상사

분쟁은 모두 조정의 대상이 된다.

조정은 조정절차의 시작부터 합의에 이르기까지 당사자의 의사를 충분히 반영하는 제도로 조정 건에 대한 당사자의 합의는 법적인 기준이 아니라 당사자들의 기준이 적용되어 당사자 자치가 보장된다. 물론 조정에서는 당사자가 스스로 합의하므로 그 합의의 자발적인 이행률이 매우 높은 편이기 때문에 서로 간 입장에 대해 충분히 이해할 수 있으므로 향후 당사자 간 관계가 지속될 수 있다는 장점이 있다. 형식절차 측면에서 조정은 다른 분쟁 해결 방식에 비해 절차의 엄격성이 요구되지 않아 신속한 해결이 가능하며, 비용이 저렴하다. 무엇보다 조정은 비공개로 진행하고 그 결과도 공개하지 않기 때문에 당사자들의 비밀을 보장한다.

③ 중재

중재(conciliation)는 사법상의 법률관계에 관한 분쟁의 전부 또는 일부를 법원의 판결이 아닌 중재를 통하여 해결하는 자주법정제도라고 할 수 있다. 즉 분쟁에 대하여 제3자를 중재인으로 하여 중재인에게 분쟁의 판정을 맡기고, 판정에 복종함으로 분쟁을 해결하는 방법이다. 무엇보다 국가공권력을 통한 강제집행 권리가 있으므로 서로 다른 국가 간 대안적 분쟁 해결 제도를 대표하는 것이 바로 중재이다.

중재는 단심제로 소송에서 볼 수 있는 판결에 불복하여 진행하는 항소 절차가 없다. 확정판결과 동일한 효력을 가진다는 것은 불복신청을 할 수 없음을 의미하며, 중재는 단심제로 진행한다. 특히 중재가 제3자에 의한 분쟁 해결 방안(Alternative Dispute Resolution, ADR)로 국제적 신임을 얻는 이유는 바로 뉴욕협약(외국중재판정의 승인 및 집행에 관한 UN협약)을 통하여 외국중재판정에 대하여 상호 승인 및 강제집행을 보장하고 있기 때문이다. 2018년 기준 157개국이 가입된 상태로 동년 기준 WTO 가입국과 동일한 숫자로 그 의미를 알 수 있다. 그리고 중재는 소송과 비교하여 그 효력은 같지만, 저렴한 비용과 함께 시간 소요가 적다. 그리고 공정성을 위해 충분한 변론 기회를 부여하며, 분쟁 분야의 전문가라 하더라도 분쟁 당사자가 직접 중재인을 선임하거나 배척할 수 있는 특징이 있다.

중재는 중재계약이 있는 경우에만 가능한데 이는 애초 체결한 무역계약서, 즉 원계약서에 중재조항이 기재되어 있어야 한다. 하지만 중재계약이 무효이거나 효력을 잃은 경우, 또는 이행이 불능일 때 한하여 소송을 제기할 수 있다.

중재는 먼저 중재계약의 체결로 시작한다. 이후 분쟁이 발생하였을 때 중재신청 및 조정절차로 중재기관에 중재를 신청한다. 중재를 신청하였더라도 중재기관은 양 당사자가 합의하였을 때 조정을 시도하게 되는데 조정이 되지 않으면 중재를 진행한다. 이후 중재판정부를 구성하는데 이 경우 당사자 간 약정된 선정 방식이 있다면 우선한다. 판정부의 구성 이후 중재심문을 거쳐 중재판정으로 이어진다. 최종적으로 분쟁에 대해 중재인들이 중재판정을 확정하면 법원의 확정판결과 같은 효력을 가지게 된다.

CHAPTER

07

해상보험

■ 학습목표

1. 위험과 보험의 개념에 대하여 학습한다.
2. 해상보험에 대해 이해한다.
3. 해상증권에 대해 학습한다.

1. 위험과 보험

1) 위험과 국제거래

위험이란 어떤 '손해 발생의 가능성(chance of loss)'과 '손해 발생에 관한 불확실성(uncertainty concerning loss)'을 말한다. 위험은 리스크(risk), 페릴(peril), 그리고 헤저드(hazard)로 나뉘는데 리스크(risk)란 확실하지 않은 상황의 불확실성을 의미한다. 미래에 대한 예측 능력의 부족한 것에 원인을 두는 것이며, 보험의 리스크는 객관적 리스크이다. 페릴(peril)이란 손해를 일으킨 우발적 사고의 원인으로 손해의 원인, 손실의 원천으로 주변에서 발생하는 것, 즉 손실의 원인이다. 헤저드(hazard)는 손실의 원인을 발생시켜 손실의 발생 가능성 또는 손실의 정도를 증대시키는 행위 또는 여건을 의미한다. 그리고 헤저드는 물리적 헤저드(physical hazard)와 도덕적 헤저드(moral hazard)로 구분할 수 있다. 물리적 헤저드는 손실의 원인에 미치는 모든 물리적 상황을 가리키며, 인간의 힘으로 통제할 수 있는 것과 그러하지 못한 것이 있다. 도덕적 헤저드는 주관적·심리적·정신적 상태로 인간의 의지로 고의적인 손실의 가능성을 증대시키는 경우를 의미한다. 결과적으로 리스크(risk)에 대해 페릴(peril)은 직접적인 위험 원인이라고 한다면, 헤저드(hazard)는 간접적인 위험 원인이라 할 수 있다. 국제물품매매거래, 즉 무역 거래에서 발생하는 위험은 운송 과정에서 발생하는 경우를 의미한다. 이에 국제 거래의 대부분은 해상운송과 항공운송으로 구성되어 있어서 해상보험과 항공보험에 대한 이해가 무역 거래에서 필요한 보험의 이해라고 할 수 있으며, 물적위험에 대한 보험이다. 즉 적하보험을 의미한다.

하지만 국제거래에 있어 보험은 물적위험에 대한 적하보험만을 의미하는 것은 아니다. 물품 외 상적위험(수출자의 대금회수 불능의 위험)에 대해서는 무역보험으로 위험을 담보(cover)한다. 일반적으로 각국은 수입보험은 제한적으로 사용하며 수출보험을 무역보험으로 이용한다. 참고로 수출보험은 국가가 운영하는 비영리 정책보험으로 세계무역기구(WTO) 체제에서 용인되는 유일한 수출지원 정책이라는 데 의의가 있다. 수출보험은 크게 수출신용보증(선적 전/선적 후), 환변동보험으로 구분된다. 먼저 수출신용보증(선적 전)은 수출업체가 수출 물품을 제조, 가공하거나 조달에 필요한 자금을 금융기관으로부터 대출받을 때 수출업체의 대출금 및 약정이자에 대하여 연대 보증하는 제도이다. 이용할 수 있는 업체는 수출 실적 보유업체(로컬, 또는 구매확인서 실적) 및 신용장으로 수출계약을 체결한 업체로서 신용등급에 따라 연간 보증한도를 부여하고 있다. 다음으로 수출신용보증(선적 후)은 금융기관이 수출거래 관련 환어음 등을 매입하는 방법으로 수출상에게 대출한 후 수입상이 대금을 지급하지 않아 수출상이 은행에 대하여 상환 채무를 연대보증하는 제도이다. 이용 가능 대상은 수출대금의 결제 기간이 2년 이내인 일반수출거래, 수출자의 해외 현지법인 등을 통한 위탁가공무역 및 중계무역거래, 그리고 단기수출보험 또는 농수산물수출보험과 연계 운영이다. 마지막으로 환변동보험은 수출자가 환율변동으로 입게 되는 손실을 보상하고 이익을 환수하는 보험제도이며 이용할 수 있는 통화는 미국 달러, 일본 엔화 그리고 유로화가 있다.

우리나라에서 수출보험은 한국무역보험공사에서 운영하며, 수출보험의 경우 수입자의 신용조회를 통해 신용이 있는 업체라고 판단할 때만 위험을 인수[1]하며, 수입보험은 제한적으로 사용된다. 주요 상품은 수출신용보증(선적 전・후), 단기수출보험, 중장기수출보험, 환변동보험, 농수산물수출보험, 지식서비스수출보험 등이다.

1) 보험회사가 '위험을 인수한다'는 것은 고객(피보험자)이 겪을 수 있는 불확실한 손실이나 사고의 경제적 책임을 대신 떠맡는다는 의미이다.

2) 해상손해

해상손해는 물적손해, 비용손해 및 배상책임손해로 구분된다. 물적손해(physical loss)는 보험목적물 자체 손해를 의미하며 손해의 정도로 전손(total loss)과 분손(partial loss)으로 구분 짓는다. 전손은 보험목적물 전부의 손실이며, 분손은 보험목적물 일부가 소멸 또는 손상되는 것이다.

비용손해(expense loss)는 보험목적물에 손해가 발생하는 것을 방지하기 위하여 또는 이를 구조하기 위하여 지출되는 새로운 비용을 의미한다.

배상책임(liability loss)은 피보험자가 제3자에 대해 법적으로 배상책임을 부담하게 될 경우로, 충돌로 인한 충돌손해배상이 대표적이다.

(1) 물적손해

① 전손(total loss)

전손은 담보위험으로 인하여 보험목적물의 전부 멸실을 의미한다. 그러나 반드시 보험목적물이 완전히 소멸하는 것만을 의미하지는 않고 전멸에 가까운 경우도 전손으로 인정된다. 이때 손해의 정도가 전부가 아니라 약간의 이익을 제외한 나머지일 때 전손으로 간주한다. 보험목적물의 보존되어 있을 경우임에도 불구하고 피보험자의 접근이 불가할 경우, 즉 점유할 수 없으면 전손이 성립된다. 이때 손해는 물리적 손해만을 뜻하지 않는다. 해상보험의 전손은 현실전손(actual total loss)과 추정전손(constructive total loss)으로 나뉜다. 현실전손은 보험목적물의 완전한 손상, 원래의 성질을 잃은 상태, 피보험자가 다시 회복할 가능성이 없을 경우 성립된다. 복구 불가이기에 절대전손이라고도 한다. 보통 화물의 현실전손은 선박의 실질적인 전손으로 인한 화물의 전손, 화물의 투하, 화물의 매각, 화물 인도의 과실일 때 일어난다. 추정전손은 현실전손을 피할 수 없거나 보험목적물의 복구 비용이 오히려 그 가액을 초과하여 그대로 현실 전손처리하는 것이 경제적인 경우 피보험자가 적절한 위부를 수반하는 전손이다. 해상보험에서 추정전손은 보험목적물의 손해의 정도를 파악하기 불가능하거나 어려운 경우일 때 발생한다. 추정전손이 성립되기 위해서는 보험자와 피보험자 간 추정에 의사의 합치가 있어야 한다. 피보험자가 전손으로 추정한다는 사실을 보험자에게 통지 후 보험자가 동의해야 성립되는 것이다. 피보험자가 손해를 전손으로 추정하겠다는 의사표시를 해상보험에서는 위부[2]라 한다. 영국해상보험법 제56조 2항에 따르면 추정전손은 해상보험에서만 유일하게 인정되는 전손이다. 이는 해상위험의 특수성과 해상보험의 역사적 발전 과정에서 비롯된 것이다.

해상에서는 선박이나 화물의 상태를 정확히 파악하기 어려운 경우가 많으며, 손해 복구에 드는 비용이 보험 대상물의 가치를 초과하는 때도 빈번하다. 또한, 해상 무역에서는 시간이 매우 중요한 요소로 작용하여, 복구에 오랜 시간이 소요될 때 그로 인한 경제적 손실이 더욱 커질 수 있다.

이러한 해상 특유의 상황을 고려하여, 실제 전손이 아니더라도 경제적으로나 실질적으로 전손과 다름없는 상황을 '추정전손'으로 인정하게 되었다. 이는 보험계약자를 보호하고 신속한 보상을 가능하게 하는 실용적인 접근 방식이다.

다른 보험 분야에서는 이러한 불확실성이나 경제적 고려 사항이 상대적으로 덜 중요하기 때문에 추정전손 개념을 적용하지 않는다. 따라서 추정전손은 해상보험만의 독특한 특징으로 자리 잡게 되었으며, 이는 해상보험의 오랜 역사와 함께 발전해온 결과라고 할 수 있다.

② 분손(partial loss)

분손은 담보위험으로 인하여 선박이나 화물 등의 일부분만이 손해를 입은 경우를 의미한다. 분손은 전손의 상대적인 개념으로 전손에 속하지 않는 모든 손해는 분손으로 취급된다. 분손은 단독해손과 공동해손으로 구분되어 단독해손은 담보

---

2) 보험에서 '위부(委付, abandonment)'란 주로 해상보험에서 사용되는 개념으로, 피보험자가 보험의 목적물에 대한 모든 권리를 포기하고 이를 보험자에게 이전하는 대신 보험금 전액을 청구하는 행위를 의미한다.

위험으로 인하여 발생한 보험목적물 일부의 손해를 피보험자가 단독으로 책임지는 것을 의미하고 공동해손은 공동의 안전을 위하여 희생된 손실이나 비용을 해상사업에 관련되는 이해관계자들이 공동으로 비례하여 분담하는 손해이다. 공동해손의 인정 범위는 적재된 화물의 투하, 투하로 인한 손상, 선박의 소화 작업, 기계 및 기관손해, 이러한 하역 작업 중 발생하는 손해이다. 공동해손이 아닌 분손은 모두 단독해손에 해당한다. 분손의 형태는 다양하게 나타난다. 분손에 대한 사정은 고도의 지식을 요하기 때문에 주로 해손정산인들이 영국의 해손정산인협회에서 규정한 별도의 실무규칙에 따라 손해를 사정하게 된다. 일부멸실은 화물 일부가 멸실된 것으로 화물 일부가 전손을 입은 경우와 같다. 일부손상은 화물 일부가 손상된 것이다.

추가로 공동해손은 보험목적물이 공동의 안전을 위하여 취해진 공동 해손행위로 인해 발생한 손해를 말하며 공동해손 희생손해와 공동해손 비용손해로 구분된다. 공동해손 행위는 적하 선박운임 등 공동의 해상사업으로 해상에서 사고가 발생 되었을 때 위험에 처한 공동의 안전을 위해서 선장 및 선주의 적절한 조치를 의미하며, 그러한 조치로 인해 발생한 손해와 비용을 이해관계자 모두 공동으로 균등한 손해액을 분담하는 것을 공동해손 분담금이라 한다. 이는 명시적인 규정이 있는 경우를 제외하고, 지급하였거나 지급할 책임이 있는 경우 그러한 분담금을 보험자로부터 보상받을 수 있다. 공동해손의 인정 범위는 공동해손 희생손해로 적재된 화물의 투하, 투하로 인한 손상, 선박의 소화 작업, 기계 및 기관손해, 임의좌초, 하역 작업 중 발생하는 손해가 있으며, 공동해손 비용손해는 구조비, 피난항 비용 그리고 임시수리비이다.

(2) 비용손해

비용손해란 보험목적물[3] 자체의 손해가 아닌 손해방지를 위해 지출된 비용을

3) 보험계약에서 보험을 통해 보호하고자 하는 구체적인 대상.

의미한다. 단독이익을 위한 비용으로 공동해손이 아니며 비용손해에는 구조비, 손해방지비용, 특별비용이 있다.

① 구조비

구조비는 구조 행위로 인하여 발생한 비용으로 보험자가 피보험자를 대신하여 구조자에게 지급하는 것이다. 순수구조와 계약구조로 구분되며 순수구조는 구조계약을 체결하지 않은 상태에서 구조자가 자발적으로 위험에 직면한 재산을 구조하는 행위이다. 계약구조는 구조계약을 체결한 상태에서 행하는 구조 활동이다. 해상보험에서 구조비는 순수구조일 때 성립된다. 구조비가 성립될 수 있는 조건은 보험목적물이 위험한 상태에 있어야 하고, 구조자는 제3자로서 임의로 구조행위에 임해야 하며 그리고 구조물의 전부 또는 일부를 취득해야 한다. 구조물이 전혀 없는 전손이 발생한 경우에는 구조비가 성립되지 않는다. 여기서 제3자란 보험목적물의 소유자·대리인·사용인·양수인을 제외한 자를 의미한다.

② 손해방지비용

피보험자나 그의 대리인이 손해방지 및 경감의무를 수행하기 위해서 지출한 비용을 손해방지 비용이라 하며 이러한 비용은 보험자가 별도로 보상한다. 피보험자의 손해방지의무는 자신을 위한 것이 아닌 궁극적으로 보험자[4]를 위한 의무이기 때문에 피보험자가 의무를 다하는 과정에서 발생하는 비용은 당연히 보험자가 보상해야 한다. 또한 손해방지 비용을 보장해 줌으로써 피보험자들에게 스스로 손해방지를 위해 노력하도록 유도하게 된다. 손해방지 비용의 성립 요건은 피보험자의 손해방지 행위, 합리적인 비용, 위험의 실제, 담보위험의 발생이다.

---

4) 보험자는 보험을 파는 회사로서 보험금을 지급할 책임이 있고, 피보험자 보험의 보호를 받는 사람 또는 대상으로서 보험료를 내고, 사고 발생 시 보험금을 받을 권리가 있음. 다음 장인 해상보험에서 자세히 다룸.

③ 특별비용

보험목적물의 안전과 보존을 위하여 발생한 비용 중에서 공동해손과 구조비 이외의 모든 비용은 특별비용이라 한다. 손해방지 비용과 기타의 비용으로 구분되는 데 후자를 순수특별비용이라 한다. 손해방지 비용은 피보험자나 그의 대리인이 손해방지 및 경감의무를 수행하기 위해서 지출한 비용을 손해방지 비용이며 주로 목적지에 도착하기 전에 발생하는 비용이다. 순수특별비용은 손해의 평가와 관련하여 목적지에서 지출되는 비용을 의미한다. 적하보험에서는 부대비용이라고도 하는데 부대비용은 손해조사 비용, 판매 비용, 재포장 비용, 재조정 비용 등이 있다.

(3) 배상책임손해

배상책임손해는 자기 과실이 아닌 제3자가 입은 손실을 법적으로 배상해 줄 책임을 뜻한다. 해상보험은 담보위험으로 인한 보험목적물의 물적손해나 비용손해 외 선원의 과실로 인한 부보선박, 타 선박과 충돌사고로 인해 타 선박의 선주 및 화주에 대해 피보험자가 책임져야 할 배상책임손해까지 보상하는 것이다. 책임손해는 공동해손의 분담금과 선박보험의 충돌배상책임 손해를 포함하며 선박보험약관의 충돌약관은 충돌배상책임 손해만을 담보한다.

(4) 위부와 대위

① 위부(abandonment)

추정전손은 반드시 위부가 수반되어야 한다. 위부는 추정전손의 사유로 피보험자가 보험목적물에 대한 손해를 전손으로 추정토록 모든 권리와 제3자에게 구상권을 보험자에게 이전하고 전손에 해당하는 보험금을 청구하는 행위를 의미한다. 즉, 추정전손으로 처리하기 위해서는 피보험이익을 위부해야 한다. 피보험이익(被保險利益, insurable interest)이란 보험계약의 대상이 되는 것에 대해 피보험자가 가지고 있는 경제적 이해관계를 말한다. 쉽게 말하면 어떤 물건이 망가지거나 그 상황이 발생하면 '돈을 잃게 된다'는 의미이다. 예를 들어, 내 집에 대한 화재보험의 경우, 집이 타면 내가 재정적 손실을 보므로 피보험이익이 있고 내 차에 대한 자동차보험의 경우 사고로 차가 망가지면 내가 손해를 보므로 피보험이익이 있다. 피보험이익의 존재는 보험계약의 유효성을 결정하는 중요한 요소로서 피보험이익이 없으면 그 보험계약은 무효가 될 수 있다. 이는 보험이 도박이 되는 것을 방지하고, 보험의 본질적 기능을 유지하기 위함이다. 피보험자의 위부를 하겠다는 의사 표시를 보험자가 승낙하면 추정전손의 성립, 거절하면 분손으로 처리된다. 이때 보험자의 승낙은 손해배상책임을 결정적으로 인정한 결과가 된다. 위부의 통지가 수락되면 철회 불가이며 위부는 추정전손의 필수절차이지만, 피보험자의 절대적 권리는 아니다.

② 대위(subrogation)

보험회사가 피보험자에게 보험금을 지급한 후 그 피보험자의 권리를 이어받아 손해의 원인을 제공한 제3자에게 보상을 청구할 수 있는 권리를 대위의 원칙이라 한다. 대위의 원칙에 의해서 보험자가 취득하는 권리는 보험목적물에 대한 소유권과 제3자에 대한 손해배상청구권으로 나누어지는데 전자를 보험목적물에 대한 대위라 하며 후자를 제3자에 대한 대위라 한다. 즉 대위는 보험목적물에 대한 대위는 보험사고의 결과 잔존물이 있는 경우 그 잔존물을 취득할 수 있는 권한을 말한다. 이 권한은 전손보험금을 지급한 경우에 한하며, 만약 보험자가 분손보험금을 지급했다면 잔존물에 대한 소유권을 취득할 수 없다. 보험자는 보험자가 지급한 금액의 한도 내에서 잔존물의 권리를 취득할 수 있다.

2. 해상보험과 해상증권

1) 해상보험

(1) 해상보험의 개념

해상보험은 해상사업과 관련되어 발생하는 손해를 보상하는 경제적 제도이다. 영국의 해상보험법에서는 "해상보험계약은 보험자가 피보험자에게 합의된 방법과 범위 내에서 해상손해, 다시 말해서 해상사업에 수반하여 발생하는 손해를 보상해 줄 것을 약속하는 계약이다"라고 해상보험에 대한 정의를 규정한다.

해상보험은 해상에서 우연히 발생하는 사고, 즉 페릴(peril) 때문에 손해가 야기될 때 이를 보상하는 제도일 뿐만 아니라, 영국의 해상보험법(Marine Insurance Act 1906, MIA 1906) 제2조에서는 해상보험계약은 그 명시된 특약 또는 상관습에 의해 담보의 범위를 확장해서 해상항해에 수반되는 내수로 또는 육상위험으로 인한 손해에 대해서도 보상할 것을 규정하고 있다. 따라서 해상보험계약만으로도 별도의 육상운송보험계약체결 없이 전 운송구간에 대한 보험계약체결이 가능하다. 이는 해상보험이 소급주의의 맥락에 있다고 할 수 있다. 해상보험의 소급주의란 보험계약이 체결된 시점과 관계없이, 선박이 항해를 시작한 시점부터 보험의 효력이 발생한다는 원칙이다. 과거 통신 수단이 발달하지 않았을 때, 선박의 출항 후에도 보험계약을 가능하게 하려고 도입되었고 이는 해상위험은 선박이 출항하는 순간부터 시작되므로, 이를 반영한 것이다. 선박이 이미 출항한 후에도 보험 가입을 가능하게 하여 해상 무역을 촉진하고 보험계약체결 전에 발생한 사고도 보상받을 수 있게 되어 해상 무역의 안정성을 높이는 데 기여한다.

해상보험은 피보험이익에 따라 크게 선박보험(hull insurance)과 적하보험(cargo insurance) 그리고 선주상호보험(Protection and Indemnity insurance, P&I in-surance)으로 구분되며, 이 절에서는 피보험이익이 화물에 해당하는 적하보험에 관해서만 설명한다. 참고로 선주상호보험의 경우 통상 적하보험이나 선박보험에서 담보하지 않은 인명이나 여객에 관한 선주의 손해, 선원의 과실에 의한 선체 또는 적하품(화물)의 손해 등을 보상해 주는 보험이다.

(2) 해상적하보험의 특징

해상적하보험계약(Marine Cargo Insurance Contract)은 낙성계약이기 때문에 보험계약자가 청약하고 보험자가 이를 승낙했을 때 성립한다. 하지만 위험을 담보하고 보험의 효력이 발생하는 것은 보험료를 1회 납부했을 시에 발생한다. 보험청약은 긴급한 경우에는 구두나 전화로 청약하기도 한다. 하지만 원칙적으로 소정의 청약서에 필요한 사항을 기재하고 서명 날인한 후 보험중개인 또는 보험자에게 제출해야 한다. 아울러 보험계약은 쌍무계약이 아닌 일방계약이며, 등가계약이 아닌 요행계약이다. 그리고 협상 과정을 통해 체결되는 계약이 아니기에 부합계약(contract of adhesion)으로 보험자에 의해 만들어진 계약을 선택하느냐 아니면 거절하느냐의 의사결정밖에 없다. 마지막으로 보험계약은 보험계약자가 보험자로부터 손실에 대한 보상을 받기 위해서는 계약에 정해진 조건을 충족시켜야 해서 조건계약이다. 다시 말해 보험료의 납부, 손실의 입증, 손실의 즉각적 통보, 손실의 방지활동 등이 전제되어야 하며, 반드시 지켜야 할 의무라기보다는 충족해야 하는 조건으로 이해해야 한다.

(3) 보험계약의 당사자

① 보험자

보험자는 insurer, assurer 또는 underwriter라고 불린다. 보험자는 보험계약을 인수하는 이로 보험계약을 통해 보험계약자에게 손실보장을 약속하는 당사자이다. 일반적으로 회사 형태를 갖추고 있으나 영국의 로이즈(Lloyd's)같이 개인인 경우도 있다. 국가 대부분에서 보험자는 주식회사의 형태를 띠며 보험사업은 공공의 이익과 아주 밀접한 관계에 있기에 보험자의 자격에 대해서는 일정한 제한이 있다.

로이즈는 1871년 로이즈법에 의해 외견상 법인격을 가지는 로이즈 조합이다. 영국은 개인보험업자들에 의해 해상보험이 발전되었기 때문에 전통적으로 개인보험업자를 허용한다. 영국에서는 보험계약을 체결할 수 있는 재력과 자격이 있다면 누구든 보험자가 될 수 있다. 이 개인 보험자들의 단체가 바로 로이즈이다.

② 보험계약자(policy holder)

보험계약자는 본인 명의로 보험계약을 체결하고 보험료를 지급할 의무가 있는 당사자를 의미한다. 보험계약자는 보험계약의 체결에 직접적으로 관여하기 때문에 계약상 모든 의무를 부담한다.

③ 피보험자(insured, assured)

피보험자는 발생한 손실에 대한 보상을 보험계약으로 받을 수 있는 위치에 있는 이를 의미한다. 즉 피보험자는 손해의 피해자로서 보상을 청구하기 위해 피보험이익을 가져야 한다. 피보험이익은 보험목적물에 대해 특정인이 갖는 경제적 이해관계를 의미한다. 피보험자는 피보험이익에 대한 주의와 손해를 방지하거나 낮추기 위한 합리적인 조치를 강구할 의무가 있으며 보험계약자와 피보험자는 동일인이 될 수도 있고 아닐 수도 있다. 동일할 시 본인을 위한 보험이며, 그렇지 않은 경우 타인을 위한 보험이라고 볼 수 있다.

참고로 CIF 계약에서는 수출업자가 수입업자를 위하여 적하보험을 체결해야 한다. 보험료를 지급하는 보험계약자는 수출업자이며 보상청구는 수입업자가 하기에 피보험자는 수입업자가 된다. 대부분 수출업자가 자기를 피보험자로 하여 보험계약을 체결한 후 보험증권을 배서하여 수입업자에게 양도하는 형식을 취한다. 보험사고가 발생하는 경우 수입업자는 보험증권의 소지인으로서 손해보상을 보험자에게 요구한다.

(4) 보험계약의 원칙

① 피보험이익

피보험이익(insurable interest)은 보험목적물에 문제가 생겼을 때 피보험자가 직접적으로 경제적 손실을 입게 되는 관계를 의미한다. 즉, 보험계약 때문에 불확실한 미래의 사고로부터 재산상의 손해를 보상받을 수 있는 이익을 피보험이익이라 한다. No interest, no insurance라는 말처럼 보험의 목적은 특정의 경제 주체가 보험목적물에 대하여 갖고 있는 경제적 이해관계, 즉 피보험이익을 보호하는 것이다. 피보험이익의 존재를 부정하는 것은 곧 보험의 목적을 부정하는 것이므로 보험계약이 체결되기 위해서는 피보험자는 반드시 피보험이익을 가져야 한다. 피보험이익은 일반적으로 경제성, 확실성, 그리고 합법성의 속성을 가진다.

② 소급보상의 원칙

통신시설이나 교통시설이 미발달된 18세기 후반에는 수입업자는 보험목적물을 직접 확인하지 않고 보험계약을 체결하기에 계약을 체결하기 전에 사고가 발생해도 알지 못할 때가 많았다. 보험계약체결 전의 사고 발생은 보험목적물이 수입업자에게 피보험이익이 없으므로 보상을 받을 수 없게 된다. 이때 피보험자를 보호하기 위해 적하보험(cargo insurance)만 보험계약이 체결되기 전에 발생한 손해까지도 소급하여 보험자가 보상한다는 원칙의 소급보상의 원칙이 적용된다. 보험계약을 체결할 때 보험목적물에 관한 확인 여부가 어려울 때는 “보험목적물의 멸실 여부는 불문한다.”라는 조건으로 보험계약을 체결하면, 보험계약이 체결되기 전 이미 발생한 손해에 대해서도 보험자가 보상한다는 것이다. 소급보상의 원칙은 피보험자에 의해서 악용될 여지가 있기에 보험계약당사자 모두가 보험사고의 발생 사실을 모르고 있는 경우에만 이 원칙이 적용된다(영국해상보험법 제6조 제1항).

③ 고지의무와 담보

보험자는 고지 내용에 따라 위험의 인수 여부 또는 합리적인 보험료를 산정한다. 보험계약체결 시 보험자에게 보험목적물에 대해 중요한 사항을 알려야 하는 이유이다. 국제무역의 다양한 거래에 따라서 보험자와 보험목적물의 위치는 다르다. 통상적으로 수입지에 있는 보험자와 보험계약을 맺는데 이에 대해 수입지의 보험자는 수입업자가 알려주지 않으면 보험목적물의 위험 속성과 정도를 파악할 수 없다. 따라서 합리적인 보험료를 계산하기 위해서는 피보험자가 보험목적물에 대한 구체적 사항을 보험자에게 알려야 하는 것이다. 영국의 해상보험 제18조 1항에서도 모든 중요 사항을 보험자에게 알리도록 피보험자의 의무로 규정하고 있다. 적하보험에서는 운송선박명, 화물의 종류, 포장상태, 적재방법, 항로, 환적여부 등이 중요한 사항에 속한다. 알릴 의무를 위반할 때 보험자는 보험계약을 취소할 수 있다. 우리나라 상법에 따르면 알릴 의무 위반에 대하여 보험자는 보험사고의 발생 전후를 불문하고 보험계약을 해지할 수 있다.

피보험자는 보험계약을 체결할 때 보험계약과 관련되는 조건을 약속하는 데 이를 담보라 한다. 해상보험에서 담보는 피보험자가 보험자에게 행하는 약속으로 그 내용의 중요성을 떠나 먼저 충족되어야 하는 엄격성이 강조된다. 피보험자가 담보를 위반하면 그와 동시에 보험계약은 무효가 된다. 이에 발생하는 손해는 보험자에게 아무런 책임이 따르지 않는다(영국해상보험법 제33조 제3항). 명시담보(express warranty)는 보험증권(insurance policy)에 기재되는 담보이며, 보험증권상에 명시는 되어 있지 않으나 피보험자의 당연히 지켜야 하는 약속을 묵시담보(implied warranty)라 한다.

④ 해상위험과 근인주의

해상위험은 해상에서 우연히 발생하는 사고나 재해이다. 보험자의 담보 여하에 따라 담보위험과 면책위험으로 구분된다. 담보위험은 보험자가 해상위험에 근거한 손해에 대한 보상을 약속하는 위험이다. 담보위험을 대상으로 해상보험계약을 맺으며 이에 따라 발생하는 손실만을 보상해 주는 계약이다.

보험자의 보상책임은 손해가 담보위험과 일정한 인과관계를 가지는 손해일 때만 발생한다. 손실의 범위가 넓으면 넓을수록 보험자의 책임이 커지기에 보험요율은 증가하게 된다. 면책위험은 손해가 발생하더라도 위험의 제한이나 일정 사유로 인해 보험자의 책임이 면제되는 위험을 뜻한다. 면책위험은 법에 따른 규정이나 보험약관에 따라 정해질 경우도 있으며, 절대적 면책위험과 상대적 면책위험으로 구분된다. 절대적 면책위험은 언제나 보험자의 책임이 면책되는 것을 의미하며, 상대적 면책위험은 특약이 없는 한 면책되는 위험을 의미한다. 그 범위가 넓으면 넓을수록 담보위험이 줄기 때문에 보험요율은 낮아진다. 참고로 담보위험에 해당하더라도 면책위험에 해당하면 보험자의 책임은 면책된다. 담보위험과 면책위험이 상충하는 경우 면책위험이 우선하기 때문이다.

근인주의는 담보위험에 근인하여 발생하는 손해만 보상한다. 근인은 손실을 일으킨 가장 지배적이고 효과적인 원인을 뜻하는데, 사고의 근인을 찾아 해당 근인이 담보위험에 속하는지 면책위험에 속하는지 조사해야 한다. 근인이 담보위험에 속할 때만 보험자가 보상한다. 이러한 보상 원칙을 근인주의라 하며 근인주의 하에서는 일단 근인이 규명되면 나머지의 모든 원인은 고려하지 않게 된다.

(5) 피보험이익의 평가

① 보험가액

보험가액(insurable value)은 보험계약이 체결될 수 있는 금액이다. 이는 선박이나 화물 등 보험목적물의 실제 가치를 의미하는 것이다. 따라서 피보험자가 보험에 가입할 수 있는 손해액의 최고한도액을 뜻한다. 보험가액을 정확하게 평가하는 것은 기술적으로 어렵기 때문에 보험계약을 체결할 때 보험자와 보험계약자 간 보험가액을 협정하기도 한다. 이 가액이 협정보험가액이라 하며 보험목적물의 협정보험가액이 기재된 보험증권을 기평가보험증권이라 한다(영국해상보험법 제27조 제2항). 당사자 간 합의된 협정보험가액은 보험가액 불변의 원칙에 따라 보험기간 동안 일정액으로 고정되며 실제 보험목적물의 시가가 급등하더라도 협정보험가액에는 영향을 미치지 않는다. 일반적 손해보험은 사고 발생 시점의 실제 현금 가치로 보상해야 하는 원칙이 적용되나, 해상보험은 피보험이익인 선박과 적하가 시간상으로 항상 이동하기 때문에 협정보험가액으로 부보하게 된다.

② 보험금액

보험금액(insured amount)은 피보험자가 실제로 보험에 가입한 금액으로, 이것은 보험자가 보상해 주는 최고보상액이다. 보험금액은 보험자가 보상해 주기로 약속한 최고의 금액이기 때문에 보험사고가 발생할 때 보험자는 보험금액의 범위 내에서 보상한다. 보험금액은 보상액과 직결되기 때문에 보험료 산정의 기준이 된다. 보험가액이 높게 평가되더라도 보험료의 부담을 피하고자 보험금액을 낮게 산정하면 그만큼 보상액도 낮아진다.

③ 전부보험, 일부보험 및 초과보험

보험가액과 보험금액의 관계는 전부보험과 일부보험, 초과보험이 있다. 전부보험은 보험가액과 보험금액이 일치하는 경우로 보험목적물의 실제 가치 모두를 보험에 붙인 경우로 손해액을 보험가액의 범위 내에서 전액 보상하기 때문에 이상적인 보험의 형태이다. 일부보험은 보험목적물의 가액 일부만을 보험에 붙인 경우로 보험가액이 보험금액보다 커져 보험료를 절감하고 비용 지출을 줄이기 위해서 이용한다. 다만 완전한 보상이 안 되기 때문에 미보상 부분이 생길 수 있다. 초과보험은 보험금액이 실제 가치 이상으로 보험가액을 초과하여 체결하는 것으로 선의의 경우를 제외하고 모두 무효가 된다.

2) 해상보험증권

(1) 해상보험증권의 개요

해상보험계약이 체결되면 보험자는 보험증권(insurance policy)을 보험계약자에게 발급한다. 보험증권 발행이 보험계약의 성립요건은 아니지만, 보험증권은 보험계약의 성립과 그 내용을 증명하는 증거증권으로 계약의 내용을 기재 후 보험자가 이름을 저고 도장을 찍은 후 보험계약자에게 내주는 증거서류이다.

(2) 해상적하보험증권의 특징

해상적하보험증권에는 피보험자의 성명, 선적항과 도착항 등의 기재사항이 있다. 보험증권에 피보험자 또는 피보험자 대리인 성명을 기재하고 영국해상보험법에서도 피보험자 또는 피보험자를 대신하여 보험계약을 체결하려는 자의 성명은 반드시 기재하여야 한다. 보험증권에 'at and from(출발항)', 'arrived at(도착항)'을 기재하면 두 항구 간 운송에 대해 보험계약이 체결된다는 의미이다.

해상적하보험증권은 해상운송 중인 화물에 대한 위험을 담보하는 보험계약의 증서로, 여러 고유한 특징을 지니고 있다. 이러한 특징들은 국제무역의 특성과 해상운송의 고유한 위험을 반영하고 있으며, 다음과 같이 설명할 수 있다.

첫째, 해상적하보험증권은 유통성을 가진다. 이는 증권이 배서를 통해 타인에게 양도될 수 있음을 의미하며, 이러한 특성은 국제무역에서 매우 중요한 역할을 한다. 화물의 소유권이 이전될 때 보험의 이익도 함께 이전될 수 있어, 무역 거래의 유연성을 높인다.

둘째, 확정보험료 방식을 채택하고 있다. 일반적으로 화물이 선적되기 전에 보험료가 확정되어 지급된다. 이는 해상운송의 기간이 비교적 짧고 명확하기에 가능한 방식이다.

셋째, 포괄담보의 특징을 갖는다. 해상적하보험은 대부분 해상위험을 포괄적으로 담보하며, 이는 협회적하약관(Institute Cargo Clauses, ICC)의 A, B, C 조건

등으로 구분되어 제공된다. 이를 통해 다양한 위험에 대한 포괄적인 보장이 가능하다.

넷째, 소급담보의 원칙이 적용된다. 이는 보험계약의 체결 시점과 관계없이, 화물이 운송을 시작한 시점부터 보험의 효력이 발생함을 의미한다. 이러한 특징은 해상운송의 특수성을 반영한 것으로, 운송 중에 발생할 수 있는 모든 위험을 포괄적으로 담보하기 위함이다.

다섯째, 보험가액의 추정성을 가진다. 일반적으로 보험가액은 송장금액에 운임과 보험료를 더한 금액(CIF 가격)으로 추정된다. 이는 화물의 실제 가치를 정확히 산정하기 어려운 해상운송의 특성을 반영한 것이다.

3) 협회적하약관

(1) 개정된 협회적하약관

해상보험거래에서 사용되는 약관은 대부분 런던보험자협회와 로이즈 보험자협회의 기술 및 약관위원회가 합동으로 만든 협회약관이며 이 중 적하보험에 적용되는 약관을 협회적하약관이라 한다.

1982년 새로운 양식의 해상보험증권이 제정될 때 약관의 명칭과 내용을 알기 쉽게 정비한 협회적하약관 A, B, C를 기본약관으로 하는 새로운 약관이 제정되었다. 협회적하약관의 새로운 약관이 사용된 지 20여 년이 지나는 동안 테러리즘, 해상사기 등 새로운 위험이 등장함에 따라 개정이 불가피하게 되어 2009년 1월 1일 개정된 새로운 약관이 사용되고 있다. 이는 1982년 새로운 약관과 동일하지만 테러리즘에 대해 새로운 정의를 포함하고 그동안 애매모호했던 표현을 확실하게 하였다.

우리나라의 경우 1983년부터 새로운 약관을 시행하고 있다. 각 약관은 담보위험, 면책조항, 보험기간, 보험금청구, 보험이익, 손해경감, 지연의 방지, 법률 및 판례 8개의 그룹 약관으로 구성되어 있다. 협회적하약관은 19개의 개별 약관으로 구성되어 있다.

(2) 협회적하약관의 특징

협회적하약관 B는 A 약관과는 제1, 4, 6조만 다르며 나머지는 동일하다. 그리고 협회적하약관 C는 19개의 개별약관으로 구성되어 있지만, B 약관과는 제1조만 다르고 나머지는 동일하다. 주요 내용은 다음과 같다.

표 7-1 협회적하약관의 담보위험의 비교

담보위험(1조)	각 약관에서의 담보 여부		
	A	B	C
화재, 폭발	○	○	○
본선 부선의 좌초 교사 침몰 전복	○	○	○
육상운송용구의 전복 탈선	○	○	○
본선 부선 그 밖의 운송용구의 물 이외 타 물체와의 충돌 접촉	○	○	○
피난항에서의 화물의 하역	○	○	○
지진, 화산의 분화 , 낙뢰	○	○	×
공동해손희생손해	○	○	○
투하	○	○	○
갑판유실	○	○	×
본선 부선 선창 운송용구 컨테이너 리프트 밴 보관 장소에서의 해수 호수 하천수의 침입	○	○	×
본선 부선에서 선적 하역 작업 중 바다에 떨어지거나 갑판에 추락한 매포장 단위당 전손	○	○	×
그 밖의 모든 위험에 의한 멸실, 손상	○	×	×

(3) 협회적하약관의 대표적 특약

① 협회전쟁약관

전쟁위험은 협회적하약관 제6조 전쟁면책에 따라 보험자의 면책위험에 속하므로 특약에 의해서만 담보할 수 있다. 적하보험에서 전쟁위험을 담보하는 약관은 협회전쟁약관이며 해상운송화물 항공운송화물 및 우송물에 각각 적용되는 세 가지 종류가 있다. 해상운송화물에 적용되는 전쟁담보약관은 협회전쟁약관이다.

② 협회동맹파업약관

협회적하약관의 제7조에 따라서 동맹파업, 폭동, 소요 등의 위험은 보험자의 면책위험이므로 협회동맹파업약관으로 특약을 체결해야 담보된다. 보험자가 담보하는 동맹파업과 관련되는 위험은 협회적하약관의 제7조에서 보험자의 면책으로 열거되는 위험이다. 협회적하약관에서와 마찬가지로 보험자는 보험목적물의 멸실 또는 손상만을 담보한다. 협회동맹파업약관에서 담보하는 위험은 동맹파업자 직장폐쇄를 당한 노동자 또는 노동분쟁 폭동 또는 소요에 가담한 자와 테러리스트 또는 정치적 동기에 의해 행동한 자이다.

CHAPTER

08

해상운송

■ 학습목표

1. 해상운송의 개념에 대해 이해한다.
2. 정기선과 부정기선 운송에 대해 학습한다.
3. 해상운임의 개념을 이해한다.
4. 선하증권을 학습한다.

1. 해상운송

1) 해상운송의 개념

해상운송은 바다 위에서 선박을 이용하여 사람이나 재화를 이동시키고 그 대가로 운임을 받는 상행위이다. 해상운송, 즉 해운은 서비스업으로 공간적 효용을 창출한다. 공간적 효용의 창출을 통해 다양한 화물들이 또 다른 가치 창출로 이어질 수 있다. 영국의 유명한 작가 리디어드 키플링(Rudyard Kipling, 1917)은 "운송은 문명이다"라고 하였다. 이 한 문장에서 세계 경제에 미치는 운송의 파급효과를 가늠할 수 있다. 이와 맥락을 같이하여 해운은 무역량에 종속적이며, 무역량은 세계 경제(세계 총생산)에 종속적인 관계이다. 해운업은 국제무역의 핵심 동력이다. 전 세계에서 오가는 상품 대부분이 바다를 통해 이동하기 때문이다. 이런 특성으로 인해 해운업의 성패는 국제무역 규모에 크게 좌우된다. 무역이 활발해지면 해운 수요도 덩달아 늘어나고, 무역이 침체하면 해운업도 타격을 입는다.

한편 국제무역의 규모는 세계 경제 상황과 밀접한 관련이 있다. 세계 경제가 성장하면 각국의 생산과 소비가 증가하고, 이는 자연스럽게 국가 간 거래 증가로 이어진다. 반대로 세계 경제가 침체기에 접어들면 국제무역도 위축된다.

결국 해운업은 국제무역을 통해 세계 경제 상황에 간접적으로 연결되어 있다. 이러한 연쇄적인 관계로 인해 해운 지표는 종종 세계 경제의 건강 상태를 가늠하는 척도로 활용된다. 예컨대 발틱 건조화물 운임지수(Baltic Dry Index, BDI)[1]의 등락은 세계 경제의 흐름을 예측하는 데 유용한 정보를 제공한다.

---

1) 국제 해운시장의 핵심 지표다. 이 지수는 철광석, 석탄, 곡물 같은 주요 원자재의 해상운송 비용을 나타낸다. 런던의 발틱 해운거래소에서 매일 발표하며, 다양한 선박 크기와 주요 해운 노선의 운임을 평균해 산출한다. 이 지수의 움직임은 세계 경제 활동과 무역 흐름을 예측하는 데 유용하다. 지수가 오르면 해운 수요가 늘어난다는 뜻이고, 내리면 수요가 줄어든다는 신호다. 순수한 수요와 공급의 상호작용을 반영해 투기적 요소가 적다는 점이 특징이다.

이처럼 해운업은 무역량에, 무역량은 다시 세계 경제에 종속되는 구조를 띠고 있다. 이는 해운업이 독자적으로 움직이는 것이 아니라, 더욱 큰 경제적 흐름 속에서 그 영향을 받으며 운영된다는 것을 의미한다. 또한, 해상운송은 무역 발전에 기여하며 국민경제에서 상당한 비중을 차지하고 있다. 그리고 수출입화물로 발생하는 국제적 운임수입을 통해 국제수지 개선에 기여하고 있다.

(1) 해운 관련 사업

해운산업은 해운업, 항만운송사업, 그리고 해운항만운부대사업으로 구성되어 있다. 해운업에는 해상여객운송사업, 해상화물운송사업, 해운중개업, 해운대리점업, 선박대여업 및 선박관리업이 있다. 항만운송사업에는 항만하역업, 검수업, 검정업, 검량업, 항만용역업·물품공급업·선박급유업(船舶給油業) 및 컨테이너수리업이 있다. 그리고 해운항만부대사업으로는 조선업, 해상보험업, 통관업(관세법), 보세운송업(관세법), 보세창고업(관세법) 및 도선업(유선 및 도선사업법) 등이 있다.

먼저 해상여객운송사업이란 해상이나 해상과 접하여 있는 내륙수로(內陸水路)에서 여객선으로 사람 또는 사람과 물건을 운송하거나 이에 따르는 업무를 처리하는 사업을 말한다. 해상화물운송사업이란 해상이나 해상과 접하여 있는 내륙수로에서 선박(예선에 결합된 부선 포함)으로 물건을 운송하거나 이에 수반되는 업무(용대선을 포함)를 처리하는 사업을 의미한다. 여기서 용대선(傭貸船)이란 해상여객운송사업이나 해상화물운송사업을 경영하는 자 사이 또는 해상여객운송사업이나 해상화물운송사업을 경영하는 자와 외국인 사이에 사람 또는 물건을 운송하기 위하여 선박의 전부 또는 일부를 용선(傭船)하거나 대선(貸船)하는 것을 말한다. 해운중개업이란 해상화물운송의 중개, 선박의 대여·용대선 또는 매매를 중개하는 사업을 말한다. 해운대리점업이란 해상여객운송사업이나 해상화물운송사업을 경영하는 자(외국인 운송사업자를 포함)를 위하여 통상(通常) 그 사업에 속하는 거래를 대리(代理)하는 사업을 말한다. 선박대여업이란 해상여객운송사업이나 해상화물운송사업을 경영하는 자 외의 자, 본인이 소유하고 있는 선박(소유권을 이전받기로 하고 임차한 선박을 포함)을 다른 사람(외국인을 포함)에게 대여하는 사업이다. 선박관리업이란 선박관리산업발전법에 규정된 국내외의 해상운송인, 선박대여업을 경영하는 자, 관공선 운항자, 조선소, 해상구조물 운영자, 그 밖의 선원법상의 선박소유자로부터 기술적·상업적 선박관리, 해상구조물관리 또는 선박시운전 등의 업무 전부 또는 일부를 수탁(국외의 선박관리사업자로부터 그 업무의 전부 또는 일부를 수탁하여 행하는 사업을 포함)하여 관리 활동을 영위하는 업을 칭한다.

(2) 해운시장의 분류

해운시장은 화물에 따라 구분될 수 있다. 화물의 구분은 단위화에 따라 결정된다. 먼저 단위화가 되는 화물의 경우 개장을 모아 내장(inner packing)을 사용하여 외장(outer packing)으로 포장할 수 있으며, 파렛트와 컨테이너 등 단위화된 용기를 이용하여 정기선 선박인 컨테이너선을 이용하여 국제운송을 이행한다. 이렇게 형성된 시장이 정기선 시장이다. 한편 단위화 되지 않는 화물은 소위 벌크화물(bulk cargo)이라고 불린다. 보통 철광석, 석탄, 곡물, 유류를 4대 벌크화물이라고 한다. 여기서 유류를 따로 분류하여 형성된 시장이 탱커시장이다. 건화물의 경우 벌크선 시장으로 분류되며 정기선과 달리 탱커선과 벌크선은 부정기선으로 자율계약에 따라 화물을 찾아다닌다고 하여 부정기선(tramper)이라고 불린다. 국제운송의 이행함에서 가장 중요한 부분이 바로 화물의 분류이며, 분류된 화물의 속성에 따라 다른 흐름을 가진다.

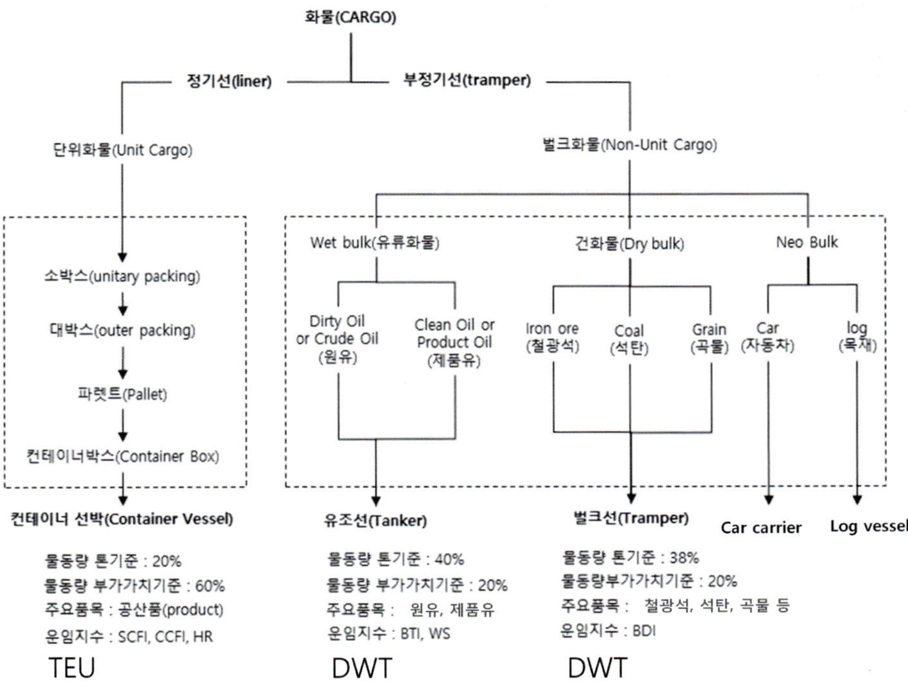

그림 **8-1 화물에 따른 해운시장의 분류**

2) 해상운송 네트워크

해상운송은 국제교역에서 가장 중요한 운송수단이라고 할 수 있다. 이러한 해상운송 네트워크(노선)의 변화에는 다양한 이유가 있지만 결과적으로 해상운송 서비스에 대한 수요와 공급에 변한다. 선사는 대형 화주의 요청 또는 해운시장의 변화를 인지하여 기항항만, 운송시간, 선적화물 할당 등의 운항 및 영업 전략을 탄력적으로 운영함으로써 화주를 만족시킬 수 있는 서비스 개발과 도입을 추진할 수 있다. 정기선의 경우 정기적인 항로가 존재하며, 부정기선의 경우 전용항만 간 운송으로 계약 발생 시에만 운항하기 때문에 해상운송 네트워크라고 하면 일반적으로 정기선 서비스의 운항 노선을 의미한다. 해상운송 네트워크는 수요와 공급에 맞추어 항로를 연결하는 것이 핵심으로, 해상운송 네트워크는 본질적으로 서비스의 결합이 없는 단일의 구간항로서비스(end to end service)와 구간항로서비스의 결합 형태로 나타난다. 단일의 구간서비스(end to end)는 출발점과 도착점을 연결하는 방식으로 세계 주서비스(round the world service)와 직기항(direct call service)을 파생시키며, 구간항로의 결합으로 제공되는 서비스는 시계추서비스(pendulum service), 전해상서비스(all water service)와 허브앤스포크시스템(Hub & Spoke system) 등을 파생시킨다. 이러한 해상운송 네트워크, 즉 노선의 다변화에는 환적(transhipment)과 분할선적(partial shipment)이 이용된다. 해상운송 네트워크의 주요 변화요인은 앞서 언급한 수요와 공급이며 세부적으로 경제적 측면에서 수요의 변화, 수급의 균형과 불균형, 항만의 변화, 항로의 변화, 운송수단의 대형화 및 첨단화, 특수상황(국가위험, 자연변화) 등이 해운의 네트워크 변화를 불러오는 요인이다. 해운서비스는 기본적으로 물동량이 대량·다빈도로 발생하는 지역을 중심으로 제공되기 때문에 수요의 변화에 따라 네트워크의 변화를 불러온다. 그리고 수급의 균형과 불균형의 경우 해운 시황이 호황일 경우와 불황일 경우에 노선의 변화가 있을 수 있다. 항만의 변화로 인해 선박의 입항 가능 여부, 항만의 유인책에 따른 기항지 변화 등 역시 네트워크의 변화를 불러올 수 있으며, 운하, 북극해 등 새로운 항로의 개척으로 항로의 변화가 결국 네트워크 변화를 불러온다. 예를 들어 태국의 크라 운하(Kra Isthmus Canal), 니카라과 운하(Nicaragua Canal) 등은 노선의 변화를 불러올 수 있다. 크라운하(태국)는 말라카 해협을 우회하는 새로운 경로를 제공하여 동아시아와 인도양/중동/유럽 간 해상운송 거리를 단축할 수 있다. 니카라과 운하의 경우, 파나마 운하의 대안 경로를 제공하고 대형 선박의 통과가 가능해져 아시아-미국 동부 해안 간 운송 효율성이 증가할 수 있다. 선박 측면에서 보면 운송수단의 대형화와 첨단화로 인해 초대형 선박의 등장과 함께 항만에서의 하역작업 가능 여부에 따른 기항지 변경으로 노선 변화가 가능하다. 이외 특수상황으로는 중동지역의 전쟁 등 과거 국가차원의 위험 발생 시 노선의 우회가 있었으며, 최근에는 북극해 등의 개방으로 인한 노선의 변화가 가능하다.

표 8-1 환적의 유형

유형	내용
분산피더형 환적 (scattering/feedering T/S)	허브항에서 모선(mother vessel)과 피더선(feeder vessel) 사이에서 이루어지는 전형적인 환적형태
항로교차형 환적 (interline T/S)	서로 다른 간선항로(trunk route)가 교차하는 항만에서 모선과 모선 사이에서 이루어지는 환적
우회로회피형 환적 (by-pass T/S)	모선이 여러 군데 기항하는 항만(calling port)이 존재하는 경우 운송시간을 단축하기 위하여 후반에 경유하는 항만의 물동량을 초반 항만에서 분산하기 위하여 환적
전환형 환적 (switching T/S)	주요 간선노선이 북-북노선과 남-북노선 간 환적으로 Intra-Asia 물동량과 FE-EU, EU-US, FE-US간 물동량의 환적
만회형 환적 (catch-up T/S)	운항일정이 지연될 경우 특정 항만의 기항을 취소하고 해당 항만의 화물을 다음 기항지에서 피더운송으로 연결하는 환적
기타 형태의 환적	환적의 개념은 선박과 선박 간 물동량 이적재, 다른 운송수단과의 환적을 포함시키기도 함

출처: UNCTAD (1990); 정봉민 (2015).

3) 정기선과 부정기선 운송

(1) 정기선

정기선(Liner)은 정해진 항만을 정해진 항로에 따라 정해진 스케줄로 규칙적으로 운항하는 선박을 의미한다. 해상운송을 정기적인 서비스로 제공하기 위해서는 많은 선박이 필요하며, 아울러 안정적인 공급이 필수적이기 때문에 과거에는 해운동맹을 중심으로 정기선 서비스를 제공하였다. 하지만 2008년 이후부터 유럽연합의 반독점금지로 해운동맹은 사실상 붕괴되어 최근에는 제휴[2)]의 형태로 전

2) 항공사들도 제휴(alliance)를 많이 맺고 있다. 아시아나항공, 루프트한자, 유나이티드 항공, 싱가포르 항공이 속한 스타 얼라이언스(Star Alliance), 아메리칸 항공, 브리티시 항공, 캐세이 퍼시픽, 일본항공 등이 속한 원월드(Oneworld) 그리고 델타 항공, 에어프랑스-KLM, 대한항공, 중국남방항공 등 속한 스카이팀(SkyTeam)이 항공 산업에서 '빅 3'로 불리며, 전 세계 항공 시장의 대부분을 차지하고 있다. 각 제휴는 회원

략적 제휴를 맺어서 정기선 서비스를 제공하고 있다. 정기선은 여객, 소량 일반화물 및 컨테이너 화물을 취급하며, 개품운송계약으로 선박회사가 불특정 다수의 화주와 개별적으로 운송계약을 체결하기 때문에 선박회사는 공공운송인 또는 일반운송인의 성격이다. 한편 운송계약형식은 법정기재사항을 요구하는 요식계약이며, 선하증권이 계약서 역할을 한다. 그리고 헤이그룰이나 함부르크룰 등 준거규칙에 따라 필수기재사항은 다를 수 있다.

(2) 부정기선

부정기선(tramper)은 기항항만이나 항로가 화물의 수요와 공급에 따라 부정기적이기 때문에 운임은 화물과 선박의 수급에 따라 결정되므로 탄력적으로 변동된다. 그리고 부정기선은 주로 곡물, 광물, 목재와 같은 대량의 동종 벌크화물을 취급하며, 선복(shipping space)의 전부 또는 일부를 선주로부터 빌리는 용선계약을 체결하여 운영한다. 선주는 계약운송인 또는 사적운송인의 성격이다.

표 8-2 정기선과 부정기선의 운송계약

구분	개품운송계약	용선계약
형태	선박회사는 불특정 다수의 화주로부터 위탁받은 개개화물을 운송	선박회사는 특정 대량화주와 특약에 의해 선박을 빌려주어 화물을 운송
선박	정기선	부정기선
화주	불특정 다수	특정 소수
화물	일반화물 (unitized cargo)	벌크화물 (습식 or 건시화물)
계약	선하증권(B/L)	용선계약서(C/P)
하역비용	berth term(liner term)	berth term, FI, FO, FIO, FIOST
운임	공시요율(tariff rate)	수요, 공급에 따른 시세(open rate)

항공사들 간 공동운항(code share), 마일리지 적립 및 사용, 라운지 공유 등 다양한 협력을 통해 승객들에게 더 나은 서비스와 편의를 제공하고 있다.

4) 해상운송계약

(1) 정기선 운송계약

화물선 예약을 통한 운송계약체결은 다음과 같다.

첫째, 상품의 송화인이 선적의뢰서(shipping request, S/R)를 작성하여 HMM(구 현대상선)이나 SM상선 같은 운송인(선박회사 혹은 줄여서 선사)에게 보낸다. 선적의뢰서는 화주가 운송인에게 화물 운송을 요청하는 중요한 문서로서, 이 문서를 통해 운송할 화물의 상세 정보를 운송인에게 제공한다. 여기에는 화물의 종류, 수량, 중량, 부피 등의 기본적인 정보가 포함되며, 또한 선적 항구, 도착 항구, 선적 예정일, 인코텀즈 조건 등 운송과 관련된 중요한 사항들도 명시된다.

두 번째, 선박회사는 적하예약목록(booking note, B/N) 작성하여 송하인 및 화물을 실을 예정인 본선에 통지한다. 적하예약목록은 선박에 실릴 화물의 정보를 미리 정리한 문서로서, 이 목록에는 선적될 화물의 종류, 수량, 중량, 목적지 등 주요 정보가 담겨있다. 화주나 포워더가 선사에 화물 운송을 요청할 때 이 정보를 제공하며, 선사는 이를 바탕으로 선박의 적재 계획을 수립한다.

네 번째, 선박회사는 검량회사에 용적・용량증명서 발급 의뢰한다.

다섯 번째, 선박회사는 송하인에 선적지시서(shipping order, S/O)를 발행한다. 선적지시서는 화주의 선적(복)신청서에 따라 선사본사(사무소)가 현품을 확인한 후, 자사 소속 선박의 선장에게 발행하는 화물선적지시서이다. 이 문서는 선박회사가 화주로부터 의뢰받은 운송화물을 선박에 적재하거나 적재를 위해 화물을 인도받았음을 증명하는 역할을 한다.

여섯 번째, 송하인은 선장(통상 일등항해서, chief mate)[3]에게 선적지시서(S/O) 제시 후 선적하고 확인 후 본선수취증(mate's receipt, M/R)을 교부받아(일반화물

3) 선장 다음으로 높은 지위를 가진 갑판부 사관으로, 항해 계획 수립 및 실행, 선박의 안전 운항 관리, 화물 관리 감독 및 갑판부 승무원 관리 및 지휘를 담당한다. 비상 상황 시 선장을 보좌하고 필요시 대행한다. 보통 3등항해사, 2등항해사를 거쳐 일등항해사가 되며, 이후 선장으로 승진할 수 있다.

이 아닌 컨테이너의 경우는 부두수취증(dock receipt, D/R) 교부) 선박회사에 제출한다. 본선수취증은 화물이 선박에 실제로 적재되었음을 확인하는 문서로서, 이는 선장이나 그 대리인이 발행하며, 화물이 본선에 안전하게 선적되었다는 것을 증명한다. 본선수취증은 선하증권 발행의 기초가 되는 중요한 서류이다. 반면 부두수취증은 화물이 선적을 위해 부두에 도착했음을 확인하는 문서로서, 이는 화물이 아직 선박에 적재되기 전, 터미널 운영자나 해운회사의 대리인이 발행한다. 부두수취증은 해당 시점에서 화물이 선적을 위해 운송인의 관리하에 있다는 것을 나타내지만, 아직 선박에 실제로 적재되지는 않았음을 의미한다.

일곱 번째, 선박회사는 선하증권(bill of lading, B/L)을 발행한다.

여덟 번째, 선박회사는 수출지 본선에서 제공한 적하목록(manifest)을 수입지 대리점에 송부한다. 적하목록, 즉 매니페스트는 선박이나 항공기가 운송하는 화물의 상세 내용을 기록한 문서이다. 이 문서는 화물의 종류, 수량, 중량, 출발지, 목적지, 송화인과 수화인 정보 등을 포함하며, 세관 당국은 이 적하목록을 통해 수출입 화물을 관리하고 통관 절차를 진행한다. 또한 운송 회사는 이를 통해 화물의 위치와 상태를 추적하며, 선박이나 항공기의 안전한 운항을 위해 화물의 무게 분포를 확인한다. 화주들에게는 자신의 화물이 정확히 선적되었는지 확인하는 수단이 되며, 보험회사는 사고 발생 시 보상 처리의 근거로 활용한다.

아홉 번째, 송하인은 선하증권(B/L)을 수하인에게 송부한다.

열 번째, 선박이 목적지 항구에 도착하면, 화주나 그 대리인은 선하증권을 제시하고 필요한 비용을 지급한다. 그러면 선사는 D/O를 발행하게 되는데, 이 문서에는 화물의 세부 사항과 인도 조건이 명시되어 있다.

열한 번째, 수하인은 터미널에서 본선에 화물인도지시서(D/O) 제시 후 화물 인수한다.

참고로 검수사(tallyman)는 선적화물을 양하역할 때 화물의 수량을 확인하고 증명하는 일에 종사하는 자를 말한다. 검량사(measurer)는 선적화물을 양하역할 때 화물의 용적 또는 중량을 확인하고 증명하는 일에 종사하는 자를 말한다. 감정사(surveyor)는 선적화물 및 선박(부선 포함)에 관련된 증명, 조사, 감정하는 일에 종사하는 자를 말한다.

(2) 부정기선 운송계약

선주와 용선자 간 계약 절차는 다음과 같다. 먼저 선복조회를 한뒤, 선사와 정보를 교환한다. 그 후 확정청약(firm offer)이 이루어지고 때로는 반대청약(counter offer)이 이루어진다. 그리고 선복확정서(fixture note)가 만들어지고 최종적으로 용선계약서(charter party)로 계약체결이 진행된다. 하지만 통상 선주와 용선자 사이에 해운중개인이 개입하여 계약을 진행하는 것이 일반적이다.

① 정기용선

정기용선은 기간용선이라고도 하는데, 용선자가 선박 전부를 용선기간에 빌리고 그 대가로서 용선료를 지급하는 선박사용 계약이다. 일반적으로 정기용선을 이용하는 용선자는 용선선박의 항해를 통해 운임을 획득하거나 재용선하여 시세차익 획득을 목적으로 하는 운항업자 전체용선 계약을 체결한다.

표준정기용선계약서는 발틱국제해사협의회(The Baltic International Maritime Conference, BIMCO)의 승인 양식 중 뉴욕산물거래소(New York Produce Exchange, NYPE)가 제정한 양식을 주로 사용한다.

② 항해용선

선주가 용선자의 특정 화물을 특정 항(들)으로부터 다른 항(들)까지 운송하여 주고 그 대가로서 해상운임을 수취하는 일종의 용역계약이자 운송계약이다. 통상 용선자는 단일 또는 복수의 화주이며, 단일화주의 경우는 전체용선, 복수의 화주인 경우는 부분용선(partial charter)을 한다. 참고로 항차별 운임인 선복용선계약

(lump sum charter), 1일 단위 용선료를 지급하는 일대용선계약(daily charter)이다. 표준항해용선계약서 역시 BIMCO(발틱국제해사협의회)에서 승인한 양식 중에서 표준항해용선계약서를 주로 사용한다.

2. 해상운임과 선하증권

1) 해상운임

운임은 운송임의 준말로 운송 서비스에 대한 반대급부로 사람 또는 상품을 수송해 주는 대가이다. 운임은 수요에 대해 탄력적인데 수요가 많아지면 운임이 상승하고 반대로 수요가 적어지면 운임은 하락한다. 수요는 공급과 함께 고려되는데 일정한 수요에도 공급량이 늘어나면 수요가 상대적으로 감소하며 공급량이 줄어들면 수요가 상대적으로 증가한다. 하지만 해상운송의 공급은 선복량으로 선박의 발주, 건조, 그리고 수주에 이르러 시장에 투입되기까지 시간 차이가 존재하며, 수요의 증감세에 대해 공급의 증감세가 바로 대응하기 어렵기 때문에 결과적으로 수요는 운임에 탄력적이지만, 공급은 상대적으로 비탄력적이다.

한편, 운송은 사회적 공공성을 갖고 있기에 통제가 가능한 경제영역에서는 시장의 원리를 적용하기 힘들다. 이러한 운송의 공공성은 안정적인 서비스 제공을 목표로 하고 있어 과거 해운동맹 등의 방법으로 운임의 안정성을 추구하였다. 하지만 오늘날 해운동맹의 와해 등으로 운임은 자유경쟁 상태에 있어, 특히 외항해운의 경우 시장의 원리가 적용되어 경쟁은 더욱 치열한 상황이다. 참고로 정기선의 경우 불특정 다수의 화주를 상대하고 아울러 불특정 다수의 화물을 운송하기 때문에 운송의 공공성이 적용되지만, 부정기선의 경우 특정 화물과 특정 화주를 대상으로 하므로 운송의 개별성이 존재한다.

운임의 부과기준은 크게 중량(weight, metric ton), 용적(measurement, cubic meter), 가격(value), 개수, 특수화물 여부 등에 따라 부과된다. 통상 공급자인 운송인에게 유리하게 가격을 측정할 수 있는 W/M(weight or measurement)이 일반적으로 적용되는 운임톤(freight ton 또는 revenue ton)을 적용한다. 기본적인 운임기준 외 부가적으로 상황에 따라 추가운임 및 할증료가 부과된다.

개수기준은 화물의 개수 단위로 운임을 부과한다. 특수기준은 화물의 취급에 특별한 주의와 장비 등이 사용되어 추가운임이 발생하는데, 예를 들면 위험물, 변질화물, 기피화물, 평균 이상의 중량화물, 부피화물, 장척화물 등에는 할증운임이 부과된다. 변질화물은 쉽게 상하거나 변질될 수 있는 화물을 말하며, 예를 들어 신선한 과일, 야채, 생선, 유제품 등이 여기에 해당한다. 이들은 온도 조절이 가능한 냉장 컨테이너나 특수 포장이 필요할 수 있어 추가 비용이 발생한다. 기피화물은 운송 과정에서 다른 화물에 악영향을 줄 수 있거나 취급이 까다로운 화물을 의미한다. 예를 들어 화학 비료, 생고무, 동물 가죽 등이 기피화물에 포함될 수 있다. 장척화물은 일반적인 컨테이너나 화물칸에 들어가기 힘든 길이가 긴 화물을 말하는데, 이러한 화물은 특수한 운송장비나 취급 방식이 필요하다. 예를 들어 긴 철강 파이프, 대형 기계 부품, 풍력 발전기의 날개 등이 장척화물에 해당하며 이들은 특수 설계된 오픈톱 컨테이너나 플랫랙 컨테이너를 사용해야 하므로 추가 비용이 발생한다.

오픈톱 컨테이너(출처: kr.123rf.com)

플랫랙 컨테이너(출처: ckline.co.kr)

그림 8-2 오픈톱 컨테이너와 플랫랙 컨테이너

2) 정기선 운임

(1) 정기선 운임의 구성

정기선 선사의 수입은 해상화물운임 수입에서 운항비를 제외하면 운항순익이 되며, 운항순익에서 선비와 용선료 및 일반관리비를 제외하면 순이익률이 된다. 정기선 운임의 구성(기본료)은 선비, 운항비, 용선비, 일반관리비로 구분된다. 직접선비는 선박운항에 필요한 비용으로 선원비, 수리비, 선용품비, 윤활유이다. 간접선비는 선박 소유에 필요한 비용으로 감가상각, 금리, 선박보험료이다. 운항비는 선박이 항해할 때 발생하는 비용으로 연료비, 항비, 선적 및 하역비, 대리점 수수료 및 중개료, 일반화물비, P&I 보험료[4]이다. 용선비는 선박의 용선으로 발생하는 비용이다. 그리고 일반관리비는 운영 비용으로 본사, 해외 지사, 대리점 인건비, 업무비, 시설유지비 등이다. 정기선 운임의 속성은 기본료, 할증료, 부대비용으로 볼 수 있다. 특히 할증료(surcharge)에는 체선할증료, 통화할증료, 유류할증료, 중량/장척할증료, 하역항 미확정 및 변경에 따른 할증료, 양륙항 변경할증료, 환적할증료, 안개할증료 등이 있다.

(2) 정기선 운임의 종류

정기선의 운임은 지급 시기에 따라 선불운임과 후불운임으로 구분할 수 있다. 계산 방법에 따라서는 등급운임, 체감운임, 지역운임을 구분된다. 공시 여부에 따라서는 공시운임, 경쟁운임으로 구분된다. 부과방법에 따라서는 종가운임, 품목별 운임, 무차별운임, 차별운임, 품목별 박스운임, 할증운임, 특별운임, 최저운임 및 소포운임으로 구분된다. 적재 정도에 따라서는 만재운임, 혼재운임, 부적운임

---

4) P&I(Protection and Indemnity) 보험료는 해상보험의 한 종류로, 선박 소유자나 운영자가 가입하는 책임보험의 보험료를 의미. 선박 운항 중 발생할 수 있는 제3자에 대한 배상책임을 보장하는 보험이다. 일반 선박보험이 보상하지 않는 위험을 보상하는 추가적인 보험의 성격을 가짐. 이러한 P&I 보험은 주로 P&I 클럽이라는 선주들의 상호보험조합을 통해 운영되며, 회원들이 공동으로 위험을 부담하는 구조를 가지고 있다.

(dead freight)이 있다. 참고로 부적운임은 화물의 실제 적재량이 계약량에 미달할 경우 그 부족분에 대하여 지급하는 운임이다. 그 외에 유류할증료와 체선료[5]와 같은 할증료와 환적료나 항구변경료[6] 같은 추가 비용 등이 존재한다.

3) 부정기선 운임

(1) 부정기선 운임의 구성

부정기선의 운항원가는 선비 및 운항비로 구분되며, 선비는 직접선비와 간접선비로 구분된다. 직접선비는 선박을 운항 가능한 상태로 유지하기 위한 비용으로 선원비, 수리비, 선용품비, 윤활유비 등이다. 간접선비는 선박을 소유하는 데 필요한 비용으로 감가상각[7], 금리, 선박보험료 등이다. 운항비는 선박의 항해에 필요한 비용으로 연료비, 항비, 선적 및 하역비 등이다.

(2) 항해용선 묵시보증

항해용선 묵시보증은 선주 측과 용선주 측이 있는데 선주 측은 감항성, 정당한 조출, 이로불허이며, 용선주 측은 선주가 아닌 선장이 화물을 인수해도 손실과 손상 시 용선주에 대한 보상 및 배상책임이 있다. 감항성(seaworthiness)은 선박이 안전하게 항해할 수 있는 상태를 의미한다. 이는 선박의 구조, 설비, 필요한 연료와 물자의 적재, 그리고 충분한 선원의 확보 등을 포함한다. 선주는 항해 시작 시점에 선박이 감항성을 갖추고 있음을 보증해야 한다. 정당한 조출(due dispatch)은 선주가 약속된 시간에 선박을 출항시키고, 합리적인 속도로 목적지까지 항해

5) 항구에서 대기선박 적체로 장기간 대기할 경우 부과

6) 화주가 선적 시에 지정했던 항구를 본선 선적 완료 후 변경할 경우 부과

7) 감가상각은 시간이 지남에 따라 자산의 가치가 감소하는 것을 회계적으로 반영하는 과정이다. 이러한 가치 하락을 매년 비용으로 처리하여 자산의 장부가치를 점진적으로 줄여나가는 것이 감가상각의 핵심이다. 예를 들어, 1억 원짜리 기계를 구입하고 내용연수를 10년으로 정했다면, 매년 1천만 원씩 비용으로 처리하게 되고, 이렇게 하면 10년 후에는 기계의 장부상 가치가 0원이 된다.

할 것을 보증하는 것이다. 이는 불필요한 지연 없이 효율적으로 운송계약을 이행하겠다는 약속이다. 정당한 사유 없이 출항을 지연하거나 항해 중 불필요하게 시간을 지체하는 경우, 이는 계약위반이 될 수 있다. 이로불허(no deviation)는 선박이 약정된 항로를 벗어나지 않고 목적지까지 직접 항해할 것을 보증하는 것이다. 즉, 불필요하게 다른 항구에 들르거나 경로를 변경하지 않겠다는 약속이다. 다만, 인명 구조, 선박이나 화물의 안전을 위한 불가피한 경우 등 정당한 사유가 있는 경우에는 예외적으로 이로(deviation)가 허용될 수 있다.

항해용선은 선박스펙, 항해 기항지, 화물상세, 부적운임 및 운임과 수수료, 적/양하비 부담조건, 정박시간, 항해용선과 책임담당자 등의 내용을 중심으로 계약서를 작성한다.

(3) 항해용선의 종류

항해용선은 가장 일반적인 부정기선 운송으로 먼저 항해용선계약은 운임을 톤당 책정하여 계약체결을 한다. 선복용선계약은 선복의 일부 또는 전체로 계약체결을 진행한다. 일대용선계약(daily charter)은 하루의 운임을 기준으로 계약을 체결한다. 총용선은 선주가 일체의 하역비 및 항비(port charge)를 부담하는 조건으로 단, 부선작업(lightering)의 경우 부선료 및 부선노임을 화주가 부담하고 선주는 본선에서의 선내비용을 부담한다. 부선작업은 해상운송 중 큰 선박의 화물을 더 작은 선박으로 옮기는 과정을 말하는데, 이 작업은 주로 수심이 낮아 큰 선박이 항구에 들어갈 수 없을 때, 선박의 무게를 줄여 항구 진입을 가능하게 할 때, 화물을 여러 목적지로 분산 운송할 필요가 있을 때 이루어진다. 순용선은 화주가 화물을 선박에 선적하고 양륙하는 비용과 함께 선적항과 양륙항의 항비 등을 추가로 부담하는 조건으로 해당 조건은 화주가 선주가 잘 모르는 항로를 이용하거나 화주가 선적 및 양륙 시설을 보유하고 있는 경우 사용된다.

(4) 정박기간

항해용선에서 선적 및 양하작업을 위하여 용선자에게 허용된 시간으로 선적 및 양하작업이 종료되면 선주는 각각의 항구에서 계약된 기간 내에 작업이 완료되었는지를 체결한 하역조건을 기준으로 산정하여 체선료와 조출료 및 미정산운임을 정산한다. 정박기간(laytime, laydays)은 선적 및 양하작업을 위하여 용선자에게 허용된 시간으로 합의된 정박기간을 초과하면 용선자는 정박료(demurrage money)를 선주에게 지급하고 반대로 허용된 기간보다 일찍 하역을 종료하게 되면 선주는 용선자에게 조출료(despatch money)를 지급한다. 정박시간은 선박이 항만에 도착한 일시와 장소, 그리고 용선계약서(C/P)에 규정한 조건대로 선적/양하 준비가 되어 있다는 내용을 담고 있는 하역통지서가 제출된 이후 시작되는데 통상 건화물의 경우 하역통지서 제출이 선박이 도착한 날의 운영시간 안에 이루어지면 다음 작업일의 오전 8시에 시작되며, 유조선의 경우에는 하역통지서 제출 후 6시간 이후 시작된다. 참고로 종료 시점은 건화물의 경우 작업 종료 시점이며, 유조선의 경우 호스 분리 시점이다. 정박시간의 성립을 위해서는 선박이 항구의 통상적인 대기 장소에 도착해야 하며, 선적/양하 준비가 되어야 하며, 마지막 하역통지서가 제출되어야 한다. 정박시간은 정박일 계산서(statement of facts, SOF)에 의해 산정되며, 하역통지서 제출 날짜와 시간 그리고 작업의 시작 날짜와 시간, 일일 작업 사항, 날씨를 포함하여 기타 작업 중단 사유 등의 내용이 기재된다.

(5) 정기용선

정기용선은 하계 만재흘수선에 의한 재화중량톤수를 기준으로 일대일용료(일대일용선의 경우) 또는 월단위 용선료로 계약하며 일반적으로 정기용선료는 1개월 또는 반 개월마다 선불지급한다. 정기용선에서 선주는 선박의 선체, 기관, 속구 등을 언제나 항해가 가능한 상태로 유지해야 하며, 선원비, 선체보험료, 수리비, 선용소모품비 등의 선비를 부담해야 한다. 정기용선에서 용선주는 선박항해에 필요한 연료비, 항비, 청수비, 화물비 등의 항해비를 부담한다.

표 8-3 용선별 운임 구조

	정기용선(Time Charter)	항해용선(Voyage Charter)	나용선(BBC)
선주	직접선비, 간접선비	직접선비, 간접선비, 운항비	간접선비
용선인(주)	운항비		직접선비, 운항비

직접선비 : 선원비, 선용품비, 수리비, 검사비 등
간접선비 : 보험료, 선박등록세 등
운항비 : 항만사용료, 연료비, 운반비

(6) 하역비

현재 정기선은 통상 컨테이너선을 지칭하며 하역비는 운임에 포함되어 있다. 반대로 부정기선의 경우 화물의 하역비는 큰 비중을 차지하고 있기에 선주와 화주 간 부담을 결정해야 한다. 하역비는 부정기선 용선계약 시 주로 이용되며 보통 화주와 선주의 선적 및 양륙시설 보유나 활용 정도에 따라 정해진다. 하역비의 조건은 다음과 같다. Berth Term(liner term)은 선주의 책임과 비용으로 화물을 선적하고 양륙하며 운임에 하역비가 포함된다. 주로 정기선에서 이용되지만, 항해용선에서도 적용 가능한데 항해용선에서 해당 조건을 사용하면 조출료와 체선료가 발생하지 않게 된다. Free In(FI)의 경우 선적은 화주의 책임과 비용으로 이루어지며 양륙은 선주의 책임과 비용으로 이루어진다. Free Out(FO)의 경우 선적은 선주의 책임과 비용으로 이루어지며 양륙은 화주의 책임과 비용으로 이루어진다. Free In & Out(FIO)은 선적과 양륙이 모두 화주의 책임과 비용으로 이루어지는데 해당 조건의 경우 선적항과 양륙항에서 조출료와 체선료가 발생할 수 있다. 마지막으로 Free In and Out, Stowed and Trimmed(FIOST)의 조건은 선적, 양륙, 적부, 트리밍의 비용이 모두 화주의 책임과 비용이다. 여기서 적부(stowed)는 화물을 선내에 적재하는 것을 의미하며, 트리밍(trimming)은 벌크화물을 실을 대 화물을 다지는 작업이다. 실제 선적에 있어 컨테이너와 같은 규격화된 화물이 아닌 벌크화물의 경우 적부와 트리밍 작업을 제대로 하지 않는 경우 해상사고로 이어지기 때문에 중요한 부분이라고 할 수 있다.

4) 선하증권

(1) 선하증권의 의미와 기능

선하증권(bill of lading, B/L)이란 화주(송화인)와 선박회사 간 해상운송계약에 의하여 선박회사가 발행하는 유가증권이다. 선하증권은 선박회사가 화주로부터 위탁받은 화물을 목적지의 양륙항까지 운송하여 그 증권의 소지자에게 증권과 상환으로 운송화물을 인도할 것을 약속하는 요식・요인증권이자 제시증권이다. 아울러 선하증권은 유가증권이므로 인도나 배서(endorsement)로 전매될 수 있고, 소지인(bona fide holder 또는 bearer)은 선적화물을 소유하고 있는 것과 동일한 효과를 지니며 물품에 대한 지배권을 갖는다. 이러한 속성으로 선하증권의 인도는 물품의 인도와 동일한 효력을 갖는다.

선하증권은 이상의 정의와 특성으로 권리증권, 요인증권, 채권증권, 요식증권, 문언증권, 유통증권, 지시증권의 속성이 있으며, 무엇보다 선적화물수취증의 기본 기능을 가지고 있다.

① 법정기재사항

선하증권의 법정기재사항은 선하증권에 반드시 기재하여야만 효력이 발생하는 내용으로 선하증권의 표면(전면) 난에 기재되는 내용을 말한다. 선하증권의 법정기재사항의 존재는 선하증권이 요식증권임을 의미한다. 선하증권은 준거법에 따라 그 요식이 다르다.

표 8-4 선하증권 법정기재사항(상법853조)

1. 선박의 명칭·국적 및 톤수
2. 송하인이 서면으로 통지한 운송물의 종류, 중량 또는 용적, 포장의 종별, 개수와 기호
3. 운송물의 외관상태
4. 용선자 또는 송하인의 성명·상호
5. 수하인 또는 통지수령인의 성명·상호
6. 선적항
7. 양륙항
8. 운임
9. 발행지와 그 발행연월일
10. 수통의 선하증권을 발행한 때에는 그 수
11. 운송인의 성명 또는 상호
12. 운송인의 주된 영업소 소재지

예컨대 헤이그 룰과 함부르크 룰의 선하증권 법정기재사항은 다르다. 우리나라에서는 헤이그 룰을 따르고 있으며, 이를 기반으로 상법 제853조에서 법정기재사항을 명시하고 있다. 따라서 준거법을 어떻게 하느냐에 따라 선하증권의 요식은 다르게 변할 수 있다. 하지만 최소의 주요 기재사항은 공통성을 가지고 있다. 단, 운송물의 중량·용적·개수 또는 기호가 운송인이 실제로 받은 운송물을 정확하게 표시하고 있지 아니하다고 의심할 만한 타당한 이유가 있는 때 또는 이를 확인할 적당한 방법이 없는 때에는 그 기재를 생략할 수 있다. 아울러 운송인이 선하증권에 기재된 통지수령인에게 운송물에 관한 통지를 한 때에는 송하인 및 선하증권소지인과 그 밖의 수하인에게 통지한 것으로 본다.

한편, 법정기재사항 외 임의기재사항에는 운송인과 송하인 사이의 특약사항으로 대부분이 운송인의 면책사항이 기재되어 있어, 본선항해번호(voyage no.) 화물도착통지처(notify party), 운임지급지 및 환율, 선하증권의 번호, 컨테이너 번호 및 봉인(sealing)번호[8], 선주의 면책조항 등이 있다. 면책조항에는 위험 제외

8) 봉인번호는 컨테이너나 화물에 부착된 고유한 식별 코드로서, 화물의 무단 접근 방지, 운송 중 화물의 안전성 확인 및 화물의 추적 및 식별 용이가 그 목적이다. 주요 특징으로는 일회용으로 사용되고, 파손 시 재사용 불가능하고 보통 알파벳과 숫자의 조합으로 구성된다.

에 관한 사항으로 천재지변(Act of God) 및 해난(perils of the sea), 전쟁위험 제3자의 행위에 기인하는 위험 등이 있으며, 책임의 면책에 관한 조항으로 과실조항(negligence clause), 잠재하자조항(latent defect clause), 이로조항(deviation clause), 부지조항(unknown clause), 파손 및 누손조항(breakage, leakage clause), 고가품조항, 위험품조항, 손해배상조항 등이 있으며, 기타 조항으로 뉴제이슨 조항(new Jason clause)[9], 공동해손조항(general average clause) 등이 있다. 공동해손의 사례로 선박에 화재가 발생하여 일부 화물을 바다에 던져 화재를 진압하였으면 이때 버려진 화물의 손실은 모든 화주가 공동으로 부담한다. 또한 선박이 좌초되어 일부 화물을 버려 선박을 가볍게 만들어 탈출에 성공한 경우에 버려진 화물의 손실과 구조 비용을 모든 이해관계자가 분담한다. 해적의 공격을 받아 일부 귀중품을 해적에게 넘겨 선박과 나머지 화물의 안전을 확보한 경우, 이때 발생한 손실을 공동으로 부담한다. 악천후를 피해 긴급히 예정에 없던 항구에 입항하여 추가 비용이 발생한 경우, 이 비용을 모든 이해관계자가 분담한다. 마지막으로, 항해 중 엔진 고장으로 인해 긴급 수리가 필요해 추가 비용이 발생한 경우, 이 비용도 공동해손으로 처리될 수 있다.

5) 선하증권의 종류

(1) 선적선하증권

본선상에 선적선하증권(shipped or on board B/L)은 본선 상에 물품이 적재된 이후 발행되는 선하증권이다. 선하증권의 발행은 실질적인 물품의 선적을 의미한다. 증권 면에 “shipped in apparent good order and condition on board the vessel” 또는 “loaded in apparent good order and condition on board the vessel”의

9) 뉴제이슨약관(New Jason Clause)은 통상 공동해손의 경우 발생원인(선원과실포함) 여하를 불문하고 그 손해에 대하여 화주도 분담하는 반면 화물의 손해가 아닌 선체의 손해에 대해서는 기존의 화주의 분담책임이 없다는 해석에 대하여 선주도 선체의 손해를 화주에게 분담청구할 수 있다는 취지의 약관을 말한다.

문언이 기재되어 있다.

(2) 수취선하증권

수취선하증권(received B/L)은 운송인이 물품을 수령한 후 선적 전에 발행하는 선하증권이다. 의미상으로는 부두수취증 또는 창고수취증의 의미이며, 증권 면에 "received in apparent good order and condition for shipment on board the vessel"의 문언이 기재되어 있다. 참고로 수취선하증권에 선적 후 적재 완료되었다는 문언과 일자를 써넣고 발행자가 서명하는 것을 본선적재표기(on board notation)라고 하는데 이러한 문언이 적혀 있으면 선적선하증권으로 전환된다. 이 경우 본선적재표기 선하증권(on board endorsement B/L)이라고 하며 이것은 선적선하증권으로 취급된다.

(3) 무사고선하증권

무사고선하증권(clean B/L) 또는 무고장선하증권은 물품이 본선에 양호한 상태와 신고된 수량대로 선적되어, 선하증권의 비고란에 운송물의 수량이나 포장 상태에 이상한 점이 기재되지 않은 상태로 발행된 것을 말한다. 신용장통일규칙 600(UCP 600)에서는 무사고선하증권만 수리할 수 있도록 규정되어 있으나, 부지약관(unknown clauses)[10)]이 있는 경우에도 무사고선하증권으로 간주된다.

(4) 사고부선하증권

사고부선하증권(foul or dirty B/L) 또는 고장부선하증권은 선사가 물품을 인수할 당시 파손, 유손 등 포장상태가 불완전하거나 수량이 부족하여 비고란에 이러

---

10) 선박회사나 운송인이 화물의 수량, 중량, 상태, 내용 등에 대해 정확히 알지 못하거나 확인할 수 없음을 명시하는 조항이다. 운송인의 책임을 제한하고 위험화물에 대한 정보가 불확실할 때 운송인을 보호하기 위한 목적임. 부지약관의 사용이 항상 운송인의 책임을 완전히 면제하지는 않으므로 합리적인 주의의무를 다했음을 입증해야 할 수 있다.

한 사실이 기재되어 발급된 선하증권을 말한다. 예를 들면, 선하증권 비고란에 bags torn, cases broken, packaging holed, goods deformed, goods scratched, the packing is not sufficient for the sea journey 등이 이에 해당한다.

사고부선하증권의 경우 송화인이 파손되거나 문제가 있는 화물을 재포장하거나 보충해야 하지만 시간적 한계로 운송인인 선사에게 수출업자와 은행을 연대보증인으로 한 파손화물보상장(letter of indemnity, L/I)을 제출하고 무사고선하증권을 발급받는 방법을 이용하기도 한다. 즉 차후에 파손 화물에 대하여 문제가 제기된다면 송화인이 운송인에게 보상책임을 지게 되므로 문제의 화물에 대해 수화인과 보험회사에 사전 통보하여 차후 추가 선적이나 가격공제 또는 할인 등의 양해를 구해야 한다. 아울러 보험회사는 파손화물보상장에 대해 보상책임이 없어서 송화인은 보험회사에 알려야 한다.

(5) 지시식선하증권

지시식선하증권(order B/L)은 수화인란에 특정인을 기재하지 않고 "to order", "to order of shipper", "to order of bank"라고 표기되어 유통을 목적으로 한 선하증권을 말한다. 지시식선하증권의 경우 선하증권 뒷면에 백지배서(blank endorsement)[11)]를 통하여 물품에 대한 권리를 이전시킨다. 지시식선하증권의 경우 송화인이 백지배서를 통해 은행에 인도하면 이후에는 단순히 증권의 인도만으로 물품에 대한 권리가 이전된다. 일반적으로 단순지시식 또는 송화인 지시식이 많이 쓰인다.

---

11) 선하증권의 배서인이 단순히 서명만 하고 피배서인을 지정하지 않은 배서 형태를 말한다. 선하증권 뒷면에 소지인의 서명만 하고 새로운 소지인의 이름을 기입하지 않는 것으로, 선하증권이 무기명 증권처럼 유통될 수 있게 한다. 또한, 증권의 소지인이 누구든 화물에 대한 권리를 행사할 수 있게 된다.

(6) 기명식선하증권

기명식선하증권(straight B/L)은 선하증권의 수화인란에 물품의 수취인으로 수입업자나 은행 등 특정인의 상호가 기재된 선하증권으로 선하증권에 적혀 있는 특정인만이 물품을 인수할 수 있어 운송 중 물품의 전매나 유통이 제한적인 비유통증권이다. 따라서 타인에게 배서양도할 수 없다. 하지만 우리나라 상법 제820조 및 제130조에서는 기명식선하증권이라 하더라도 배서금지의 문구(no negotiable)가 없는 경우에는 배서로 양도할 수 있도록 규정하고 있다. 다만 양도가 행해질 때는 운송인에게 통지해야 한다. 일반적으로 기명식선하증권은 비유통성 때문에 선지급, 청산결제[12] 등 유통이 필요 없는 거래에서 사용된다.

(7) 유통선하증권

유통선하증권(negotiable B/L)은 증권으로 표시된 권리가 소지인 또는 증권 면에서 지정하고 있는 지시인에게 배서 또는 교부로 자유롭게 양도될 수 있다는 취지가 명시되어 있는 증권으로 지시식, 지참식선하증권(bearer B/L)이 이에 해당한다.

(8) 유통불능선하증권

유통불능선하증권(non-negotiable, B/L)은 권리의 양도나 유통할 수 없는 선하증권으로 기명식선하증권이 이에 해당한다. 특히 원본 외에는 모두 'non-negotiable'이라는 도장 또는 문구가 표시되어 있어 사본으로는 화물 상환과 은행매입이 진행되지 않는다.

(9) 해양선하증권

해양선하증권(ocean B/L)의 경우 국외의 해상운송계약에 사용된다. 국내에서

---

12) 청산결제(清算決済, Settlement)는 해상운송이 완료된 후, 관련된 모든 당사자들 사이의 금전적 의무와 권리를 최종적으로 정리하는 절차이다.

사용되는 내국선하증권(local B/L)은 상대적 개념으로 통상 선하증권은 해양선하증권이다.

(10) 내국선하증권

내국선하증권은 같은 나라 안의 항구들 사이에서 화물을 배로 옮길 때 쓰는 특별한 선하증권이다. 주로 바다를 따라 해안에서 해안으로, 또는 강을 따라 물건을 나를 때 많이 쓴다. 다른 나라로 가는 해양선하증권보다는 좀 더 간단하게 되어 있다.

이 증권은 세 가지 중요한 역할을 한다. 첫째, 화물을 받았다는 증거가 된다. 둘째, 운송 계약을 보여준다. 셋째, 이 문서를 가진 사람이 화물에 대한 권리를 가지게 된다. 내국선하증권은 보통 그 나라 말로 쓰여 있고, 그 나라의 법을 따른다. 국제 규칙을 따르지 않을 수도 있어서, 법적인 문제를 다룰 때는 주의해야 한다.

내국 선하증권은 일을 처리하는 게 더 빠르고, 돈도 덜 들며, 그 나라 규정에 맞게 되어 있어서 법적인 문제가 생길 가능성이 작다. 예를 들어, 부산에서 인천으로 배로 물건을 보낼 때 이런 내국선하증권을 쓴다. 이렇게 하면 국내에서 배로 물건을 옮기는 게 더 쉽고 효율적으로 될 수 있다. 복잡한 국제 운송 방식을 쓰지 않고도 현지 상황에 꼭 맞는 조건으로 일을 처리할 수 있기 때문이다.

(11) 집단선하증권

집단선하증권은 여러 화주의 소량 화물을 하나의 대표 선하증권으로 통합하여 발행하는 운송 서류이다. 이는 주로 복합운송이나 LCL(Less than Container Load)[13] 화물 운송에서 사용된다.

---

13) "Less than Container Load(LCL)"은 화물이 전체 컨테이너를 채우지 못할 때 사용하는 해상 운송 방식이다. LCL은 여러 화주가 하나의 컨테이너를 공유하여 화물을 운송하는 방식으로, 각 화주는 자신이 사용하는 공간에 대해서만 비용을 지불한다. 대비되는 용어는 FCL(Full Container Load)이다.

집단선하증권의 구조는 크게 두 가지로 나뉜다. 마스터 B/L(Master B/L)은 운송인이 화물 혼재업자에 발행하는 대표 선하증권이며, 하우스 B/L(House B/L)은 화물 혼재업자가 개별 화주에게 발행하는 세부 선하증권이다.

이 증서의 주요 특징으로는 비용 효율성, 관리 용이성, 복합운송 지원 등이 있다. 소량 화물 운송 시 경제적 이점을 제공하고, 다수의 소량 화물을 단일 서류로 관리할 수 있으며, 여러 운송수단을 이용할 때 적합하다.

집단선하증권의 발행 과정은 다음과 같다. 먼저 개별 화주가 화물 혼재업자에 화물을 위탁한다. 화물 혼재업자는 각 화주에게 하우스 B/L을 발행한 후, 운송인에게 통합 화물을 위탁한다. 마지막으로 운송인이 화물 혼재업자에 마스터 B/L을 발행한다.

이 방식의 장점으로는 소량 화물의 효율적 운송, 운송 비용 절감, 복잡한 운송 경로 관리의 용이성 등이 있다. 반면 단점으로는 개별 화물의 세부 정보 파악 어려움, 화물 추적의 복잡성 증가, 분쟁 발생 시 책임 소재 파악의 어려움 등이 있다.

집단선하증권은 주로 국제 복합운송, 소량 화물의 해상운송, 제3자물류(Third-Party Logistics, 3PL) 서비스 등에서 활용된다. 참고로 제3자물류(3PL)는 물류 및 공급망 관리 기능을 제3자 서비스 제공업체에 아웃소싱하는 것을 의미한다. 3PL 제공업체는 재고 관리, 창고 운영, 주문 처리, 배송 및 수령 서비스 등 물류 운영의 다양한 기능을 제공한다.

법적 측면에서는 마스터 B/L과 하우스 B/L 간 책임 관계, 국제협약 및 각국 법규의 적용, 분쟁 해결 메커니즘 등을 고려해야 한다.

(12) 혼재화물선하증권

해상운송의 혼재화물선하증권(House B/L)은 복합운송주선인이 화주에게 발행하는 중요한 운송 서류이다. 이 문서는 주로 소량의 화물 운송에서 사용되며, 여러 가지 중요한 특징과 기능을 가지고 있다.

혼재화물선하증권의 주요 발행 주체는 복합운송주선인이다. 이들은 여러 화주의 소량 화물을 모아 하나의 컨테이너에 적재하여 운송을 주선하는 역할을 수행한다.

하우스 B/L의 주요 특징으로는 개별 화주의 화물에 대해 발행된다는 점, 실제 운송인(선사)이 발행하는 마스터 B/L과 구별된다는 점, 그리고 복합운송주선인이 화주에 대해 운송 책임을 진다는 것을 나타낸다는 점을 들 수 있다.

일반적으로 포워더가 발행한 하우스 B/L은 권리증권이 아니기 때문에 신용장상에서 이러한 선하증권을 매입한다는 표기가 없다면 수리되지 않는다. 다만 하우스 B/L의 서명란에 포워더가 실제 선사(운송인)를 대행하여 발행한다는 "Acting as agent for..."라는 문구가 있다면 수리된다.

혼재화물선하증권의 발행 과정은 다음과 같다. 화주가 복합운송주선인에게 화물을 맡기면, 복합운송주선인은 이를 확인하고 하우스 B/L을 발행한다. 동시에 복합운송주선인은 선사에 화물을 인계하고 마스터 B/L을 받는다.

하우스 B/L과 마스터 B/L 사이에는 중요한 관계가 존재한다. 하우스 B/L은 개별 화주와 복합운송주선인 간 계약을 나타내고, 마스터 B/L은 복합운송주선인과 실제 운송인 간 계약을 나타낸다.

혼재화물선하증권의 사용은 소량화물 운송의 효율성을 높이고, 개별 화주들에게 대량 운송의 이점을 제공한다는 점에서 해상운송에서 중요한 역할을 한다.

(13) 일관선하증권

일관선하증권(Through Bill of Lading)은 해상운송에서 사용되는 특별한 형태의 선하증권으로, 여러 운송수단이나 여러 운송인이 관여하는 복합운송에서 주로 사용된다. 일관선하증권의 주요 특징을 살펴보면, 첫째, 하나의 문서로 전체 운송 과정을 포괄하여 출발지에서 최종 목적지까지의 전체 여정에 대해 단일 계약을 제공한다. 둘째, 최초 운송인이 전체 운송에 대한 책임을 부담하며, 이는 다른 운송인들의 행위에 대한 책임도 포함된다. 화주 입장에서는 여러 선하증권을 관리할 필요 없이 하나의 문서만 다루면 되므로, 서류 작업이 간소화되고 관리가 용이하다. 특히 운송 중 화물의 환적이 발생하더라도 새로운 선하증권을 발행할 필요가 없다는 장점이 있다. 일관선하증권은 특히 국제무역에서 유용하며, 여러 국가를 경유하는 복잡한 운송 경로에 적합하다. 이는 운송 과정의 투명성을 제고하고 화주의 편의성을 향상시키며, 운송 책임의 명확화로 인해 분쟁 발생 시 해결이 용이하다는 장점이 있다. 다만, 최초 운송인의 책임이 확대되는 만큼, 이를 발행하는 운송인은 그에 상응하는 위험을 부담해야 한다.

(14) 복합운송선하증권

복합운송선하증권(Combined Transport Bill of Lading 또는 Multimodal Transport Bill of Lading)은 해상, 육상, 항공 중 적어도 두 가지 이상의 서로 다른 운송방식을 이용하여 화물을 운송할 때, 복합운송인이 전 구간의 운송에 책임을 지고 발행하는 운송증권이다.

이 증권은 화물의 출발지부터 최종 목적지까지 전체 운송 과정을 포괄하며, 하나의 운송인(복합운송인)이 전체 운송에 대한 책임을 지는 형태로 발행된다. 복합운송인은 실제로 다른 운송업체들과 협력하여 운송을 수행할 수 있으며, 전 구간에 대한 단일 책임을 진다. 복합운송선하증권은 일관선하증권과 달리, 두 가지 이상의 운송수단 조합 시 사용되며, 출발지에서 최종 목적지까지 전체 운송 과정에 대한 책임을 지고, 복합운송주선인이나 무선박운송인(NVOCC)이 발행 가능하다. 또한, 여러 운송수단에 적용되는 다양한 법규와 협약이 적용되며, 전체 운송 경로와 각 구간의 운송수단을 상세히 명시하고 있다. 복합운송선하증권은 현대의 복잡한 국제 물류 환경에서 더욱 광범위하게 사용되고 있으며, 이는 다양한 운송 상황에 더 유연하게 대응할 수 있기 때문이다. 특히 도어-투-도어(door-to-door) 서비스가 증가하면서 그 중요성이 더욱 커지고 있다.

(15) 기간경과 선하증권

신용장상에 서류제시 기간이 정해져 있는 경우에는 그 기간 내에 운송서류와 금융서류가 지정된 은행이나 매입은행에 제시되어야 하며, 이러한 제시 기한이 없는 경우에는 통상 운송일자 후 21일 이내에 서류가 제시되어야 한다.

선하증권이 21일이 지나서 은행에 제시되었으면 해당 선하증권은 기간경과선하증권(Stale B/L)이라고 하고 수리가 거절된다. 하지만 'stale B/L acceptable'이라는 문구가 신용장에 기재되면 은행에서 매입하기도 한다. 참고로 stale은 썩은, 오래된, 신선하지 않은 등의 의미가 있어 서류가 기간이 지났으면 stale document라는 표현을 사용한다.

(16) 제3자 선하증권

제3자 선하증권(Third party B/L)은 무역 거래를 통한 수익자가 송화인(수출자)가 아닌 제3자가 송화인이 될 때 발행되는 선하증권으로 중계무역에서 주로 이용된다. 즉 무역 거래의 수출자가 송화인이 아닌 실제 물품 선적자가 송화인이 되어 제3자 선하증권이라고 한다.

참고로 스위치 선하증권(switch B/L)은 신용장이나 무역관계 서류상의 조건을 충족시키기 위해 최초의 선적항이나 최종 양륙항이 아닌 중계항에 있는 중계인의 명의로 전환한 선화증권을 말한다. 즉 중계국의 운송인이 중계인에게 발행하는 중계무역용 선하증권이다.

제3자 선하증권과 스위치 선하증권의 차이점은 제3자 선하증권은 실제 물건을 보내는 사람과 무역 거래의 주체가 다를 때 사용한다. 예를 들어, A라는 회사가 B회사에 물건을 팔기로 했는데, 실제로는 C회사가 물건을 배에 실어 보내는 경우다. 이때 C회사가 송화인(물품을 보내는 사람)으로 표시된 선하증권이 제3자 선하증권이다. 이런 방식은 주로 중간에서 물건을 사고파는 중계무역에서 많이 사용된다.

스위치 선하증권은 조금 다르다. 이것은 물건이 여러 나라를 거쳐 가는 동안 중간에 선하증권을 바꿀 때 사용한다. 예를 들어, 한국에서 미국으로 가는 물건이 일본을 거치는 경우, 일본에서 새로운 선하증권을 만들어 이전의 정보를 가린다. 이렇게 하면 최종 구매자는 원래 물건이 어디서 왔는지 알 수 없게 된다.

두 선하증권의 가장 큰 차이는 제3자 선하증권을 사용하면 물건을 사는 사람이 원래 물건을 판 사람이 누구인지 알 수 있다. 하지만 스위치 선하증권을 사용하면 중간에 정보가 바뀌어서 원래 판매자를 알 수 없게 된다.

(17) 적색선하증권

적색선하증권(red B/L)은 전체가 적색으로 인쇄된 증권이며, 선하증권과 보험증권을 결합한 것으로 이 증권에 기재된 화물에 운송 중 사고가 발생하면 당해 화물에 대하여 선사가 보상해 주는 선하증권이다. 즉, 운송인이 화주를 대신하여 보험에 부보하였다는 보험조항이 기재된 선하증권을 말한다. 현재는 거의 사용되지 않으며 보험에 관한 지식이 부족한 무역업자가 선사에 위임하여 발행되었다.

(18) 반납선하증권

반납선하증권(surrender B/L)은 반납선하증권은 국제무역에서 물건을 더 빨리 받을 수 있게 해주는 특별한 방법이다. 보통 물건을 보내는 사람(송화인)은 선하증권이라는 중요한 서류를 물건을 받을 사람(수화인)에게 우편으로 보낸다. 하지만 이 방법은 시간이 오래 걸릴 수 있다.

반납선하증권을 사용하면, 물건을 보내는 사람이 이 서류를 받는 사람에게 보내지 않고 바로 배 회사에 준다. 이렇게 하면 물건을 받는 사람이 서류를 기다리지 않고도 물건을 빨리 찾을 수 있다.

예를 들어, 한국에서 미국으로 물건을 보낸다고 하자. 보통은 한국의 판매자가 선하증권을 미국의 구매자에게 우편으로 보내야 한다. 하지만 반납선하증권을 사용하면, 한국의 판매자가 이 서류를 바로 배 회사에 주고, 미국의 구매자는 물건이 도착하자마자 바로 찾아갈 수 있다.

이 방법은 특히 물건은 일찍 도착하는데 서류가 늦게 도착하는 경우를 방지할 수 있어서 유용하다. 또한 급하게 물건이 필요한 경우나 신선식품처럼 빨리 받아야 하는 물건을 거래할 때 많이 사용한다.

(19) 용선계약선하증권

용선계약선하증권(Charter party B/L)은 특별한 상황에서 사용되는 운송 문서다. 이 문서는 주로 대량의 벌크화물을 운송할 때 사용된다. 벌크화물이란 곡물, 석탄, 광석과 같이 포장하지 않고 그대로 실을 수 있는 화물을 말한다.

화주가 이런 대량 화물을 운송하려면 일반 정기선으로는 어렵다. 그래서 부정기선이라는 특별한 배를 빌려 쓴다. 이를 용선이라고 한다. 용선에는 두 가지 방식이 있다. 하나는 특정 항해만을 위해 배를 빌리는 것이고, 다른 하나는 일정 기간 배를 빌리는 것이다. 화주와 선박회사는 이런 용선 조건에 대해 계약을 맺는다. 이 계약을 바탕으로 발행되는 선하증권이 바로 용선계약선하증권이다.

한편, 국제무역에서 중요한 역할을 하는 신용장과 관련해 특별한 규칙이 있다. 바로 신용장통일규칙 600에 용선계약선하증권의 내용이 나온다. 만약 신용장에 '용선계약선하증권을 허용한다'라는 문구가 있고, 그 선하증권이 일정한 조건을 갖추면 은행에서 이를 받아들일 수 있다고 규정하고 있다. 이렇게 용선계약선하증권은 대량 화물 운송에 특화된 선하증권이다.

CHAPTER

09

대금결제와 수출입 통관

■ 학습목표

1. 신용장 이외의 결제 방식을 학습한다.
2. 신용장이 무역거래에서 어떻게 활용되는지 이해한다.
3. 신용장의 다양한 종류에 대하여 알아본다.
4. 무역에서의 특수한 결제 방식을 학습한다.
5. 수출입 통관절차에 대해 이해한다.

1. 신용장 이외의 결제 방식

1) 어음

어음(bill or note)은 상거래에서 중요한 역할을 하는 금융 도구로, 일정 금액을 정해진 날짜와 장소에서 지급하겠다는 약속을 문서로 만든 것이다. 이 문서는 법적 효력을 가진 유가증권(negotiable instrument)으로, 현금 대신 사용될 수 있다.

어음의 주요 특징으로는 요식증권(formal instrument), 유통성(negotiability), 소구권(right of recourse), 할인 가능성(discountability)이다. 요식증권으로서 어음은 법이 정한 형식에 따라 작성되어야 하며, 필수 기재 사항이 빠지면 법적 효력을 잃을 수 있다. 유통성을 가진 어음은 자유롭게 양도할 수 있어, 어음 소지인(holder)이 현금화가 필요할 때 다른 사람에게 넘길 수 있다. 소구권은 어음의 지급이나 인수가 거절될 경우, 소지인이 발행인이나 이전 소지인들에게 지급을 요구할 수 있는 권리를 말한다. 또한, 어음 소지인은 만기일(maturity date) 전에 금융기관에서 할인(discount)받아 현금화할 수 있는데, 이때 만기일까지의 이자를 공제한 금액을 받게 된다.

어음은 크게 약속어음(promissory note)과 환어음(bill of exchange)으로 나뉜다. 약속어음은 발행인(drawer)이 수취인(payee)에게 직접 돈을 지급하겠다고 약속하는 어음으로, 주로 국내 거래에서 사용되며 발행인과 지급인이 동일하다. 반면 환어음은 발행인이 제3자(지급인, drawee)에게 수취인에게 돈을 지급해 달라고 지시하는 어음으로, 주로 국제 거래, 특히 무역 거래에서 사용되며 발행인, 지급인, 수취인이 모두 다른 주체이다.

환어음에는 여러 가지 필수 기재 사항이 있는데, '환어음'이라는 표시, 지급인, 지급기일(due date), 수취인, 지급지(place of payment), 발행일(issue date) 및 발행지(place of issue), 발행인의 기명날인 또는 서명, 무조건 위탁문언(unconditional order to pay) 등이 포함되어야 한다. 이러한 사항들은 환어음의 법적 효력과 거래의 명확성을 보장하기 위해 중요하다.

무역 거래에서 환어음이 사용되는 경우, 일반적으로 수출자가 발행인, 수입자(importer)가 지급인이 된다. 신용장(letter of credit) 거래에서는 매입은행(negotiating bank)이나 인수은행(accepting bank)이 수취인의 역할을 하게 된다. 이러한 구조는 국제 거래에서의 복잡한 자금 흐름을 원활하게 하는 데 도움을 준다.

어음은 기업 간 신용 거래를 원활하게 하고, 단기 자금 조달의 수단으로 활용되며, 특히 국제무역에서 중요한 역할을 한다. 그러나 어음에는 부도 위험이 존재하기 때문에, 어음 거래 시에는 상대방의 신용도를 꼼꼼히 확인하는 것이 매우 중요하다.

환어음(Bills of Exchange)은 수취인 표기 방식에 따라 네 가지 형태로 구분된다. 첫째, 기명식(Straight Bill)은 특정 수취인의 이름만을 명시하며, 주로 "pay to XX bank"와 같이 표기한다. 둘째, 지시식(Order Bill)은 수취인의 이름과 함께 "order of"라는 표현을 사용하여 "pay to the order of XX bank" 또는 "pay to XX bank or order"로 표기한다. 셋째, 소지인식(Bearer Bill)은 수취인의 이름 대신 "bearer"라는 단어를 사용하여 "pay to bearer"로 표기한다. 마지막으로, 선택적 무기명식(Alternative Bearer Bill)은 수취인의 이름과 "bearer"를 동시에 표기하여 "pay to XX bank or bearer"와 같이 나타낸다. 이러한 다양한 표기 방식은 환어음의 유통성과 지급 방식을 결정하는 중요한 요소로 작용한다.

2) 송금방식

(1) 송금수표

무역 거래에서 송금수표를 통한 대금 결제(demand draft, D/D)는 다음과 같은 과정을 거친다. 먼저, 수입업자가 송금은행(remitting bank)에 송금을 의뢰한다. 이때 수입업자는 송금할 금액을 송금은행에 입금하고 송금수표 발행을 요청한다.

송금은행은 이에 따라 송금수표를 발행하여 수입업자에 내주며, 동시에 지급은행(paying bank)에 송금수표 발행 사실을 통지하고 대금 지급을 지시한다.

발행된 송금수표는 수입업자가 직접 수출업자에게 송부한다. 송금수표를 수취한 수출업자는 지급은행에 이를 제시하여 송금된 대금을 받는다. 이러한 송금수표를 통한 대금 결제 방식은 물품 선적과는 별도로 대금 결제가 진행되는 특징이 있다.

따라서 이 방법은 주로 거래 당사자 간 신뢰도가 높은 경우나 거래 금액이 비교적 적었을 때 사용된다. 물품의 배송과 대금 지급이 동시에 이루어지지 않아도 되기 때문에, 서로 신뢰할 수 있는 관계이거나 위험부담이 적은 소액 거래에 적합한 결제 방식이라고 할 수 있다.

(2) 우편환

우편환(mail transfer)은 국제무역에서 사용되는 송금방식 중 하나이다. 이 방법은 송금인(remitter), 즉 수입업자가 자국 내 송금은행(remitting bank)에 송금하고자 하는 금액을 입금하고 송금을 의뢰하는 것에서 시작된다. 그러면 송금은행은 수취인(beneficiary), 즉 수출업자가 위치한 국가의 환거래은행(correspondent bank)에 지급지시서(payment order)를 우편으로 보낸다. 이 지급지시서에는 지정된 수취인에게 송금 대금을 지급해 주라고 요청하는 내용이 포함되어 있다.

우편환의 주요 특징으로는 안전성을 들 수 있다. 우편으로 지급지시서를 보내는 과정에서 발생할 수 있는 분실 또는 도난의 위험은 은행이 부담하므로, 이는 송금인과 수취인의 금전적 위험을 줄여준다. 또한 원본 지급지시서가 분실되거나 도난당한 경우를 대비하여, 은행은 부본(duplicate)을 통해 지급할 수 있어 추가적인 안전장치로 작용한다.

그러나 우편환은 우편을 이용하기 때문에 전신환과 같은 전자적 방식에 비해 상대적으로 느리다. 특히 부본을 사용해야 하는 경우 더욱 시간이 소요될 수 있다. 이러한 특성 때문에 우편환은 거래의 안전성을 중시하지만, 빠른 송금이 필요하지 않을 때 주로 사용된다. 그러나 오늘날의 국제 금융 환경에서는 전자 송금방식이 우편환을 대체하고 있다.

(3) 전신환(telegraphic transfer, T/T)

전신환(電信換, telegraphic transfer)은 국제 금융 거래에서 중요한 송금방식 중 하나이다. 이는 이전에 사용되던 우편환과는 다른 특징을 가지고 있다.

전신환의 주요 특징으로는 지급지시서를 우편이 아닌 전신을 통해 송부한다는 점이 있다. 이는 우편환에 비해 훨씬 빠른 속도로 거래가 이루어질 수 있게 한다. 또한, 송금 과정에서 발생할 수 있는 모든 위험은 은행이 부담하게 되어 고객의 부담을 크게 줄여준다.

전신을 이용하기 때문에 우편환에 비해 분실이나 도난의 위험이 현저히 낮다는 점도 전신환의 장점이다. 그러나 전신환의 큰 장점 중 하나는 환변동의 위험이 적다는 점이다. 이는 우편환과 비교했을 때 가장 두드러지는 차이점이라고 할 수 있다.

3) 추심방식

대금결제 방법의 하나인 추심(collection)은 은행이 중요한 역할을 하는 금융 거래 과정이다. 일반적인 의미에서 추심은 은행이 수표나 어음을 발행하거나 소지한 사람의 요청에 따라 행동하는 것을 말한다. 은행은 이러한 요청을 받으면, 해당 수표나 어음을 지급인에게 제시하고 그에 따른 대금을 지급하도록 요구한다.

한편, 국제무역 거래에서의 추심은 조금 더 복잡한 과정을 거친다. 이 경우, 추심 과정은 수출업자가 거래 대상 물품을 선적하는 것으로 시작된다. 물품 선적 후, 수출업자는 관련된 무역 서류와 함께 화환어음을 준비한다. 이 서류들은 은행을 통해 수입업자에게 전달됩니다. 수입업자는 이 화환어음에 대해 즉시 지급하거나, 어음을 인수(acceptance)한 후 나중에 결제할 수 있는 두 가지 선택을 할 수 있다.

(1) 지급인도조건

지급인도조건(Documents against Payment, D/P)은 국제무역에서 흔히 사용되는 결제 방식 중 하나로, 동시 지급 방법의 일종이다. 이 방식에서는 수출자와 수입자 간 거래를 안전하게 보장하기 위한 절차가 존재한다.

먼저 수출자가 물품을 선적 후, 무역 관련 서류와 함께 일람출급환어음(at sight bill of exchange)을 발행한다. 일람출급 환어음은 제시와 동시에 지급해야 하는 어음을 말한다. 수출자는 이 서류들을 자국 내 은행인 추심의뢰은행에 제출하고 추심을 의뢰한다.

추심의뢰은행은 수입자가 있는 국가의 은행, 즉 추심은행에 이 서류들을 전달한다. 추심은행은 수입자에게 서류가 도착했음을 알리고 환어음을 제시한다. 수입자는 추심은행에 대금을 지급하고, 그 대가로 선적서류를 받는다. 이 서류들을 통해 수입자는 물품을 통관하고 받을 수 있게 된다.

대금 지급이 완료되면, 추심은행은 수취한 대금을 추심의뢰은행으로 송금한다. 마지막으로, 추심의뢰은행은 받은 대금을 수출자에게 지급함으로써 수출자가 수출대금을 받게 된다.

이러한 지급인도조건은 수출자와 수입자 모두에게 일정 수준의 보호를 제공한다. 수출자는 대금을 받기 전에 물품을 보내야 하지만, 수입자 역시 서류를 받기 전에 대금을 내야 하므로 양측의 이해관계가 균형을 이루게 된다. 이 방식은 특히 서로 신뢰 관계가 완전히 확립되지 않은 거래 당사자들 사이에서 유용하게 사용될 수 있다.

(2) 인수인도조건

인수인도조건(Documents against Acceptance, D/A)은 국제무역에서 사용되는 주요 지급 방식 중 하나이다. 이는 지급인도조건(Documents against Payment, D/P)과는 다른 특성이 있으며, 주로 후지급방법으로 운용된다.

D/A 조건에서는 수입자가 즉시 대금을 지급하지 않고, 미래의 특정 날짜에 대금을 지급하기로 약속한다. 이러한 약속을 '인수(acceptance)'라고 한다. 수입자가 이 인수를 하면, 그 대가로 무역 관련 서류들을 받을 수 있게 된다.

이 과정은 다음과 같이 진행된다. 수출자가 물품을 선적 후, 무역 관련 서류들과 함께 기한부환어음(usance bill of exchange)을 발행한다. 수출자는 이 서류들을 자국의 추심의뢰은행에 제출하고 추심을 요청한다. 추심의뢰은행은 이 서류들을 수입국의 추심은행으로 보내고, 추심은행은 수입자에게 환어음을 제시한다.

수입자는 이 환어음에 인수의 표시를 하고 서명함으로써 미래의 특정 날짜에 대금을 지급하겠다는 약속을 하게 된다. 인수가 완료되면 수입자는 무역 관련 서류들을 받을 수 있게 된다. 어음의 만기일(maturity date)이 되면 추심은행은 수입자로부터 대금을 받아 추심의뢰은행으로 송금하고, 최종적으로 수출자가 수출대금을 받게 된다.

D/A 조건은 수입자에게 대금 지급을 위한 시간적 여유를 제공하면서도, 수출자에게는 대금 지급에 대한 일정한 보증을 제공한다는 점에서 양측 모두에게 이점이 있다. 그러나 수출자 관점에서 수입자의 신용도를 신중히 평가해야 하며, 대금 회수까지 시간이 걸린다는 점을 고려해야 한다.

4) 현물 및 서류 상환

(1) 현물상환방식

국제무역 거래에서 무역 서류는 매우 중요한 역할을 한다. 이 서류들은 단순한 종이가 아니라, 실제로 화물을 찾을 수 있는 권리를 나타내는 중요한 수단이다.

즉, 무역 서류는 화물과 동일한 가치를 지닌다고 볼 수 있다. 이는 무역 서류가 화물에 대한 소유권과 통제권을 대표한다는 의미이다.

이러한 무역 서류의 중요성을 바탕으로, 다양한 결제 방식이 존재한다. 그중 하나가 현물상환방식(Cash on Delivery, COD)이다. 이 방식은 수출업자가 수입국에 대리인, 지점, 또는 지사를 두고 있을 때 주로 사용된다.

현물상환방식에서는 수출업자가 무역 서류를 수입업자에게 직접 보내지 않고, 수입국에 있는 자신의 대리인이나 지점, 지사로 보낸다. 수출업자의 대리인은 이 송금방식을 이용하여 수입국에서 물품의 수입통관 절차를 진행한다. 통관이 완료되면, 대리인은 수입업자에게 물품을 인도하며, 이 시점에 수입업자로부터 대금을 직접 수령한다.

이 방식의 장점은 수출업자가 대금 회수를 더욱 확실하게 할 수 있다는 것이다. 수입업자가 물품을 받기 위해서는 반드시 대금을 지급해야 하기 때문이다. 또한, 수출업자의 대리인이 현지에서 직접 거래를 관리하므로, 국제 거래에서 발생할 수 있는 여러 위험을 줄일 수 있다.

하지만 이 방식은 수출업자가 수입국에 신뢰할 만한 대리인이나 지점, 지사를 갖고 있어야 한다는 전제 조건이 필요하다. 따라서 모든 무역 거래에 적용할 수 있는 것은 아니며, 특정 조건에서 효과적으로 활용될 수 있는 방식이다. 현물상환방식은 국제무역에서 대금 회수의 안정성을 높이는 중요한 전략 중 하나로, 적절한 상황에서 활용될 때 그 효과를 극대화할 수 있다.

(2) 서류상환방식

서류상환방식(cash against documents, CAD)은 국제무역에서 사용되는 대금 결제 방식 중 하나로, 현물상환방식과는 달리 실제 상품의 물리적 인도가 아닌 무역 관련 서류의 인도를 통해 거래가 이루어지는 방식을 의미한다. 이 방식은 주로 수출자와 수입자 간 신뢰가 어느 정도 형성되어 있을 때 활용된다.

서류상환방식의 주요 특징은 수입자의 대리인이 수출국에 자리 잡고 있다는 점이다. 이는 수출자의 대리인이 수입국에 있는 일반적인 경우와는 대조적이다. 이러한 구조 하에서 거래 과정은 다음과 같이 진행된다: 수출자는 계약된 물품을 선적한다. 물품 선적 후, 수출자는 필요한 모든 송금방식을 준비한다. 이 서류들은 일반적으로 상업송장(commercial invoice), 선하증권(bill of lading), 원산지증명서(certificate of origin) 등을 포함한다. 준비된 송금방식은 수출국에 있는 수입자의 대리인에게 전달된다. 수입자의 대리인은 서류를 검토하고, 모두가 정상적이라고 판단되면 수출자에게 대금을 지급한다.

이 방식의 최종 단계는 수입국에서 이루어진다. 수입자의 대리인이 받은 서류를 바탕으로 수입통관 절차를 진행하고, 이후 수입업자에게 물품을 인도할 때 최종적으로 대금이 결제된다.

서류상환방식은 신용장 방식에 비해 비용이 적게 들고 절차가 간단하다는 장점이 있다. 하지만 수출자 처지에서는 수입자가 대금 지급을 거부할 리스크가 있어, 양 당사자 간 신뢰 관계가 중요하다. 이 방식은 특히 중소기업이나 지속적인 거래 관계에 있는 기업들 사이에서 자주 활용된다.

5) 특수결제 방식

(1) 국제팩토링

국제팩토링(international factoring)은 국제무역 거래에서 활용되는 혁신적인 금융 기법이다. 이 방식은 전통적인 신용장 없이도 외상 거래를 가능케 하여 무역 절차를 간소화하고 거래 당사자들에게 다양한 이점을 제공한다.

이 거래 방식에서 매도인은 물품 선적과 동시에 수출채권[1]을 현금화할 수 있

1) 수출채권은 수출자가 수출 거래를 통해 발생한 외화표시 대금 채권을 의미한다. 이는 수출자가 수입자에게 상품이나 서비스를 제공한 후, 그 대금에 대한 권리를 갖는 것을 말한다. 수출채권은 수출자가 수출 대금을 회수하기 위해 은행이나 금융기관에 일정액의 수수료를 지급한 후 양도하거나 할인하여 예정된 시기보다

어 유동성이 개선되고 자금 흐름이 원활해진다. 한편 매수인은 외상 거래를 통해 상품을 더욱 쉽고 편리하게 구매할 수 있어 자금 운용의 유연성을 얻게 된다.

국제팩토링의 핵심 참여자는 물품이나 서비스를 제공하는 공급업자, 이를 구매하는 구매업자, 그리고 거래의 중개자 역할을 하는 팩토링회사이다. 이들 간 거래는 다음과 같이 진행된다. 먼저 공급업자가 구매업자에게 물품 등을 외상으로 판매한다. 이후 발생한 매출채권을 팩토링회사에 양도한다. 팩토링회사는 양도받은 채권 금액 범위 내에서 금융 지원을 제공하고, 구매업자에 대한 신용조사를 시행하며, 신용위험을 인수한다. 또한 대금 회수와 기타 관련 사업 처리를 대행한다.

이러한 방식을 통해 국제팩토링은 무역 거래의 위험을 경감시키고, 거래 당사자들의 재무적 부담을 줄이며, 전반적인 거래 과정을 더욱 효율적으로 만든다.

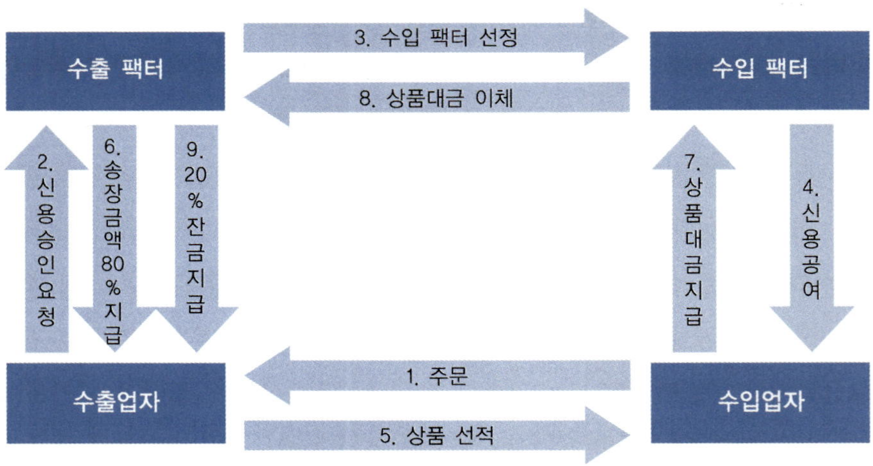

그림 9-1 국제팩토링 거래 흐름도

조금 더 일찍 현금화할 수 있다.

(2) 포페이팅

이러한 포페이팅(forfaiting)은 국제무역 금융에서 사용되는 중요한 기법 중 하나로, '권리를 포기한다'라는 의미의 프랑스어 'forfait'에서 유래되었다. 이는 수출업자가 보유한 중장기 수출 채권을 할인하여 즉시 현금화하는 금융 거래를 의미한다. 이 과정에서 수출업자는 해당 채권에 대한 권리를 포기하고, 이를 금융기관에 양도한다.

포페이팅의 가장 큰 특징은 '무소구 조건(non-recourse basis)'으로 거래가 이루어진다는 점이다. 이는 채권을 매입한 금융기관이 향후 채무 불이행 시 원 채권자(수출업자)에게 상환을 요구할 수 없음을 의미한다. 즉, 수출업자는 대금 회수에 대한 위험을 완전히 제거할 수 있다.

포페이팅은 주로 자본재나 대규모 프로젝트와 관련된 거액의 중장기 수출거래에 활용되며, 일반적으로 6개월에서 7년 정도의 만기를 가진 채권이 대상이 된다. 이러한 거래를 수행하는 금융기관을 포페이터(forfaiter)라고 부르며, 이들은 주로 국제 금융 시장에서 활동하는 은행이나 전문 금융 회사들이다.

포페이팅은 특히 정치적, 경제적 리스크가 높은 신흥 시장(emerging markets)으로의 수출을 촉진하는 데 유용하다. 수출업자는 대금 회수 위험을 제거하고 즉시 유동성을 확보할 수 있어, 새로운 시장 진출에 따른 부담을 크게 줄일 수 있다. 국제팩토링과 비교할 때, 포페이팅은 몇 가지 중요한 차이점을 가진다. 국제팩토링은 주로 단기, 소액 거래에 사용되는 반면, 포페이팅은 중장기, 거액 거래에 적용된다. 또한 국제팩토링에는 상환청구권이 있는 경우와 없는 경우 유형이 존재하지만, 포페이팅은 항상 무소구 조건으로만 이루어진다.

포페이팅은 글로벌 무역 환경에서 수출업자들이 직면할 수 있는 다양한 위험을 효과적으로 관리할 수 있게 해주는 중요한 금융 도구이다. 특히 개발도상국이나 정치·경제적 불안정성이 있는 국가와의 거래에서 수출업자들의 리스크를 경감시키는 데 큰 역할을 한다.

그림 9-2 포페이팅 거래구조

(3) 에스크로

에스크로(escrow)는 국제무역 거래에서 활용되는 중요한 금융 메커니즘으로, 거래 당사자들 간 신뢰를 보장하고 위험을 최소화하는 데 큰 역할을 한다. 이는 '조건부 제3자 예탁증서'로 정의될 수 있으며, 거래의 안전성을 높이기 위해 신뢰할 수 있는 중립적인 제3자가 개입하는 방식을 의미한다. 이 제3자는 일반적으로 은행이나 전문 에스크로 서비스 제공 업체가 될 수 있다.

에스크로의 작동 원리는 다음과 같다. 수입업자는 물품 대금을 직접 수출업자에게 지급하는 대신, 이를 에스크로 계정에 예치한다. 수출업자는 합의된 조건에 따라 물품을 선적하며, 수입업자가 물품을 받아 검수한 후 그 품질이 계약조건과 일치한다고 확인되면 에스크로 기관에 대금 지급을 승인한다. 이후 에스크로 기관은 수출업자에게 대금을 지급한다.

이러한 과정을 통해 에스크로는 양 당사자의 이익을 보호한다. 수입업자는 만족스러운 물품을 받기 전까지 대금 지급을 보류할 수 있으며, 수출업자는 물품 발송 후 대금 수령이 보장된다. 에스크로 방식은 특히 처음 거래하는 상대방이나 신용도가 불확실한 경우, 또는 고가의 물품거래 시에 유용하게 활용될 수 있으며, 이를 통해 국제무역에서 발생할 수 있는 사기나 계약 불이행의 위험을 크게 줄일 수 있다.

(4) 동시개설신용장

동시개설신용장(back-to-back L/C, 백투백 신용장)은 국제무역에서 사용되는 특수한 형태의 신용장 거래 방식으로, 주로 중개무역이나 삼각무역과 같은 복잡한 거래 구조에서 활용된다.

동시개설신용장의 기본원리는 최초 수입자(first importer)가 중개무역상(middleman)을 위해 신용장을 개설하는 것으로 시작된다. 이를 '원신용장(master L/C)'이라고 한다. 중개무역상은 이 원신용장을 담보로 활용하여, 실제 수출자(actual exporter)를 위해 새로운 신용장을 개설하는데, 이를 '종속신용장(subsidiary L/C)'이라고 한다. 종속신용장은 원신용장과 거의 동일한 조건으로 개설되며, 금액은 원신용장보다 약간 적게 설정되는데, 이는 중개무역상의 이윤을 확보하기 위함이다.

종속신용장의 유효성은 원신용장의 존재에 직접적으로 연계되어 있다. 즉, 원신용장이 취소되거나 무효가 되면 종속신용장도 자동으로 그 효력을 상실하게 된다. 이러한 구조를 통해 동시개설신용장은 중개무역상에게 다음과 같은 이점을 제공한다. 첫째, 자금 부담을 경감시킨다. 실제 상품 대금을 선지급하지 않고도 거래를 성사시킬 수 있다. 둘째, 거래 안정성의 확보가 가능하다, 원신용장과 종속신용장의 연계로 인해 위험 관리가 용이하다. 셋째, 비밀 보장이 이루어진다. 최종 구매자와 실제 수출자 간의 직접 접촉을 방지하여 중개무역상의 이익을 보호할 수 있다. 그러나 동시개설신용장은 다음과 같은 주의사항에 유념해야 한다. 첫째, 복잡한 구조로 인한 관리의 어려움이 있다. 둘째, 은행의 리스크 관리 부담이 증가한다. 셋째, 양 신용장 간의 조건 불일치 일어날 가능성이 있다. 마지막으로, 관련 당사자들의 전문적 지식이 필요하다. 따라서 이 방식을 활용할 때는 모든 당사자가 거래의 특성과 위험을 충분히 이해하고 있어야 한다.

동시개설신용장은 국제무역에서 중요한 역할을 하는 금융 도구이지만, 그 사용에 있어 세심한 주의와 전문적인 지식이 요구된다.

(5) SURF

SURF(Settlement Utility for Managing Risk and Finance, 위험 및 금융 관리를 위한 결제 유틸리티)는 국제무역 거래에서 중요한 역할을 하는 혁신적인 전자 결제 시스템이다. 이 시스템은 무역 결제 업무를 효율적으로 수행하기 위해 개발된 공유 기반 관리 시스템으로, 볼레로(Bolero) 플랫폼을 기반으로 운영된다.

볼레로는 국제무역 거래를 위한 전자 문서 교환 플랫폼으로, 종이 기반의 전통적인 무역 문서를 디지털화하여 거래 당사자들 간 정보 교환을 보다 신속하고 안전하게 만든다. SURF는 이러한 볼레로 플랫폼의 장점을 활용하여 무역 결제 과정을 자동화하고 간소화한다.

SURF 시스템은 상업송장, 포장명세서, 선하증권 등 주요 무역 문서의 전자적 교환을 관리한다. 또한 매도인과 매수인 간 지급 확약을 포함한 거래 정보를 안전하게 처리하며, 무역 거래에 필요한 각종 절차를 자동화하여 시간과 비용을 절감한다.

이 시스템은 거래 당사자들 간 정보 비대칭을 줄이고, 문서 위조나 변조의 위험을 최소화하는 리스크 관리 기능도 제공한다. 또한 거래 진행 상황을 실시간으로 모니터링할 수 있어 거래의 투명성이 향상된다.

SURF 시스템의 도입으로 국제무역 거래 참여자들은 더욱 신속하고 안전한 결제 프로세스를 경험할 수 있게 되었다. 이는 무역 거래의 효율성을 높이고 리스크를 줄이는 데 크게 기여하고 있다. 특히 글로벌 공급망이 복잡해지고 있는 현대 무역 환경에서 SURF와 같은 전자 결제 시스템의 중요성은 더욱 커지고 있다.

(6) 볼레로 프로젝트

세계 무역 거래의 디지털화를 위한 혁신적인 시도로서 볼레로 프로젝트(Bolero Project)가 주목받고 있다. 이 프로젝트는 세계은행 간 금융통신망(Society for Worldwide Inter Bank Financial Telecommunication, 이하 SWIFT)에 의해 주도되고 있으며, 그 핵심 목표는 전통적인 종이 기반의 무역 서류를 전자 형식으로 전환하는 것이다.

볼레로 프로젝트의 주요 특징으로는 무역 거래에 필요한 다양한 서류들을 전자 메시지 형태로 변환하는 전자화가 있다. 이는 물리적 서류의 이동에 따른 시간과 비용을 크게 절감할 수 있게 한다. 또한, 변환된 전자 메시지를 안전하게 교환할 수 있는 기반을 제공하는 보안성이 있어, 데이터의 무결성(integrity)과 기밀성(confidentiality)을 보장하여 무역 거래의 신뢰성을 높인다. 주목할 만한 점은 이 프로젝트가 기존의 신용장(Letter of Credit, L/C) 방식의 거래형태를 유지한다는 것이다. 이러한 기존 시스템과의 호환성(Compatibility)은 새로운 시스템으로 전환을 더욱 수월하게 만들어 주는 요소이다.

볼레로 프로젝트는 무역 금융의 효율성을 크게 향상할 잠재력을 가지고 있다. 전자화된 서류 처리는 거래 속도를 높이고, 오류 가능성을 줄이며, 전반적인 거래비용을 감소시킬 수 있다. 또한, 이는 국제무역에 참여하는 모든 당사자들(수출업자, 수입업자, 은행, 운송업체 등)에게 이익을 제공할 수 있는 혁신적인 해법이다.

그러나 이러한 혁신적인 시스템의 도입에는 여러 과제가 따른다. 예를 들어, 국제적으로 통용되는 법적 프레임워크의 확립, 다양한 이해관계자들 간 협력, 그리고 기존 시스템에서 새로운 시스템으로 원활한 전환 등이 필요하다. 이러한 과제들을 극복하고 볼레로 프로젝트가 성공적으로 구현된다면, 이는 국제무역의 디지털 혁명을 이끄는 중요한 이정표가 될 것으로 전망된다.

(7) 트레이드 카드

트레이드 카드(Trade Card)는 국제무역 거래를 보다 효율적이고 간편하게 만들기 위해 개발된 혁신적인 전자 결제 시스템이다. 이 시스템은 세계무역센터협회(World Trade Center Association, WTCA)가 주도적으로 개발하였으며, 세계 최초의 국제무역 자동화 서비스로 평가받고 있다.

기존의 신용장 방식은 복잡하고 시간이 많이 소요되는 단점이 있었다. 트레이드 카드는 이러한 문제점을 해결하고자 도입되었다. 이 시스템의 주요 특징으로는 온라인 기반 거래가 가능하고, 간편한 수수료 체계를 가지고 있으며, 기존 거래 은행을 유지할 수 있고, 모든 결제 절차를 온라인에서 완료할 수 있다는 점이 있다.

트레이드 카드는 실질적으로 '무역 신용카드'의 역할을 한다. 이 시스템을 통해 수출자와 수입자는 국제무역 거래를 전자적으로 처리하고, 무역 대금도 신용으로 결제할 수 있게 된다. 특히 수입자에게 큰 이점이 있다. 수입자는 거래 은행으로부터 신용 보증(credit guarantee)만 받으면, 매 거래 개별적으로 신용장을 개설할 필요 없이 무역 거래를 진행할 수 있다. 이는 기존의 방식에 비해 시간과 비용을 크게 절약할 수 있게 해준다.

결론적으로, 트레이드 카드 시스템은 국제무역 거래의 효율성을 높이고, 거래 과정을 간소화하며, 비용을 절감하는 데 기여하는 혁신적인 해법이라고 할 수 있다.

2. 신용장 방식

1) 신용장 개요

(1) 신용장의 정의와 신용장통일규칙

신용장통일규칙(UCP 600)에서는 신용장을 다음과 같이 정의한다. 신용장은 은행이 정해진 조건에 맞는 서류를 받았을 때 돈을 지급하겠다고 약속하는 문서이다. 이는 국제무역에서 중요한 역할을 한다. 신용장은 보통 물건을 사는 쪽의 은행이 만들며, 파는 쪽에게 돈을 줄 것을 보장한다. 단, 파는 쪽은 신용장에 쓰여 있는 모든 조건에 맞는 서류를 내야 한다.

신용장통일규칙은 국제무역에서 생길 수 있는 혼란을 막기 위해 만든 국제 규칙이다. 이 규칙은 나라마다 다른 제도와 관행, 그리고 금융 환경 때문에 생길 수 있는 문제를 해결하려고 한다. 국제상업회의소가 이 규칙을 만들었고, 2007년 7월 1일부터 지금 쓰는 UCP 600 버전을 사용하고 있다.

UCP 600은 모두 39개의 조항으로 이루어져 있다. 이 규칙은 꼭 따라야 하는 법은 아니지만, 거래하는 사람들이 미리 동의하면 쓸 수 있다. 만약 이 규칙이 그 나라의 법과 맞지 않으면, 나라의 법을 먼저 따른다. 또, 거래하는 사람들은 필요하면 이 규칙의 일부를 바꾸거나 빼고 쓸 수 있다.

(2) 신용장의 특성

① 독립성의 원칙

신용장의 독립성의 원칙은 신용장이 발행되면 그 신용장이 본래의 매매계약과 별개로 독자적인 법률관계를 맺게 된다는 뜻이다. 신용장에 매매계약 관련 내용이 언급되어 있더라도 신용장 관련 당사자들은 그 계약조건에 영향을 받지 않는다.

이런 독립성이 없다면 은행들이 매매계약 내용을 일일이 확인해야 하는데, 이는 현실적으로 불가능하다. 또한 독립성 원칙 덕분에 매매계약이 파기되어도 신용장은 여전히 대금결제 수단으로 사용할 수 있다.

예를 들어 수입자가 파산해 매매계약이 효력을 잃어도, 수출자는 신용장을 통해 발행 은행에서 대금을 받을 수 있다. 예를 들어, 한 고객이 특정 식당 체인의 상품권을 선물 받았다고 가정 해보자. 이 상품권은 해당 식당에서 식사할 수 있는 권리를 나타낸다. 그런데 상품권을 준 사람과 받은 사람 사이에 갈등이 생겨 더 이상 연락하지 않게 되었다.

이런 상황에서 신용장 독립성의 원칙과 연결해 보면, 상품권의 가치는 선물을 준 사람과 받은 사람의 관계 변화와 무관하게 유지된다. 상품권을 받은 사람은 선물을 준 사람과의 관계가 나빠졌더라도 여전히 그 상품권으로 식당에서 식사할 수 있다. 식당은 상품권을 사용하려는 고객의 개인 사정이나 상품권을 얻게 된 경위를 확인할 필요 없이 상품권의 가치를 인정하고 음식을 제공한다.

이처럼 신용장도 원래의 거래관계나 당사자들 간 개인적 상황과 독립적으로 그 자체로 가치를 지닌다. 신용장을 받은 수출자는 수입자와의 관계 변화나 원래 계약의 문제와 상관없이 신용장으로 대금을 받을 수 있고, 은행은 당사자들의 개인적 상황을 고려하지 않고 신용장 자체를 신뢰하여 대금을 지급한다. 이러한 독립성 원칙이 국제무역에서 안정적이고 효율적인 결제를 가능하게 한다. 이러한 신용장 독립성 원칙은 신속하고 믿을 수 있는 대금결제와 무역 거래를 위해 유지되고 있다.

② 추상성의 원칙

신용장의 추상성의 원칙은 신용장 거래에서 모든 관계자가 실제 물품이 아닌 오직 서류만을 기준으로 거래한다는 뜻이다. 은행은 실제 물품의 상태나 배송 여부와 상관없이 신용장에서 요구하는 서류만을 검토하여 대금 지급을 결정한다. 예를 들어, 신용장에 명시된 물품 설명이 실제 계약 내용과 다르거나 물품이 아직 도착하지 않았더라도, 은행은 오직 제출된 서류가 신용장 조건과 일치하는지만을 확인한다.

이러한 원칙 때문에 신용장 거래를 '서류에 의한 거래'라고 부른다. 이는 신용장 거래의 핵심 특징으로, 복잡한 국제무역에서 신속하고 효율적인 결제를 가능하게 한다. 은행이 실제 물품을 확인할 필요 없이 서류만으로 거래를 처리할 수 있어 시간과 비용을 절약할 수 있다. 예를 들어, 온라인 쇼핑몰에서 고객이 노트북을 주문했다고 가정 해보자. 판매자는 노트북을 배송하고, 택배 회사는 배송 확인서를 발급한다. 이때 온라인 쇼핑몰은 실제 배송된 물건을 직접 확인하지 않고 오직 배송 확인서만을 근거로 판매자에게 대금을 지급한다.

이 상황에서 온라인 쇼핑몰은 은행의 역할을 한다. 실제 배송된 물건(노트북)이 주문한 것과 일치하는지, 제대로 작동하는지 확인하지 않는다. 배송 확인서는 신용장에서 요구하는 서류와 같다. 온라인 쇼핑몰은 이 서류만을 기준으로 대금 지급을 결정한다.

만약 실제로 배송된 물건이 고객이 주문한 노트북이 아니라 다른 물건이더라도, 온라인 쇼핑몰은 배송 확인서만 정확하다면 판매자에게 대금을 지급한다.

이처럼 신용장 거래에서도 은행은 실제 물품을 확인하지 않고 오직 제출된 서류만을 검토하여 대금을 지급한다. 이런 방식으로 신용장의 추상성 원칙은 복잡한 국제 거래를 단순화하고 효율적으로 만든다.

③ 한계성

신용장은 독립성과 추상성이라는 특성으로 인해 사용에 일정한 한계가 있다. 독립성 측면에서, 수입자가 부재하여 매매계약이 취소되더라도 신용장 발행은행의 대금지급 약속으로 수출자가 대금을 받을 가능성이 커진다. 그러나 발행은행도 파산할 수 있으므로 신용장이 완벽한 대금결제 보증 수단은 아니다.

추상성 측면에서는, 서류 기반 거래 원칙에 따라 수출자가 신용장 요구 서류를 완벽히 갖추면 물품에 결함이 있어도 수입자가 발행은행에 대금지급 거부를 강요할 수 없다.

이러한 점들로 인해 신용장 활용에는 한계가 있음을 인식해야 한다. 이는 원칙적 수준은 아니지만 주목할 만한 제약사항이다.

(3) 신용장의 당사자

신용장의 당사자는 기본 당사자 와 기타 당사자로 나눌 수 있다. 기본 당사자는 신용장 거래에서 직접적인 권리와 의무를 갖는 당사자로서, 신용장 발행 후 수익자가 접수할 때까지의 당사자와 신용장 접수 후 사용 단계에서의 당사자로 구분할 수 있다. 전자의 경우는 발행의뢰인(applicant), 발행은행(issuing bank), 수익자(beneficiary)를 말하며, 후자는 발행은행(issuing bank), 수익자(beneficiary), 그리고 신용장의 종류가 확인신용장(confirmed letter of credit)의 경우에는 확인은행(confirming bank)도 기본 당사자에 해당한다. 기타 당사자는 신용장 거래에서 직접적인 권리와 의무는 갖고 있지 않지만 신용장 거래를 원활화하기 위해 간접적으로 협조하거나 대행하는 역할을 갖는 당사자이다. 기타 당사자에는 통지은행(advising bank), 지급은행(paying bank), 인수은행(accepting bank), 매입은행(negotiating bank), 양도은행(transferring bank), 상환은행(reimbursing bank) 등이 있다.

① 기본 당사자

가. 발행의뢰인

발행의뢰인은 매도인과 매매계약 조건에 따라 매도인 앞으로 자신의 거래은행에 신용장의 발행을 신청하는 자로서, 보통 매수인인 수입업자를 말한다. 원칙적으로 발행의뢰인은 매수인을 의미하지만, 매수인의 거래처인 제3자(예를 들어 수입업자의 의뢰 때문에 발행의뢰인이 되는 경우, 수입위탁을 행한 제조업자가 발행의뢰인이 되는 경우)가 발행의뢰인이 되는 때도 있다. 발행의뢰인은 매매계약의 이행단계에 따라 수입업자, 매수인(buyer), 계정지급인(accountee), 계정귀속인(account party), 수화인(consignee), 여신수령인(grantee), 신용제공인(accreditor), 신용수령매수인(accreditee buyer) 등 여러 이름으로 불린다.

나. 발행은행

발행은행은 주로 매수인과 거래가 있는 은행이며, 신용장발행의뢰인(매수인)의 요청과 지시에 따라 수익자(매도인) 앞으로 신용장을 발행하고 그 수익자가 발행한 환어음에 대해 대금지급을 확약함으로써 환어음 지급에 책임을 부담하는 은행을 말한다. 즉, 수익자가 제시한 서류가 신용장 조건과 일치할 경우, 수익자가 발행한 환어음을 지급, 연지급, 인수 또는 매입할 것을 확약하는 상환의 의무를 부담하는 은행이다. 발행은행은 개설은행(opening bank), 신용공여인(grantor), 어음지급인(drawee)이라고도 하며, UCP 600상에서는 발행은행, UCC상에서는 발행인(issuer)이라는 용어를 사용한다.

다. 확인은행

확인은행은 발행은행의 수권이나 요청에 따라 제3의 은행이 신용장에 의해 발행된 환어음 지급, 연지급, 인수 또는 매입하겠다고 추가로 확약하는 은행이며, 수익자에 대해 발행은행과 동등한 의무와 책임을 갖는 은행이다. 신용장 확인은 수익자가 발행은행의 신용을 믿지 못할 때 신용이 있는 제3의 은행에 환어음 지급, 연지급, 인수 또는 매입을 추가로 확약하게 하는 것을 의미한다. 보통 매도인 소재지의 제3의 은행이 확인은행이 되며, 신용장 확인은 발행은행과는 독립적인 확인은행의 확약이다. 확인은행은 항상 존재하는 것은 아니며, 신용장의 종류가 확인신용장일 경우에만 존재한다.

라. 수익자

수익자는 발행은행으로부터 신용장을 수취하여 신용장 조건에 따른 권한과 대금을 받아 이익을 얻는 자로서, 보통 매도인인 수출업자를 말한다. 수익자는 신용장 조건에 일치하는 서류를 제시할 의무를 지며, 발행은행 또는 확인은행에 신용장에 의한 확약의 이행을 청구한다. 수익자는 매매계약의 이행 단계에 따라 수출업자, 매도인(seller), 환어음발행인(drawer), 송화인(consignor), 사용자(user), 수신인(addressee) 등 여러 이름으로 불린다.

② 기타 당사자

가. 통지은행

통지은행은 통상적으로 수익자의 소재지에 있는 발행은행의 본점, 지점 또는 환거래은행으로서, 발행은행의 위탁을 받아 수익자에게 신용장의 발행 혹은 변경 사실이나 그 내용을 단순히 통지해 주는 은행을 말한다. 통지은행은 advising bank 외에도 notifying bank, transmitting bank 등으로 부른다. 통지은행이 수익자에게 신용장을 통지하였다는 것은 신용장의 외견상 진정성을 스스로 점검하였으며, 그 통지가 송부받은 신용장의 조건들을 정확하게 반영하고 있다는 것을 의미하므로 하자가 발견되면 그 책임을 부담하여야 한다.

나. 지급은행

지급은행은 수익자가 제시한 선적서류에 대하여 직접 대금을 지급하여 주는 은행으로서 발행은행으로부터 지급을 위임받은 은행이 지급은행이다. 지급은행은 발행은행의 환거래약정 은행으로서 발행은행의 예금계정에서 해당 금액을 차감하기 때문에 지급과 동시에 상환을 받는다. 지급은행은 지급행위에 대하여 아무런 책임 없이 단순히 대금을 지급해 주는 역할만을 수행한다. 지급은행은 서류가 지급은행에 제시되는 즉시 대금을 지급해 주는 일람지급은행과 일정 기간(연지급기간) 후에 대금을 지급하는 연지급은행으로 구분한다.

다. 매입은행

매입은행은 수익자가 물품의 선적을 완료한 후 신용장의 조건에 따라 발행은행 앞으로 환어음을 발행하고 신용장에서 요구하는 서류를 준비하여 신용장과 함께 그 환어음의 매입을 의뢰하는 은행을 말하는데, 통상 통지은행이나 수익자의 거래은행인 경우가 대부분이다. 매입은행은 수익자가 제시한 선적서류가 신용장의 조건과 일치하는지를 점검한 후 일치하는 경우에만 환어음을 매입한다. 매입은행은 매입인(purchaser), 매입당사자(negotiating Party) 등으로 불린다.

라. 인수은행

인수은행은 수익자가 발행하는 환어음이 일람불이 아니고 기한부환어음일 경우 이러한 기한부어음을 인수하는 은행을 인수은행이라고 하며, 인수은행은 그 환어음의 만기일에 지급은행이 된다. 인수은행에서 인수한 환어음에는 발행은행의 지급약정이 존재한다. 즉, 인수은행은 수익자가 제시한 기한부환어음의 표면에 인수표시를 한 경우 만기일에 대금지급을 거절할 수 없다

마. 양도은행

양도은행은 양도업무를 취급하는 은행으로 원수익자(first beneficiary)의 요청에 따라 제2수익자(second beneficiary) 또는 제2수익자들(second beneficiaries)에게 신용장을 양도하고 이에 따라 지급, 연지급, 인수 또는 매입하는 은행을 말한다. 양도은행은 신용장의 양도를 취급한다는 의미에서 양도취급은행이라고도 한다.

바. 상환은행

상환은행은 신용장에서 지급, 연지급, 인수 또는 매입은행에 대한 상환을 발행은행을 대신하여 상환업무를 수행하는 은행을 말한다. 수익자에 의해 발행된 환어음을 발행은행으로부터 위탁받아 발행은행을 대신하여 상환청구에 응하므로 상환은행 또는 보상은행이라고 한다. 그리고 신용장 대금의 최종 결제를 담당한다는 측면에서 결제은행(settlement bank) 또는 어음지급은행(drawee bank)이라고도 한다.

2) 신용장의 결제

(1) 신용장의 결제방법에 따른 분류

① 일람지급

신용장과 관련하여 사용되는 일람지급(payment at sight)은 수익자가 신용장의

조건에 일치하는 서류를 지급은행에 제시하였을 때 지급은행이 신용장의 금액을 즉시 주는 행위를 말한다. 즉, 서류가 제시되었을 때 신용장상의 금액 그대로를 지급하는 행위이다.

② 연지급

연지급(deferred payment)은 수출입 거래에서 사용되는 지급 방식이다. 이 방식에서는 수익자가 먼저 신용장의 조건에 맞는 서류를 연지급은행에 제출한다. 연지급은행은 이 서류를 검토하고 문제가 없다고 판단하면 지급을 확약한다. 이후 은행은 서류를 정식으로 수리한다.

지급은 즉시 이루어지지 않고, 미리 정해진 만기일에 이루어진다. 이 만기일은 보통 서류제시 후 일정 기간이 지난 시점이다. 연지급은행은 이 만기일에 수익자에게 약속된 금액을 지급한다.

이 방식의 주요 특징은 즉시 대금을 지급하지 않고 일정 기간의 여유를 두는 것이다. 이는 수입자에게 자금 운용의 융통성을 제공하며, 수출자에게는 은행의 지급 보증을 통해 안정성을 제공한다.

③ 인수

인수(acceptance)는 지급은 장래의 명시된 일자에 지급해야 할 의무를 인수하는 것으로 제3의 은행이 기한부 신용장에 의해 발행되는 기한부어음(usance bill)에 대해 만기일에 대금을 지급해 주겠다고 확약하는 것을 말한다. 쉽게 말하면, 제3의 은행이 기한부 신용장으로 발행된 기한부어음에 대해 약속하는 것이다. 그 약속의 내용은 미래의 정해진 날짜에 그 어음의 대금을 지급하겠다는 것이다.

즉, 은행이 "이 어음에 적힌 돈을 나중에 정해진 날짜에 꼭 지급하겠다"라고 보증하는 것이다. 이렇게 함으로써 은행은 그 어음에 대한 지급 의무를 떠맡게 된다.

④ 매입

환어음 매입(negotiation)은 한 은행이 다른 은행이 지급해야 할 환어음을 사들이는 것을 말한다. 환어음은 일종의 지급 약속 문서다. 보통 은행은 자기 은행이 지급해야 할 환어음은 매입하지 않는다. 대신 다른 은행이 지급해야 할 환어음을 사들인다. 이것을 '매입'이라고 한다.

매입할 때, 환어음을 사들이는 은행은 약간의 이익을 챙긴다. 이 이익은 두 가지 형태로 나타난다. 하나는 일정 기간의 이자이고, 다른 하나는 수수료다.

결론적으로, 환어음 매입은 은행이 다른 은행의 지급 의무가 있는 환어음을 사들이고, 그 대가로 이자와 수수료를 받는 금융 거래라고 할 수 있다. 이런 방식으로 은행은 추가적인 이익을 얻을 수 있다.

지금까지 설명한 신용장의 지급, 연지급, 인수, 매입의 차이점을 정리해 보면 다음과 같다. 지급은 수출자가 제시한 서류가 신용장 조건과 일치할 때 개설은행이 즉시 대금을 지급하는 방식이다. 수출자는 빠르게 대금을 받을 수 있어 유리하다. 연지급은 수출자가 제시한 서류가 신용장 조건과 일치하더라도 일정 기간이 지난 후에 대금을 지급하는 방식이다. 수입자에게 유리한 결제 방식으로, 수입자는 상품을 받아 판매한 후 대금을 지급할 수 있다. 인수는 환어음을 발행하여 지급을 약속하는 방식이다. 개설은행이나 지정은행이 환어음을 인수하고, 만기일에 대금을 지급한다. 수출자는 인수된 환어음을 할인받아 즉시 자금을 확보할 수 있다. 마지막으로 매입은 수출자가 제시한 서류를 지정은행이 매입하는 방식이다. 지정은행은 서류를 검토한 후 일정액 수수료와 이자를 공제하고 수출자에게 대금을 지급한다. 수출자는 빠르게 대금을 받을 수 있지만, 수수료와 이자를 부담해야 한다.

표 9-1 신용장 비교

종류		지급기한	지정은행	배서 여부	환어음 여부	수출지 상대은행	서류매입은행
매입	일람불	일람불	자유, 지정	배서	일람출급어음	예치환거래은행 무예치환거래은행	자유
	기한부	만기일	자유, 지정	배서	기한부어음	예치환거래은행 무예치환거래은행	자유
지급	일람지급	일람출금	지정 (지급은행)	비배서	불필요	예치환거래은행	통지은행
	연지급	만기일	지정 (연지급은행)	비배서	불필요	예치환거래은행	통지은행
인수		만기일	지정 (인수은행)	비배서	기한부어음	예치환거래은행	통지은행

(2) 신용장의 소구권

상환청구권(소구권)은 상환청구권(소구권)은 매입은행이 신용장 발행은행으로부터 서류의 불일치 등의 사유로 상환이 거절되면, 수익자(수출자)에게 미리 지급한 어음금액을 되돌려 받을 수 있는 권리를 의미한다. 매입은행이 수익자의 매입요구에 따라 선적서류 등을 검토 후 매입하여 결제했는데, 발행은행에서 서류의 하자, 발행의뢰인의 부도 등을 이유로 대금을 상환하지 않을 때, 매입은행은 사안에 따라 먼저 발행은행에 대금의 결제를 촉구 또는 의뢰할 수 있다. 그러나 발행은행이 결국 상환하지 않을 때 매입은행이 직접 발행은행에 클레임을 제기할 수도 있으나 대부분의 매입은행은 수익자(수출자)에게 대금상환을 청구하는 쉬운 방법을 선택하게 된다. 신용장에 상환청구권(소구권) 행사가 가능한 경우 “with recourse”, 소구권 행사가 불가능한 경우 “without recourse”로 표기한다. 상환청구가능신용장(with recourse credit)은 발행은행으로부터 대금을 영수하지 못한 매입은행이 수익자에게 대금의 상환을 청구할 권리를 가질 수 있는 신용장을 말한다. 통상 매입방식(negotiation)과 인수방식(acceptance)에서는 상환청구권이 인정된다.

반면, 상환청구불가능신용장은 발행은행이 상환하지 않아도 지급은행 등이 수익자에게 상환청구를 할 수 없는 신용장을 말한다. 지급신용장 및 연지급신용장은 지급은행이나 연지급은행이 발행은행의 예치환거래 은행으로서 발행은행의 계좌에서 바로 대금을 찾아 지급하게 되므로 상환청구불가능신용장으로 분류한다. 즉 신용장 발행은행은 상환청구권을 가질 수 없으므로 개설은행의 계좌에서 지급되는 방식인 지급신용장 또는 연지급신용장은 상환청구불가능신용장이 된다. 다만 지급신용장이나 연지급신용장에서도 지정은행이 아닌 다른 청구해 결재받을 때는 매입이 일어나므로 상환청구권이 발생한다. 한편, 우리나라는 어음법 제42조(상환청구의 실질적 요건) 등에 의거 모든 신용장에 대해 상환청구권을 인정하고 있다.

(3) 신용장의 종류

신용장은 선적서류의 첨부 여부에 따라 화환신용장(documentary credit)과 무화환신용장(clean credit)으로 구분할 수 있다. 화환신용장은 선적서류가 수반되지만, 무화환신용장은 선적서류가 수반되지 않은 것으로 발행은행이 수익자에 의해 발행된 환어음만으로 대금결제를 확약하는 신용장이다. 신용장 사용 방법에 따라서는 지급, 인수 그리고 매입방식이 있으며, 신용장을 구분하는 대표적인 방법이다. 대금결제 시기에 따라서는 일람출급신용장(sight payment credit)과 기한부 신용장기한부 신용장(usance credit)으로 구분한다. 일람출급신용장은 수익자가 일람출급환어음을 발행하거나 환어음 없이 선적서류를 직접 개설은행 혹은 지정 은행에 제시하면 일람 후 즉시 지급하기로 확약하는 신용장을 의미한다. 기한부 신용장(인수신용장 또는 연지급신용장)은 지급인에게 환어음이 제시된 후(acceptance credit: 인수신용장) 또는 선적서류가 제시된 후(deferred payment credit: 연지급신용장) 일정 기간이 지난 다음 대금이 지급되는 신용장으로, 인수신용장의 경우 어음지급인은 어음에 인수 문구를 기재하고 서명을 한 다음 제시인에게 반환 후 만기일에 대금을 지급해야 한다.

확인 유무에 따라서는 확인신용장(confirmed credit)과 무확인신용장(unconfirmed credit)으로 구분한다. 확인신용장은 발행은행이 발행한 신용장에 타 은행(확인은행)이 발행은행의 수권이나 요청에 따라 추가로 확약한 신용장을 말한다. 양도가능성에 따라서는 양도가능신용장(transferable credit)과 양도불능신용장(non-transferable credit)으로 구분한다. 양도가능신용장은 제1 수익자가 받은 신용장을 제2 수익자(또는 제2 수익자)에게 신용장 금액의 전부 또는 일부를 양도할 수 있는 신용장으로 1회에 한한다. 신용장 취소 가능 유무에 따라서는 취소가능신용장(revocable credit)과 취소불능신용장(irrevocable credit)으로 구분한다. 신용장 통일규칙에 따르면 취소 능의 문구가 없어도 통상의 신용장은 취소불능신용장으로 간주한다.

3. 수출입통관과 원산지관리

1) 수출입통관

(1) 수출입통관과 관련 법령

개념적으로 수출입통관은 무역 거래 내용, 수출입 승인사항 그리고 관련 법규의 허가사항 등이 세관에 신고된 물품과 일치하는지 확인하는 세관장의 확인행위이다. 모든 수출입물품이 세관장의 확인 대상은 아니다. 수출입 물품은 세관장 확인 대상, 확인 생략 대상 그리고 필수 확인 대상이 있다.

수출입통관과 관련해서는 관세법과 환급특례법이 적용된다. 관세법의 경우 조세법률주의에 기초하여 국회에서 법률로 정하고 있다. 관세법은 관세의 부과·징수 및 수출입물품의 통관을 적정하게 하고 관세수입을 확보함으로써 국민경제의 발전에 이바지함을 목적으로 한다. 환급특례법의 정식 명칭은 '수출용 원재료에 대한 관세 등 환급에 관한 특례법'으로 수출용 원재료(原材料)에 대한 관세를 포함한 여러 관세의 환급을 적정하게 함으로써 능률적인 수출 지원과 균형 있는 산업발전에 이바지하기 위하여 제정하였다.

행위적으로 수출입통관은 관세법의 규정에 따라 물품을 수입, 수출 그리고 반송하는 것을 의미한다. 일반적으로 국민경제 차원에서 수출을 장려하고 수입을 억제하려는 성향으로 통관이라고 하면 주로 수입통관을 의미한다. 하지만 통관이 실질적으로는 관세선을 통과하는 것으로 수출과 수입, 심지어 반송 물품에 모두 적용되는 개념이다.

관세법에서 정의하고 있는 수입은 외국물품을 우리나라에 반입(보세구역을 경유하는 것은 보세구역으로부터 반입하는 것을 말한다)하거나 우리나라에서 소비 또는 사용하는 것을 말한다. 제외되는 물품의 경우 통관의 예외적용으로 구분되어 있으며, 선용품과 기용품[2] 또는 차량용품, 여행자 휴대품 등으로 운송수단 또는 관세통로에서 보통 소비하거나 소진되는 물품이 이에 해당한다. 그리고 수출은 내국물품을 외국으로 반출하는 것을 말하며, 반송은 국내에 도착한 외국물품이 수입통관절차를 거치지 아니하고 다시 외국으로 반출되는 것을 말한다.

(2) 통관물품

① 외국물품

관세법에서는 통관의 개념으로 외국물품과 내국물품을 구분하고 있다. 관세법에서는 외국물품을 다음과 같이 정의하고 있다.

외국물품은 두 가지 경우를 포함한다. 첫째, 외국에서 우리나라에 도착한 물품

2) 선용품은 선박에서 사용되는 물품을 말한다. 이는 선박의 운항, 관리, 수리에 필요한 물품과 선원이나 승객이 사용하는 물품을 포함한다. 예를 들어 연료, 식료품, 음료수, 담배, 의약품 등이 선용품에 해당한다. 기용품은 항공기에서 사용되는 물품을 의미한다. 선용품과 유사하게 항공기의 운항, 관리, 수리에 필요한 물품과 승무원이나 승객이 사용하는 물품을 포함한다. 항공유, 기내식, 음료, 면세품 등이 기용품에 해당한다.

중 아직 수입신고가 수리되지 않은 것이다. 이는 외국에서 직접 들어온 물품뿐만 아니라 외국 선박이 공해에서 잡은 수산물 등도 포함한다. 둘째, 이미 수출신고가 수리된 물품이다.

한편, 관세법은 특정 상황에서 외국물품의 사용이나 소비를 수입으로 간주하지 않는다. 예를 들어, 선박이나 항공기, 차량 안에서 그 용도에 맞게 사용되는 물품, 특정 지역에서 출국자나 경유자에게 제공되는 물품, 여행자가 휴대품으로 사용하는 경우 등이 여기에 해당한다. 이 외에도 법에서 별도로 인정하는 사용이나 소비도 수입으로 보지 않는다.

이러한 규정들은 국제무역과 여행의 특수성을 고려하여 만들어진 것이다. 이를 통해 관세법은 통관 절차를 명확히 하고, 동시에 국제 이동의 편의성을 보장하고 있다.

② 내국물품

그리고 관세법에서는 내국물품을 다음과 같이 정의하고 있다. 내국물품은 다섯 가지 경우를 포함한다.

첫째, 우리나라에 있는 물품 중 외국물품으로 분류되지 않는 모든 것이다.

둘째, 우리나라의 선박 등이 공해에서 채집하거나 포획한 수산물 등이 해당된다.

셋째, 입항전수입신고가 수리된 물품도 내국물품으로 간주한다. 이는 선박이나 항공기가 우리나라에 도착하기 전에 미리 수입신고를 하고 승인받은 물품을 의미한다.

넷째, 수입신고수리 전 반출승인을 받아 반출된 물품도 내국물품에 포함된다. 이는 정식 수입신고 절차가 완료되기 전에 특별한 승인을 받고 먼저 반출된 물품을 말한다.

마지막으로, 수입신고 전 즉시반출신고를 하고 반출된 물품도 내국물품으로 취급한다. 이는 긴급하거나 특별한 상황에서 신속한 통관이 필요한 경우에 적용되는 절차를 거친 물품을 의미한다.

③ 수출입금지품목

관세법은 특정 물품의 수출입을 금지하고 있는데, 이는 국가의 안전과 공공질서를 지키는 조치이다.

첫째, 헌법 질서를 어지럽히거나 공공의 안녕질서, 혹은 풍속을 해칠 수 있는 물품이 금지 대상이다. 여기에는 서적, 간행물, 도화, 영화, 음반, 비디오물, 조각물 등이 포함된다. 이외에도 이와 비슷한 성격을 지닌 물품들도 이 범주에 속한다.

둘째, 정부의 기밀을 누설하거나 첩보활동에 이용될 수 있는 물품도 수출입이 금지된다. 이는 국가 안보와 직결되는 문제이기 때문이다.

셋째, 화폐나 채권, 기타 유가증권의 위조품, 변조품, 모조품의 수출입도 금지된다. 이는 경제 질서를 해칠 수 있는 위험이 있기 때문이다.

④ 통관의 예외품목

관세법에서는 일부 외국물품의 소비나 사용을 수입으로 간주하지 않는 예외 사항을 규정하고 있다. 이는 통관의 예외품목으로 볼 수 있다.

첫째, 선박용품, 항공기용품, 차량용품을 해당 운송수단 내에서 원래의 용도대로 사용하거나 소비하는 경우가 여기에 해당한다. 이는 국제 운송수단의 정상적인 운영을 위해 필요한 조치다.

둘째, 세관장이 지정한 보세구역 내에서 특정 상황의 사람들에게 제공되는 선박용품, 항공기용품, 차량용품도 예외로 인정된다. 이는 출국심사를 마친 사람이나 우리나라를 경유해 제3국으로 가는 사람들에게 해당된다.

셋째, 여행자가 자신의 휴대품을 운송수단이나 관세통로에서 사용하거나 소비하는 때도 수입으로 보지 않는다. 이는 여행자의 편의를 위한 조치다.

마지막으로, 관세법에서 별도로 인정하는 방식으로 소비하거나 사용하는 때도 수입에서 제외된다. 이는 법률이 특별히 허용하는 예외적인 상황을 포괄한다.

⑤ 통관보류품목

통관보류란 특정 사유로 인해 통관 절차가 일시적으로 중단되는 것을 말한다. 이는 해당 사유가 해소되면 다시 통관 절차가 진행된다. 세관장은 여러 가지 상황에서 통관을 보류할 수 있는 권한을 가지고 있다.

세관장이 통관을 보류할 수 있는 경우는 다음과 같다. 먼저, 수출, 수입, 반송신고, 또는 입항 전 수입신고서의 내용에 보완이 필요한 경우다. 또한, 신고 시 제출해야 할 서류가 미비하여 보완이 필요한 경우에도 통관이 보류될 수 있다.

관세법상의 의무사항을 위반하거나 국민보건에 위험이 될 수 있는 경우에도 통관이 보류된다. 물품의 안전성 검사가 필요한 경우 역시 통관보류 사유가 된다.

마지막으로, 관세법에 따라 추가적인 확인이 필요하다고 인정되어 대통령령으로 정해진 경우에도 통관이 보류될 수 있다.

(3) 수출입신고

① 수입신고

수입신고란 물품을 수출, 수입, 반송할 때 세관장에게 물품의 정보를 알리는 절차다. 신고 내용에는 품명, 규격, 수량, 가격 등이 포함된다.

수입이나 반송 물품을 특정 장소에 보관할 경우, 30일 이내에 수입신고를 해야 한다. 보통 선하증권 1건당 수입신고서 1건을 제출한다. 하지만 상황에 따라 분할신고나 여러 건의 선하증권을 1건으로 신고하는 것도 가능하다.

수입신고 시기는 주로 물품이 보세구역에 도착한 후다. 하지만 상황에 따라 출항 전, 입항 전, 보세구역 도착 전에도 신고할 수 있다. 수입신고는 기본적으로 서류 없이 전자로 진행한다. 하지만 특별한 경우 서류 제출이 필요할 수 있다. 제출 서류에는 송품장, 가격신고서, 선하증권 등이 포함된다.

신고가 완료되면 세관장이 신고필증을 발급한다. 수입신고는 세관이 신고 수리를 통보하거나 신고필증을 내준 시점부터 효력이 발생한다.

② 수출신고

수출신고는 물품을 해외로 보내기 전에 세관장에게 알리고 승인을 받는 중요한 절차다. 이는 수출 과정의 첫 단계로, 보통 수출자가 물품이 있는 지역의 세관에 신고한다. 수출계약을 맺고 물품을 준비한 후, 운송 계획까지 확정되면 비로소 수출신고를 할 수 있다. 이때 주의할 점은 신고 후 30일 이내에 반드시 물품을 선적해야 한다는 것이다.

일반적으로 물품을 확보한 후에 신고하지만, 특수한 상황에서는 예외가 있다. 예를 들어, 선상수출신고, 현지수출 어패류신고, 원양수산물신고 등이 이에 해당한다. 선상수출신고는 물품을 배에 실은 후에 신고하는 경우로, 신선도 유지가 중요한 물품 등에 적용된다. 현지수출 어패류신고는 배가 출항한 후 현지에서 수출할 때 사용되며, 원양수산물신고는 공해에서 잡은 수산물을 현지에서 판매할 때 필요하다.

수출신고는 주로 전자문서로 이루어진다. 수출신고서와 송품장 등 관련 서류를 전자로 제출하여 통관시스템에 전송한다. 다만, 전자 제출이 불가능한 경우에는 예외적으로 서류로 제출할 수 있다. 이러한 전자화는 신고 절차를 간소화하고 효율성을 높이는 데 기여한다.

수출신고의 효력은 통관시스템에서 신고 번호를 부여받는 순간부터 발생한다. 이는 수출 절차가 공식적으로 시작되었음을 의미한다.

이러한 수출신고 절차는 단순히 행정적인 과정이 아니라, 국가 간 거래를 체계적으로 관리하고 정확한 수출 통계를 파악하는 데 중요한 역할을 한다. 또한, 불법적인 물품 유출을 방지하고 국가 경제의 투명성을 높이는 데도 기여한다.

(4) 보세

① 보세와 보세구역

보세란 '관세를 아직 매기지 않은 상태'를 의미한다. 쉽게 말해, 외국에서 물품이 들어와 우리나라 항구나 공항에 도착했지만, 아직 정식으로 수입절차를 마치지 않은 상황을 뜻한다. 이는 마치 물건을 산 뒤 포장을 뜯지 않은 채로 가지고 있는 것과 비슷하다고 볼 수 있다.

보세구역은 이러한 '보세' 상태의 물품을 보관할 수 있는 특별한 장소를 말한다. 이곳은 관세청의 엄격한 관리하에 있으며, 여기에 보관된 물품들은 아직 관세를 내지 않은 상태로 있을 수 있다. 예를 들어, 수입업자가 물품을 즉시 통관하지 않고 잠시 보관해 두고 싶을 때 이용할 수 있는 공간이다.

보세구역의 주요 기능은 다양하다. 우선 관세를 내지 않은 외국 물품을 안전하게 보관할 수 있다. 또한 외국 물품을 관세를 내지 않은 상태로 전시할 수 있어, 국제 박람회장 등이 이에 해당할 수 있다. 외국에서 들어온 원재료를 사용해 제품을 만들거나 가공할 수도 있는데, 이 과정에서 사용된 원재료에 대한 관세는 완제품이 수출될 때까지 유예된다. 대규모 플랜트 등을 건설할 때도 필요한 외국 기자재를 관세를 내지 않고 사용할 수 있다. 면세점과 같이 관세를 내지 않은 상태로 물품을 판매할 수 있는 특별한 장소도 보세구역에 포함된다.

이러한 보세구역 제도는 여러 가지 이점을 제공한다. 수입업자는 시장 상황에 따라 물품의 통관 시기를 조절할 수 있고, 제조업체는 수출용 제품 생산에 들어가는 원재료에 대한 관세 부담을 줄일 수 있다. 또한 국가 입장에서는 수출 증진과 외국인 관광객 유치 등의 효과를 얻을 수 있다.

결론적으로, 보세와 보세구역 제도는 국제무역을 원활하게 하고, 기업의 경제적 부담을 줄이며, 국가 경제 발전에 기여하는 중요한 역할을 한다. 이 제도를 통해 우리나라는 국제무역의 허브로서 역할을 더욱 강화할 수 있으며, 기업들은 글로벌 시장에서 더 큰 경쟁력을 가질 수 있게 된다.

② 보세구역의 종류

외국물품의 수입신고 후 수리가 되지 않은 상태에서 장치, 전시, 제조, 가공, 건설, 판매 등을 할 수 있도록 허용한 관세법상의 제도에 따라 보세구역의 종류로 다양하다. 관세법에서 정의하는 보세구역은 지정보세구역・특허보세구역 및 종합보세구역으로 구분하고, 지정보세구역은 지정장치장 및 세관검사장으로 구분하며, 특허보세구역은 보세창고・보세공장・보세전시장・보세건설장 및 보세판매장으로 구분한다.

③ 보세운송

보세운송은 외국물품을 보세상태로 국내에서 운송하는 것을 말한다. 일반적으로 컨테이너 수출의 경우 통관 기능이 있는 컨테이너 내륙통관기지(inland container depot, ICD)에서 항만으로 물품이 이동하는 경우 통관이 이행되었기 때문에 보세운송으로 볼 수 있다. 반대로 수입의 경우 수입된 외국 물품이 항만에서 내륙의 보세구역으로 이동하는 경우 보세운송에 해당한다. 보세운송은 주로 보세구역, 보세구역 외 장치허가 장소, 세관 관서, 통관역, 통관장, 자유무역지역 등만 적용된다.

참고로, 내륙통관기지는 항구나 공항에서 떨어진 내륙에 있는 대규모 물류 시설이다. 이 시설은 컨테이너 화물의 통관, 보관, 환적 등 다양한 기능을 수행한다. ICD의 주요 역할에는 수출입 화물의 세관 검사와 통관 절차 수행, 수출입 컨테이너의 임시 보관, 여러 지역에서 오는 화물을 모으고 목적지별로 분류하는 작업, 그리고 컨테이너의 적입(stuffing)과 적출(unstuffing) 작업 등이 포함된다.

내륙통관기지의 큰 장점은 항만이나 공항의 혼잡을 줄이고 내륙 지역의 물류 효율성을 높이는 데 있다. 또한 수출입 기업들에 더 가까운 곳에서 통관 서비스를 제공함으로써 시간과 비용을 절약할 수 있게 해준다. 이를 통해 기업들은 물류비용을 줄이고 경쟁력을 높일 수 있다.

우리나라에서는 의왕ICD, 양산ICD 등이 대표적인 내륙통관기지로 운영되고 있다. 이들 시설은 국내 물류 네트워크의 중요한 거점 역할을 하며, 수도권과 영남권의 수출입 화물 처리에 큰 역할을 하고 있다. 이러한 내륙통관기지의 운영은 우리나라 물류 시스템의 효율성을 높이고, 국제무역의 원활한 진행을 돕는 데 중요한 역할을 하고 있다.

④ 체화공매

체화공매(滯貨公賣; auction of unclaimed goods)란 보세구역이나 세관에서 오랫동안 찾아가지 않은 물품을 팔아버리는 제도를 말한다. 보세구역은 외국에서 들어온 물건을 임시로 보관하는 특별한 장소다. 이곳에 보관된 물건이나, 보세구역 밖에 있는 세관 관리 물건, 또는 세관에 맡겨진 물건들은 정해진 기간 안에 주인이 찾아가야 한다.

하지만 이 기간이 지나도 아무도 찾아가지 않으면 세관은 이 물건들을 팔 수 있다. 물론 갑자기 팔아버리는 건 아니고, 먼저 공고를 해서 주인에게 알린다. 그래도 찾아가지 않으면 그때 물건을 판다. 이것이 바로 체화공매다.

물건이 보세구역에서 빠져나가지 못하는 이유는 주로 관세를 내지 않았을 때, 수출입 허가를 받지 못했을 때, 주인이 일부러 수입절차를 밟지 않을 때 등이 있다. 이런 제도가 있는 이유는 보세구역이나 세관에 물건이 계속 쌓이는 것을 막고, 관리 비용을 줄이기 위해서다. 또한 찾아가지 않은 물건을 팔아 국가 수입을 늘리는 효과도 있다.

쉽게 말해, 체화공매는 "오래 방치된 물건은 주인에게 알린 후 팔아 버린다"라는 규칙이라고 볼 수 있다. 이는 효율적인 물류관리와 국가 재정에 도움을 주는 중요한 제도다. 이를 통해 보세구역과 세관의 공간을 효율적으로 관리하고, 불필요한 행정 비용을 줄일 수 있으며, 동시에 국가 수입을 증대시키는 효과를 얻을 수 있다.

2) 원산지관리

(1) 원산지 규정 및 확인 기준

① 원산지 규정의 의의

원산지 규정은 특정 상품이 어느 국가에서 생산되고 제조되었는지를 판단하는 기준이다. 원산지 규정에 관한 국제적 협약은 파리협정이 1883년 최초의 국제적 합의로 그 의의가 있다. 그 외 교토협약과 세계무역기구(WTO)의 통일원산지 규정이 국제적 협약이라고 할 수 있다. 하지만 대부분 국가는 국제적 협약을 염두에 두면서 자체적으로 원산지관리규정을 운영하고 있다.

② 원산지 확인기준

일반적으로 원산지확인기준은 관세법에 따라 완전생산기준, 실질적 변형기준으로 확인기준을 두고 있다. 하지만 특수물품의 원산지 결정기준에 해당하는 물품과 함께 체약국끼리 직접운송의 경우에만 원산지의 지위가 인정되는 직접운송의 원칙을 함께 고민해야 한다. 원산지와 관련한 업무는 이를 기준으로 관세의 부과 및 징수, 수출입물품의 통관, 원산지증명서 등의 원산지 확업무를 진행한다.

가. 완전생산기준

완전생산기준은 어떤 물건이 한 나라에서 처음부터 끝까지 모두 만들어졌을 때, 그 나라를 해당 물건의 원산지로 인정하는 규칙이다. 이 기준은 여러 경우에 적용된다.

한 나라에서 캐낸 광물이나 그 나라에서 자란 식물이 이에 해당한다. 또 그 나라에서 태어나고 자란 동물들과 이 동물들에게서 얻은 우유나 달걀 같은 것도 포함된다. 그 나라에서 직접 사냥이나 낚시로 잡은 것들도 완전생산기준에 해당한다.

바다와 관련해서는 그 나라의 배를 타고 가서 바다에서 잡거나 모은 것들도 이 기준을 적용받는다. 물건을 만드는 과정에서 생긴 부산물이나 쓰레기도 그 나라의 완전생산물로 인정된다.

마지막으로, 위에서 언급한 모든 것들을 원료로 해서 그 나라에서 만든 물건들 역시 완전생산기준에 따라 그 나라의 원산지를 가지게 된다.

이렇게 완전생산기준은 물건의 '출생지'부터 '성장', '가공' 과정까지 모두 한 나라에서 이루어진 경우를 다룬다. 이는 국제무역에서 물건의 원산지를 명확하게 판단하고, 각종 무역 협정이나 관세 적용 시 기준을 제공하는 중요한 역할을 한다.

나. 실질적 변형기준

실질적 변형기준은 여러 나라에서 생산, 가공, 제조된 물품의 원산지를 결정하는 방법이다. 이 기준은 물품의 본질적 특성을 부여하는 중요한 생산 과정이 최종적으로 이루어진 나라를 원산지로 정한다.

이 기준은 세 가지 방식으로 적용된다. 첫째, 6단위 세번변경기준이다. 이는 물품의 품목분류번호 앞 6자리가 바뀌는 정도의 가공이 이루어진 나라를 원산지로 인정한다는 것이다.

둘째, 주요 공정·부가가치기준이다. 단순히 품목번호가 바뀌는 것만으로는 실질적 변형을 인정하기 어려운 경우, 주요 공정이나 부가가치 등을 고려해 품목별로 특별한 기준을 정할 수 있다.

셋째, 불인정공정이다. 이는 단순한 가공으로 물품의 본질적 특성을 바꾸지 않는 공정을 말한다. 이런 공정만 거친 경우, 품목번호가 바뀌더라도 해당 국가를 원산지로 인정하지 않는다.

불인정공정의 예로는 물품 보존을 위한 작업, 포장 개선이나 상품 표시 작업, 단순한 선별, 구분, 절단, 세척 작업, 재포장이나 단순한 조립 작업, 원산지가 다른 물품과의 단순 혼합 작업, 가축의 도축 작업 등이 있다.

다. 특수물품의 원산지 결정 기준

일반적인 원산지 결정 방식과는 다르게, 특정 물품들은 고유한 기준을 가지고 있다. 먼저, 촬영된 영화용 필름의 경우 그 제작자가 속한 나라를 원산지로 인정한다. 예를 들어, 미국 영화사가 제작한 영화 필름은 촬영 장소와 관계없이 미국이 원산지가 된다.

다음으로, 기계나 차량에 딸려오는 부속품, 예비 부품, 그리고 공구들의 원산지는 주 기계나 차량의 원산지를 따른다. 이는 해당 부품들이 주 기계나 차량과 함께 수입되고 판매되며, 그 종류와 수량이 일반적인 부속품으로 인정될 때 한한다. 예를 들어, 독일 자동차와 함께 수입된 스페어타이어의 원산지는 독일이 된다.

마지막으로, 포장용품의 원산지는 보통 그 안에 들어있는 물품의 원산지를 따른다. 하지만 관세율표에서 포장용품과 내용물을 각각 다른 품목번호로 분류하고 있다면 이 규칙은 적용되지 않는다. 예를 들어, 이탈리아 와인을 담은 병은 보통 이탈리아가 원산지가 되지만, 특별한 경우 병 자체의 원산지가 별도로 결정될 수 있다.

이러한 특별 규정들은 무역 과정에서 발생할 수 있는 복잡한 상황들을 단순화하고, 원산지 결정을 더 명확하게 하려고 만들어졌다.

라. 직접운송의 원칙

직접운송의 원칙은 국제무역에서 중요한 규칙이다. 이 원칙은 원산지 물품이 중간에 다른 나라를 거치지 않고 바로 수입국으로 운송되어야 한다는 것을 말한다. 이는 물품의 원산지 지위를 보호하기 위한 것이다.

만약 물품이 제3국을 거치면 원산지 지위를 잃을 수 있다. 이를 막기 위해 관세법에서는 체약국 간 직접 운송되는 경우에만 원산지를 인정한다.

하지만 이 원칙에도 예외가 있다. 다음과 같은 경우에는 직접 운송되지 않아도 원산지를 인정받을 수 있다.

첫째, 지리적 이유나 운송상의 이유로 다른 나라를 단순히 지나가는 경우다. 이때 물품은 그 나라의 세관 통제의 보세구역에 보관되어야 하고, 단순한 하역이나 재선적 외에 다른 작업을 하지 않아야 한다.

둘째, 박람회나 전시회 때문에 다른 나라로 갔다가 우리나라로 다시 들어오는 물품이다. 이 경우 해당 국가의 세관 통제 속에 전시 목적으로만 사용되어야 한다.

이러한 예외 규정은 국제무역의 현실을 반영한 것이다. 모든 물품이 항상 직접 운송될 수는 없어서, 일정 조건에서는 원산지 지위를 유지할 수 있도록 한 것이다. 이를 통해 무역의 유연성을 높이고, 동시에 원산지 규정의 중요성도 지킬 수 있다.

(2) 원산지표시와 판정

① 원산지표시

산업통상자원부장관이 원산지를 표시하여야 하는 대상으로 공고한 물품 등을 수출하거나 수입하려는 자는 그 물품 등에 대하여 원산지를 표시하여야 한다. 그리고 산업통상자원부장관은 필요하다고 인정하면 수출 또는 수입 물품 등의 원산지 판정을 할 수 있다. 원산지 판정의 기준은 대통령령으로 정하는 바에 따라 산업통상자원부장관이 정하여 공고한다.

② 원산지 판정

수입 물품의 원산지 판정 기준은 크게 완전생산기준과 실질적 변형기준으로 나눈다. 완전생산기준은 간단하다. 물품 전체가 한 나라에서만 만들어졌다면, 그 나라가 원산지가 된다.

실질적 변형기준은 좀 더 복잡하며, 세 가지로 나뉜다. 첫째, 세번변경기준은 원재료와 다른 품목번호의 제품을 만들면 그 나라가 원산지가 된다. 둘째, 부가가치기준은 특정 물품에 적용되며, 원재료 가격 대비 최종 제품 가격의 비율로 원산지를 정한다. 셋째, 주요 부품기준은 완제품에 가장 많이 기여한 부품의 원산지를 보고 판단한다.

주요 부품기준의 경우, 부품 생산에 가장 기여한 나라가 완제품 생산에도 많이 기여했다면 그 나라를 원산지로 본다. 그렇지 않으면 최종 제조 국가가 원산지가 된다. 이 외에도 수입 원료를 사용한 국내 생산품의 원산지 판정, 예외 상황, 특별 규정 등 다양한 기준이 있다. 이런 복잡한 기준들은 국제무역에서 공정한 거래를 위해 만들어졌다.

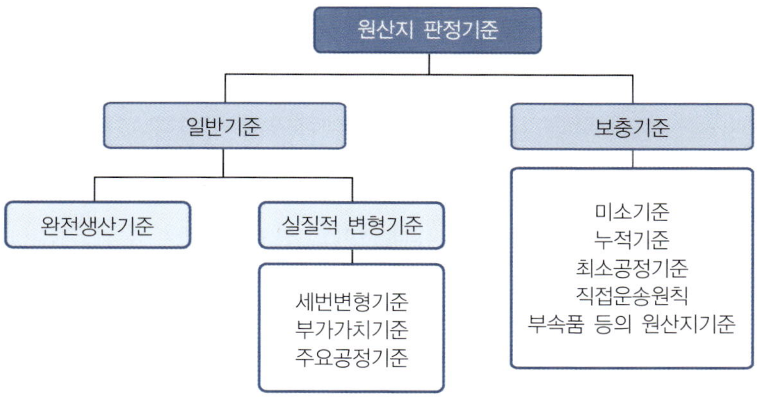

그림 9-3 **원산지 판정기준**

(3) HS협약과 코드

① HS협약 그리고 품목분류

HS품목분류표, 또는 HSK코드는 국제무역에서 사용되는 상품 분류체계다. 이는 HS협약에 기반을 두고 있으며, HS협약은 1988년 세계관세기구의 전신인 관세협력이사회에서 채택되었다. HS협약의 목적은 국제무역을 촉진하고, 무역 통계를 쉽게 수집하고 비교 분석하며, 분류체계를 통일하여 비용을 줄이고 무역 서류를 표준화하는 것이다. 회원국들은 이 협약에 따라 HS품목분류표의 체계를 따르고, 자국의 관세 및 통계 품목 분류표를 이와 일치시켜야 한다.

HS품목분류표는 1988년부터 시행되어 2022년까지 7번 개정되었다. 주로 5년마다 무역 환경과 기술 발전에 따라 개정되며, 최근 개정에서는 새로운 품목을 추가하고 무역량이 줄어든 품목을 삭제하거나 통합했다. 이 분류표는 6자리까지 국제적으로 공통으로 사용되며, 7자리부터는 각 국가가 자체적으로 세분화할 수 있다. 한국은 HSK(Harmonized System of Korea)라 불리는 10자리 체계를 사용한다. 2022년 기준 HSK는 21개 부, 97개류, 1,228개 4단위 호, 5,369개 6단위 소호, 11,293개 10단위 소호로 구성되어 있다.

HS코드의 구조를 보면 처음 2자리는 류(chapter), 4자리까지는 호(heading), 6자리까지는 소호(sub-heading)를 나타낸다. 예를 들어 설명하면, 먼저 신선한 사과의 HSK 코드를 살펴보자. 이 코드는 0808.10.0000인데, 여기서 08은 식용 과실류를, 0808은 사과와 배 등을, 0808.10은 특별히 사과를 나타낸다. 마지막 4자리 0000은 한국이 추가로 세분화한 코드로, 신선한 사과를 의미한다.

다음으로 현대 생활에 필수적인 휴대전화의 HSK 코드는 8517.13.0000이다. 85는 전기기기류, 8517은 통신기기, 8517.13은 스마트폰을 나타내며, 마지막 0000은 한국의 세부 분류를 나타낸다.

의류 품목의 예로 남성용 면 셔츠를 들 수 있다. 이 제품의 HSK 코드는 6205.20.1000이다. 62는 의류류, 6205는 남성용 셔츠, 6205.20은 면으로 만든 셔츠를 의미하며, 마지막 1000은 한국의 세부 분류 코드다.

앞서 언급한 바와 같이, 이러한 HSK 코드 체계에서 앞의 6자리는 국제적으로 통일된 코드이며, 뒤의 4자리는 한국이 자체적으로 세분화한 것이다. 이 시스템을 통해 모든 수출입 물품을 정확하게 분류하고 관리할 수 있으며, 이는 관세 부과, 무역 통계 작성, 수출입 규제 적용 등 다양한 목적으로 활용된다. 예를 들어, 특정 과일의 수입량을 파악하거나, 전자기기에 대한 관세율을 결정하거나, 특정 의류의 수출 동향을 분석하는 등의 작업이 이 코드 체계를 바탕으로 이루어진다. 이처럼 HSK 코드는 국제무역의 효율성과 투명성을 높이는 데 중요한 역할을 하고 있다.

② 품목분류에 대한 이해

수출입 물품의 분류는 HS품목 분류표를 기준으로 하지만, 때로는 물품을 정확히 분류하기 어려울 수가 있다. 한 물품이 여러 개의 HS코드를 가질 수 있고, 같은 물품이라도 다른 HS코드가 적용되면 관세율이 달라질 수 있어서 정확한 HS코드를 받는 것이 매우 중요하다.

이런 상황에서 품목분류 사전심사제도를 활용할 수 있다. 이 제도는 수출입자가 HS코드 분류에 어려움을 겪을 때 관세평가분류원에 법적 효력이 있는 품목번호를 결정해달라고 요청할 수 있는 민원회신제도이다.

수출입을 하려는 사람, 수출할 물품의 제조자, 관세사, 관세법인, 통관취급법인 등이 이 제도를 이용할 수 있다. 신청 방법은 품목분류사전심사 신청서를 작성한 후 우편으로 보내거나 직접 방문하여 상담 후 신청하는 것이다.

관세평가분류원은 신청받은 날로부터 30일 이내에 결과를 알려주며, 이 결정의 유효기간은 3년이다. 이 제도를 통해 수출입업자들은 정확한 HS코드를 받아 관세율 적용에 대한 불확실성을 줄이고 예측가능한 무역 활동을 할 수 있다.

PART 03

국제경영의 이해

CHAPTER

10

해외시장 진출방식

■ 학습목표

1. 수출을 통한 해외시장 진출방식을 학습한다.
2. 계약을 통한 해외시장 진출방식을 학습한다.
3. 해외직접투자를 통한 해외시장 진출방식을 학습한다.

대부분의 기업은 초기에는 국내시장을 대상으로 경영활동을 시작한다. 그러나 기업의 지속적인 생존과 성장을 추구하기 위해서는 시장의 크기가 제한적인 국내시장을 벗어나 보다 넓고 다양한 해외시장에 진출해야 한다. 성공적이고 보다 효율적인 기업의 글로벌화를 추진하기 위해 기업은 해외시장 진출전략을 최우선으로 마련해야 한다. 기업의 해외시장 진출전략은 대표적으로 수출이나 계약 그리고 해외직접투자를 통한 해외시장 진출방식으로 나눌 수 있다. 이때 기업은 다양한 해외시장에 대한 이해와 기업의 성격 그리고 제품의 특성 등을 고려해 가장 적합한 해외시장 진출전략을 선택해야 한다. 따라서 각 진출방식의 장단점을 이해하는 것은 필수적이다.

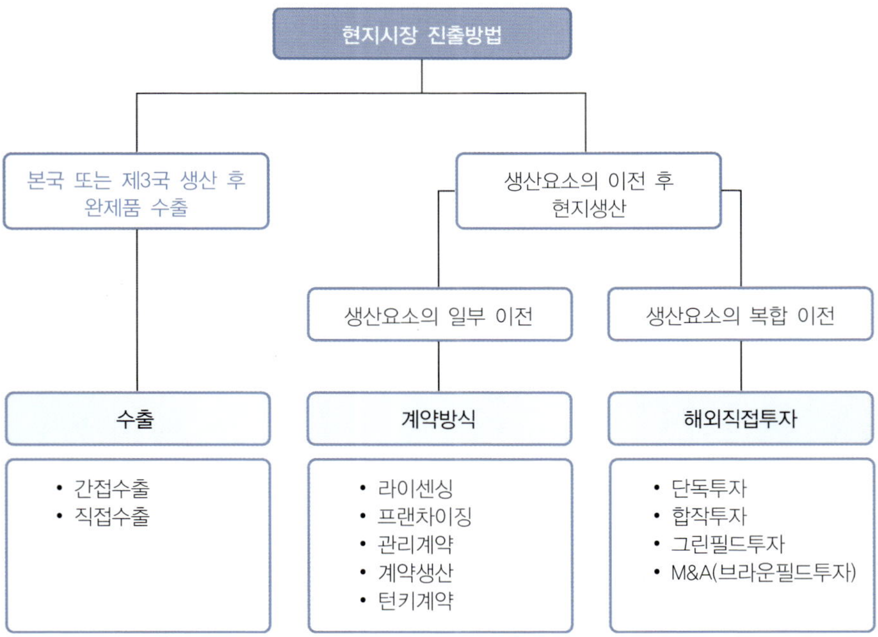

그림 10-1 **해외시장 진출방식**

1. 수출을 통한 해외시장 진출

1) 수출의 정의

수출(export)은 한 국가에서 생산된 재화나 서비스를 다른 국가에 판매하거나 유통하는 경영활동을 의미한다. 세계화 초기 단계에 있는 기업은 진출하고자 하는 해외시장에 대한 지식이 부족하고, 해당 시장의 고객 필요를 정확히 파악하지 못하며, 정치적·문화적 차이에 따른 문제점을 관리하는 능력이 결여되어 해외시장으로 진출하는데 많은 위험 요소와 직면한다. 이러한 기업에 수출은 상대적으로 많은 자원의 투입 없이 해외시장에 대한 지식을 획득할 수 있고 경쟁능력을 함양할 수 있다. 또한 투입비용 대비 위험이 적어 다른 전략도 동시에 활용할 수 있다. 따라서 수출은 가장 기본적인 전략으로 최소한의 자원 투입으로 해외시장 진출을 추구하기 때문에 비교적 위험이 적어 해외시장에 대한 경험과 지식이 충분히 없는 세계화 초기 단계의 기업에 적합한 방법이다.

2) 수출의 장단점

(1) 수출의 장점

수출(export)은 한 국가에서 생산된 재화나 서비스를 다른 국가에 판매하거나 유통하는 경영활동을 의미한다. 글로벌화 초기 단계에 있는 기업은 진출 하고자 하는 해외시장에 대한 지식이 부족하고, 해당 시장의 고객 필요를 정확히 파악하지 못하며, 정치적·문화적 차이에 따른 문제점을 관리하는 능력이 부족하여 해외시장으로 진출하는 데 많은 위험요소와 직면한다. 이러한 기업에 수출은 상대적으로 많은 자원의 투입 없이 해외시장에 대한 지식을 획득할 수 있고 경쟁능력을 함양하는 방법이다. 또한 투입비용 대비 위험이 적어 다른 전략도 동시에 활용할 수 있다. 따라서 수출은 가장 기본적인 전략으로 최소한의 자원 투입으로 해외시장 진출을 추구하기 때문에 비교적 위험이 적어 해외시장에 대한 경험과 지식이 충분히 없는 글로벌화 초기 단계의 기업에 적합한 방법이다.

(2) 수출의 단점

수출은 장점도 있지만 단점도 있다. 수출의 첫 번째 단점은 낮은 수준의 통제 역량을 요구하기 때문에 해외시장에서 모든 경영활동을 경험하지 못한다. 따라서 국제경영활동에 따른 지식이나 경험을 얻는 기회가 적다. 이러한 단점은 특히 중개인을 통한 수출을 하는 경우 더 크게 나타난다. 두 번째 단점은 국내거래와 달리 수출계약에 필요한 새로운 지식이나 기술을 습득해야 한다. 비록 수출이 해외시장 진출전략 중 가장 간단한 전략일지라도 국내거래가 아니므로 새로운 지식이나 기술을 습득해야 하는 부담감이 존재 한다. 마지막 수출의 단점은 무역장벽에 민감하다는 것이다. 관세나 비관세장벽 또는 환율의 변동 등이 수출가격에 반영되는 경우 가격경쟁력이 하락하거나 수익률이 감소할 수 있다.

3) 간접수출과 직접수출

(1) 간접수출

간접수출(indirect export)은 제조기업이 수출상이나 수출대리점을 통해 제품을 수출국으로 수출하여 판매하는 방법을 의미한다. 간접수출에서 제조기업은 수출국에서 요구하는 수출에 필요한 절차 및 관련 기능을 스스로 수행할 필요가 없다. 따라서 납품 기일에 맞추어 제품을 수출중간상에게 공급만 하면 의무가 끝나므로 국내시장에서 제품을 판매하는 것과 큰 차이가 없다. 이러한 간접수출은 전문적인 수출중간상을 통해 수출이 진행되므로 전문인력 및 조직의 재편성을 할 필요성이 없고 안전하게 수출판매 이익을 향유할 수 있다. 또한 해외시장의 관리를 수출중간상이 전담하므로 직접적인 관리비와 추가적 자원의 투입을 줄일 수 있다. 그러나 제품을 수출중간상에게 판매한 후 수출에 대한 통제권을 상실하기 때문에 직접적 해외마케팅 및 고객과의 접촉이 불가능하다. 또한 기업이미지 제고에도 어려움이 있다.

(1) 직접수출

직접수출(direct export)은 제조기업이 수출중간상을 통하지 않고 본사의 수출 전담 부서나 계열무역회사를 통해 직접적으로 제품을 수출국에 수출하여 판매하는 방법이다. 직접수출에서 제조기업은 수출과 연관된 모든 업무를 수출중간상에게 위임하지 않으므로 간접수출에 비해 강력한 통제권을 가지게 된다. 따라서 해외고객 관리를 직접 할 수 있고, 신속하고 정확하게 시장정보에 접근할 수 있어 보다 전문적 지식을 습득할 수 있다. 또한 제조기업이 직접 유통경로나 광고전략 그리고 제품 서비스 등에 관한 의사결정을 할 수 있어 해외마케팅을 통한 이익의 추구가 가능하다. 그러나 제조기업이 수출에 대한 전반적 업무를 모두 담당해야 하므로 높은 초기비용과 위험부담이 있다. 또한 제조기업 내에 수출 전문인력이나 전담 부서를 설치 및 운영하거나 현지국에 현지기업을 설립 및 운영해야 하는 경우도 발생하므로 이에 따른 비용의 부담이 있다.

표 10-1 간접수출과 직접수출 비교

구분	간접수출	직접수출
이용경로	- 수출상 - 수출대리점	- 현지대리점/유통업자 - 현지판매지사/자회사
장점	- 안정적으로 수출 판매이익 향유 가능 - 위험과 분쟁회피 - 해외시장 관리의 직접비용 감소 - 전문인력 및 조직재편성 불필요	- 신속하고 정확한 시장정보접근 가능 - 해외고객 관리 - 직접마케팅을 통한 이익추구 - 자사 수출상품 관리 강화
단점	- 해외마케팅 통제권 상실 - 해외고객과의 접촉 제한 - 기업이미지 제고 어려움	- 무역 전문인력 및 전담부서 운영을 위한 비용 부담 - 수출분쟁 발생 시 위험비용 증가

출처: 이서영 (2011). p.191.

2. 계약을 통한 해외시장 진출

계약을 통한 해외시장 진출전략은 일반적으로 공업소유권이나 저작권 같은 지적소유권과 기술적 노하우나 경영 노하우 같은 무형자산 등을 하나의 제품으로 취급하여 기업 간 권리와 의무가 공식적인 계약을 체결함으로써 이루어진다. 계약의 형태는 주로 기업이 직접 해외에 진출하여 경영활동을 수행하는 데 어려움이 있는 경우에 이용된다. 계약을 통한 해외시장 진출의 거래 대상이 무형의 자원과 서비스인 점을 고려할 때 근본적으로 일반상품의 수출 방식과 다르며 주식투자가 수반되지 않기 때문에 해외직접투자방식 과도 다르다. 계약을 통한 해외시장 진출전략의 대표적 유형은 라이선싱과 프랜차이징이며 그 외에도 관리계약, 계약생산, 턴키계약이 있다.

1) 라이선싱

라이선싱(licensing)은 특허・노하우・상호 등의 산업재산권과 저작권을 포함하는 지식재산권을 소유한 특정 기업(licensor)이 로열티나 다른 반대급부를 대가로 일정 조건에 다른 기업(licensee)이 사용할 수 있도록 권리를 제공하는 당사자 간 계약을 체결하는 것을 의미한다. 일반적으로 라이선서는 라이선시에 기술적 정보를 지원할 때 다른 기업과 라이선싱 자산을 공유하지 못하도록 배타적 계약을 체결한다. 다국적 기업이 라이선싱 계약을 통해 해외시장에 진출하는 원인은 다양하지만 크게 세 가지로 정리할 수 있다. 첫째, 목표 해외시장에 수출이나 해외직접투자에 대한 무역장벽이 존재하는 경우 이를 대체하려는 방안으로 라이선싱 계약을 통해 해외시장에 진출한다. 둘째, 국내에서 이미 사용된 기술을 해외로 이전시킴으로써 추가적 이윤 확보를 기대할 수 있기 때문이다. 셋째, 현지기업과 형식적 라이선싱 계약체결을 통해 외환 규제의 경우에도 현지국에서 본국으로 어느 정도의 과실송금[1]이 가능하기 때문이다.

(1) 라이선싱의 장점

라이선싱(licensing)은 기업이 해외시장에 진출할 때 활용할 수 있는 효과적 전략이다. 이 방법은 적은 위험과 비용으로 해외시장에 진입할 수 있게 해주며, 대규모 투자 없이도 지식재산권을 활용할 수 있다. 또한 라이선싱은 해외시장의 잠재력을 검증하는 수단으로 사용될 수 있어, 불확실한 시장 상황에서 해외직접투자보다 유리한 선택이 될 수 있다.

기업은 라이선싱을 통해 자사의 지식재산권을 효율적으로 활용할 수 있다. 라이선시는 기술 개발에 드는 비용을 절감할 수 있고, 라이선서는 보유 자산으로 추가 수익을 창출할 수 있어 양측 모두에게 이점이 있다. 더불어 라이선싱은 무역장벽이 높은 국가에 진출할 때 유용한 우회 수단이 될 수 있다. 관세나 쿼터와 같은 정부 규제가 수출이나 해외직접투자에 직접적인 영향을 미칠 때, 라이선싱은 이러한 제한을 피해 시장에 진입하는 방법을 제공한다.

(2) 라이선싱의 단점

라이선싱은 기업의 해외 진출전략 중 하나이지만 몇 가지 단점이 있다. 라이선서가 계약 대상 자산을 효과적으로 통제하기 어렵다. 계약기간 동안 기술에 대한 독점권은 라이선시에 있어 라이선서의 관여가 제한적이며 라이선시의 역량에 크게 의존해야 한다.

라이선시가 미래에 강력한 경쟁자로 성장할 수 있다. 라이선시가 기술을 습득한 후 제삼국 시장에 진출하거나 새로운 기술을 개발할 수 있기 때문이다. 이를

1) 과실송금은 외국인 투자자가 한국 내 투자로 얻은 이익(배당금, 이자 등)을 본국으로 보내는 것이다. 외국환거래법에 따라 규제되며, 외국인 투자 유치를 촉진하는 긍정적 효과가 있다. 하지만 대규모 송금 시 국내 자본 유출과 환율에 영향을 줄 수 있어 경제적으로 중요한 의미를 갖는다.

방지하기 위한 계약상의 제한 조항은 많은 국가에서 독점금지법으로 금지되고 있어 위험 관리가 쉽지 않다.

라이선싱은 해외시장의 기반을 마련하기 어렵다. 다른 해외 진출전략에 비해 해외시장 경험과 지식 습득 기회가 제한적이어서 견고한 시장 기반을 구축하기가 매우 어렵다.

2) 프랜차이징

프랜차이징(franchising)은 라이선싱의 한 형태로 프랜차이저(franchisor)가 소유하고 있는 상표나 상호의 사용권을 프랜차이지(franchisee)에 허가해 주고 원료 및 경영관리시스템까지도 제공해 주는 방법이다. 이는 프랜차이저와 프랜차이지 모두 직・간접적으로 경영에 참여하는 방식이다. 이러한 프랜차이징은 생산공정 또는 관리 시스템이 쉽게 상대방에게 이전될 수 있는 경우나 기업의 제품이 성격상의 이유로 완제품 형태로 수출국에 수출될 수 없는 경우에 활용 가치가 있다. 또한 프랜차이징은 합작투자나 단독투자를 위한 과도기적 진출방식으로도 종종 사용되기도 한다. 코카콜라, 맥도날드, 피자헛 같은 음식점이나 호텔 같은 서비스업종에서 주로 프랜차이징을 활용하여 해외시장에 진출한다. 프랜차이징이 라이선싱의 한 형태지만 라이선싱보다 좀 더 장기적이고 안정적인 진입방식이며, 프랜차이지에 끊임없는 지원과 통제를 강조한다는 점에서 라이선싱과 구별된다.

(1) 프랜차이징의 장점

프랜차이징의 장점은 프랜차이저 입장의 장점과 프랜차이지 입장의 장점으로 구분할 수 있다.

첫째, 프랜차이저의 입장에서는 저렴한 비용으로 신속하게 해외시장 진출이 가능하다는 장점이 있다. 프랜차이징은 저위험・저비용 진출전략으로 비교적 저렴한 비용으로 해외시장에 진출할 수 있다. 그리고 계약을 통해 표준화된 제품과 서비스를 제공하기에 신속한 진출이 가능하다.

둘째, 프랜차이저의 입장에서 유명 브랜드나 상표를 이용하여 진출 초기부터 이익창출이 가능하다는 장점이 있다. 프랜차이저는 세계적으로 유명한 브랜드나 상표를 소유하고 있어 시장 내 인지도가 높은 편이다. 따라서 해외시장 진출 초기부터 이익을 얻을 수 있다.

셋째, 프랜차이지의 입장에서 해외시장 진출의 초기 단계에서 인지도가 낮은 경우 프랜차이징을 이용하면 유명 브랜드나 상표를 활용할 수 있다는 장점이 있다. 진출시장에서 초기 인지도가 낮더라도 이미 세계적인 브랜드와 상표를 이용하게 되면 판매의 어려움을 해소할 수 있다.

넷째, 프랜차이지의 입장에서 프랜차이징은 프랜차이저가 제공하는 교육및 지원을 지속적으로 받아 사업의 성공 가능성을 높일 수 있다는 장점이 있다. 시장의 흐름과 변화에 따라 프랜차이저는 세계적 관점에서 표준화된 방식을 변경하기 때문에 프랜차이지는 변화에 따른 방식 변화를 위한 추가적 자원을 소비할 필요가 없다.

(2) 프랜차이징의 단점

프랜차이징의 단점도 프랜차이저의 입장과 프랜차이지의 입장에서 나누어 설명할 수 있다.

첫째, 프랜차이저 입장에서 프랜차이지를 통제하는 데 어려움을 겪을 수 있다는 단점이 있다. 프랜차이지가 세계적으로 넓게 분포하고 있는 경우 이를 지속적으로 일일이 통제하는 것은 현실적으로 매우 어려운 과제이다.

둘째, 프랜차이저 입장에서 프랜차이지가 표준화된 사업방식을 준수하지 않는 경우 법적 분쟁을 포함한 다양한 갈등이 양산될 수 있다는 단점이 있다.

셋째, 프랜차이지 입장에서 높은 초기 투자자금을 지급해야 할 가능성이 있다는 단점이 있다. 표준화된 사업방식이나 서비스의 품질을 유지하기 위한 초기 투자자금이 높을 수 있다. 또한 특정 물품이나 시설과 설비 등을 구매하거나 설치하라고 강요당할 수 있다.

넷째, 프랜차이지 입장에서 프랜차이저가 동일한 지역 내에서 신규 프랜차이지를 출점하는 경우 프랜차이지 간 경쟁이 심화될 수 있다는 단점이 있다.

3) 관리계약

관리계약(management contract)은 기업의 소유와 경영을 분리하여 경영기업이 일정 기간 동안 현지국에 있는 소유기업의 일상적인 영업활동에 대한 권리를 받는 방법이다. 관리계약방법은 경영노하우를 얻기 위해 주로 병원이나 호텔 그리고 공항 등과 같은 전문서비스 업종에서 이용된다. 예를 들어, 메리엇(Marriott International)이나 힐튼(Hilton Worldwide)과 같은 글로벌 호텔 체인이 개별 호텔 소유주와 계약을 맺고 호텔 운영을 맡는 경우가 있다. 이를 통해 호텔 소유주는 전문적인 경영 노하우를 활용할 수 있고, 호텔 체인은 자본 투자 없이 브랜드를 확장할 수 있다. 때로는 진출하고자 하는 진출국에서 일정 비율 이상의 주식 보유를 허용하지 않는 경우 진출국의 합작사와 합작투자를 통해 설립한 기업의 경영권을 장악하기 위한 수단으로 이용된다. 관리계약은 정부가 사회간접자본 프로젝트를 운영하기 위한 인력이 부족할 때 유용하게 사용될 수 있다. 그러나 제조기업에 낮은 위험으로 해외시장 진출이 가능하다는 장점이 있음에도 자기 제품의 시장 위치를 확보할 수 없어 그리 만족스러운 방법은 아니다. 따라서 플랜트 수출이나 합작투자 등의 다른 방법과 결합하여 이용할 때 더욱 바람직한 효과를 기대할 수 있다.

4) 계약생산

계약생산(contact manufacturing)은 라이선싱과 해외직접투자의 중간적 성격을 가진 방법으로 진출대상국 소재의 제조기업에 일정한 조건에 제품을 생산하도록 하여 그 제품을 현지 시장이나 제삼국 시장에서 판매하는 방법이다. 이른바 주문자 상표부착생산(original equipment manufacturing, OEM)이라고도 하는 계약생산은 현지 시장의 규모가 해외직접투자 형태로 진출하기에 너무 협소하거나 높은 무역장벽으로 인해 수출을 통한 해외시장 진출이 어려운 경우에 유용하게 이용된다. 우리나라에서 생산되어 수출되는 공산품의 상당량이 해외수입업자의 상표가 붙어 세계 시장에 판매되는 경우도 일종의 계약생산이다. 계약생산은 해외생산에서 필요한 시설과 설비에 대한 투자 없이도 라이선싱으로는 어려운 마케팅에 대한 통제가 가능하다는 이점이 있다.

참고로 ODM(Original Design Manufacturing)은 제조업체가 자체적으로 제품을 설계하고 생산하여 다른 기업의 브랜드로 판매하는 방식이다. 한국의 콜마비앤에이치는 화장품과 건강기능식품 ODM 분야에서 성공을 거두고 있는데, 연구개발에 대한 지속적인 투자로 혁신적인 제품을 개발하여 국내외 다양한 브랜드와 협력하고 있다. 반면 OEM(Original Equipment Manufacturing)은 주문자가 제시한 설계와 브랜드로 제품을 생산하는 방식이다. ODM 업체는 제품의 연구개발부터 생산까지 전 과정을 담당하는 반면, OEM 업체는 주로 생산만을 담당한다.

ODM과 OEM의 주요 차이점은 여러 가지가 있다. 제품 설계 측면에서 ODM은 제조업체가 직접 설계하지만, OEM은 주문자가 설계를 제공한다. 기술력 측면에서 ODM은 높은 수준의 연구개발 능력이 필요하지만, OEM은 상대적으로 낮은 수준의 기술력으로도 가능하다. 부가가치 측면에서 ODM은 설계부터 생산까지 담당하므로 더 높은 부가가치를 창출할 수 있다.

리스크 측면에서 ODM은 제품 개발 리스크를 감수해야 하지만, OEM은 상대적으로 리스크가 낮다. 브랜드 의존도 측면에서 ODM은 자체 브랜드 구축 가능성이 있지만, OEM은 주문자의 브랜드에 의존한다. 결론적으로, ODM은 더 높은 기술력과 부가가치를 제공하지만, 더 큰 리스크를 감수해야 하는 반면, OEM은 상대적으로 안정적이지만 부가가치 창출에 한계가 있다.

5) 턴키계약

턴키계약(turn-key contract)[2]은 특정기업이 해외로부터 공장이나 기타 산업 시스템을 발주받아 이를 설계 및 건설한 후 시험 운전이 성공적으로 끝나면 발주자에게 운영을 인계하는 방법이다. 턴키계약은 플랜트 수출(plant export)이라고도 하며, 오늘날 많은 국가의 정부와 공공기관 그리고 기업들은 각종 사회간접자원을 비롯하여 다양한 제조공장과 생산설비 등을 건설하는 크고 작은 사업들을 국제입찰 후 계약을 통해 해외기업에 발주하고 있다. 턴키계약은 주로 항만・도로・철도 등과 같은 사회 인프라 시설을 건설할 때 이용된다. 턴키계약의 일종으로 도로나 댐 등의 주요 시설을 계획 및 건설한 후 일정 기간 시공한 기업이 운영하다가 그 운영권을 중앙정부나 지방 정부에게 양도하는 BOT(build-operate-transfer) 계약이 있다. 턴키계약에서 한 단계 더 나아가 발주자가 사업을 독자적으로 운영할 수 있도록 경영관리나 근로자 훈련 같은 서비스를 제공하는 턴키플러스(turn-key plus)방식도 있다.

2) 영어 표현 "turn the key"에서 비롯되었다. 이는 문자 그대로 "열쇠를 돌리다"라는 의미이다. 턴키 계약에서 계약자는 프로젝트의 설계부터 시공, 시험 운전까지 모든 과정을 책임진다. 프로젝트가 완전히 완료되어 발주자가 즉시 사용할 수 있는 상태로 인도된다. 이때 발주자는 마치 열쇠만 돌리면 바로 사용할 수 있는 것처럼 완성된 프로젝트를 받게 된다. 따라서 '턴키'라는 표현은 발주자가 복잡한 과정에 관여하지 않고, 완성된 결과물을 받아 즉시 사용할 수 있다는 의미를 함축하고 있다. 이는 마치 새 집의 열쇠를 받아 문을 열고 바로 입주할 수 있는 것과 유사한 개념이다.

3. 해외직접투자

1) 해외직접투자를 통한 해외시장 진출

해외투자는 투자자가 경영에 참여하는 유무에 따라 해외직접투자와 해외간접투자로 나누어진다. 투자국 현지에서 경영참가를 목적으로 자본·경영기술·생산시설 등 생산요소를 이전시키는 것을 해외직접투자라 하고, 경영에 참여하지 않고 주식배당·이자 등 투자과실을 획득하기 위해 하는 투자를 해외간접투자라 한다. 따라서 해외직접투자(foreign direct investment, FDI)는 경영권 확보를 위해 기업의 유형·무형의 경영자원을 해외에 이전하여 현지 시장에 물리적인 사업기반을 구축하는 해외시장 진출전략이다. 해외직접투자는 기업이 이용할 수 있는 해외시장 진출전략 중 가장 복잡하고 중요하다. 국제경영전략 차원에서 해외직접투자는 수출의 상대 개념으로 정의된다.

즉, 수출은 국내의 생산요소를 국내에서 결합하여 제품의 상태로 해외로 이전시켜 판매하지만, 해외직접투자는 국내의 생산요소를 해외로 이전시켜 현지국의 생산요소와 결합하여 생산 및 판매한다는 점에서 상대적이다. 해외직접투자는 소유권의 특징에 따라 100% 소유권을 행사할 수 있는 단독투자와 둘 이상의 기업이 공동으로 참여하는 합작투자방식으로 나뉜다. 그리고 형태에 따라 국외자본이 투자대상국의 용지를 직접 매입해 공장이나 사업장을 새로 짓는 방식의 투자로 새로운 기업이 신설되는 그린필드 투자(green field investment)와 기존에 존재하던 현지국 기업을 인수하거나 합병하는 방식의 M&A 혹은 다른 이름인 브라운필드 투자(brown field investment)로 나눌 수 있다. 브라운필드 투자(Brownfield Investment)라는 용어의 유래는 원래 부동산 및 도시 개발 분야에서 사용되던 '브라운필드(Brownfield)' 개념에서 파생되었다. 브라운필드는 이전에 산업용 또는 상업용으로 사용되었다가 현재는 버려지거나 덜 사용되는 토지를 가리킨다.

'브라운'이라는 색상은 이러한 부지가 흔히 갖는 특성을 상징한다. 과거의 산업 활동으로 인해 토양이 오염되거나 변색하여 있을 수 있고, 낡은 건물이나 시설이 남아있는 경우가 많아 전반적으로 황폐한 모습을 띠게 된다.

이 개념이 글로벌 비즈니스와 투자 분야로 확장되면서, 브라운필드 투자는 이미 존재하는 시설이나 사업을 인수하거나 개선하는 투자 방식을 가리키게 되었다. 이는 마치 버려진 산업 부지를 재개발하는 것과 유사한 개념으로, 기존의 자산이나 인프라를 활용하여 새로운 가치를 창출하는 것을 의미한다.

(1) 해외직접투자의 장점

해외직접투자는 기업에 여러 가지 이점을 제공한다. 현지생산을 통해 기업은 운송비와 관세를 절감하고 현지의 저렴한 자원을 활용할 수 있어 수출에 비해 해외시장에서의 공급가격을 낮출 수 있다. 이는 제조원가 이상의 이점을 제공한다.

현지생산은 또한 생산과 마케팅에 대한 통제력을 강화한다. 기업은 양질의 제품을 생산하고 판매할 수 있으며, 현지 소비자의 필요를 빠르게 파악하여 제품을 현지의 기호와 구매력에 맞출 수 있다. 이에 따라 현지 시장에서 더 긍정적인 반응을 얻을 수 있다.

마지막으로, 해외직접투자는 라이선싱과 달리 로열티 수입 외에도 자본 참가에 따른 수익을 기대할 수 있다. 이는 기업에 추가적인 수익 창출의 기회를 제공한다.

(2) 해외직접투자의 단점

해외직접투자는 다른 해외시장 진출전략에 비해 고위험·고비용 진출전략이다. 본질적으로 많은 기업자원의 투입이 요구되며 이에 따라 높은 위험이 수반된다. 투자기업은 높은 착수비와 긴 회수 기간을 부담해야 하며 전략이 실패할 경우 그 손실 규모가 크다.

해외직접투자는 현지국 정부의 정치적 위험에 민감하게 노출되어 있다. 이는 해외직접투자가 현지국에 미치는 영향이 지대하기 때문이다. 따라서 현지국 정부의 정책 변경이나 상거래에 대한 개입 및 방해 등의 정책적 위험에 많이 노출되어 있다. 이러한 특성들로 인해 해외직접투자는 다른 진출전략에 비해 더 높은 주의와 전략적 접근이 필요하다.

2) 해외직접투자의 동기

(1) 시장 추구

기업이 해외직접투자 전략을 선택하는 주요 동기 중 하나는 시장 추구이다. 이는 기업이 새로운 시장을 개척하고 확장하려는 전략적 목표와 밀접하게 연관되어 있다. 존 더닝(John Dunning)의 절충이론에 따르면, 기업은 소유권 우위, 내부화 우위, 입지 우위를 동시에 추구할 때 해외직접투자를 선택한다(Dunning, 1993).

현지 시장의 규모가 크거나 지리적으로 전략적 위치에 있는 국가는 기업에 매력적인 투자 대상이 된다. 예를 들어, 중국이나 인도와 같은 거대 신흥시장은 많은 다국적 기업들의 해외직접투자를 유치하고 있다. 또한, 싱가포르나 두바이와 같이 지역 허브 역할을 하는 국가도 전략적 입지로 인해 많은 해외직접투자를 받고 있다.

해외직접투자를 통해 현지법인을 설립하면 기업은 현지 시장에 대한 직접적인 통제력을 갖게 된다. 이는 현지 소비자의 필요를 더 정확히 파악하고 신속하게 대응할 수 있게 해준다. 포터의 다이아몬드 모델에서 언급된 것처럼, 현지 시장의 수요 조건을 잘 이해하고 대응하는 것은 기업의 경쟁우위 확보에 중요한 요소이다(Porter, 1990).

더불어, 현지법인 운영을 통해 얻는 시장정보와 경험은 기업의 글로벌 역량 강화에도 기여한다. 요한슨과 발네의 웁살라 모델에서 주장하듯, 해외시장에 대한 지식과 경험의 축적은 기업의 국제화 과정에서 중요한 역할을 한다(Johanson & Vahlne, 1977).

결론적으로, 해외직접투자는 기업이 현지 시장에 깊이 침투하여 소비자의 필요를 충족시키고, 맞춤화된 서비스를 제공할 수 있는 효과적인 전략이다. 이는 단순한 시장 진출을 넘어 장기적인 경쟁우위 확보와 글로벌기업으로 성장을 위한 중요한 수단이 될 수 있다.

(2) 자원 추구

원자재나 중간재를 대량으로 사용하는 기업들은 경영자원의 안정적 확보를 위해 해외직접투자를 전략적으로 선택한다. 특히 광물, 농·축·임산물 등의 원재료를 직접 수입하여 사용할 경우, 수송비용의 부담이 크고 자원보유국의 경제적, 정치적 상황 변화에 따라 안정적인 자원 확보가 어려워질 수 있다.

예를 들어, 일본의 종합상사인 미쓰비시 상사는 2010년 캐나다의 광산회사 CMP에 대규모 투자를 단행하여 안정적인 광물자원 확보에 성공했다 (Bloomberg, 2010). 이는 해외직접투자를 통한 자원 확보의 대표적 사례로 볼 수 있다.

한편, 기술집약적 산업 분야의 기업들은 첨단 기술과 경영 노하우 획득, 그리고 시너지 효과 창출을 위해 해외직접투자를 실행한다. 특히 산업 클러스터(industrial cluster)가 잘 발달된 지역에 투자함으로써 혁신의 생태계에 직접 참여하고자 한다.

마이클 포터(Michael Porter)는 그의 저서 "국가의 경쟁우위(The Competitive Advantage of Nations, 1990)"에서 산업 클러스터의 중요성을 강조하며, 이러한 환경이 기업의 혁신과 생산성 향상에 크게 기여한다고 주장했다. 실제로 많은 글로벌 기업이 미국의 실리콘밸리나 중국의 선전(Shenzhen)시 같은 기술 클러스터에 투자하고 있다.

예를 들어, 삼성전자는 2012년 실리콘밸리에 반도체 연구소를 설립하여 현지의 첨단 기술과 인재를 활용하고 있다(삼성전자 보도자료, 2012). 이는 해외직접투자를 통해 기술 클러스터의 이점을 활용하는 전형적인 사례라고 할 수 있다.

이처럼 해외직접투자는 단순한 비용 절감을 넘어, 자원의 안정적 확보와 기술 혁신의 가속화라는 전략적 목표를 달성하는 중요한 수단으로 활용되고 있다.

(3) 생산효율성 추구

원자재나 글로벌 경제 환경에서 기업이 생산효율을 극대화하기 위해 요소가격이 낮은 국가로 생산설비를 이전하는 것은 합리적인 전략으로 간주한다. 이는 단순히 비용 절감을 넘어서 다양한 경제적 이점을 제공하기 때문이다.

먼저, 해외직접투자를 통한 대규모 생산설비 구축은 규모의 경제 효과를 실현할 수 있게 한다. 경영학자 마이클 포터(Michael Porter)는 그의 저서 "경쟁우위론"에서 "규모의 경제는 기업의 경쟁력 강화에 중요한 요소"라고 강조했다. 대량생산을 통해 단위당 생산비용을 낮출 수 있으며, 이는 기업의 가격경쟁력 향상으로 이어진다.

더불어, 현지 시장의 풍부한 경영자원을 활용함으로써 생산원가를 더욱 낮출 수 있다. 이는 노동력, 원자재, 에너지 등 다양한 생산요소의 비용 절감을 포함한다. 국제경영학자 존 더닝(John Dunning)의 절충이론(Eclectic Paradigm)[3)]에 따르면, 기업은 현지화를 통해 이러한 입지우위(Location Advantage)를 활용할 수 있다. 입지우위란 기업이 특정 지역이나 위치에 자리 잡음으로써 얻게 되는 경쟁적 이점을 의미한다.

또한, 기업이 자사가 보유한 자산을 현지 시장에 효과적으로 활용하면 범위의 경제(Economies of scope)효과도 실현할 수 있다. 범위의 경제는 규모의 경제와는 다른 개념으로서 기업이 다양한 제품이나 서비스를 함께 생산할 때 얻을 수 있는 비용 절감 효과를 말한다. 이는 기업의 핵심 역량을 다양한 시장에 적용함으로써 추가적인 가치를 창출할 수 있기 때문이다. 이는 기존의 기술, 브랜드, 유통망 등

---

3) Dunning, J. H. (1988). The Eclectic Paradigm of International Production: A Restatement and Some Possible Extensions. Journal of International Business Studies, 19(1), 1–31

을 새로운 시장에서 활용함으로써 추가적인 수익을 창출하는 것을 의미한다.

결론적으로, 해외직접투자를 통한 생산설비 이전은 단순한 비용 절감 전략을 넘어서, 기업의 글로벌 경쟁력을 강화하고 새로운 가치를 창출하는 복합적인 전략으로 이해할 수 있다. 이는 글로벌 경영환경에서 기업의 지속가능한 성장을 위한 중요한 선택지 중 하나로 자리 잡고 있다.

(4) 기술 습득 추구

기업이 해외직접투자를 통해 해외시장에 진출하는 주요 동기 중 하나는 선진 기술 습득이다. 이는 글로벌 경쟁력 강화와 혁신 역량 제고를 위한 전략적 선택으로 볼 수 있다. 특히 지식 기반 경제에서 기술력은 기업의 생존과 성장을 좌우하는 핵심 요소이기 때문에, 많은 기업이 기술 선진국에 투자하여 최신 기술과 노하우를 획득하고자 한다.

예를 들어, 한국의 삼성전자는 2013년 실리콘밸리에 혁신센터를 설립하여 AI, 빅데이터, IoT 등 첨단 기술 분야의 연구개발을 강화했다(삼성전자, 2013). 현대자동차 그룹도 2018년 미국 실리콘밸리에 오픈이노베이션 센터를 설립하여 자율주행 및 모빌리티 관련 기술 개발에 박차를 가하고 있다(현대자동차그룹, 2018).

이러한 해외 연구개발센터 설립은 단순히 기술 습득에 그치지 않고, 현지의 혁신 생태계와 연계하여 시너지를 창출하는 효과도 있다. UNCTAD(2005)의 보고서에 따르면, 다국적 기업의 R&D 국제화는 1990년대 이후 급속히 증가하였으며, 이는 글로벌 가치사슬(Global Value Chain)의 확장과 맞물려 기업의 혁신 역량을 크게 향상시키는 요인이 되고 있다.

더불어, 해외직접투자를 통한 기술 습득은 역방향 기술 이전(Reverse Technology Transfer)의 형태로 나타나기도 한다. 즉, 투자기업이 습득한 기술을 본국으로 이전하여 전반적인 기술 수준을 높이는 효과를 창출한다. 이는 국가 차원의 기술 경쟁력 향상에도 기여하게 된다(Dunning & Lundan, 2008).

따라서 기술 습득을 위한 해외직접투자는 단순한 기업 전략을 넘어, 국가의 산업 정책 및 혁신 시스템과도 밀접하게 연관된 중요한 경제 활동으로 볼 수 있다.

3) 해외직접투자의 유형

(1) 단독투자

단독투자(sole venture)는 기업이 해외시장에 진출할 때 완전소유 자회사(wholly owned subsidiary)를 설립하는 방식으로, 100%의 소유권을 행사할 수 있는 전략이다. 이는 크게 두 가지 방식으로 실행될 수 있다. 첫째는 그린필드 투자로, 새로운 기업을 처음부터 설립하는 것이고, 둘째는 브라운필드 투자로, 기존의 현지 기업을 인수 및 합병(M&A)하는 것이다(Hill, 2021).

단독투자의 주요 이점은 완전한 경영 통제권과 이익의 독점이다. 이는 합작투자(joint venture)와 대비되는 특징으로, 전략적 의사결정과 운영에 있어 파트너와의 조율 없이 독자적으로 행동할 수 있다. 존 더닝의 절충이론(Eclectic Paradigm)에 따르면, 이러한 완전한 통제는 기업 특유의 우위를 더욱 효과적으로 활용할 수 있게 해준다(Dunning, 1993).

또한, 단독투자는 다국적 기업이 글로벌 차원에서 일관된 전략을 추구하고 현지 법인들의 활동을 조정하는 데 유리하다. 바틀렛과 고쉘(Bartlett and Ghoshal)[4]의 초국적 해법(Transnational Solution) 모델에서 강조하듯, 이는 글로벌 통합과 현지 대응성을 동시에 추구하는 데 도움이 된다(Bartlett & Ghoshal, 1989).

그러나 단독투자에는 상당한 위험과 비용이 따른다. 현지 기업을 설립하고 운영하는 모든 경영활동에 대한 재정적 부담과 리스크를 전적으로 본사가 떠안게 된다. Johanson & Vahlne(1977)의 웁살라 모델(Uppsala Model)에서 지적하듯, 이는 특히 해당 시장에 대한 경험과 지식이 부족한 기업에 큰 도전이 될 수 있다.

---

4) Bartlett, C. A., and Ghoshal, S. Managing Across Borders: The Transnational Solution. Harvard Business School Press, 1989.

웁살라 모델은 1970년대 스웨덴 웁살라 대학 연구진이 개발한 기업의 국제화 과정을 설명하는 이론이다. 이 모델에 따르면 기업은 단계적으로 국제화를 진행하며, 먼저 문화적으로 유사한 국가에 진출한 후 점차 다른 시장으로 확장한다.

더불어, 단독투자는 현지 정부의 규제나 정치적 리스크에 더 취약할 수 있다. 코스토바와 자히르(Kostova, T., & Zaheer)[5]가 제시한 제도적 거리 (Institutional Distance)[6] 개념에 따르면, 현지 제도와 문화에 대한 이해 부족은 기업의 정당성(legitimacy)[7] 획득을 어렵게 만들 수 있다(Kostova & Zaheer, 1999).

따라서 기업은 단독투자 결정 시 이러한 이점과 위험을 신중히 고려해야 하며, 자사의 역량과 목표, 그리고 진출 대상 국가의 특성을 종합적으로 평가해야 한다.

(2) 합작투자

합작투자(joint venture)는 국제 비즈니스 전략의 중요한 형태로, 서로 다른 국적을 가진 둘 이상의 기업이 특정 목적을 달성하기 위해 공동으로 소유하는 현지 법인을 설립하는 것을 의미한다. 이는 일반적으로 영구적인 기반 위에서 설립되는 법인체로 운영된다(Hill, 2021).

합작투자의 구조는 소유권 비율에 따라 다양하게 나타난다. 펭과 메이어(Peng & Meyer, 2019)는 이를 다수 지분(50% 이상), 대등한 지분(50%), 소수 지분(50% 미만)으로 분류한다.[8] 이러한 소유권 비율은 현지 기업의 경영활동 참여 정도를 결정하는 중요한 요소가 된다.

---

5) Kostova, T., & Zaheer, S. (1999). Organizational legitimacy under conditions of complexity: The case of the multinational enterprise. Academy of Management Review, 24(1), 64-8.

6) 제도적 거리는 한 국가의 제도적 환경이 다른 국가의 제도적 환경과 얼마나 다른지를 나타내는 개념이다. 여기서 제도란 사회의 '게임의 규칙'을 의미하며, 공식적인 법률과 규제뿐만 아니라 비공식적인 규범, 문화, 관행 등을 포함한다.

7) 정당성이란 기업이 현지 사회에서 받아들여지고 인정받는 정도를 의미한다. 즉, 기업의 존재와 활동이 현지의 사회적, 문화적, 법적 규범과 기대에 부합하는 것으로 여겨지는 상태를 말한다.

8) Peng, M. W., & Meyer, K. (2019). International Business (3rd ed.). Cengage Learning.

합작투자는 단독투자와 비교하여 몇 가지 주목할 만한 이점을 제공한다. 합작투자가 고비용 개발 프로젝트나 위험이 큰 신규 투자에 상대적으로 적은 자본과 경영자원으로 참여할 수 있게 한다고 설명한다(Dunning & Lundan, 2008). 또한 투자 파트너의 현지 시장정보와 지식을 활용하여 낯선 해외시장 환경에 신속히 적응할 수 있다(Kogut, 1988). 그리고 합작투자가 단독투자를 허용하지 않는 정책적 규제를 우회하는 수단으로 사용될 수 있다(Hennart, 1988).

그러나 합작투자의 잠재적 단점 측면에서, 단독투자와 달리 투자 파트너와 이익을 나누어야 하며, 현지 기업에 대한 강력한 통제권을 확보하기 어려워 세계적 차원의 통일된 전략 추구가 제한될 수 있다(Beamish & Lupton, 2009). 또한 기업이 보유한 핵심 기술이나 노하우가 외부로 유출될 가능성이 있으며, 파트너 기업과 이해관계 상충이 발생할 가능성이 높다.

결론적으로, 합작투자가 국제화 전략의 중요한 선택지이지만, 기업은 이러한 장단점을 신중히 고려하여 전략적 결정을 내려야 한다(Buckley & Casson, 2009). 합작투자는 복잡한 국제 비즈니스 환경에서 기업들이 위험을 분산하고 자원을 효율적으로 활용할 수 있는 방법을 제공하지만, 동시에 파트너십 관리와 전략적 일치성 유지라는 새로운 과제를 안겨준다.

(3) 그린필드 투자

그린필드 투자(green field investment)는 기업이 해외시장에 진출할 때 현지에서 완전히 새로운 사업체를 설립하는 방식의 해외직접투자이다. 이 용어는 농업에서 유래했으며, 개발되지 않은 '녹색 들판'에서 새로운 것을 시작한다는 의미를 내포하고 있다. 그린필드 투자는 기업이 해외에서 완전히 새로운 사업을 시작하는 것을 의미한다. 이는 기존 시설의 인수와는 대조적이다(Daniels, Radebaugh, & Sullivan, 2011).[9)]

9) Daniels, J. D., Radebaugh, L. H., & Sullivan, D. P. (2011). International Business: Environments and

이러한 투자 방식은 기업이 자사의 목표와 비전에 맞춰 조직 구조, 기업 문화, 운영 방식을 처음부터 설계할 수 있다는 큰 장점이 있다. 또한, 현지 시장에 대한 직접적인 접근과 판매망 구축이 가능하며, 기업의 핵심 기술과 노하우를 효과적으로 이전할 수 있다.

UNCTAD(2023)에 따르면, "그린필드 투자 프로젝트는 2022년에 전년 대비 12% 증가했으며, 이는 글로벌 해외직접투자 흐름의 중요한 부분을 차지한다"고 보고되었다. 그러나 그린필드 투자는 상당한 도전과 위험도 수반한다. 초기 투자 비용이 높고, 새로운 시장에서 브랜드와 고객 기반을 구축하는 데 시간이 걸리며, 문화적 차이와 규제 환경에 적응해야 하는 어려움이 있다.

결론적으로, 그린필드 투자는 장기적인 전략적 이점을 제공하지만, 동시에 높은 초기 비용과 리스크를 수반한다. 따라서 기업은 그린필드 투자를 결정할 때 자사의 글로벌 전략, 재무 능력, 시장 조건, 그리고 리스크 감수 능력을 종합적으로 고려해야 한다.

(4) 기업인수합병

기업인수합병(Mergers & Acquisitions, M&A) 또는 브라운필드 투자는 기업의 해외 진출 방식 중 하나로, 그린필드 투자와는 대조적인 특성이 있다. M&A는 이미 현지에 설립된 기업을 인수하거나 합병하는 방식으로, 기존 기업의 자산, 인력, 시장 지위를 활용할 수 있다는 장점이 있다. 인수는 대상 기업의 자산이나 주식을 취득하여 경영권을 확보하는 것을 의미하며, 합병은 둘 이상의 기업이 법률적으로 하나의 새로운 기업으로 통합되는 과정을 말한다. 최근에는 M&A의 개념이 확장되어 합작투자나 전략적 제휴까지 포함하는 경우가 많다.

경영학자 마이클 포터는 M&A를 기업이 새로운 시장에 빠르게 진입하고 핵심 역량을 확보하는 효과적인 방법이라고 강조했다. 실제로 기업들은 M&A를 통해

Operations (13th ed.). Pearson.

경쟁사 인수로 시장점유율을 확대하고, 숙련된 전문인력과 기존 기업의 신용을 활용하며, 해외시장 진출에 드는 시간과 비용을 절감하고자 한다. 또한 기술 및 지적재산권을 확보하고 규모의 경제를 실현하는 목적도 있다.

많은 다국적 기업들이 M&A를 선호하는 이유는 그린필드 투자에 비해 상대적으로 위험이 낮다고 인식되기 때문이다. UNCTAD의 보고서에 따르면, 2019년 전 세계 해외직접투자의 약 60%가 M&A 형태로 이루어졌다. 이는 기존 기업의 실적과 자산을 직접 확인할 수 있어 불확실성이 줄어들기 때문이다.

그러나 M&A가 완벽한 전략은 아니며, 대상 기업의 자산 가치 과대평가로 인한 과도한 비용 지급, 피인수 기업의 숨겨진 문제로 인한 추가 비용 발생, 기업문화 충돌과 조직 통합의 어려움, 예상보다 낮은 시너지 효과 등의 잠재적 위험이 존재한다. 대게 M&A의 70~90%가 기대한 만큼의 가치를 창출하지 못한다고 한다. 이는 M&A 전략 수립 시 철저한 실사와 통합 계획이 필요함을 시사한다.

결론적으로, M&A는 기업의 신속한 해외 진출과 역량 확보를 가능케 하는 강력한 전략이지만, 동시에 세심한 계획과 실행이 요구되는 복잡한 과정이다. 성공적인 M&A를 위해서는 재무적 측면만 아니라 문화적, 운영 측면의 종합적 접근이 필요하다.

CHAPTER

11

국제마케팅

■ 학습목표

1. 국제마케팅의 개념을 이해한다.
2. 국제마케팅 환경에 대해 학습한다.
3. 국제마케팅의 STP에 대해 학습한다.
4. 국제마케팅의 마케팅 믹스를 학습한다.

1. 국제마케팅의 소개

1) 국제마케팅의 개념

국제마케팅(international marketing)은 국가 간 경계를 초월하여 개인과 조직의 목표를 달성하기 위한 복잡한 프로세스다. 이는 상품과 서비스의 기획부터 가격 결정, 프로모션, 그리고 유통에 이르는 전 과정을 포괄한다.

카테오라 외(2003)는 국제마케팅에 대해 "이익을 위해 두 개 이상의 국가에 있는 소비자 또는 사용자에게 회사의 상품 및 서비스의 흐름을 계획, 가격 책정, 홍보 및 지시하도록 설계된 경영활동의 수행"이라고 정의한다.[1] 이 정의는 국제마케팅이 단순한 상품 판매를 넘어서 전략적이고 체계적인 접근이 필요한 복잡한 경영활동임을 강조한다.

현대의 글로벌 경제 환경에서 국제마케팅의 중요성은 더욱 드러나고 있다. 기업들은 이제 국내시장에만 집중할 수 없으며, 글로벌 시장의 경쟁력 확보가 필수적이다. 이러한 맥락에서 코틀러와 켈러(2016)는 "오늘날 기업은 아무리 규모가 크더라도 국내시장에만 주의를 기울일 여유가 없다. 많은 산업이 글로벌 산업이며, 글로벌하게 운영되는 기업은 더 낮은 비용과 더 높은 브랜드 인지도를 달성한다"라고 얘기했다.[2]

국제마케팅은 문화적 차이(cultural differences), 법적 규제(legal regulations), 경제적 환경(economic environments) 등 다양한 요소를 고려해야 한다. 이를 통해 기업은 글로벌 시장에서 경쟁우위를 확보하고, 브랜드 가치를 높이며, 새로운 성장 기회를 창출할 수 있다. 또한 국제마케팅은 디지털 기술의 발전과 함께 더욱 복잡해지고 있다. 전자상거래(e-commerce)와 소셜 미디어 마케팅(social media

---

1) Cateora, P. R., Gilly, M. C., & Graham, J. L. (2020). International marketing (18th ed.). McGraw-Hill Education.

2) Kotler, P., & Keller, K. L. (2016). Marketing management (15th global ed.). Pearson.

marketing)은 국가 간 경계를 더욱 모호하게 만들고 있으며, 기업에 새로운 도전과 기회를 제공하고 있다.

국제마케팅(International Marketing)은 다음과 같은 여러 가지 중요한 이유로 기업에 필수적인 전략이 되고 있다.

첫째, 기업이 자국 시장을 넘어 새로운 고객층을 개척하고 수익원을 다각화할 수 있게 해준다. 이는 장기적으로 기업의 성장과 안정성에 큰 도움이 된다.

둘째, 국제마케팅은 규모의 경제(Economies of Scale)를 실현할 기회를 제공한다. 규모의 경제(Economies of Scale)는 생산량이 증가함에 따라 단위당 생산 비용이 감소하는 경제적 현상을 말한다. 이는 기업의 생산 규모가 커질수록 효율성이 향상되어 비용 절감 효과가 나타나는 것을 의미한다.

규모의 경제가 발생하는 주요 원인으로 첫째는 고정비용 분산으로서, 생산량이 증가하면 공장, 설비 등의 고정비용을 더 많은 생산량으로 나눌 수 있어 단위당 비용이 감소한다.

둘째는 전문화와 노동 분업이다. 대규모 생산에서는 작업을 세분화하고 전문화할 수 있어 생산성이 향상된다. 셋째는 기술적 효율성이다. 대규모 생산설비는 종종 소규모 설비보다 효율적이며, 첨단 기술 도입이 더 쉽다. 넷째는 구매력 향상이다. 대량 구매를 통해 원자재나 부품을 더 낮은 가격에 구입할 수 있다. 마지막으로 학습 효과(learning effect)로서 이는 기업이나 개인이 특정 작업을 반복적으로 수행함에 따라 경험과 지식이 축적되어 생산성이 향상되는 현상을 말한다. 규모의 경제는 다양한 산업에서 관찰될 수 있다. 예를 들어, 자동차 산업에서는 대량생산을 통해 단위당 생산 비용을 크게 낮출 수 있다. 또한 온라인 플랫폼 기업들은 사용자 수가 증가할수록 서비스 제공 비용이 상대적으로 감소하는 네트워크 효과를 누리기도 한다. 그러나 규모의 경제에는 한계도 있다. 기업의 규모가 너무 커지면 오히려 비효율이 발생하는 규모의 불경제(Diseconomies of Scale)가 나타날 수 있다. 이는 조직의 관리가 복잡해지고, 의사소통이 어려워지며, 유연성이 떨어지는 등의 문제로 인해 발생한다.

셋째, 여러 국가의 시장에 진출함으로써 기업은 위험을 분산시킬 수 있다. 한 시장에서 어려움을 겪더라도 다른 시장에서 성과로 균형을 맞출 수 있다.

넷째, 국제마케팅은 지식과 경험의 교류도 촉진한다. 다양한 시장에서 얻은 인사이트와 모범 사례(Best Practices)를 전 세계 조직에 전파할 수 있어 기업의 전반적인 역량 향상에 기여한다.

마지막으로, 글로벌 시장의 활동은 브랜드 인지도를 크게 높여준다. 세계적으로 알려진 브랜드는 신뢰도와 가치가 높아지고, 이는 다시 기업의 성과로 이어지는 선순환을 만들어 낸다. 마케팅 전문가 필립 코틀러(Philip Kotler)는 "글로벌 마케팅은 더 이상 선택이 아닌 필수"[3)]라고 강조했다. 이는 국제마케팅의 중요성을 잘 보여주는 말이다.

2) 국내 마케팅과 국제마케팅의 차이점

마케팅의 기본 원리는 어디서나 똑같다. 하지만 국제마케팅(international marketing)은 국내 마케팅(domestic marketing)과는 다른 특별한 문제들과 생각해야 할 점들이 있다. 이런 차이에 대해 홀른센(Hollensen)은 자신의 저서에서 이 차이점을 잘 설명하고 있다. 그는 "국내 마케팅과 국제마케팅의 차이점은 개념이 아니라 마케팅 계획을 구현해야 하는 마케팅 환경에 있다."[4)] 이 말은 즉, 마케팅의 기본 아이디어는 같지만 그걸 실제로 적용할 때 주변 환경이 다르다는 것이다. 예를 들어, 다른 나라에서 마케팅할 때는 그 나라의 문화, 법률, 경제 상황 같은 걸 잘 알아야 한다. 또 언어도 다르고 소비자들의 취향이나 습관도 다르다. 이런 점들 때문에 국제마케팅은 더 복잡하고 신경 써야 할 게 많다. 그래서 국내에서

3) Kotler, P., & Keller, K. L. (2016). Marketing Management (15th ed.). Pearson.

4) Hollensen, S. (2020). Global Marketing (8th ed.). Pearson Education

잘 팔리는 제품이나 광고전략이 다른 나라에서는 통하지 않을 수도 있다. 결국 마케팅의 핵심은 같아도, 그걸 어떻게 적용하고 실행하느냐가 국내와 국제마케팅의 큰 차이라고 볼 수 있다.

국내 마케팅과 국제마케팅(international marketing) 간 여러 가지 중요한 차이점들은 기업이 해외시장에 진출할 때 반드시 고려해야 할 요소들이다.

첫째, 환경적 요인(environmental factors)에서 큰 차이가 있다. 국제 마케터들은 다양한 문화적, 경제적, 정치적, 법적 환경에 직면하게 된다. 예를 들어, 어떤 국가에서는 특정 광고 내용이 문화적으로 받아들여지지 않을 수 있으며, 다른 국가에서는 특정 제품의 판매가 법적으로 제한될 수 있다. 마케팅 전문가 필립 코틀러(Philip Kotler)는 그의 저서 "Marketing Management"(2011)에서 "글로벌 마케팅에서 성공하려면 지역적 차이를 이해하고 존중해야 한다."[5]고 강조한 바 있다.

둘째, 시장의 차이(market differences)가 두드러진다. 소비자의 요구, 선호도, 구매 행동은 국가마다 상당한 차이를 보인다. 예를 들어, 아시아 시장에서 인기 있는 제품이 유럽에서는 큰 호응을 얻지 못할 수 있다. 이는 문화적 배경, 생활 방식, 경제적 조건 등이 다르기 때문이다.

셋째, 경쟁(competition) 양상이 크게 다르다. 외국 시장에서는 현지 기업들과의 경쟁뿐만 아니라 다른 글로벌 기업의 경쟁도 고려해야 한다. 때로는 국내에서 경쟁 관계에 있던 기업들이 해외시장에서는 협력 관계를 맺기도 한다.

넷째, 조직 구조(organizational structure)의 변화가 필요할 수 있다. 국제 운영을 효과적으로 관리하기 위해 기업은 새로운 부서를 만들거나 의사결정 구조를 조정해야 할 수 있다. 예를 들어, 글로벌 마케팅 부서를 신설하거나 현지 시장에 대한 의사결정 권한을 강화할 수 있다.

다섯째, 마케팅 믹스(marketing mix)의 적응이 요구된다. 4P로 알려진 제품(Product), 가격(Price), 유통(Place), 촉진(Promotion) 전략은 각 시장의 특성에 맞게

5) Kotler, P., & Keller, K. L. (2011). Marketing Management (14th ed.). Prentice Hall.

조정되어야 한다. 예를 들어, 맥도날드(McDonald's)는 인도 시장에 진출할 때 쇠고기 대신 치킨을 사용한 버거를 출시하여 현지 문화에 맞춘 제품 전략을 펼쳤다.

마지막으로, 운영의 복잡성(operational complexity)이 증가한다. 국제마케팅에는 환율변동, 무역 규제, 물류의 어려움 등 추가적인 복잡성이 따른다. 예를 들어, 환율변동은 가격 전략에 큰 영향을 미칠 수 있으며, 국가 간 무역 협정은 제품의 수출입에 직접적인 영향을 줄 수 있다.

이러한 차이점들을 고려할 때, 국제마케팅 전략의 수립과 실행은 국내 마케팅에 비해 훨씬 더 복잡하고 도전적인 과제라고 할 수 있다. 따라서 기업들은 각 시장의 특성을 자세히 분석하고 유연한 전략을 수립해야 성공적인 국제마케팅을 펼칠 수 있다.

2. 국제마케팅 환경

1) 문화적 요인

(1) 문화의 정의

국제마케팅 환경에서 문화적 요인(cultural factors)은 기업의 해외 진출 및 마케팅 전략 수립에 핵심적인 역할을 한다. 문화는 한 사회의 구성원들이 공유하는 가치관(values), 믿음(beliefs), 행동 양식(behavior patterns)의 총체로, 기업의 마케팅 활동에 광범위한 영향을 미친다.

문화의 정의와 관련하여, 게어트 호프스테드(Geert Hofstede)[6]는 문화를 "한 그룹이나 사람들의 범주를 다른 그룹이나 사람들의 범주와 구별하는 정신의 집단

6) Hofstede, G., 2011, Dimensionalizing Cultures: The Hofstede Model in Context. Online Readings in Psychology and Culture, 2(1)).

적 프로그래밍"이라고 정의했다. 이는 문화가 집단의 사고방식과 행동 패턴을 형성하는 중요한 요소임을 시사한다. 호프스테드의 문화 차원 모델(Hofstede's cultural dimensions model)은 국가 간 문화 차이를 이해하는 데 널리 사용되는 분석체계다. 이 모델은 권력 거리(power distance), 개인주의 대 집단주의(individualism vs. collectivism), 남성성 대 여성성(masculinity vs. femininity), 불확실성 회피(uncertainty avoidance), 장기지향성 대 단기지향성(long-term vs. short-term orientation), 그리고 후에 추가된 자제 대 방종(indulgence vs. restraint)의 차원을 포함한다.

권력 거리 차원은 사회 내에서 권력의 불평등한 분배를 구성원들이 얼마나 수용하는지를 나타낸다. 높은 권력 거리 문화에서는 계층적 구조가 더 뚜렷하게 나타나며, 낮은 권력 거리 문화에서는 평등주의적 경향이 강하다.

개인주의 대 집단주의 차원은 개인의 이익과 집단의 이익 중 어느 것을 더 중시하는지를 보여준다. 개인주의 문화에서는 개인의 자율성과 성취를 중요시하는 반면, 집단주의 문화에서는 집단의 조화와 연대를 강조한다.

남성성 대 여성성 차원은 사회가 전통적인 남성적 가치(경쟁, 성취, 물질적 성공 등)와 여성적 가치(삶의 질, 대인 관계, 약자에 대한 배려 등) 중 어느 쪽을 더 중시하는지를 나타낸다.

불확실성 회피 차원은 사회 구성원들이 불확실하거나 알 수 없는 상황에 대해 느끼는 불안감의 정도를 측정한다. 높은 불확실성 회피 문화에서는 규칙과 구조를 중시하는 반면, 낮은 불확실성 회피 문화에서는 유연성과 모호함을 더 잘 수용한다.

장기지향성 대 단기지향성 차원은 사회가 미래를 위한 준비와 현재의 즉각적인 만족 중 어느 것을 더 중시하는지를 보여준다. 장기지향적 문화는 인내와 절약을 강조하는 반면, 단기지향적 문화는 전통 존중과 현재의 의무 이행을 중시한다.

마지막으로, 자제 대 방종 차원은 사회가 개인의 욕구와 감정의 자유로운 표현을 얼마나 허용하는지를 나타낸다. 방종적 문화에서는 삶의 즐거움과 행복을 추구하는 것이 더 자유로웠지만, 자제하는 문화에서는 사회적 규범과 통제가 더 강조된다.

이러한 홉스테드의 문화 차원들은 국가 간 문화 차이를 체계적으로 이해하고, 이를 바탕으로 효과적인 국제 경영 전략과 마케팅 접근법을 수립하는 데 중요한 통찰을 제공한다.

(2) 언어와 의사소통

언어와 의사소통 스타일은 국제마케팅에서 핵심적인 요소로, 단순한 언어 번역을 넘어 문화적 뉘앙스와 맥락의 이해가 필수적이다. 이는 기업의 브랜드 메시지 전달, 광고 캠페인 수행, 고객과의 상호작용 등 모든 마케팅 활동에 영향을 미친다.

언어의 차이는 여러 층위에서 나타난다. 가장 기본적인 수준에서는 단어의 직접적인 번역이 있지만, 이는 종종 충분하지 않다. 관용구, 속담, 유머 등은 문화적 맥락 없이는 제대로 이해되기 어렵다. 예를 들어, 영어의 "It's raining cats and dogs"를 직역하면 의미가 전혀 전달되지 않는다. "It's raining cats and dogs"는 영어권에서 흔히 사용되는 관용구로, 직역하면 "고양이와 개가 비처럼 내리고 있다"라는 뜻이 된다. 하지만 이 표현의 실제 의미는 "비가 매우 심하게 내리고 있다"이다.

더 나아가, 언어는 사고방식과 세계관을 반영한다. 예를 들어, 어떤 언어들은 시제가 발달해 있어 시간에 대한 인식이 더 세분화되어 있을 수 있고, 다른 언어들은 존댓말 체계가 복잡하여 사회적 계층과 관계에 대한 인식이 언어에 깊이 반영되어 있을 수 있다.

의사소통 스타일의 차이는 고맥락(고배경) 문화(High-context Culture)와 저맥락(저배경) 문화(Low-context Culture)의 개념을 통해 잘 설명될 수 있다. 이 개념은 문화인류학자 에드워드 홀(Edward Hall)이 제시한 것이다.

고맥락 문화에서는 많은 정보가 암시적으로 전달되며, 상황과 관계의 맥락이 중요하다. 일본, 한국, 중국 등 동아시아 국가가 대표적인 예다. 이러한 문화에서는 비언어적 의사소통(표정, 몸짓, 침묵 등)이 중요하다. 관계 형성이 비즈니스에 앞서 중요시되며, 간접적이고 우회적인 표현을 선호한다. 또한 집단의 조화를 중시하며, 갈등을 피하려는 경향이 있다.

반면, 저맥락 문화에서는 정보가 명시적으로 전달되며, 말해진 내용 자체가 중요하다. 미국, 독일, 스칸디나비아 국가가 이에 해당한다. 이러한 문화에서는 직접적이고 명확한 의사소통을 선호한다. 비즈니스 관계에서 효율성과 목적 지향성을 중시하며, 개인의 의견 표현이 장려된다. 계약서와 같은 명시적인 합의를 중요시한다.

이러한 차이는 국제마케팅 전략에 큰 영향을 미친다. 예를 들어, 광고 메시지에서 고맥락 문화에서는 간접적이고 이미지 중심적인 광고가 효과적일 수 있으며, 저맥락 문화에서는 제품의 특징과 이점을 직접적으로 나열하는 것이 더 효과적일 수 있다. 협상 전략에서는 고맥락 문화에서는 관계 형성에 시간을 투자하는 것이 중요하며, 저맥락 문화에서는 빠르게 핵심으로 들어가는 것이 선호될 수 있다. 고객 서비스 측면에서 고맥락 문화에서는 개인화된 서비스와 간접적인 문제 해결 접근이 중요할 수 있으며, 저맥락 문화에서는 명확하고 신속한 해결책 제시가 더 중요할 수 있다.

따라서 국제마케팅에서 성공하기 위해서는 단순한 언어 번역을 넘어, 각 문화의 의사소통 스타일과 맥락을 깊이 이해하고 이에 맞는 전략을 수립해야 한다. 이는 현지화(localization) 전략의 핵심 요소로, 글로벌 기업들이 각 시장에 맞춤화된 접근에 중요한 고려 사항이 된다.

(3) 종교와 가치관

종교와 가치관은 소비자의 구매 결정과 제품 선호도에 큰 영향을 미친다. 예를 들어, 이슬람 문화권에서는 할랄(Halal) 인증이 중요하며, 힌두교 문화권에서는 소고기 제품의 판매가 제한될 수 있다. 할랄(Halal) 인증은 이슬람 문화권에서 중요한 종교적, 문화적 개념으로, 국제마케팅에서 특히 식품 및 소비재 산업에 큰 영향을 미치는 요소다. 할랄(Halal)은 아랍어로 '허용된' 또는 '합법적인'이라는 의미이다. 이슬람 율법에 따라 무슬림이 사용하거나 소비할 수 있는 제품이나 서비스를 지칭한다. 할랄의 반대 개념은 하람(Haram)으로, '금지된' 또는 '불법적인'이라는 뜻이다. 주로 다음과 같은 영역에 적용된다. 식품 및 음료 분야가 가장 널리 알려진 적용 분야로, 돼지고기와 알코올이 포함되지 않은 제품만이 할랄로 간주 된다. 또한, 다른 육류의 경우 이슬람 율법에 따른 도축 방식을 따라야 한다. 화장품과 개인 위생용품의 경우 동물성 성분이 포함되지 않거나, 할랄 인증을 받은 동물성 성분만을 사용해야 한다. 의약품은 알코올이나 돼지에서 추출한 성분이 포함되지 않아야 한다. 관광 및 호텔 서비스는 할랄 음식 제공, 기도실 구비, 알코올 미제공 등의 조건을 충족해야 한다. 할랄 인증의 중요성은 다양한 측면에서 찾아볼 수 있다. 우선 무슬림 소비자들에게 자신들의 종교적 의무를 지킬 수 있게 해준다. 할랄 인증을 받은 제품은 이슬람 국가나 무슬림 소비자가 많은 시장에 더 쉽게 진출할 수 있다. 많은 소비가 할랄 인증을 높은 품질과 위생 기준의 지표로 인식한다. 전 세계적으로 무슬림 인구가 증가함에 따라 할랄 시장의 규모도 확대되고 있다. 할랄 인증은 이슬람 문화권에서 제품의 수용성과 신뢰도를 크게 높일 수 있는 중요한 요소다. 따라서 이슬람 시장을 목표로 하는 기업들은 할랄 인증에 대한 깊은 이해와 전략적 접근이 필요하다.

사회적 규범과 관습은 마케팅 전략의 적용에 직접적인 영향을 준다. 예를 들어, 선물 문화, 비즈니스 예절, 시간 개념 등은 국가마다 다를 수 있으며, 이는 촉진 전략이나 고객 서비스 접근 방식에 반영되어야 한다. 다양한 문화권의 미학과 상징주의는 제품 디자인, 브랜딩, 광고 등에 중요한 요소다. 색상, 숫자, 동물 등의 상징적 의미는 문화에 따라 크게 다를 수 있으며, 이를 고려하지 않으면 의도치 않은 부정적 반응을 불러일으킬 수 있다.

이러한 문화적 요인들을 종합적으로 고려하여 국제마케팅 전략을 수립하는 것은 글로벌 시장의 성공을 위해 필수적이다. 문화적 차이를 이해하고 존중하며, 이를 마케팅 활동에 적절히 반영함으로써 기업은 해외시장에서 경쟁력을 확보하고 지속가능한 성장을 달성할 수 있다.

2) 경제적 요인

국제마케팅 환경에서 경제적 요인은 기업의 해외시장 진출전략 수립에 핵심적인 역할을 한다. 이는 다양한 경제적 변수들을 포함하며, 각 요인은 기업의 성공에 중대한 영향을 미친다.

먼저, 경제 시스템은 자본주의 시장 경제, 계획 경제(planned economy), 혼합 경제로 구분된다. 이는 해당 국가의 자원 배분 방식과 기업 활동의 자유도를 결정짓는 중요한 요소이다.

경제 지표는 국가의 경제 상황을 파악하는 데 필수적이다. 국내총생산(GDP, Gross Domestic Product), 국민총소득(GNI, Gross National Income), 물가상승률(inflation rate), 실업률 등이 대표적인 지표이다. 이러한 지표들은 해당 국가의 경제 건전성과 안정성을 평가하는 데 활용된다.

소득 수준 및 분배는 소비자의 구매력과 시장의 특성을 이해하는 데 중요하다. 이는 기업의 제품 가격 책정 및 마케팅 전략 수립에 직접적인 영향을 미친다.

시장 규모 및 성장 잠재력은 기업의 장기적인 투자 결정에 핵심적인 요소이다. 인구 규모, 경제성장률, 산업 구조 등을 종합적으로 고려하여 평가한다.

환율 및 통화 안정성은 국제 거래에서 중요한 역할을 한다. 환율변동은 기업의 수익성에 직접적인 영향을 미치며, 통화의 안정성은 장기적인 사업 계획 수립에 필수적이다.

한 사회의 하부구조 개발(Infrastructure Development) 수준은 물류, 통신, 에너지 등 기업 활동의 기반이 되는 요소들의 발전 정도를 의미한다. 이는 기업의 운영 효율성과 비용 구조에 영향을 미친다.

카브스길 등(Cavusgil, S.T., Knight, G., & Riesenberger, J.R.)은 그들의 저서 "International Business: The New Realities"(2020년)에서 "국가 간 가장 중요한 경제적 차이는 경제 개발 수준과 관련이 있다"[7]라고 언급했다. 이는 경제 발전 단계에 따라 국가별로 상이한 시장 특성과 기회, 위험이 존재함을 시사한다.

이러한 경제적 요인들은 상호 연관되어 있으며, 기업은 이들을 종합적으로 분석하여 국제마케팅 전략을 수립해야 한다. 각 요인의 중요성은 산업과 기업의 특성에 따라 달라질 수 있으므로, 맥락에 맞는 신중한 평가가 필요하다.

3) 정치적 및 법적 요인

국제마케팅 환경에서 정치적 및 법적 요인은 기업의 해외 활동에 중대한 영향을 미치는 핵심 요소다. 이는 다음과 같은 세부 항목을 포함한다. 우선, 정치 시스템과 안정성은 기업이 진출하고자 하는 국가의 정치 체제와 그 안정성을 의미한다. 민주주의, 독재, 군사 정권 등 다양한 정치 체제는 기업 활동에 각기 다른 영향을 미칠 수 있다. 정치적 불안정은 투자 위험을 증가시키고 기업 운영의 예측 가능성을 낮출 수 있다.

경제에 대한 정부 개입은 정부가 경제 활동에 어느 정도로 관여하는지를 나타낸다. 이는 국유화 정책, 가격 통제, 보조금 지급 등 다양한 형태로 나타날 수 있으며, 기업의 전략 수립에 중요한 고려 사항이 된다.

무역정책 및 규제는 관세, 수입 할당, 수출 제한 등 국제무역과 관련된 정부의 정책을 의미한다. 이러한 정책들은 기업의 국제 거래비용과 가능성에 직접적인 영향을 미친다.

---

7) Cavusgil, S.T., Knight, G., & Riesenberger, J. R., (2020). International Business: The New Realities, 5th Edition, Pearson).

지식재산권의 보호 수준은 기업의 혁신 활동과 기술 이전에 큰 영향을 미친다. 특허, 저작권, 상표권 등의 보호가 취약한 국가에서는 기업의 지적 자산이 위험에 노출될 수 있다.

노동 관련 법과 규제는 고용 조건, 최저 임금, 노동 시간, 노동조합 활동 등에 관한 법규를 포함한다. 이는 기업의 인력 관리 전략과 비용 구조에 중요한 영향을 미친다.

환경 규제는 기업의 생산 활동과 제품 설계에 영향을 미치는 환경 보호 관련 법규를 말한다. 환경 규제의 강도는 국가마다 다르며, 이는 기업의 운영 비용과 사회적 책임 활동에 영향을 준다.

세금 제도는 기업의 수익성과 투자 결정에 직접적인 영향을 미치는 요소다. 법인세율, 부가가치세, 관세 등 다양한 세금 정책은 기업의 재무 전략과 국제 사업 구조 결정에 중요한 역할을 한다. 법인세율(corporate tax rate)은 기업의 순이익에 부과되는 세금 비율이다. 이는 기업의 수익성에 직접적인 영향을 미치며, 국가마다 다양한 세율을 적용한다. 일반적으로 법인세율이 낮은 국가는 외국 기업의 투자를 유치하는 데 유리한 위치에 있다. 부가가치세(Value Added Tax, VAT)는 상품이나 서비스의 생산 및 유통 과정에서 발생하는 부가가치에 대해 부과되는 간접세다. 최종 소비자가 실질적으로 세금을 부담하지만, 각 거래 단계에서 사업자가 세금을 징수하여 정부에 납부한다. 국가에 따라 부가가치세 대신 판매세(Sales Tax)를 적용하기도 한다.

윌드(2019)는 이와 같은 상황을 압축적으로 "국제경영의 정치적 환경은 기업과 정부 간 관계, 정치적 변화의 위험, 기업 운영에 영향을 미치는 정부 정책을 말한다"[8]고 설명한다. 이는 기업이 해외시장에 진출할 때 고려해야 할 복잡한 정치적, 법적 요인들을 잘 요약하고 있다.

---

8) Wild, J.J. & Wild, K.L., 2019, International Business: The Challenges of Globalization, 9th Edition, Pearson.

4) 기술적 요인

국제마케팅 환경에서 기술적 요인은 기업의 글로벌 전략에 중대한 영향을 미치는 핵심 요소다. 이는 기술 인프라 및 채택률, 혁신 및 R&D 역량, 국가 간 디지털 격차, 전자 상거래 침투율, 소셜 미디어 사용 및 디지털 마케팅 기회, 기술 규제 및 데이터 개인 정보 보호법 등의 세부 요인들을 포함한다.

기술 인프라 및 채택률은 각 국가의 인터넷 보급률, 모바일 기기 사용 현황, 5G 네트워크 구축 상태 등을 포함하며, 디지털 환경을 이해하는 데 필수적이다. 혁신 및 R&D 역량은 특허 출원 건수, 연구 기관의 질, 정부의 R&D 투자 등을 통해 해당 국가의 기술 발전 속도와 방향을 예측하는 데 중요하다.

국가 간 디지털 격차는 기술 접근성과 활용도의 차이를 의미하며, 마케팅 전략 수립 시 반드시 고려해야 할 요소다. 전자 상거래 침투는 온라인 쇼핑의 보편화 정도를 나타내며, 디지털 마케팅 전략의 효과성에 직접적인 영향을 미친다.

소셜 미디어 사용 및 디지털 마케팅 기회는 각 국가의 소셜 플랫폼 선호도와 사용 패턴을 이해하고, 이를 마케팅에 활용할 가능성을 의미한다. 기술 규제 및 데이터 개인 정보 보호법은 기업의 데이터 수집, 활용, 저장 방식에 영향을 미치며, 국가별로 다른 규제 환경에 대한 이해가 필요하다.

힐과 헐트(2020)[9]는 그들의 저서에서 "기술은 세계화를 가능하게 하는 큰 원동력이 되었으며, 국제적 사업과 커뮤니케이션 비용을 획기적으로 줄였다."라고 언급했다. 이는 기술이 국제마케팅 환경에서 얼마나 중요한 역할을 하는지를 잘 보여준다.

이러한 기술적 요인들은 서로 밀접하게 연관되어 있으며, 기업이 새로운 시장에 진출하거나 기존 시장에서의 전략을 조정할 때 종합적으로 고려해야 한다. 또한, 이러한 요인들은 빠르게 변화하므로 지속적인 모니터링과 분석이 필요하다.

---

9) Hill, C.W.L. & Hult, G.T.M., 2020, Global Business Today, 11th Edition, McGraw-Hill Education

3. 글로벌 시장 세분화, 목표시장 설정 및 포지셔닝

1) 글로벌 시장에서 세분화

국제 시장 세분화(international market segmentation)는 글로벌 기업이 전 세계 소비자들을 유사한 특성, 요구사항 또는 행동 패턴을 가진 그룹으로 나누는 전략적 과정이다. 이는 기업이 다양한 국가와 문화에 걸쳐 효과적으로 마케팅 활동을 수행하고 제품을 포지셔닝하는 데 필수적인 도구이다. 하산과 크라프트(2012)[10]는 "국제 시장 세분화는 국가 그룹이든 개별 소비자 그룹이든, 유사한 구매 행동을 보일 가능성이 있는 동질적 속성을 가진 잠재 고객의 특정 세그먼트를 식별하는 과정"이라고 설명했다.

세분화 과정은 여러 요인을 고려하여 이루어진다. 첫째, 지리적 세분화(geographical segmentation)는 국가, 지역, 도시 크기, 기후 등을 기준으로 시장을 나눈다. 예를 들어, 한 의류 브랜드가 북유럽과 동남아시아 시장에 각각 다른 제품 라인을 제공하는 경우가 이에 해당한다.

둘째, 인구통계적 세분화(demographic segmentation)는 나이, 성별, 소득 수준, 교육 수준, 직업 등을 고려한다. 고급 시계 브랜드가 30~50대 고소득 전문직을 목표로 하는 것이 이러한 세분화의 예시이다.

셋째, 심리적 세분화(psychographic segmentation)는 소비자의 생활방식, 가치관, 태도, 관심사 등을 기준으로 한다. 예를 들어, 환경 친화적 제품을 선호하는 소비자 그룹을 대상으로 하는 마케팅 전략이 이에 해당한다.

마지막으로, 행동적 세분화(behavioral segmentation)는 제품 사용 빈도, 브랜드 충성도, 구매 동기, 구매 상황 등을 고려한다. 자주 여행하는 비즈니스 고객을

10) Hassan, S. S., & Craft, S. (2012). Examining world market segmentation and brand positioning strategies. Journal of Consumer Marketing, 29(5), 344–356.

위한 특별 항공 마일리지 프로그램이 이러한 세분화의 한 예이다. 필립 코틀러는 그의 저서 "마케팅 관리"에서 "효과적인 시장 세분화는 기업이 고객의 필요를 더 잘 이해하고 충족시킬 수 있게 해주며, 이는 결과적으로 고객 만족도와 기업의 수익성 향상으로 이어진다"라고 설명했다.

국제 시장 세분화는 기업이 글로벌 시장에서 경쟁력을 유지하고 성장하는 데 중요한 역할을 한다. 이를 통해 기업은 자원을 효율적으로 배분하고, 목표시장에 맞춤화된 마케팅 전략을 수립할 수 있으며, 궁극적으로는 고객 만족도와 기업의 성과를 향상시킬 수 있다.

2) 목표시장 평가 및 선택

목표시장 평가 및 선택 단계는 기업의 국제화 전략에서 핵심적인 부분을 차지한다. 이 과정에서는 다양한 세분시장(market segments)의 매력도를 평가하고, 가장 적합한 목표 세분시장을 선택하는 방법에 대해 심도 있게 논의한다.

세분시장의 매력도를 평가하는 방법에는 여러 가지가 있다. 시장 규모, 성장 잠재력, 경쟁 강도, 진입 장벽 등의 요소를 종합적으로 분석하여 각 세분시장의 가치를 판단한다. 또한 자사의 강점과 약점을 고려하여 각 세분시장에서의 성공 가능성을 평가한다.

목표 세분시장을 선택하는 기준은 기업의 전략적 목표와 밀접하게 연관된다. 단기적인 수익성, 장기적인 성장 가능성, 기존 사업과의 시너지 효과 등을 고려하여 최적의 세분시장을 선정한다. 또한 기업의 자원과 역량이 해당 세분시장에서 경쟁우위를 확보할 수 있는지도 중요한 판단 기준이 된다.

파파도풀로스와 마틴(2011)은 이에 대해 "해외시장 선택은 국제화에서 가장 중요한 결정 중 하나이다. 이 결정은 국제마케팅 전략과 회사의 자원 투자에 큰 영향을 미친다"[11]라고 설명했다. 이는 목표시장 선택의 중요성과 그것이 기업의 전반적인 전략에 미치는 영향을 잘 보여준다.

목표시장 평가 및 선택 과정은 단순히 시장의 크기나 성장성만을 고려하는 것이 아니라, 기업의 전략, 자원, 역량 등을 종합적으로 고려하는 복잡한 의사결정 과정이다. 이를 통해 기업은 가장 효과적으로 진출할 수 있는 해외시장을 선정하고, 국제화 전략의 성공 가능성을 높일 수 있다.

3) 글로벌 시장에서의 포지셔닝

국제 시장에서 제품이나 서비스를 효과적으로 포지셔닝(positioning)하는 것은 기업의 성공에 매우 중요한 요소다. 일반적으로 포지셔닝은 마케팅 전략의 핵심 요소로, 소비자의 마음속에 제품이나 브랜드가 차지하는 위치를 의미한다. 이는 단순히 제품의 물리적 특성을 넘어서, 소비자가 해당 제품이나 브랜드를 어떻게 인식하고 평가하는지에 관한 것이다.

효과적인 포지셔닝은 여러 요소를 고려한다. 우선 차별화가 중요하다. 경쟁사와 구별되는 독특한 특징이나 이점을 강조하는 것으로, 제품의 품질, 가격, 디자인, 서비스 등 다양한 측면에서 이루어질 수 있다.

목표시장(Target Market)도 핵심적인 고려사항이다. 특정 고객 집단의 필요(needs)와 욕구(wants)에 맞춰 포지셔닝을 조정해야 한다. 모든 사람을 만족시키려 하기보다는 특정 세분시장에 집중하는 것이 효과적이다.

가치 제안(value proposition)은 소비자에게 제공하는 독특한 가치나 혜택을 명확히 하는 것이다. 이는 기능적 가치뿐만 아니라 감성적, 사회적 가치를 포함할 수 있다. 일관성(Consistency)도 중요하다. 제품의 특성, 가격, 유통, 프로모션 등 모든 마케팅 믹스 요소가 일관된 메시지를 전달해야 한다. 기업이 처한 경쟁 환경에 대한 이해도 필수적이다. 경쟁사의 포지셔닝을 분석하고, 그들과 차별화될 수 있는 전략을 수립해야 한다.

---

11) Papadopoulos, N., & Mart n, O. M. (2011). International market selection and segmentation: perspectives and challenges. International Marketing Review, 28(2), 132–149.

리스와 트라우트(Ries & Trout, 1981)는 "포지셔닝은 제품으로 시작하지 않는다. 포지셔닝은 잠재 고객의 마음속에서 시작한다"[12]라고 말한다. 이는 포지셔닝이 단순히 제품의 특성을 강조하는 것이 아니라, 소비자의 인식과 태도를 형성하는 전략적 과정임을 강조한다. 효과적 포지셔닝은 기업이 시장에서 명확한 정체성을 확립하고, 경쟁우위를 확보하는 데 핵심적인 역할을 한다. 이는 장기적인 브랜드 가치 구축과 고객 충성도 향상으로 이어질 수 있다. 이를 위해서는 문화적 차이와 지역 간 경쟁을 깊이 있게 고려해야 한다. 문화적 차이는 소비자의 선호도, 가치관, 구매 행동 등에 큰 영향을 미치며, 이는 각 시장에서 제품이나 서비스가 어떻게 인식되고 받아들여지는지를 결정한다. 아카카와 올든(2010)[13]은 "국제마케팅의 맥락에서 포지셔닝은 국가적 경계를 넘어 소비자의 마음속에, 브랜드에 대한 독특하고 호의적인 이미지를 만드는 것을 포함한다"라고 설명한다. 이는 기업이 글로벌 시장에서 성공하기 위해서는 단순히 제품이나 서비스의 품질만으로는 충분하지 않으며, 각 시장의 문화적 맥락을 고려한 전략적 포지셔닝이 필요함을 강조한다.

현지 경쟁(local competition) 또한 중요한 고려 사항이다. 각 현지 지역 시장에는 이미 자리 잡은 경쟁 기업들이 존재하며, 이들은 해당 시장의 특성을 잘 이해하고 있다. 따라서 기업은 이러한 지역 경쟁자들과 차별화될 수 있는 독특한 가치 제안을 개발해야 한다. 이는 제품의 특성, 브랜드 이미지, 가격 전략, 유통 채널 등 다양한 측면에서 이루어질 수 있다.

효과적인 국제 시장 포지셔닝을 위해서는 철저한 시장조사와 분석이 선행되어야 한다. 각 시장의 문화적 특성, 소비자 행동, 경쟁 환경 등에 대한 깊이 있는 이해를 바탕으로, 기업은 자사의 제품이나 서비스가 해당 시장에서 어떤 위치를

12) 리스와 트라우트(Ries & Trout, 1981)는 "포지셔닝은 제품으로 시작하지 않는다. 포지셔닝은 잠재 고객의 마음속에서 시작한다"라고 말한다.

13) Akaka, M. A., & Alden, D. L. (2010). Global brand positioning and perceptions: International advertising and global consumer culture. International Journal of Advertising, 29(1), 37-56.

차지할 수 있을지 전략적으로 결정해야 한다. 이러한 접근은 기업이 글로벌 시장에서 지속 가능한 경쟁우위를 확보하는 데 핵심적인 역할을 한다.

참고로 마케팅에서 포지셔닝 맵(positioning map) 혹은 지각도(perceptual map)가 활용되는데, 포지셔닝 맵은 시장 내 경쟁 제품이나 브랜드의 상대적 위치를 시각적으로 표현하는 마케팅 도구다. 이는 주로 2차원 그래프 형태로 나타내며, 각 축은 소비자가 중요하게 여기는 제품 특성이나 속성을 나타낸다. 포지셔닝 맵의 주요 목적은 시장 구조를 파악하고, 경쟁 관계를 분석하며, 새로운 시장 기회를 발견하는 것이다. 이를 통해 기업은 자사 제품의 현재 위치를 파악하고, 향후 어떤 방향으로 포지셔닝을 변경할지 전략을 수립할 수 있다.

포지셔닝 맵을 작성하는 과정은 먼저, 분석하고자 하는 시장과 경쟁 브랜드를 선정한다. 그다음, 소비자가 중요하게 여기는 두 가지 주요 속성을 선택하여 각 축으로 설정한다. 예를 들어, 자동차 시장에서는 '가격'과 '성능'을 축으로 설정할 수 있다. 선정된 속성에 따라 각 브랜드나 제품의 위치를 맵 상에 표시한다. 이때 각 브랜드의 위치는 소비자 인식 조사나 시장 데이터를 바탕으로 결정된다. 완성된 포지셔닝 맵을 통해 다양한 인사이트를 얻을 수 있다. 예를 들어, 특정 영역에 브랜드가 밀집해 있다면 그 영역의 경쟁이 치열함을 의미한다. 반면, 비어있는 영역은 새로운 시장 기회를 나타낼 수 있다.

코틀러와 켈러(Kotler & Keller, 2006)는 "포지셔닝 맵은 소비자의 인식을 시각화하여 마케터가 브랜드 간 유사성과 차이점을 쉽게 파악할 수 있게 해준다"라고 설명한다. 이는 포지셔닝 맵이 복잡한 시장 구조를 간단하고 직관적으로 표현할 수 있는 강력한 도구임을 강조한다.

포지셔닝 맵은 또한 시간에 따른 시장 변화를 추적하는 데도 유용하다. 주기적으로 포지셔닝 맵을 업데이트하면 브랜드 인식의 변화나 새로운 경쟁자의 등장 등을 파악할 수 있다. 그러나 포지셔닝 맵의 한계점은 2차원으로 표현되기 때문에 복잡한 시장 상황을 모두 반영하기 어려울 수 있다. 또한, 소비자 인식에 기반하기 때문에 실제 제품 특성과 차이가 있을 수 있다.

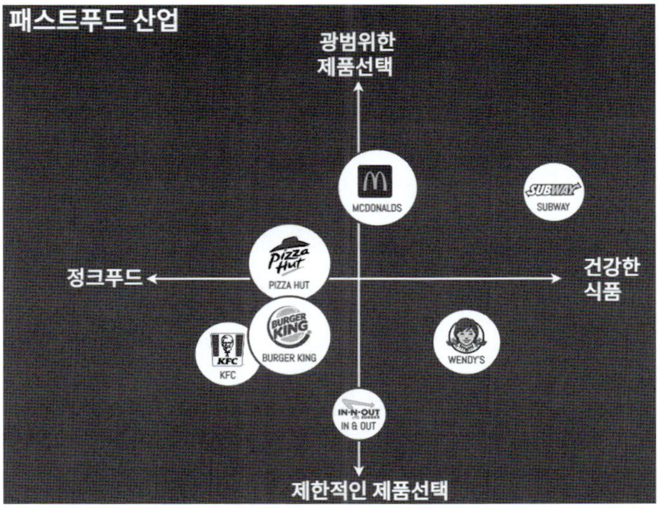

그림 11-1 미국 패스트푸드 산업에서의 포지셔닝 맵
출처: https://online.visual-paradigm.com

4. 국제마케팅 믹스

마케팅에서 마케팅 믹스(marketing mix)는 기업의 마케팅 전략을 구성하는 핵심 요소들의 통합적 조합을 의미한다. 이는 기업이 목표시장에서 경쟁우위를 확보하고 소비자의 요구를 효과적으로 충족시키기 위해 활용하는 전략적 도구이다. 전통적으로 마케팅 믹스는 4P로 알려진 네 가지 주요 요소로 구성됐다.

제품(product)은 기업이 시장에 제공하는 유형의 상품이나 무형의 서비스를 포함한다. 제품 전략은 단순히 물리적 특성을 넘어 브랜드 이미지, 품질, 디자인, 포장, 보증 등 제품과 관련된 모든 측면을 고려한다. 소비자의 필요와 욕구를 정확히 파악하고 이를 충족시키는 제품을 개발하는 것이 핵심이다.

가격(price)은 소비자가 제품이나 서비스를 획득하기 위해 지급해야 하는 금전적 가치를 의미한다. 가격 책정은 단순한 비용 계산을 넘어 시장 수요, 경쟁사 가격, 브랜드 포지셔닝, 제품 수명 주기 등 다양한 요인을 고려해야 한다. 적절한 가격 전략은 기업의 수익성과 시장점유율에 직접적인 영향을 미친다.

유통(place)은 제품이 생산자로부터 최종 소비자에게 전달되는 과정과 관련된 모든 활동을 포함한다. 이는 물리적 유통 채널뿐만 아니라 온라인 플랫폼, 중개상, 물류 시스템 등을 모두 포괄한다. 효율적인 유통 전략은 제품의 가용성을 높이고 고객 편의성을 증대시켜 궁극적으로 판매 증진에 기여한다.

촉진(promotion)은 목표 고객에게 제품의 존재와 가치를 알리고 구매를 유도하는 모든 커뮤니케이션 활동을 말한다. 광고, 판매 촉진(sales promotion), PR(public relations), 개인(대면) 판매, 디지털 마케팅 등 다양한 방식이 포함된다. 통합적 마케팅 커뮤니케이션(IMC) 관점에서 이러한 촉진 활동들은 일관된 메시지로 조율되어야 한다.

현대 마케팅에서는 이 4P에 추가적인 요소들을 포함해 확장된 마케팅 믹스 모델을 제시하기도 한다. 사람은 서비스 제공자와 고객 간 상호작용의 중요성을 강조한다. 물리적 증거는 특히 서비스 마케팅에서 중요하며, 서비스의 무형성을 상쇄하기 위한 유형적 단서들을 의미한다. 프로세스는 서비스 전달 과정의 효율성과 품질을 다룬다.

마케팅 믹스의 각 요소는 독립적으로 작용하는 것이 아니라 상호 연관되어 시너지 효과를 창출한다. 따라서 마케터들은 이들 요소 간 균형과 일관성을 유지하면서, 시장 환경과 소비자 행동의 변화에 맞춰 지속해서 마케팅 믹스를 조정해 나가야 한다. 디지털 기술의 발전과 글로벌화로 인해 마케팅 환경이 급변하는 오늘날, 마케팅 믹스의 효과적인 관리는 기업의 경쟁력 확보에 있어 그 어느 때보다 중요한 역할을 하고 있다.

본 장에서는 이러한 마케팅 믹스가 글로벌 시장에서 어떻게 응용되어 사용되는

지를 자세히 살펴본다.

1) 제품

국제마케팅 믹스(international marketing mix)는 기업이 해외시장에서 성공적으로 운영되기 위해 고려해야 할 핵심 요소들을 포함한다. 그 중 제품전략은 특히 중요한 부분을 차지한다.

(1) 제품 적응과 표준화

우선, 제품 적응(product adaptation)과 표준화(standardization)는 글로벌 시장에 진출하는 기업들이 직면하는 중요한 전략적 결정 사항이다. 이는 단순히 제품의 형태를 결정하는 것을 넘어서 기업의 전반적인 국제화 전략과 브랜드 정체성(brand identity)에 큰 영향을 미친다.

제품 적응은 현지 시장의 독특한 특성, 문화적 맥락, 소비자 선호도, 그리고 법적 규제 등을 고려하여 제품을 수정하거나 재설계하는 접근 방식이다. 이는 현지 시장에 대한 깊은 이해와 연구를 바탕으로 이루어진다. 예를 들어, 전자제품 제조업체인 삼성전자는 중동지역에서 '아랍어 지원' 기능을 탑재한 스마트폰을 출시하여 현지 소비자들의 호응을 얻었다. 삼성전자는 2006년 중동지역을 겨냥해 다양한 특화 기능을 탑재한 중동 특화 스마트폰(SGH-i750)을 출시했다. 이 휴대폰은 우선 터치 스크린에 아랍어를 직접 입력하면 문자로 자동으로 인식돼 활자화되는 '핸드 라이팅(hand writing) 인식' 기능을 채택해 아랍어 입력 방법을 획기적으로 개선했다. 기존 휴대폰의 자판은 영어 기준으로 만들어져 있어 아랍어 입력을 위해서는 아랍어 키보드 화면을 반드시 터치 스크린에 띄워서 사용해야만 하는 불편함이 있었다. 또 중동지역 비즈니스맨들을 위해 영어로 단어를 입력하면 같은 의미의 아랍어 단어로 번역되는 '아랍어 번역 기능'도 휴대폰에 처음으로 내장했다. 이와 함께 이슬람교도가 많은 중동지역의 특성을 생각해 하루에 5번 기도 시간을 알려주는 알람 기능을 채택했다.

반면, 표준화 전략은 전 세계적으로 동일한 제품을 제공함으로써 일관된 브랜드 이미지를 유지하고 규모의 경제를 실현하려는 접근 방식이다. 이는 생산 비용을 절감하고 품질 관리를 쉽게 하는 장점이 있다. 애플(Apple)은 대표적으로 표준화 전략을 성공적으로 구사하는 기업으로, 전 세계적으로 동일한 디자인과 기능의 아이폰(iPhone)을 판매하고 있다.

맥도날드(McDonald's)의 사례는 제품 적응 전략의 한 예이다. 인도에서 쇠고기 대신 치킨을 사용한 버거를 판매하는 것은 현지의 종교적, 문화적 특성을 고려한 결정이다. 힌두교도들이 많은 인도에서 쇠고기는 금기시되는 음식이기 때문이다. 이외에도 맥도날드는 각 국가의 특성에 맞춰 메뉴를 다양화하고 있다. 일본에서는 테리야키 버거를, 그리스에서는 그리스 맥(Greek Mac)을 판매하는 등 현지화 전략을 적극적으로 펼치고 있다.

국제 경영학자인 테오도르 레빗(1983)은 그의 저서 "The Globalization of Markets"에서 "기업은 글로벌 시장에서 성공하기 위해 표준화와 적응 사이의 균형을 찾아야 한다"[14]고 주장했다. 이는 기업이 글로벌 브랜드로서 일관성을 유지하면서도 현지 시장의 요구에 민감하게 대응해야 함을 의미한다. 결국, 제품 적응과 표준화 전략 사이의 선택은 기업의 목표, 대상 시장의 특성, 제품의 성격 등을 종합적으로 고려하여 이루어져야 한다. 성공적인 글로벌 기업들은 두 전략을 적절히 조합하여 글로벌 효율성과 현지 대응성을 동시에 추구하고 있다.

(2) 글로벌 브랜딩

글로벌 브랜딩 전략(global branding strategy) 또한 글로벌 경쟁 시대에 매우 중요하다. 이는 기업이 다양한 국가와 문화권에 걸쳐 일관된 브랜드 정체성을 확립하고 유지하는 포괄적인 접근 방식이다. 이는 단순히 로고나 슬로건을 통일하는

14) Levitt, T. (1983). The globalization of markets. Harvard Business Review, 61(3), 92–102.

것을 넘어서, 브랜드의 핵심 가치와 메시지가 전 세계적으로 공감을 얻을 수 있도록 하는 복합적인 과정을 포함한다. 글로벌 브랜딩의 핵심은 문화적 차이를 고려하면서도 브랜드의 본질을 유지하는 균형을 찾는 것이다. 이를 위해 기업은 현지화(localization)와 표준화(standardization) 사이에서 적절한 전략적 선택을 해야 한다. 예를 들어, 맥도날드(McDonald's)는 전 세계적으로 동일한 황금색 아치 로고를 사용하면서도, 각 국가의 음식 문화를 반영한 메뉴를 제공하는 '현지화된 글로벌화(glocalization)' 전략을 채택하고 있다. 코카콜라(Coca-Cola)는 글로벌 브랜딩의 대표적인 성공 사례로 꼽힌다. 이 기업은 2009년부터 2015년까지 전 세계 200개 이상의 국가에서 동일한 로고와 빨간색 배경을 사용하며, "행복을 열어라(Open Happiness)"와 같은 보편적인 감정에 호소하는 브랜드 메시지를 통해 문화적 경계를 초월한 브랜드 인지도를 구축했다. 마케팅 전문가 마틴 롤(2005)은 자신의 저서 "Asian Brand Strategy"에서 "코카콜라의 성공은 글로벌 일관성과 지역적 관련성 사이의 균형을 유지하는 능력에서 비롯된다"[15]고 평가했다. 효과적인 글로벌 브랜딩 전략의 구현은 기업에 규모의 경제, 브랜드 인지도 향상, 그리고 글로벌 시장의 경쟁력 강화 등 다양한 이점을 제공한다. 그러나 동시에 문화적 민감성, 법적 규제의 차이, 그리고 지역별 소비자 선호도의 변화 등 복잡한 도전 과제도 안고 있다. 따라서 성공적인 글로벌 브랜딩은 지속적인 시장조사, 유연한 전략 조정, 그리고 장기적인 비전을 요구한다.

(3) 포장 및 라벨링

포장 및 라벨링(Packaging and Labeling)은 국제 시장에서 제품의 성공과 규정 준수를 위해 매우 중요한 요소이다. 국가마다 고유한 규제 환경, 문화적 배경, 그리고 언어적 특성이 있어 이를 세심하게 고려해야 한다. 예를 들어, 유럽연합(European Union)에서는 CE 마크(CE marking)가 필요한 제품들이 있으며, 미국에

15) Roll, M. (2005). Asian brand strategy: How Asia builds strong brands. Palgrave Macmillan.

서는 식품의약국(Food and Drug Administration, FDA)[16]의 규정을 따라야 하는 경우가 많다. CE 마크(CE marking)는 유럽경제지역(EEA) 내에서 유통되는 제품이 EU의 보건, 안전, 환경 보호 기준을 충족함을 나타내는 인증 표시이다. 'Conformité Européenne'의 약자로, '유럽 적합성'을 의미한다. 제조업체가 관련 EU 지침 또는 규정의 요구사항을 준수했음을 선언하는 것으로, 많은 제품 카테고리에 대해 CE 마크 부착이 의무화되어 있다. 이는 제품의 안전성을 보장하고 EU 시장 내 자유로운 유통을 가능하게 하는 중요한 역할을 한다.

문화적 선호도 측면에서는, 색상 선택이 특히 중요하다. 일부 국가에서는 특정 색상이 문화적으로 민감하거나 부정적인 의미가 있을 수 있다. 일례로 색상의 선호도를 살펴보면, 전 세계적으로 파란색이 가장 선호되는 색상이며, 그다음으로 흰색과 보라색이 따른다. 빨간색과 회색도 선호도가 높은 편이다.[17] 글로벌 색상 조사(The Global Color Survey)에 따르면 색상 선호도는 문화적 상징과 개인적 경험에 영향을 받는 것으로 나타난다.[18] 교육 배경에 따라 선호도가 달라질 수 있으며, 교육 수준에 따라 특정 색상을 더 선호하는 경향이 있다(Hanafy & Sanad, 2015). 심리적, 정서적 요인도 중요한 역할을 하는데, 노란색, 분홍색, 주황색 등은 흔히 행복한 감정과 연관된다.[19] 미국에서는 짙은 파란색을 뚜렷하게 선호하는 반면, 어두운 노란색(녹갈색 또는 올리브색)은 가장 선호도가 낮다. 일반적으로 파스텔 톤보다는 채도가 높은 색상을 더 선호한다.[20]

---

16) 식품의약국(Food and Drug Administration, FDA)은 미국 보건복지부 산하의 정부기관으로, 식품, 의약품, 의료기기, 화장품, 방사선 방출 제품, 동물용 의약품 등의 안전성과 유효성을 관리·감독하는 역할을 수행한다. 현재 공중보건 보호와 증진을 위해 제품 승인, 규제 지침 수립, 품질 감시 등 광범위한 업무를 담당하고 있다. FDA의 규제와 승인은 미국 내에서뿐만 아니라 국제적으로도 높은 신뢰도와 영향력을 가지고 있어, 글로벌 보건 및 의약품 산업에서 중요한 기준점으로 작용한다.

17) Hanafy, I. M., & Sanad, R. A. (2015). Colour Preferences According to Educational Background. Procedia – Social and Behavioral Sciences, 205, 437–444.

18) https://www.colorcom.com/research/consumer-color-preferences

19) https://www.startquestion.com/survey-ideas/favourite-color

20) Palmer, S. E., & Schloss, K. B. (2010). Color preference. In E. B. Goldstein (Ed.), Encyclopedia of

이러한 색상 선호도를 이해하는 것은 제품과 광고전략을 다양한 지역에 맞게 조정하려는 기업과 마케터들에게 중요할 수 있다. 현지 소비자들과 효과적으로 공감하기 위해서는 색상의 정서적, 문화적 의미를 고려해야 한다.

언어 차이를 고려한 다국어 라벨링(multilingual labeling)은 글로벌 시장에서 필수적이다. 이는 단순히 텍스트를 번역하는 것을 넘어, 현지 소비자들이 쉽게 이해할 수 있는 용어와 표현을 사용해야 한다. 캐나다의 경우 영어와 프랑스어로 된 이중 언어 라벨링이 법적으로 요구되며, 스위스에서는 독일어, 프랑스어, 이탈리아어로 된 라벨이 흔히 사용된다. 또한, 국제표준화기구(International Organization for Standardization, ISO)의 지침에 따르면, 포장은 제품을 보호하고, 정보를 전달하며, 마케팅 도구로서 역할을 해야 한다. 이를 위해 재질의 선택, 디자인의 적절성, 그리고 환경친화적 요소 등을 종합적으로 고려해야 한다.

(3) 제품수명주기

국제 시장에서의 제품수명주기(Product Life Cycle in International Markets)는 복잡하고 다양한 양상을 보인다. 이는 각 국가의 경제 발전 단계, 문화적 특성, 기술 수용도 등 다양한 요인에 따라 크게 달라질 수 있다. 예를 들어, 스마트폰과 같은 첨단 기술 제품이 한국이나 미국 같은 선진국에서는 이미 성숙기에 접어들었을 수 있지만, 아프리카의 일부 개발도상국에서는 아직 도입기나 성장기에 있을 수 있다. 이러한 국가 간 제품수명 주기의 차이는 기업들에 도전이자 기회가 된다. 기업은 각 시장의 특성을 자세히 분석하고, 해당 시장의 제품 수명 주기 단계에 맞는 적절한 마케팅 전략을 수립해야 한다. 예를 들어, 도입기 시장에서는 제품 인지도 향상과 조기 수용자 확보에 주력해야 하며, 성장기 시장에서는 시장 점유율 확대와 브랜드 충성도 구축에 집중해야 한다. 반면 성숙기 시장에서는 제품 차별화와 비용 효율성 개선에 초점을 맞추어야 할 것이다. 이처럼 각 시장의

Perception (Vol. 1, pp. 278-281). Sage Publications

제품 수명 주기 단계에 맞는 전략을 구사함으로써, 기업은 글로벌 시장에서 경쟁력을 극대화할 수 있다. 제 시장에서의 제품 수명 주기 관리는 글로벌 기업의 성공을 위한 핵심 요소라 할 수 있다. 기업은 지속적인 시장조사와 분석을 통해 국가별 제품 수명 주기의 차이를 정확히 파악하고, 이에 기반한 유연하고 효과적인 마케팅 전략을 수립해야 할 것이다.

2) 가격

가격은 국제마케팅 전략에서 중요한 요소다. 기업이 국제 시장에 진출할 때 고려해야 할 여러 가지 가격 관련 전략과 요인들이 있다. 국제가격책정 전략(international pricing strategy)은 다국적 기업이 글로벌 시장에서 경쟁력을 유지하고 수익을 최적화하기 위해 채택하는 중요한 마케팅 전략이다.

(1) 국제가격책정 전략

국제가격책정은 전략 단순히 제품이나 서비스의 가격을 정하는 것을 넘어, 각 국가와 지역의 경제적, 문화적, 법적 특성을 고려하여 전략적으로 가격을 결정하는 복잡한 과정을 의미한다.

이 전략은 크게 두 가지 주요 접근 방식으로 나눌 수 있다. 첫째는 표준화된 글로벌 가격 전략(standardized global pricing strategy)으로, 모든 시장에서 동일하거나 매우 유사한 가격을 적용하는 방식이다. 이는 브랜드 이미지의 일관성을 유지하고 운영의 효율성을 높일 수 있지만, 각 시장의 특수성을 반영하지 못할 수 있다. 둘째는 현지화된 가격 전략(localized pricing strategy)으로, 각 시장의 특성에 맞춰 가격을 조정하는 방식이다. 이 접근법은 현지 소비자의 구매력, 경쟁 상황, 규제 환경 등을 고려하여 가격을 설정한다. 기업은 이러한 전략을 선택할 때 여러 요인을 고려해야 한다. 예를 들어, 환율변동, 관세 및 무역장벽, 현지 경쟁 상황, 소비자 행동 등이 중요한 고려 사항이 된다. 또한 최근에는 디지털 기술의 발전으로 인한 가격 투명성 증가와 온라인 쇼핑의 보편화로 인해 국제가격책정이 더욱 복잡해지고 있다.

(2) 국제가격책정의 요인

글로벌 가격 결정에 영향을 미치는 요인은 다양하고 복잡한 변수들로 구성되어 있다. 이러한 요인들은 기업이 국제 시장에서 제품이나 서비스의 가격을 책정할 때 반드시 고려해야 할 중요한 요소들이다.

첫째, 현지 경쟁 상황은 가격 결정에 큰 영향을 미친다. 각 시장의 경쟁 강도와 경쟁사들의 가격 전략에 따라 기업은 자사의 가격을 조정해야 할 수 있다. 예를 들어, 경쟁이 치열한 시장에서는 가격을 낮추어 시장점유율을 확보하려 할 수 있다.

둘째, 소비자의 구매력도 중요한 요인이다. 국가마다 경제 발전 수준과 소득 수준이 다르기에, 동일한 제품이라도 시장에 따라 다른 가격 전략이 필요할 수 있다. 일례로, 고소득 국가에서는 높은 가격을 책정할 수 있지만, 저소득 국가에서는 가격을 낮추어 판매량을 늘리는 전략이 효과적일 수 있다.

셋째, 정부 규제는 가격 결정에 직접적인 영향을 미칠 수 있다. 관세, 수입 규제, 가격 통제 정책 등 각국의 법적, 제도적 환경에 따라 기업은 가격 전략을 조정해야 한다. 일부 국가에서는 특정 품목에 대해 최고 가격을 제한하는 때도 있다.

넷째, 유통 비용은 최종 소비자 가격에 큰 영향을 미친다. 운송 비용, 중간 유통 단계의 마진, 물류 비용 등이 이에 포함된다. 특히 국제무역에서는 운송 거리와 방법에 따라 비용이 크게 달라질 수 있어, 이를 가격에 반영해야 한다.

다섯째, 문화적 차이는 소비자의 가격 민감도와 구매 행동에 영향을 미친다. 어떤 문화권에서는 할인을 선호하는 반면, 다른 문화권에서는 고가격이 품질의 척도로 여겨질 수 있다.

마지막으로, 고급 브랜드의 경우 특별한 전략이 필요할 수 있다. 신흥 시장

(Emerging Markets)에서도 프리미엄 가격을 유지하여 브랜드 이미지를 보호하는 전략을 선택할 수 있다. 이는 가격이 품질과 지위의 상징으로 인식되는 경향이 있는 시장에서 특히 효과적일 수 있다. 이러한 다양한 요인들을 종합적으로 고려하여 글로벌 기업들은 각 시장에 맞는 최적의 가격 전략을 수립해야 한다. 이는 단순히 비용과 이익만을 고려하는 것이 아니라, 시장 환경, 소비자 특성, 경쟁 상황, 그리고 장기적인 브랜드 전략을 모두 아우르는 복잡한 의사결정 과정이다.

(3) 국제이전가격

이전 가격 책정(Transfer Pricing)은 다국적 기업들이 그들의 계열사나 자회사와 같은 관계사들 간 국제 거래에서 적용하는 가격을 결정하는 복잡한 프로세스이다. 이는 단순히 가격을 정하는 것 이상으로, 기업의 글로벌 세무 전략과 밀접하게 연관되어 있다. 이전 가격은 기업이 전 세계적으로 발생하는 이익을 어떻게 배분할지에 영향을 미치며, 이는 각 국가에서 납부해야 할 법인 세액을 결정하는 데 중요한 역할을 한다. 따라서 많은 기업이 이를 통해 세금을 최적화하려 하지만, 이는 반드시 각국의 세법과 국제 규제를 엄격히 준수하며 이루어져야 한다. 경제협력개발기구(Organization for Economic Cooperation and Development, OECD)는 이전 가격과 관련된 국제 지침을 제공하고 있으며, 이는 "정상가격 원칙(arm's length principle)"을 기반으로 한다. OECD 이전가격 지침에 따르면, "관계사 간 거래는 독립기업 간 거래와 동일한 조건으로 이루어져야 한다"라고 명시하고 있다.

다국적 기업들의 국제 이전 가격 조작의 사례를, 숫자를 사용하여 다음과 같이 설명할 수 있다. 예를 들어, 가상의 다국적 기업 A사가 고세율 국가 X와 저세율 국가 Y에 자회사를 두고 있다고 가정한다. X국의 법인세율은 30%이고 Y국의 법인세율은 10%이다. A사는 X국에서 제품을 생산하고 Y국에서 판매한다. 정상 거래 시나리오에서 생산원가는 100달러이며, X국 자회사에서 Y국 자회사로의 이전 가격은 150달러, Y국에서의 최종 판매가격은 200달러이다. 이 경우 X국 자회사의 이익은 50달러, Y국 자회사의 이익도 50달러가 되며, 총법인세는 20달러이다. 이전가격 조작 시나리오에서 A사는 이전가격을 120달러로 낮춘다. 생산원가와 최종 판매가격은 변동이 없다. 이 경우 X국 자회사의 이익은 20달러로 줄어들고 Y국 자회사의 이익은 80달러로 증가한다. 총법인세는 14달러로 감소한다. 이전가격 조작으로 인해 A사의 총이익은 100달러로 동일하지만, 법인세 절감액은 6달러가 되어 세후 이익이 6달러 증가한다. 이 사례에서 A사는 이전가격을 조작하여 고세율 국가의 과세소득을 저세율 국가로 이전함으로써 전체 세금 부담을 줄이고 있다. 이는 국제 조세 회피의 대표적인 방법의 하나로, 각국 세무 당국의 주요 감시 대상이 되고 있다.

통화 문제 및 환율 영향은 국제 비즈니스 환경에서 기업들이 직면하는 가장 중요한 재무적 고려 사항 중 하나이다. 글로벌 시장에서 활동하는 기업들은 다양한 통화로 거래하며, 이에 따라 환율변동이 기업의 수익성과 경쟁력에 상당한 영향을 미칠 수 있다. 환율변동은 기업의 수입과 지출에 직접적인 영향을 주어 최종적으로 기업의 순이익에 반영된다. 예를 들어, 수출 기업의 경우 자국 통화가 강세를 보이면 해외시장에서의 가격경쟁력이 떨어질 수 있다. 반대로, 수입 기업은 자국 통화가 약세일 때 원자재 구매 비용이 증가하여 수익성이 악화할 수 있다. 이러한 환율변동 리스크를 관리하기 위해 기업들은 다양한 전략을 사용한다. 가장 일반적인 방법의 하나는 헤징(hedging) 전략이다. 헤징은 선물환 계약이나 통화 옵션과 같은 금융 상품을 활용하여 미래의 환율변동으로 인한 손실 위험을 줄이는 방법이다. 또 다른 방법으로는 현지 통화로 가격을 책정하는 전략이 있다. 이 방법을 통해 기업은 환율변동의 영향을 고객에게 전가하지 않고 자체적으로 흡수할 수 있다. 이는 장기적으로 시장점유율을 유지하는 데 도움이 될 수 있지만, 단기적으로는 기업의 수익성에 부정적인 영향을 미칠 수 있다. 일부 기업은 환율변동에 따른 리스크를 줄이기 위해 주요 통화, 특히 미국 달러(USD), 유로(EUR), 일본 엔(JPY)과 같은 국제 기축통화로만 거래를 제한하기도 한다. 이 접근법은 거래의 복잡성을 줄이고 예측 가능성을 높일 수 있지만, 동시에 특정 시장에서의 경쟁력을 제한할 수 있는 단점도 있다.

3) 유통

국제 유통 채널(international distribution channels)은 기업이 제품을 해외시장에 효과적으로 공급하기 위한 핵심 요소이다. 이는 제조업체부터 최종 소비자에 이르는 복잡한 네트워크를 포함하며, 수출업자, 수입업자, 도매업자, 소매업자 등 다양한 중간 단계를 거친다.

(1) 글로벌 공급망 관리

유통 측면에서 글로벌 공급망 관리(global supply chain management, GSCM)는 국제적인 규모에서 원자재의 조달부터 최종 제품의 고객 배송에 이르기까지 전체 과정을 효율적으로 계획, 실행, 통제하는 종합적인 경영 전략이다. 이는 단순히 물류 관리를 넘어서 기업의 전반적인 운영 효율성과 경쟁력을 향상하는 핵심 요소로 자리를 잡았다. GSCM의 주요 목표는 비용 절감, 리스크 관리, 고객 만족도 향상, 그리고 시장 변화에 대한 신속한 대응 능력 강화 등 다양이다. 이를 위해 기업들은 첨단 정보 기술과 인공지능을 활용하여 실시간 데이터 분석과 예측 모델링을 수행한다. 예를 들어, 애플(Apple)은 전 세계에 걸친 복잡한 공급망을 통해 아이폰 생산의 효율성을 극대화하고 있다. 애플의 공급망은 미국, 중국, 한국, 일본 등 여러 국가에 걸쳐 있으며, 단계별로 최적의 파트너를 선정하여 협업한다. 이를 통해 애플은 품질 관리, 원가 절감, 생산 유연성을 동시에 확보하고 있다. 글로벌 컨설팅 기업인 맥킨지(McKinsey)의 보고서에 따르면, 효과적인 GSCM은 기업의 운영 비용을 최대 15%까지 절감하고, 수익성을 10% 이상 향상할 수 있다고 한다. 또한 GSCM은 지속가능성(sustainability)과 환경 보호 측면에서도 중요한 역할을 한다. 많은 기업이 탄소 발자국(carbon footprint) 감소와 친환경 공급망 구축을 위해 노력하고 있다. 탄소 발자국은 개인, 조직, 제품 또는 어떠한 사건(event)이 직간접적으로 발생시키는 온실가스 배출량을 이산화탄소 등가량으로 환산한 측정치를 말한다. 이는 일상 활동, 소비 패턴, 에너지 사용 등에 의해 발생하는 환경 영향을 정량화하는 지표로, 기후변화 대응과 지속가능성 평가에 널리 활용된다. 탄소 발자국 산정은 개인과 기업의 환경 의식을 고취하고, 온실가스 감축 전략 수립에 중요한 기초 자료를 제공한다.

(2) 전자상거래와 디지털 유통

전자 상거래 및 디지털 유통은 21세기 경제의 핵심 동력으로 자리 잡았다. 이는 인터넷과 첨단 디지털 기술을 기반으로 한 혁신적인 유통 방식으로, 전통적인 상거래의 개념을 근본적으로 변화시켰다. 아마존(Amazon)이나 알리바바(Alibaba) 같은 글로벌 온라인 플랫폼들은 국경의 장벽을 허물고 전 세계적인 거래를 가능케 하였다. 이들 플랫폼은 소비자들에게 전례 없는 선택의 폭과 편의성을 제공하며, 동시에 판매자들에게는 광범위한 시장 접근성을 부여한다. 옥스퍼드 대학의 경제학자 빅터 마이어-쇤베르거(2013)는 그의 저서 "빅 데이터의 시대"에서 "전자 상거래 플랫폼은 단순한 거래의 장을 넘어 데이터 기반의 경제 생태계를 창출하고 있다"[21]고 설명한다. 디지털 유통은 특히 소프트웨어, 음악, 영화, 전자책 등 디지털 콘텐츠 산업에서 중추적인 임무를 수행한다. 애플의 앱스토어(App Store)나 스포티파이(Spotify) 같은 플랫폼들은 창작자와 소비자를 직접 연결하며, 콘텐츠의 생산과 소비 방식을 획기적으로 변화시켰다. 스포티파이(Spotify)는 2006년 스웨덴에서 설립된 음악 스트리밍 서비스 플랫폼이다. 이 서비스는 사용자에게 수백만 곡의 음악과 팟캐스트에 대한 디지털 저작권 관리 보호 콘텐츠를 스트리밍할 수 있는 기능을 제공한다. 무료 광고 지원 서비스와 프리미엄 구독 모델을 모두

21) Mayer-Schönberger, V., & Cukier, K. (2013). Big data: A revolution that will transform how we live, work, and think. Houghton Mifflin Harcourt.

운영하며, 개인화된 플레이리스트, 아티스트 추천 기능 등을 통해 사용자 경험을 향상한다. 스포티파이는 글로벌 음악 산업의 디지털화를 주도하며, 음악 소비 패턴과 아티스트의 수입 모델에 상당한 영향을 미쳤다. 2024년 기준으로 전 세계적으로 5억 명 이상의 월간 활성 사용자를 보유하고 있으며, 음악 스트리밍 시장에서 선도적인 위치를 차지하고 있다. 이러한 변화는 단순히 유통 채널의 변화를 넘어 새로운 비즈니스 모델과 소비문화를 탄생시켰다. 전자 상거래와 디지털 유통의 발전은 또한 빅데이터(Big Data)와 인공지능(AI) 기술의 발전과 맞물려 더욱 정교해지고 있다. 소비자의 취향과 행동 패턴을 분석하여 맞춤형 상품 추천을 제공하거나, 수요 예측을 통해 재고 관리를 최적화하는 등 스마트한 유통 시스템이 구축되고 있다. 그러나 이러한 혁신적 변화는 동시에 새로운 도전 과제들을 제시한다. 개인정보 보호, 디지털 격차, 전통 산업의 붕괴 등은 현대 사회가 해결해야 할 중요한 문제들이다. 전자 상거래의 급속한 성장은 경제적 기회를 창출하는 동시에 사회경제적 불평등을 심화시킬 수 있는 양면성을 지니고 있다.

(3) 글로벌 시장의 물류 및 운송

글로벌 시장의 물류 및 운송은 현대 국제무역의 바탕을 이루는 핵심 요소로, 세계 경제의 혈관 역할을 담당한다. 이는 단순히 상품을 한 장소에서 다른 장소로 이동시키는 것을 넘어, 복잡한 공급망 관리와 시간 및 비용 효율성을 고려한 전략적 운영을 포함한다. 물류 및 운송 시스템은 크게 해상운송, 항공운송(Air Transportation), 철도운송, 도로운송 등 다양한 방식으로 구성되며, 각각의 특성에 따라 장단점이 존재한다. 해상운송의 경우 대량의 화물을 저렴한 비용으로 운송할 수 있어 벌크화물이나 컨테이너 운송에 적합하지만, 상대적으로 긴 운송 시간이 소요된다. 반면 항공운송은 신속성이 뛰어나 시간에 민감한 화물이나 고가의 소량 화물 운송에 적합하나, 높은 비용이 단점으로 작용한다. 최근에는 4차 산업혁명의 핵심 기술인 인공지능(Artificial Intelligence, AI)과 사물인터넷(Internet of

Things, IoT) 기술을 활용한 스마트 물류 시스템이 도입되어 물류 및 운송의 효율성과 정확성을 획기적으로 향상하고 있다. 예를 들어, AI 기반의 수요 예측 시스템은 재고 관리를 최적화하고, IoT 센서를 통한 실시간 화물 추적은 운송 과정의 투명성을 높이며, 빅데이터 분석을 통한 최적 경로 설정은 연료 효율성을 개선하고 있다. 글로벌 시장의 물류 및 운송은 국제무역과 경제 발전의 핵심 동력으로서, 다양한 운송 방식의 조화로운 활용과 첨단 기술의 적극적인 도입을 통해 지속해서 발전하고 있다. 이러한 발전은 더 효율적이고 지속 가능한 글로벌 공급망 구축에 기여하며, 궁극적으로는 세계 경제의 성장과 번영을 뒷받침하고 있다.

4) 촉진

촉진(Promotion)은 마케팅 믹스의 핵심 요소로, 기업이 제품이나 서비스를 고객에게 알리고 구매를 유도하는 다양한 활동을 포함한다. 현대의 글로벌 비즈니스 환경에서 촉진 전략은 여러 복잡한 측면을 고려해야 한다.

(1) 문화 간 광고

문화 간 광고(cross-cultural advertising)는 글로벌 시장에서 기업이 직면하는 중요한 과제 중 하나이다. 이는 단순히 언어를 번역하는 것을 넘어, 다양한 문화적 배경을 가진 소비자들의 심층적인 이해를 바탕으로 효과적으로 메시지를 전달하는 것을 목표로 한다. 이러한 접근 방식은 각 지역의 언어적 특성, 고유한 가치관, 사회적 관습, 그리고 종교적 신념 등 다양한 문화적 요소를 고려하여 광고 내용을 세심하게 조정하는 것을 의미한다. 예를 들어, 나이키(Nike)는 중동 여성 운동선수들을 위한 'Pro Hijab'[22] 라인을 출시하면서, 중동 문화에서 여성의 스포츠

22) 히잡(hijab)은 이슬람 여성들이 머리와 목을 가리기 위해 착용하는 스카프나 베일을 지칭한다.이는 이슬람의 정숙함과 겸손함에 대한 종교적 가르침을 실천하는 방법 중 하나로 여겨진다. 현대 사회에서 히잡은 종교적 정체성, 문화적 표현, 그리고 때로는 정치적 상징으로서의 의미를 지니고 있어, 종교의 자유와 여성

참여에 대한 인식을 변화시키는 광고 캠페인을 진행했다. 이 광고는 중동 여성들의 운동에 대한 열정과 도전 정신을 강조하면서도 이슬람 문화의 가치를 존중하는 모습을 보여주었다. 또 다른 예로, 코카콜라(Coca-Cola)의 "Share a Coke" 캠페인은 원래 각 국가의 인기 있는 이름을 콜라병에 인쇄하는 방식으로 진행되었다. 하지만, 중국에서는 "친구와 콜라를", "가족과 콜라를" 등의 문구를 사용하여 개인의 이름을 직접 언급하는 것을 꺼리는 중국 문화를 고려했다. 특히, 중국의 수많은 이름을 담기에는 현실적 어려움이 많았다. 이 캠페인은 각 문화의 특성을 반영하면서도 전 세계적으로 일관된 브랜드 메시지를 전달하는 데 성공했다. 문화 간 광고의 성공은 단순히 제품이나 서비스를 판매하는 것을 넘어, 브랜드가 얼마나 현지 문화에 공감하고 적응할 수 있는지를 보여주는 지표가 된다.

미국 캠페인 중국 캠페인

그림 11-2 **미국과 중국의 Share a Coke 켐페인**

출처: 코카콜라.

(2) 글로벌 홍보

글로벌 홍보(gobal public relations)는 기업이 국제 무대에서 자사의 이미지와 메시지를 효과적으로 전달하고 관리하는 복잡한 과정이다. 이는 단순히 메시지를 여러 언어로 번역하는 것 이상의 의미를 지닌다. 글로벌 홍보는 기업의 핵심 가치와 브랜드 정체성을 전 세계적으로 일관되게 유지하면서도, 동시에 각 지역의 문

의 권리에 관한 논쟁의 중심에 서기도 한다.

화적, 사회적, 경제적 특성을 세심하게 고려하여 맞춤화된 접근 방식을 채택하는 전략적 커뮤니케이션 활동이다.

이러한 글로벌 홍보 전략은 다양한 요소를 포함한다. 국제적인 언론 관계를 통해 기업은 글로벌 미디어 환경에서 자사의 메시지를 효과적으로 전파할 수 있다. 또한, 기업의 사회적 책임(Corporate Social Responsibility, CSR) 활동은 기업이 진출한 각 국가와 지역 사회에 긍정적인 영향을 미치고, 이를 통해 기업의 평판을 향상하는 중요한 수단이 된다. 결론적으로, 글로벌 홍보는 기업이 국제 시장에서 성공적으로 소통하고 경쟁력을 유지하기 위한 필수적인 전략이다. 이는 문화적 감수성, 전략적 사고, 그리고 효과적인 커뮤니케이션 능력을 요구하는 복잡하고 다차원적인 활동이라고 할 수 있다.

(3) 디지털 및 소셜 미디어 마케팅

디지털 및 소셜 미디어 마케팅은 현대 비즈니스 환경에서 필수적인 마케팅 전략으로 자리 잡았다. 이는 인터넷과 다양한 소셜 미디어 플랫폼을 활용하여 기업이 잠재 고객들과 직접적이고 실시간으로 소통하며, 제품이나 서비스를 효과적으로 홍보하는 방식이다. 전통적인 마케팅 방식과 달리, 디지털 마케팅은 데이터 분석을 통해 타겟 고객의 행동을 정확히 파악하고 맞춤형 콘텐츠를 제공할 수 있어 비용 대비 효율성이 높다. 글로벌 시장에서 디지털 및 소셜 미디어 마케팅의 중요성은 더욱 두드러진다. 각 지역과 문화권에 따라 선호되는 소셜 미디어 플랫폼이 다르기 때문에, 기업은 진출하고자 하는 시장의 특성을 정확히 이해하고 그에 맞는 전략을 수립해야 한다. 예를 들어, 중국에서는 위챗(WeChat)과 틱톡(Tiktok)이 주요 소셜 미디어 플랫폼으로 사용되고 있다. 위챗은 메시징 앱을 넘어 결제, 쇼핑, 뉴스 등 다양한 서비스를 제공하는 '슈퍼 앱'으로 진화했으며, 웨이보는 중국의 대표적인 마이크로블로깅 플랫폼이다. 반면, 서구권에서는 페이스북(Facebook)과 인스타그램(Instagram)이 더 보편적으로 사용된다. 페이스북은 전 세계적으로 가장 많은 사용자를 보유한 소셜 네트워크 서비스이며, 인스타그램은 이미지와 동영상 중심의 플랫폼으로 특히 젊은 층에 인기가 높다. 기업이 글로벌 시장에서 디지털 및 소셜 미디어 마케팅을 성공적으로 펼치기 위해서는 단순히 플랫폼의 차이뿐만 아니라 각 지역의 문화적 맥락, 언어적 특성, 그리고 소비자 행동 패턴을 깊이 이해하고 이에 맞춘 전략을 수립해야 한다. 이러한 접근 방식은 글로벌 브랜드가 현지 시장에 효과적으로 침투하고 지속적인 성장을 이루는 데 핵심적인 역할을 한다.

CHAPTER 12

국제경영전략

■ 학습목표

1. 국제경영전략의 중요성을 이해한다.
2. 국제경영전략 수립을 위한 환경분석을 학습한다.
3. 글로벌 시장에서 사업수준의 전략을 학습한다.
4. 글로벌 시장에서 기업수준의 전략을 학습한다.

1. 국제경영전략의 기초

1) 전략의 정의와 중요성

전략은 기업이 장기적인 목표를 달성하기 위해 수립하는 종합적인 행동 계획을 의미한다. 이는 단순한 단기적 대응이 아닌, 기업의 미래를 위한 체계적이고 계획적인 접근 방식을 나타냅니다. 전략은 크게 세 가지 핵심 요소로 구성된다. 첫째, 명확한 목표 설정으로, 이는 기업이 도달하고자 하는 최종 지점을 정의한다. 둘째, 효과적인 자원 배분으로, 기업이 보유한 유형 및 무형의 자원을 전략적으로 활용하는 것을 의미한다. 셋째, 경쟁우위(competitive advantage) 창출로, 이는 기업이 시장에서 독특한 위치를 차지하고 경쟁자들과 차별화되는 방안을 모색하는 것이다.

경영전략은 여러 측면에서 기업에 중요한 역할을 한다. 우선, 기업의 전체적인 방향성을 제시함으로써 모든 구성원이 같은 목표를 향해 나아갈 수 있도록 한다. 또한, 한정된 자원을 가장 효율적으로 배분하여 최대의 성과를 얻을 수 있도록 도와준다. 경영전략은 기업이 시장에서 지속적인 경쟁우위를 확보하고 유지하는 방안을 제시하며, 이를 통해 기업의 장기적인 생존과 성장을 가능하게 한다. 마지막으로, 급변하는 비즈니스 환경에 대해 체계적으로 대응할 수 있는 틀을 제공함으로써, 기업이 외부 변화에 효과적으로 적응하고 때로는 그러한 변화를 주도할 수 있도록 한다.

2) 글로벌 환경에서의 전략 수립 프로세스

글로벌 환경 스캐닝은 기업이 국제 시장의 기회와 위협을 체계적으로 파악하는 과정이다. 이는 정치, 경제, 사회, 기술, 환경, 법률 등 다양한 요소를 분석하여 기업의 국제 활동에 영향을 미칠 수 있는 요인들을 식별하는 것을 포함한다.

글로벌 비전 및 미션(혹은 한국어로 사명이라 표기) 수립은 기업이 국제 시장에서 달성하고자 하는 장기적인 목표와 존재 이유를 명확히 정의하는 단계이다. 기업 경영에 있어서 비전(vision)과 미션(mission)은 조직의 방향성과 존재 이유를 정의하는 핵심적인 요소이다. 이 두 개념은 서로 밀접하게 연관되어 있지만, 각각 고유한 역할과 특성이 있다. 비전은 기업이 장기적으로 추구하는 이상적인 미래 상태를 나타낸다. 이는 조직이 궁극적으로 도달하고자 하는 목표를 담고 있으며, 주로 영감을 주는 언어로 표현된다. 비전은 조직 구성원들에게 동기를 부여하고, 모든 이해관계자에 기업의 장기적인 방향성을 제시한다. 예를 들어, 구글의 "세상의 정보를 체계화하여 모든 사람이 편리하게 이용할 수 있도록 한다"라는 비전은 회사의 궁극적인 목표를 간결하면서도 강력하게 표현하고 있다.

반면, 미션은 기업의 현재 존재 이유와 핵심 목적을 나타낸다. 이는 기업이 어떤 제품이나 서비스를 제공하는지, 누구를 위해 일하는지, 어떤 가치를 추구하는지를 구체적으로 명시한다. 미션은 기업의 정체성을 정의하고, 일상적인 의사결정과 활동의 지침이 된다. 스타벅스의 "사람의 영혼에 영감을 불어넣고 더욱 풍요롭게 한다 – 한 번에 한 사람, 한 잔의 커피, 한 지역을 대상으로"라는 미션은 기업의 핵심 활동과 가치를 명확히 표현하고 있다.

비전과 미션은 시간적 관점과 구체성에서 차이를 보인다. 비전이 장기적이고 다소 추상적인 미래 상태를 그린다면, 미션은 현재의 목적과 활동에 초점을 맞추며 더 구체적인 형태를 띤다. 그러나 두 요소는 상호 보완적으로 작용하여 기업의 전략적 의사결정, 조직 문화 형성, 그리고 단기 및 장기 목표 설정의 기초가 된다.

효과적으로 수립된 비전과 미션은 기업 활동에 일관성을 부여하고, 내외부 이해관계자들에게 기업의 가치와 방향성을 명확히 전달한다. 이를 통해 조직은 공통의 목표를 향해 나아갈 수 있으며, 변화하는 비즈니스 환경 속에서도 일관된 정체성을 유지할 수 있다. 따라서 비전과 미션의 수립과 공유는 기업의 장기적 성공과 지속가능성을 위한 중요한 전략적 과정이라고 할 수 있다.

국제적 목표 설정은 기업이 글로벌 시장에서 달성하고자 하는 구체적인 목표를 단기, 중기, 장기[1)]로 나누어 설정하는 과정이다. 이러한 목표는 측정 가능하고 시간 제한이 있으며, 기업의 전반적인 글로벌 전략과 일치해야 한다.

글로벌 전략 대안 개발은 기업이 국제 시장에서 성공하기 위한 다양한 전략적 옵션을 생성하고 검토하는 단계이다. 이는 크게 진입 전략과 경쟁 전략으로 나눌 수 있다. 진입 전략은 기업이 새로운 국제 시장에 어떻게 진출할 것인지를 결정하는 것으로, 수출, 라이선싱, 합작투자, 직접투자 등의 방식이 있다. 경쟁 전략은 기업이 국제 시장에서 어떻게 경쟁우위를 확보할 것인지를 결정하는 것으로, 비용우위, 차별화, 집중화 등의 전략이 포함된다.

전략 평가 및 선택은 개발된 여러 전략 대안을 체계적으로 평가하고 최적의 전략을 선택하는 과정이다. 이 단계에서는 각 전략 대안의 잠재적 리스크와 예상 수익성을 분석하여 기업의 목표와 자원에 가장 적합한 전략을 선택한다.

전략 실행은 선택된 전략을 실제 행동으로 옮기는 단계이다. 이는 적절한 조직 구조를 설계하고, 필요한 자원을 효과적으로 배분하며, 성과 관리 시스템을 구축하는 등의 활동을 포함한다. 전략의 성공적인 실행을 위해서는 조직의 모든 수준에서의 협력과 조정이 필요하다.

전략 통제 및 피드백은 실행된 전략의 성과를 지속해서 모니터링하고 평가하는 과정이다. 이를 통해 전략의 효과성을 측정하고, 필요한 경우 전략을 조정하거나 새로운 전략을 개발할 수 있다. 이는 동적인 글로벌 환경에서 기업이 지속적으로 적응하고 경쟁력을 유지할 수 있게 해주는 중요한 단계이다.

1) 단기(Short-term)는 보통 1년 이하의 기간을 의미하는데, 일부 기업에서는 3개월에서 12개월까지를 단기로 보기도 한다. 중기(Medium-term)는 일반적으로 1년에서 3년 또는 5년까지의 기간을 의미하며, 업종에 따라 2년에서 7년까지를 중기로 보는 경우도 있다. 장기(Long-term)는 대체로 3년 또는 5년 이상의 기간을 의미하는데, 일부 산업(예: 제약, 항공우주)에서는 10년 이상을 장기로 보기도 한다.

3) 국제경영전략의 특수성

국제경영전략은 다양한 국가 환경에 대해 세심한 고려를 해야 한다. 국가마다 정치 체제, 경제 구조, 사회문화적 규범, 기술 수준이 달라서, 기업은 이러한 차이를 이해하고 적절히 대응해야 한다. 또한, 국가별로 다른 법률 및 규제 환경은 기업 운영에 큰 영향을 미치므로, 이에 대한 철저한 분석과 대비가 필요하다.

글로벌 기업은 항상 글로벌 표준화와 현지화 사이의 균형을 잡아야 하는 딜레마에 직면한다. 표준화를 통해 효율성을 추구할 수 있지만, 동시에 각 시장의 특성에 맞는 현지화 전략도 필요하다. 이러한 결정은 제품, 마케팅, 인사 관리 등 기업 활동 전반에 걸쳐 이루어져야 한다.

글로벌 비즈니스 환경에서는 이해관계자 관리가 더욱 복잡해진다. 다국적 고객, 글로벌 공급망 내의 다양한 공급자, 여러 국가의 정부, 그리고 각 지역 사회의 요구사항을 모두 고려해야 하기 때문이다. 이는 기업의 의사결정 과정을 더욱 복잡하게 만들며, 다양한 이해관계를 조율하는 능력이 중요해진다.

글로벌 기업은 국가 간 자원 이동을 전략적으로 활용할 수 있다. 생산요소의 국가 간 이동을 통해 비용 효율성을 높이거나, 특정 국가의 우수한 인력과 기술을 활용할 수 있다. 또한, 지식과 기술의 글로벌 이전을 통해 혁신을 촉진하고 경쟁력을 강화할 수 있다.

국제 기업에서는 환율변동과 국제 금융 리스크 관리가 중요한 이슈이다. 환율변동은 기업의 수익성에 직접적인 영향을 미치므로, 적절한 헤징 전략과 리스크 관리가 필요하다. 또한, 국제 금융 시장의 변동성에 대비한 재무 전략도 수립해야 한다.

글로벌 가치사슬의 최적화는 국제경영전략의 핵심 과제 중 하나이다. 기업은 국제적 소싱, R&D, 생산, 마케팅 활동을 효과적으로 조정하여 전체적인 가치 창출을 극대화해야 한다. 이는 각 활동의 위치 선정부터 운영 방식까지 모든 측면에서의 전략적 결정을 요구한다. 가치사슬(value chain)은 기업이 제품이나 서비스를 만들어 고객에게 전달하는 모든 과정을 말한다. 이는 맥킨지 컨설팅에서 최초로 만들어졌고, 마이클 포터가 1985년에 대중에게 널리 알리게 되었다. 가치사슬을 이해하면 기업이 어떻게 가치를 창출하고 경쟁력을 얻는지 파악할 수 있다.

이 개념은 기업 활동을 크게 주요 활동과 지원 활동으로 나눈다. 주요 활동은 물건을 실제로 만들고 팔고 배달하는 일들을 포함한다. 예를 들면, 원료 구매, 제품 생산, 물류, 마케팅, 판매, 고객 서비스 등이 여기에 해당한다. 지원 활동은 이런 주요 활동이 잘 이루어지도록 돕는 일들이다. 회사의 전반적인 관리, 인사, 기술 개발, 구매 활동 등이 이에 속한다.

가치사슬 분석을 통해 기업은 각 활동에서 발생하는 비용과 가치를 평가할 수 있다. 이를 바탕으로 어느 부분에서 비용을 줄이거나 차별화할 수 있는지 찾아낼 수 있다. 이는 곧 기업의 경쟁력 향상으로 이어진다.

현대의 글로벌 비즈니스 환경에서 가치사슬의 중요성은 더욱 커지고 있다. 기업들은 전 세계에 퍼진 가치사슬을 관리하며, 각 활동의 최적 위치를 결정하고 전체적인 효율성을 높이는 데 이 개념을 활용한다. 또한 디지털 기술의 발전으로 가치사슬의 구조와 운영 방식이 변화하고 있어, 기업들은 이에 맞춰 자신들의 가치사슬을 지속해서 재평가하고 최적화해야 한다.

결론적으로, 가치사슬은 기업의 활동을 체계적으로 분석하고 최적화하는 데 유용한 전략적 도구이다. 이를 통해 기업은 자신의 강점과 약점을 파악하고, 경쟁우위를 창출할 기회를 식별하며, 궁극적으로 고객에게 더 큰 가치를 제공할 수 있게 된다.

국제경영전략의 특수성의 다른 예로 문화적 다양성 관리와 글로벌 인재 육성을 들 수 있고, 국제 기업의 성공에 필수적이다. 다양한 문화적 배경을 가진 직원들의 협업을 촉진하고, 글로벌 시각을 가진 리더를 육성하는 것이 중요하다. 이를 통해 기업은 다양한 시장에서 적응력과 혁신 능력을 향상할 수 있다.

마지막으로, 지속가능성(sustainability)과 기업의 사회적 책임(CSR)은 국제 경영에서 더욱 중요한 이슈로 두드러지고 있다. 글로벌 기업은 환경 보호, 노동 권리, 지역 사회 발전 등에 대한 책임을 다해야 하며, 이는 단순한 윤리적 의무를 넘어 기업의 장기적 성공과 평판에 직결되는 전략적 과제가 되고 있다.

2. 글로벌 환경 분석

글로벌 환경 분석은 국제경영전략 수립의 핵심 단계이다. 이 과정은 기업이 국제 시장에서 성공적으로 운영되기 위해, 필요한 중요한 정보를 제공한다. 글로벌 환경 분석은 크게 기업 외부 환경 분석, 기업 내부 역량 분석, 그리고 이를 바탕으로 한 기회와 위협의 파악(SWOT 분석)으로 나눌 수 있다.

1) 기업 외부 환경 분석

기업 외부 환경 분석은 PESTEL 분석과 산업구조분석을 통해 이루어진다. PESTEL 분석은 정치(Political), 경제(Economic), 사회문화(Sociocultural), 기술(Technological), 환경(Environmental), 법률(Legal) 요인을 종합적으로 살펴보는 방법이다. 이를 통해 기업은 진출하고자 하는 국가나 지역의 거시적 환경을 이해할 수 있다. 예를 들어, 특정 국가의 정치적 안정성, 경제성장률, 문화적 특성, 기술 발전 수준, 환경 규제, 그리고 법적 제도 등을 파악할 수 있다.

산업구조분석은 주로 마이클 포터의 5요인 모델(5 forces model)을 활용한다. 이 모델은 산업 내 경쟁 환경을 분석하는 데 널리 받아들여지는 분석 틀이다. 이 모델은 기업의 수익성과 경쟁력에 영향을 미치는 다섯 가지 주요 요인을 설명하는데, 각 요인을 살펴보면 다음과 같다.

첫 번째는 기존 경쟁자들 간 경쟁 강도이다. 이는 현재 산업 내에서 활동하고 있는 기업들 사이의 경쟁 정도를 나타낸다. 경쟁 강도는 시장 성장률, 고정비용, 제품 차별화 정도, 전환 비용 등에 따라 달라진다. 경쟁이 치열할수록 기업의 수익성은 낮아질 수 있다.

두 번째는 신규 진입자의 위협이다. 새로운 기업이 시장에 진입할 가능성을 의미한다. 진입장벽이 낮을수록 신규 진입자의 위협이 커진다. 규모의 경제, 브랜드 충성도, 정부 규제, 필요 자본 등이 진입장벽으로 작용할 수 있다.

세 번째는 대체재의 위협이다. 고객이 기존 제품 대신 선택할 수 있는 다른 제품이나 서비스의 존재를 말한다. 대체재가 많을수록 기업의 가격 결정력과 수익성이 제한될 수 있다.

네 번째는 구매자의 교섭력이다. 고객이 기업에 대해 가지는 영향력을 의미한다. 구매자의 수가 적고 규모가 클수록, 또는 전환 비용이 낮을수록 구매자의 교섭력이 향상된다. 높은 구매자 교섭력은 기업의 수익성을 낮출 수 있다.

마지막으로, 공급자의 교섭력이다. 원자재나 부품 공급업체가 기업에 대해 가지는 영향력을 말한다. 공급자의 수가 적고 대체 공급원이 제한적일수록 공급자의 교섭력이 향상된다. 이는 기업의 비용 구조와 수익성에 영향을 미친다.

이 다섯 가지 요인은 상호 연관되어 있으며, 산업의 전반적인 매력도와 기업의 경쟁 전략 수립에 큰 영향을 미친다. 기업은 이 모델을 통해 자신의 산업 환경을 분석하고, 각 요인에 대응하는 전략을 수립할 수 있다. 예를 들어, 신규 진입자의 위협이 높다면 기업은 진입장벽을 높이는 전략을 고려할 수 있다. 구매자의 교섭력이 강하다면 제품 차별화나 고객 충성도 프로그램을 통해 이를 상쇄할 수 있다.

포터의 5요인 모델은 산업 분석의 기본 틀로 널리 사용되지만, 급변하는 현대 비즈니스 환경에서는 추가적인 요인들(예: 정부 규제, 기술 혁신, 보완재 등)도 고려해야 한다는 점을 유의해야 한다. 이 모델은 산업 내 경쟁 환경을 분석하는 데 널리 사용되는 중요한 전략적 도구이다. 이 모델은 기업의 수익성과 경쟁력에 영향을 미치는 다섯 가지 주요 요인을 체계적으로 설명한다.

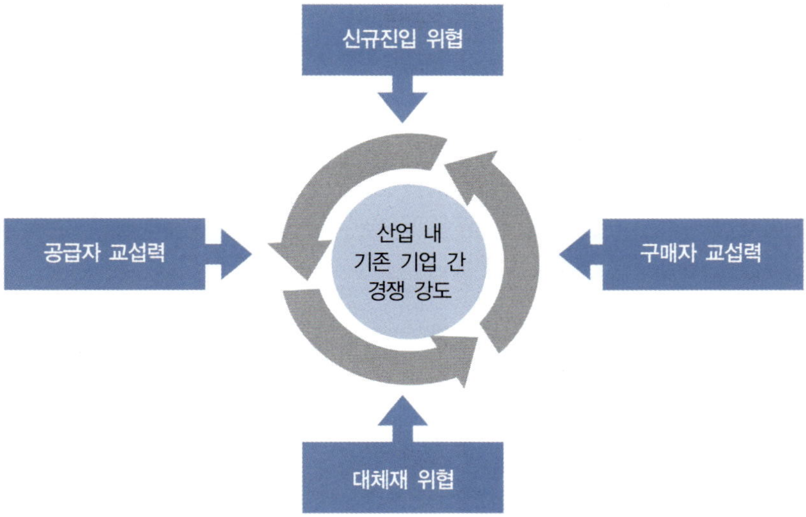

그림 12-1 **포터의 5요인 모델**

2) 기업 내부 역량 분석

(1) 자원기반관점

기업 내부 역량 분석은 자원기반관점(Resource-Based View, RBV)과 핵심역량(core competency) 분석을 통해 수행된다. 이는 기업의 지속 가능한 경쟁우위(sustainable competitive advantage)를 파악하고 개발하는 데 중요한 역할을 한다. 지속 가능한 경쟁우위는 기업이 장기간에 걸쳐 경쟁사보다 우월한 성과를 낼 수 있게 하는 독특한 특성이나 조건을 의미한다. 이 개념은 전략 경영 분야에서 중요한 위치를 차지하며, 기업의 장기적 성공과 생존에 핵심적인 요소로 간주 된다. 지속 가능한 경쟁우위의 원천은 다양할 수 있다. 예를 들어, 독특한 기술이나 특허, 강력한 브랜드 이미지와 고객 충성도, 효율적인 비즈니스 프로세스나 생산 시스템, 우수한 인적 자원과 조직 문화, 전략적 위치나 독점적 접근권을 가진 자원 등이다. 기업은 이러한 경쟁우위를 통해 시장에서 우위를 점하고, 높은 수익성을 유지할 수 있다. 그러나 현대의 급변하는 비즈니스 환경에서 경쟁우위를 지속해서 유지하는 것은 점점 더 어려워지고 있다. 따라서 기업은 끊임없는 혁신과 적응을 통해 새로운 경쟁우위를 창출하고 기존의 우위를 강화해야 한다.

예를 들어, 애플(Apple)의 경우 혁신적 제품 디자인, 강력한 브랜드 이미지, 통합된 생태계 등을 통해 지속 가능한 경쟁우위를 유지하고 있다. 아마존(Amazon)은 고객 중심 서비스, 효율적인 물류 시스템, 데이터 기반 의사결정 등을 통해 경쟁우위를 확보하고 있다. 결국 지속 가능한 경쟁우위는 기업의 장기적 성공을 위한 필수 요소이며, 이를 개발하고 유지하는 것이 현대 기업 전략의 핵심 과제라고 할 수 있다.

자원기반관점은 기업이 보유한 유형(Tangible) 및 무형(Intangible)의 자원을 평가하고, 이러한 자원이 국제 시장에서 경쟁우위를 창출할 수 있는지를 분석한다. 이 과정에서 기업의 재무적 자원, 물리적 자산, 인적 자원, 기술적 노하우, 브랜드 가치 등을 종합적으로 평가한다.

(2) VIRO 모형

자원의 평가는 VRIO 프레임워크를 사용하여 이루어진다. Barney(1991)[2]의 VRIO 모델은 전략적 분석 도구로, 기업의 자원과 능력이 지속 가능한 경쟁우위의 원천이 될 수 있는지를 평가하는 프레임워크이다. VRIO는 Value(가치), Rarity(희소성), Imitability(모방 가능성), Organization(조직)의 약자이며, 이 네 가지 기준을 통해 기업의 내부 자원과 역량을 분석한다.

VRIO 모델의 각 요소는 다음과 같이 정의된다. 가치는 해당 자원이나 능력이 기업에 가치를 창출하는지, 외부 위협을 중화시키거나 기회를 활용할 수 있게 하는지, 고객의 필요를 충족시키거나 비용을 절감하는 데 도움이 되는지를 평가한다. 희소성은 해당 자원이나 능력을 보유한 경쟁사의 수와 시장에서의 획득 용이

2) Barney, J.B. (1991). Firm Resources and Sustained Competitive Advantage. Journal of Management, 17(1), 99–120.

성을 고려한다. 모방 가능성은 다른 기업이 이 자원이나 능력을 모방하는 데 필요한 비용, 시간, 그리고 법적, 경제적 또는 기타 장벽의 존재 여부를 평가한다. 조직은 기업이 이 자원이나 능력을 효과적으로 활용할 수 있는 조직 구조와 시스템을 갖추고 있는지, 기업 문화, 관리 프로세스, 인센티브 시스템 등이 이 자원이나 능력의 활용을 지원하는지를 분석한다.

VRIO 분석의 결과에 따라 자원이나 능력의 경쟁적 의미는 다음과 같이 해석된다. 가치 있지 않은 자원은 경쟁열위를, 가치 있지만 희소하지 않은 자원은 경쟁등위를, 가치 있고 희소하지만 쉽게 모방 가능한 자원은 일시적 경쟁우위를, 가치 있고, 희소하며, 모방이 어렵지만 조직이 활용하지 못하는 자원은 미활용 경쟁우위를, 가치 있고, 희소하며, 모방이 어렵고, 조직이 잘 활용하는 자원은 지속 가능한 경쟁우위를 나타낸다.

VRIO 모델의 적용 예시로는 애플의 브랜드 이미지와 특정 제조 기술을 들 수 있다. 애플의 브랜드 이미지는 가치 있고(V), 희소하며(R), 모방이 어렵고(I), 조직이 잘 활용하고 있어(O) 지속 가능한 경쟁우위의 원천이 된다. 반면, 특정 제조 기술은 가치 있고(V), 희소하지만(R), 시간이 지나면 모방될 수 있어(I) 일시적 경쟁우위를 제공할 수 있다.

VRIO 모델은 기업이 자신의 내부 자원과 능력을 체계적으로 평가하고, 어떤 요소가 실제로 경쟁우위의 원천이 될 수 있는지를 파악하는 데 유용하다. 이를 통해 기업은 전략 수립 시 자사의 강점을 효과적으로 활용하고, 약점을 보완하는 방향으로 의사결정을 할 수 있다.

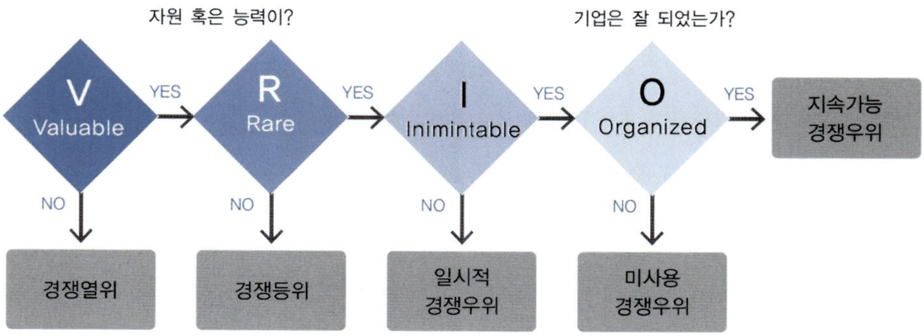

그림 12-2 VRIO 모형

(3) 핵심역량 분석

핵심역량 분석은 기업이 경쟁사와 차별화될 수 있는 독특한 능력이나 기술을 식별하는 과정이다. 이는 기업의 지속 가능한 경쟁우위를 확보하는 데 중요한 역할을 하며, 특히 글로벌 시장에서 기업의 성공을 좌우하는 핵심 요소가 된다. 핵심역량은 고객 가치에 상당한 기여를 해야 하고, 경쟁사가 쉽게 모방할 수 없어야 하며, 다양한 시장과 제품에 적용할 수 있어야 한다. 이러한 기준을 만족하는 핵심역량은 기업의 장기적인 성장과 발전의 원동력이 된다.

실제 기업 사례를 살펴보면, 애플(Apple)의 혁신적 제품 디자인 능력(innovative product design capability)이나 토요타(Toyota)의 린(Lean) 생산 시스템이 대표적인 핵심역량의 예시이다. 애플의 사용자 경험(user experience) 중심 제품 디자인은 고객들에게 높은 가치를 제공하며, 경쟁사들이 쉽게 모방하기 어려운 독특한 능력이다. 토요타의 린 생산 시스템은 효율성과 품질 향상을 동시에 달성하는 혁신적인 생산방식으로, 자동차 산업을 넘어 다양한 제조업 분야에 영향을 미쳤다. 토요타(Toyota)의 린(Lean) 생산 시스템은 제조업에서 혁신적인 생산방식으로 널리 인정받고 있는 경영 철학이자 생산방식이다. 이 시스템은 1950년대 토요타의 엔지니어 오노 타이이치(Taiichi Ohno)에 의해 개발되었으며, 낭비 제거와 지속적인 개선을 통해 생산성과 품질 향상을 목표로 한다.

린 생산 시스템의 핵심 원칙은 다음과 같다. 첫째, '무다(Muda)'라고 불리는 모든 형태의 낭비를 제거한다. 이는 과잉 생산, 불필요한 재고, 불필요한 동작, 대기 시간 등을 포함한다. 둘째, '칸반(Kanban)' 시스템을 통해 just-in-time 생산을 실현한다. 이는 필요한 부품이 필요한 시간에 필요한 양만큼 공급되도록 하여 재고를 최소화한다. 셋째, '카이젠(Kaizen)'이라 불리는 지속적인 개선 활동을 통해 프로세스를 끊임없이 개선한다. 린 생산 시스템은 또한 '지도카(Jidoka)'라는 개념을 도입했다. 이는 문제가 발생했을 때 즉시 생산라인을 정지시키고 문제의 근본 원인을 해결하는 방식이다. 이를 통해 품질 문제가 다음 공정으로 전달되는 것을 방지하고, 장기적으로 생산 효율성을 높인다.

토요타의 린 생산 시스템은 여러 가지 측면에서 기존의 대량생산방식과 차별화된다. 대량생산이 규모의 경제를 통한 비용 절감에 초점을 맞춘다면, 린 생산은 유연성과 품질에 더 큰 강조점을 둔다. 또한 린 시스템은 작업자의 참여와 권한 부여를 중요시하며, 모든 직원이 문제 해결과 개선 활동에 참여하도록 장려한다.

린 생산 시스템의 성공으로 인해 이 방식은 자동차 산업을 넘어 다양한 제조업 분야로 확산하였다. 그뿐만 아니라 서비스 산업, 의료, 소프트웨어 개발 등 비제조업 분야에서도 린 원칙을 적용하려는 시도가 이루어지고 있다. '린 싱킹(Lean Thinking)'[3]이라는 용어가 등장한 것도 이러한 맥락에서다.

그러나 린 생산 시스템이 모든 상황에 적합한 것은 아니라는 점도 인식해야 한다. 예를 들어, 수요의 변동성이 매우 큰 산업이나 고도의 창의성이 요구되는 분야에서는 린 방식의 적용이 제한적일 수 있다. 또한 린 시스템의 극단적인 적용은 때로 직원들의 스트레스 증가나 혁신 능력의 저하로 이어질 수 있다는 비판도 존재한다.

핵심역량은 핵심제품의 개발과 생산을 가능케 한다. 기업은 핵심역량을 바탕으로 다양한 핵심제품을 만들어 내고, 이를 통해 여러 최종 제품 시장에서 경쟁력을

3) Krafcik, J.F. (1988). Triumph of the Lean Production System. Sloan Management Review, 30(1), 41–52.

갖출 수 있다. 이 과정에서 핵심역량은 더욱 강화되고 발전한다.

그러나 시간이 지남에 따라 핵심역량에 대한 과도한 의존은 핵심 경직성(core rigidity)으로 이어질 수 있다. 기업이 기존의 핵심역량에만 집중하여 새로운 기술이나 시장 변화에 적응하지 못하는 경우, 한때 경쟁우위의 원천이었던 핵심역량이 오히려 기업의 성장을 저해하는 요인이 될 수 있다.

예를 들어, 코닥(Kodak)은 필름 기반 사진 기술에서의 뛰어난 핵심역량을 바탕으로 오랫동안 시장을 지배했다. 그러나 디지털카메라 기술이 등장했을 때, 코닥은 기존의 핵심역량에 지나치게 의존하여 새로운 기술에 적응하지 못했고, 결국 시장에서의 지위를 잃게 되었다.

따라서 기업은 핵심역량을 개발하고 이를 통해 경쟁력 있는 핵심제품을 만들어 내는 한편, 환경 변화에 따라 핵심역량을 지속해서 갱신하고 발전시켜야 한다. 이를 통해 핵심 경직성에 빠지지 않고 지속 가능한 경쟁우위를 유지할 수 있다. 또한, 기업은 새로운 핵심역량을 개발하거나 기존 핵심역량을 새로운 방식으로 결합하는 등의 노력을 통해 핵심 경직성의 위험을 극복할 수 있다.

결국, 내부 역량 분석은 기업의 전략 수립(strategy formulation)에 핵심적인 역할을 한다. 기업은 이를 통해 자사의 강점과 약점을 명확히 파악할 수 있으며, 이를 바탕으로 시장 기회를 활용하고 위협에 대응하는 전략을 개발할 수 있다. 또한, 글로벌 경영 환경에서 기업의 위치를 파악하고, 국제화 전략(internationalization strategy)을 수립하는 데에도 중요한 기초를 제공한다.

3) 글로벌 시장에서의 기회와 위협 파악

외부 환경 분석과 내부 역량 분석을 종합하여 글로벌 시장의 기회와 위협을 파악한다. 기회는 기업이 자신의 강점을 활용하여 이익을 얻을 수 있는 외부 환경의 유리한 조건을 의미한다. 예를 들어, 신흥 시장의 급속한 성장, 기술 혁신으로 인한 새로운 시장 창출 등이 기회가 될 수 있다. 반면, 위협은 기업의 성과에 부정적인 영향을 미칠 수 있는 외부 환경의 불리한 조건을 의미한다. 예를 들어, 강력한 경쟁사의 등장, 불리한 환율변동, 규제 강화 등이 위협이 될 수 있다.

이러한 글로벌 시장의 기회와 위협을 파악하기 위해서 사용하는 분석 도구 중 하나가 SWOT 분석이다. SWOT 분석은 기업의 전략 수립 및 의사결정 과정에서 널리 사용되는 전략적 계획 도구이다. SWOT는 Strengths(강점), Weaknesses(약점), Opportunities(기회), Threats(위협)의 약자로, 조직의 내부 환경과 외부 환경을 종합적으로 분석하는 분석 틀을 제공한다.

SWOT 분석의 각 요소 중 Strengths(강점)은 조직이 보유한 내부적 장점으로, 경쟁사에 비해 우위를 점할 수 있는 요소들이다. 이는 독특한 기술, 강력한 브랜드, 효율적인 프로세스, 우수한 인적 자원 등을 포함할 수 있다. Weaknesses(약점)은 조직의 내부적 단점으로, 경쟁사에 비해 열위에 있거나 개선이 필요한 영역이다. 노후화된 설비, 높은 비용 구조, 약한 브랜드 인지도 등이 이에 해당할 수 있다. Opportunities(기회)는 외부 환경에서 조직에 유리한 상황이나 트렌드를 의미한다. 새로운 시장의 출현, 기술 혁신, 규제 완화 등이 기회가 될 수 있다. 마지막으로 Threats(위협)은 조직의 성과나 생존을 위협할 수 있는 외부 환경의 요소들이다. 새로운 경쟁자의 진입, 고객 선호도의 변화, 불리한 정부 정책 등이 위협이 될 수 있다.

SWOT 분석의 주요 목적은 첫째, 조직의 현재 상황에 대한 종합적인 이해를 제공한다. 둘째, 내부 역량과 외부 환경 간 적합성을 평가한다. 셋째, 전략적 대안을 도출하고 우선순위를 설정하는 데 도움을 준다. 넷째, 조직의 강점을 활용하고 약점을 보완하며, 기회를 포착하고 위협에 대응하는 전략을 수립하는 기초를 제공한다.

또한 SWOT 분석을 수행할 때는 다음과 같은 점을 고려해야 한다. 첫째는 객관성이다. 분석은 가능한 한 객관적이고 사실에 기반해야 한다. 주관적 판단이나 편견을 최소화해야 한다. 둘째는 구체성이다. 일반적인 진술보다는 구체적이고 명확한 요소들을 식별해야 한다. 셋째는 우선순위이다. 모든 요소가 동등한 중요성이 있는 것은 아니므로, 각 요소의 상대적 중요성을 고려해야 한다. 넷째는 상호작용이다. 내부 요소(강점과 약점)와 외부 요소(기회와 위협) 간 상호작용을 고려해야 한다.

SWOT 분석 결과를 바탕으로, 조직은 다음과 같은 4가지 범주의 전략적 접근을 할 수 있다. 첫째, SO 전략이다. 이는 강점을 활용하여 기회를 포착하는 전략이다. 둘째, WO 전략이다. 약점을 보완하여 기회를 활용하는 전략이다. 셋째, ST 전략이다. 강점을 활용하여 위협에 대응하는 전략이다. 넷째는 WT 전략이다. 약점을 보완하고 위협을 회피하는 전략이다.

SWOT 분석은 그 단순성과 유연성으로 인해 널리 사용되지만, 몇 가지 한계점도 존재한다. 예를 들어, 정적인 분석이라는 점, 요소들의 우선순위를 명확히 하기 어렵다는 점, 외부 환경 변화의 동적인 특성을 충분히 반영하기 어렵다는 점 등이 있다. 따라서 SWOT 분석은 다른 전략적 분석 도구들과 함께 사용되어야 하며, 정기적으로 갱신되어야 한다.

결론적으로, SWOT 분석은 조직의 현재 상황을 종합적으로 이해하고 미래 전략을 수립하는 데 유용한 도구이다. 그러나 이는 전략 수립 과정의 시작점일 뿐이며, 더 깊이 있는 분석과 지속적인 모니터링이 필요하다는 점을 인식해야 한다.

이상과 같은 논의를 통해 결국 글로벌 환경 분석을 통해 기업은 자신의 강점과 약점을 정확히 인식하고, 국제 시장의 기회와 위협을 파악할 수 있다. 이는 효과적인 국제경영전략을 수립하고 실행하는 데 필수적인 기초를 제공한다. 기업은 이러한 분석을 바탕으로 적절한 시장 진입 전략을 선택하고, 글로벌 가치사슬을 최적화하며, 지속 가능한 경쟁우위를 구축할 수 있는 전략을 개발할 수 있다.

	강점(Strength)	약점(Weakness)
기회(Opportunities)	SO 전략	WO전략
위협(Threats)	ST전략	WT전략

그림 **12-3 SWOT 분석**

3. 사업전략

1) 사업부 수준의 전략

사업 수준의 전략은 기업이 특정 시장이나 산업 내에서 경쟁우위를 확보하기 위해 채택하는 접근 방식을 말한다. 이는 기업의 전체적인 방향을 결정하는 기업 수준의 전략과는 구별되며, 특정 사업 단위나 제품 라인에 초점을 맞춘다. 마이클 포터[4]가 제시한 세 가지 주요 전략은 차별화 전략, 비용(원가)우위 전략, 그리고 집중화 전략이다.

		경쟁우위	
		저비용	차별화
경쟁 영역	광범위	비용우위 전략 (Cost Leadership)	차별화 전략 (Differentiation)
	협소	비용 집중화 (Cost Focus)	차별적 집중화 (Differentiation Focus)

그림 **12-4 마이클 포터의 본원적 전략**

4) Porter, M. E. (1985). Competitive Advantage: Creating and Sustaining Superior Performance. New York: Free Press.

차별화 전략은 제품이나 서비스를 경쟁사와 구별되게 만들어 고객에게 독특한 가치를 제공하는 전략이다. 이 전략의 핵심은 고객이 인식하는 가치를 높여 프리미엄 가격을 책정할 수 있게 하는 것이다. 차별화는 혁신적 기술, 독특한 디자인, 강력한 브랜드 이미지, 탁월한 고객 서비스 등을 통해 실현될 수 있다. 이 전략은 고객 충성도 증가, 높은 이윤율 확보, 진입장벽[5] 형성 등의 장점이 있다. 반면, 높은 연구개발 및 마케팅 비용, 모방의 위험성, 고객 필요 변화에 따른 지속적 혁신 필요성 등이 단점으로 작용할 수 있다. 애플은 혁신적 디자인, 직관적 사용자 인터페이스, 강력한 브랜드 이미지를 통해 차별화를 실현하고 있는 대표적인 기업이다.

비용우위 전략은 경쟁사보다 낮은 비용으로 제품이나 서비스를 제공하여 가격 경쟁력을 확보하는 전략이다. 이 전략의 목표는 산업 평균 이상의 수익을 창출하면서도 낮은 가격으로 시장점유율을 높이는 것이다. 비용우위는 규모의 경제, 효율적 운영, 저비용 자원 확보, 수직계열화 등을 통해 달성될 수 있다. 이 전략은 가격경쟁력 확보, 시장점유율 확대 용이, 경기 침체 시 상대적 안정성 등의 장점이 있다. 그러나 품질 저하의 위험, 기술 변화에 대한 대응력 약화, 차별화 요소 부족으로 인한 고객 충성도 하락 가능성 등이 단점으로 지적된다. 월마트는 대규모 구매력, 효율적인 물류 시스템, 엄격한 비용 관리를 통해 비용우위를 실현하고 있는 대표적인 사례이다.

집중화 전략은 특정 세분시장이나 지리적 영역에 집중하여 그 영역에서 차별화나 비용우위를 추구하는 전략이다. 이 전략은 기업의 자원을 효과적으로 활용하여 틈새시장에서 강력한 경쟁력을 확보하는 것을 목표로 한다. 집중화는 틈새시장 식별, 전문화, 맞춤화, 지역 특화 등을 통해 구현될 수 있다. 이 전략의 장점으로는 특정 시장에서의 강력한 브랜드 포지션 확보, 고객 충성도 증대, 대기업과의

5) 새로운 경쟁자가 특정 시장이나 산업에 진입하는 것을 어렵게 만드는 장애물. 기존 기업들의 경쟁우위를 보호하고 신규진입을 제한하는 요소로, 높은 초기 투자 비용, 규제, 기술적 격차, 브랜드 충성도 등이 포함될 수 있음.

직접적인 경쟁 회피 등이 있다. 반면, 시장 규모의 한계, 경제적 변동에 대한 취약성, 대기업의 시장 진입 시 위험 증가 등이 단점으로 작용할 수 있다. 롤스로이스가 초고가 럭셔리 자동차 시장에 집중하여 독특한 가치를 제공하고 있는 것이 이 전략의 대표적인 예이다.

이러한 전략들은 상호 배타적이지 않으며, 기업은 시장 상황과 자사의 역량에 따라 이들을 조합하거나 시간에 따라 전환할 수 있다. 각 전략의 성공적인 실행을 위해서는 기업의 전반적인 가치사슬 활동들이 일관되게 정렬되어야 하며, 지속적인 시장 분석과 내부 역량 평가를 통해 전략의 유효성을 검증하고 필요에 따라 조정해 나가야 한다. 이러한 접근을 통해 기업은 변화하는 시장 환경 속에서도 지속가능한 경쟁우위를 확보할 수 있다.

2) 블루오션 전략의 국제적 적용

블루오션 전략(2005)[6]은 경영학자 김위찬(W. Chan Kim)과 르네 마보안(Renée Mauborgne)이 제시한 혁신적인 비즈니스 접근법이다. 이 전략의 핵심은 기존의 경쟁이 치열한 시장, 즉 '레드오션'에서 벗어나 새로운 시장 공간을 창출하는 데 있다. 블루오션 전략의 목표는 단순히 경쟁에서 승리하는 것이 아니라, 경쟁 자체를 무의미하게 만드는 것이다.

블루오션 전략의 주요 요소는 첫째, 가치 혁신(value innovation)이다. 블루오션 전략의 핵심은 가치 혁신으로, 비용을 줄이면서 동시에 고객에게 새로운 가치를 제공하는 것이다. 이는 제품이나 서비스의 차별화를 통해 이루어진다. 둘째는 전략 캔버스(strategy canvas)이다. 기업이 현재의 경쟁 상황을 시각화하고, 새로운 블루오션을 찾기 위해 사용하는 도구이다. 마지막으로 4가지 행동 프레임워크이다. 이 프레임워크는 기업이 블루오션을 창출하기 위해 기존의 시장 경계를 재구

6) Kim, W. C., & Mauborgne, R. (2005). Blue ocean strategy: How to create uncontested market space and make the competition irrelevant. Harvard Business School Pres

성할 때 사용하는 방법론이다. 이는 제거(Eliminate), 감소(Reduce), 증가(Raise), 창출(Create)의 네 가지 행동을 포함한다.

이 전략은 기업이 기존 시장의 경계를 넘어 새로운 수요를 창출하고, 고객에게 새로운 가치를 제공함으로써 경쟁이 없는 시장 공간을 만들어 내는 것을 강조한다. 이를 통해 기업은 지속가능한 성장과 높은 수익을 달성할 수 있다.

그러나 블루오션 전략을 국제 시장에 적용할 때는 추가적인 복잡성이 발생한다. 각 국가와 지역의 문화적, 경제적, 법적 차이를 고려해야 하며, 글로벌 시장의 다양성과 역동성에 대응해야 한다. 또한, 국제적 규모의 가치 네트워크를 구축하고, 현지화와 표준화 사이의 균형을 유지하는 등 다양한 요소들을 전략적으로 관리해야 한다.

(1) 문화적 차이

먼저, 블루오션 전략의 국제적 적용에 있어 문화적 차이를 고려하는 것은 핵심적인 요소이다. 이는 단순히 표면적인 문화적 특성을 인식하는 것을 넘어, 각 시장의 깊이 있는 문화적 맥락을 이해하고 이를 전략에 통합하는 것을 의미한다.

심층적인 문화 연구는 이러한 과정의 출발점이 된다. 이는 각 국가와 지역의 문화적 가치, 규범, 관습에 대한 포괄적이고 체계적인 조사와 분석을 포함한다. 예를 들어, 홉스테드의 문화 차원 모형이나 트롬페나르스(Trompenaars)[7]의 문화 모델과 같은 이론적 프레임워크를 활용하여 문화 간 차이를 체계적으로 이해할 수 있다. 트롬페나르스의 문화 모델은 국가 간 문화 차이를 이해하기 위한 프레임워크로, 7가지 차원으로 구성되어 있다. 이 차원들은 보편주의 대 특수주의, 개인주의 대 집단주의, 중립적 대 감정적, 구체적 대 분산적, 성취지향 대 귀속지향, 순차적 대 동기적 시간관, 그리고 내부지향 대 외부지향이다. 보편주의는 규칙과

7) Trompenaars, F.(2012), "Cultural Dimensions Relating to People" in Cross-Cultural Management Textbook, Dumetz, Jerome(Ed.), Student Edition, pp. 117-144.

법규를 중시하는 반면, 특수주의는 상황과 관계를 중시한다. 개인주의와 집단주의는 각각 개인의 이익과 집단의 이익을 중시하는 정도를 나타낸다. 중립적 대 감정적 차원은 감정 표현의 정도를 측정한다. 구체적 문화는 직접적이고 명확한 의사소통을 선호하는 반면, 분산적 문화는 간접적이고 맥락적인 의사소통을 선호한다. 성취지향 문화는 개인의 성과와 능력을 중시하고, 귀속지향 문화는 사회적 지위와 배경을 중시한다. 순차적 시간관은 시간을 선형적으로 보는 반면, 동기적 시간관은 순환적으로 본다. 마지막으로, 내부지향과 외부지향은 환경에 대한 통제력을 어떻게 인식하는지를 나타낸다. 이 모델은 43개국의 8,841명의 관리자와 직원을 대상으로 한 대규모 설문조사를 통해 개발되었다.

현지에 대한 깊은 통찰은 이론적 연구를 실제적 맥락으로 연결하는 중요한 과정이다. 현지 직원, 파트너, 고객은 해당 문화에 대한 깊이 있는 경험과 지식을 보유하고 있으며, 이들이 가진 통찰력은 문화적 뉘앙스와 암묵적 규범을 이해하는 데 중요하다. 예를 들어, 포커스 그룹 인터뷰, 현지 직원과의 정기적인 피드백 세션, 고객 패널 운영 등을 통해 현지의 생생한 인사이트를 지속해서 수집하고 분석할 수 있다.

문화적 감수성 훈련은 조직 구성원들이 다양한 문화적 맥락에서 효과적으로 소통하고 협업할 수 있도록 하는 필수적인 요소이다. 이러한 훈련은 단순한 에티켓이나 관습에 대한 교육을 넘어, 문화적 차이에 대한 깊이 있는 이해와 공감 능력을 개발하는 것을 목표로 해야 한다. 예를 들어, 시뮬레이션 게임, 역할극, 실제 사례 연구 등을 통해 다양한 문화적 상황에서의 대응 능력을 향상할 수 있다.

가치 제안의 문화적 조정은 블루오션 전략의 핵심 요소인 가치 혁신을 각 문화권에 맞게 적용하는 과정이다. 이는 제품이나 서비스의 본질적 가치는 유지하면서도, 그 가치를 전달하는 방식이나 강조점을 문화적 맥락에 맞게 조정하는 것을 의미한다. 예를 들어, 개인주의가 강한 문화권에서는 제품의 개인적 혜택이나 자아실현적 가치를 강조할 수 있지만, 집단주의 문화권에서는 가족이나 사회에 대한 기여도를 더 강조할 수 있다.

또한, 언어적 요소도 중요하게 고려해야 한다. 단순한 번역을 넘어, 브랜드명, 슬로건, 마케팅 메시지 등이 각 문화권에서 어떻게 해석되고 받아들여지는지를 자세히 검토해야 한다. 때로는 완전히 새로운 브랜딩 전략이 필요할 수도 있다.

마지막으로, 문화적 차이의 고려는 지속적이고 동적인 과정이어야 한다. 문화는 정적인 것이 아니라 시간에 따라 변화하므로, 지속적인 모니터링과 조정이 필요하다. 또한, 글로벌화로 인해 문화 간 상호 영향이 증가하고 있으므로, 이러한 동적인 문화적 환경 변화를 전략에 반영해야 한다.

(2) 현지화와 표준화의 균형

글로컬라이제이션(Glocalization) 전략은 글로벌 기업이 세계 시장에서 성공하기 위한 중요한 접근 방식이다. 이는 'Think Globally, Act Locally'라는 개념을 바탕으로 한다. 기업은 글로벌 브랜드의 핵심 가치와 정체성을 유지하면서도, 각 지역 시장의 특성과 소비자 필요에 맞춰 제품과 서비스를 조정한다. 예를 들어, 맥도날드는 전 세계적으로 일관된 브랜드 이미지를 유지하면서도, 인도에서는 채식주의자를 위한 메뉴를, 일본에서는 테리야키 버거를 제공하는 등 현지 취향에 맞는 메뉴를 개발한다.

모듈화 접근은 제품이나 서비스의 설계 단계에서부터 글로벌 표준화와 현지 맞춤화를 고려하는 방식이다. 핵심 기술이나 주요 기능은 전 세계적으로 표준화하여 규모의 경제를 실현하고, 외관 디자인, 사용자 인터페이스, 부가 기능 등은 현지 시장에 맞춰 쉽게 변경할 수 있도록 모듈화한다. 이를 통해 기업은 효율성과 유연성을 동시에 확보할 수 있다. 예를 들어, 자동차 산업에서는 차량의 기본 플랫폼은 글로벌 표준으로 유지하면서, 내외장 디자인, 편의 장치 등을 현지 시장에 맞춰 조정한다.

현지 규제 대응은 국제 비즈니스에서 중요한 과제이다. 국가마다 다른 법규와 규제를 준수하면서도 글로벌 표준을 유지하는 것은 쉽지 않은 과제이다. 이를 위해 기업은 현지 법률 전문가와 협력하고, 정부 관계자들과 긴밀히 소통하며, 때로는 규제 당국과 협상을 통해 합리적인 해결책을 모색해야 한다. 예를 들어, 글로벌 제약 회사들은 각 국가의 의약품 승인 절차와 규제를 준수하면서도 글로벌 품질기준을 유지하기 위해 노력한다.

시장별 차별화 전략은 각 시장의 특성에 맞는 접근 방식을 개발하는 것이다. 시장의 성숙도, 경쟁 상황, 소비자 선호도 등을 종합적으로 분석하여 최적의 전략을 수립한다. 예를 들어, 신흥 시장에서는 가격경쟁력과 기본 기능에 초점을 맞출 수 있고, 성숙 시장에서는 프리미엄 제품과 서비스로 차별화할 수 있다.

(3) 글로벌 가치 네트워크 구축

글로벌 가치 네트워크 구축은 국제 시장에서 블루오션 전략을 성공적으로 실행하기 위한 핵심 요소이다. 이는 기업이 세계 각지의 다양한 자원과 역량을 연결하여 새로운 가치를 창출하고 혁신을 추진하는 과정을 의미한다.

전략적 파트너십은 이러한 가치 네트워크의 중요한 축이다. 기업은 현지 기업, 연구 기관, NGO 등 다양한 주체들과 협력 관계를 구축함으로써 각 주체의 강점을 결합하고 시너지를 창출할 수 있다. 예를 들어, 현지 기업과의 파트너십을 통해 시장 진입 장벽을 낮추고 현지 지식을 활용할 수 있으며, 연구 기관과의 협력을 통해 최신 기술과 지식을 확보할 수 있다. NGO와의 협력은 사회적 가치 창출과 지속가능한 비즈니스 모델 구축에 도움이 될 수 있다.

개방형 혁신(open innovation)[8]은 기업의 경계를 넘어 외부의 아이디어와 기술을 적극적으로 활용하는 접근법이다. 글로벌 차원의 개방형 혁신 플랫폼을 구축함으로써 기업은 전 세계의 혁신적인 아이디어와 기술을 발굴하고 활용할 수 있

8) Chesbrough, H. W. (2003). Open Innovation: The New Imperative for Creating and Profiting from Technology. Harvard Business School Press.

다. 이는 R&D 비용을 절감하고 혁신의 속도를 높이는 데 기여할 수 있다. 예를 들어, 글로벌 공모전이나 해커톤 등을 통해 전 세계의 창의적인 해법을 모집하고, 이를 자사의 비즈니스 모델에 통합할 수 있다.

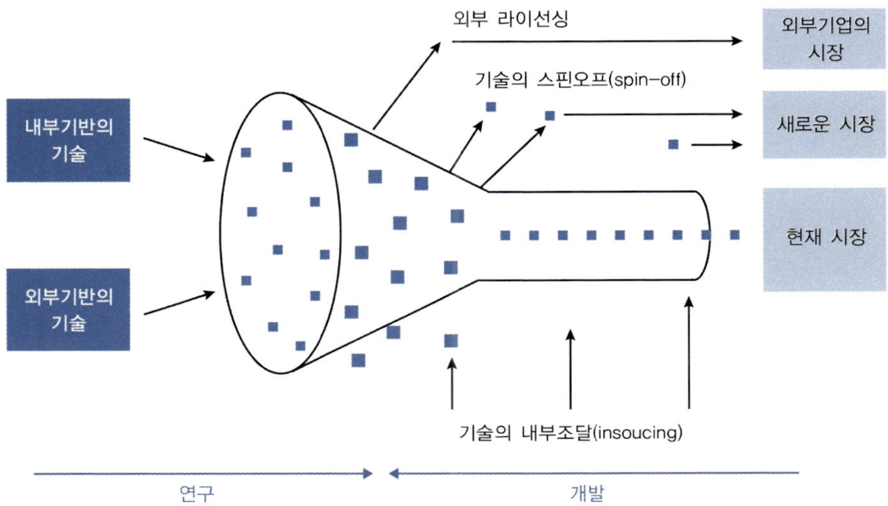

그림 12-5 **개방형 혁신**

글로벌 인재 네트워크 구축은 다양한 국가와 문화권의 인재들을 활용하여 혁신의 원천을 다양화하는 전략이다. 이는 단순히 다국적 인력을 고용하는 것을 넘어, 다양한 배경과 경험을 가진 인재들이 협업하고 시너지를 창출할 수 있는 환경을 조성하는 것을 의미한다. 이를 통해 기업은 다양한 시장에 대한 이해를 높이고, 글로벌 차원의 혁신적 아이디어를 발굴할 수 있다. 예를 들어, 글로벌 인재 교류 프로그램이나 가상 팀 구성 등을 통해 다양한 인재들의 협업을 촉진할 수 있다.

지식 공유 시스템은 전 세계 조직 구성원들이 지식과 경험을 효과적으로 공유할 수 있는 플랫폼을 제공한다. 이는 단순한 정보 공유를 넘어, 암묵지를 포함한 다양한 형태의 지식이 조직 전체에 확산하고 활용될 수 있도록 하는 체계적인 시스템을 의미한다. 예를 들어, 글로벌 지식 관리 시스템, 사내 소셜 네트워크, 정기적인 글로벌 컨퍼런스 등을 통해 지식 공유를 촉진할 수 있다. 이를 통해 각 지역에서 얻은 경험과 노하우가 전체 조직의 자산으로 축적되고, 이를 바탕으로 새로운 혁신이 창출될 수 있다.

이러한 글로벌 가치 네트워크 구축은 기업이 국제 시장에서 블루오션을 창출하고 지속가능한 경쟁우위를 확보하는 데 중요한 역할을 한다.

(4) 신흥 시장 기회 포착

신흥 시장 기회 포착은 블루오션 전략의 국제적 적용에 있어 중요한 요소이다. 이는 개발도상국이나 새롭게 부상하는 시장에서 혁신적인 비즈니스 기회를 발견하고 활용하는 것을 의미한다. 이러한 접근은 다음과 같은 세부 전략들을 포함한다. 우선 역혁신(reverse innovation)이다. 역혁신은 전통적인 혁신의 흐름을 뒤집는 개념이다. 일반적으로 혁신은 선진국에서 개발도상국으로 흐르지만, 역혁신은 개발도상국에서 먼저 개발된 혁신적인 제품이나 서비스를 선진국 시장에 도입하는 전략이다. 이는 개발도상국의 독특한 환경과 제약 조건에서 탄생한 창의적 솔루션이 선진국 시장에서도 가치를 창출할 수 있다는 인식에 기반한다. 예를 들어, 인도에서 개발된 저가 휴대용 심전도 기계가 미국 시장에 성공적으로 도입된 사례가 있다. 다음은 프루갈 이노베이션(frugal innovation)이다. 프루갈 이노베이션은 '절약형 혁신' 또는 '검소한 혁신'으로 번역될 수 있다. 이는 자원이 제한된 환경에서 비용 효율적이면서도 가치 있는 솔루션을 개발하는 접근 방식이다. 이 전략은 불필요한 기능을 제거하고 핵심 가치에 집중함으로써, 저렴하면서도 품질 좋은 제품이나 서비스를 제공하는 것을 목표로 한다. 예를 들어, 인도의 타타 나노 자동차나 M-PESA의 모바일 금융서비스 등이 프루갈 이노베이션의 대표적 사례이다. 그리고 현지 문제 해결 접근 측면에서, 이 접근법은 신흥 시장의 특정한 문제나 필요를 깊이 이해하고, 이를 해결하는 혁신적인 비즈니스 모델을 개발하는 것을 의미한다. 이는 현지 상황에 대한 깊은 통찰력과 창의적인 문제 해결

능력을 요구한다. 예를 들어, 아프리카의 물 부족 문제를 해결하기 위한 저비용 정수 시스템 개발이나, 농촌 지역의 전력 부족 문제를 해결하기 위한 소형 태양광 발전 시스템 등이 이에 해당한다. 마지막으로 디지털 기술 활용 측면이다. 신흥 시장에서는 종종 전통적인 인프라가 부족하지만, 이를 뛰어넘는 혁신적인 디지털 솔루션이 등장하고 있다. 모바일 기술, 인공지능, 블록체인 등의 첨단 기술을 활용하여 기존 인프라의 한계를 극복하고 새로운 가치를 창출하는 접근이다. 예를 들어, 아프리카에서는 모바일 뱅킹이 전통적인 은행 시스템을 뛰어넘어 금융 포용성을 크게 향상하였다. 이러한 전략들은 서로 독립적이지 않고 상호 연관되어 있다. 예를 들어, 프루갈 혁신을 통해 개발된 솔루션이 역혁신의 대상이 될 수 있으며, 디지털 기술은 현지 문제 해결을 위한 핵심 도구가 될 수 있다.

기업은 이러한 다양한 접근법을 종합적으로 고려하여 신흥 시장의 특성과 요구에 맞는 최적의 전략을 수립해야 한다. 이를 통해 신흥 시장에서 새로운 블루오션을 창출하고, 나아가 이를 글로벌 시장으로 확장할 기회를 얻을 수 있다.

(5) 지속가능성과 사회적 가치 창출

지속가능성과 사회적 가치 창출은 현대 기업 경영에서 핵심적인 요소로 부각되고 있다. 이는 단순히 기업의 사회적 책임을 넘어, 장기적인 경쟁우위와 기업 가치 향상을 위한 전략적 접근으로 인식되고 있다.

① 지속가능한 비즈니스 모델 개발

환경적, 사회적 지속가능성을 고려한 비즈니스 모델은 기업의 장기적인 생존과 성장을 위해 필수적이다. 이는 자원의 효율적 사용, 폐기물 감소, 재생 에너지 활용 등 환경친화적 운영 방식을 포함한다. 예를 들어, 순환경제 원칙을 적용하여 제품 수명주기 전반에 걸친 환경 영향을 최소화하는 모델을 구축할 수 있다. 또한, 공급망 전체에 걸쳐 윤리적 노동 관행을 보장하고, 지역 사회와의 상생을 도모하는 등 사회적 지속가능성을 추구해야 한다.

② 사회적 가치 창출

경제적 가치와 사회적 가치를 동시에 추구하는 '공유가치창출(Creating Shared Value, CSV)'[9] 개념이 주목받고 있다. 이는 기업의 핵심 비즈니스를 통해 사회적 문제를 해결하면서 동시에 경제적 이익을 창출하는 방식이다. 예를 들어, 저개발 국가의 영양 문제 해결을 위한 영양강화 식품 개발, 금융소외층을 위한 마이크로 파이낸스 서비스 제공 등이 있다. 이러한 접근은 기업의 지속가능한 성장과 사회 발전에 동시에 기여할 수 있다.

③ 글로벌 과제 해결 참여

기업은 글로벌 규모의 사회적, 환경 문제 해결에 적극적으로 참여함으로써 새로운 시장 기회를 창출하고 국제 사회에서의 위상을 높일 수 있다. 기후변화 대응을 위한 혁신적인 청정 기술 개발, 빈곤 퇴치를 위한 적정기술 솔루션 제공, 교육 불평등 해소를 위한 디지털 학습 플랫폼 구축 등이 그 예이다. 이러한 노력은 UN의 지속가능발전목표(SDGs)[10] 달성에 기여하면서, 동시에 기업의 혁신 역량을 강화하고 새로운 성장 동력을 확보하는 기회가 될 수 있다.

이러한 접근을 통해 기업은 글로벌 시장에서 블루오션을 창출하고, 지속가능한 경쟁우위를 확보할 수 있다. 중요한 것은 이러한 전략이 지속해서 진화하고 적응해야 한다는 점이다. 글로벌 환경은 끊임없이 변화하므로, 기업의 블루오션 전략 역시 이에 맞춰 유연하게 조정되어야 한다.

---

9) Porter, M. E., & Kramer, M. R. (2011). Creating Shared Value: How to Reinvent Capitalism and Unleash a Wave of Innovation and Growth. Harvard Business Review, 89(1/2), 62-77.

10) UN의 지속가능발전목표(SDGs)는 2015년 UN에 의해 채택된 글로벌 목표로, 2030년까지 전 세계의 빈곤 종식, 지구 보호, 그리고 모든 사람의 평화와 번영을 보장하기 위한 17개의 목표로 구성되어 있다

4. 기업전략

1) 수직적 통합과 아웃소싱 전략

수직적 통합(vertical integration)과 아웃소싱(outsourcing)은 기업의 가치사슬 관리의 핵심적인 전략적 선택지이다. 이 두 접근법은 기업의 경쟁력과 운영 효율성에 지대한 영향을 미치며, 각각의 장단점을 자세히 분석하여 적용해야 한다.

수직적 통합은 기업이 자신의 가치사슬 내에서 여러 단계를 직접 통제하고 운영하는 전략이다. 이는 크게 두 가지 방향으로 구분된다. 후방통합(backward integration)은 기업이 공급업체 방향으로 확장하는 것을 의미하며, 원재료나 부품의 생산을 직접 담당하게 된다. 전방통합(forward integration)은 고객 방향으로의 확장을 말하며, 유통이나 소매 단계를 기업이 직접 관리하게 되는 경우를 말한다.

수직적 통합의 주요 장점으로는 비용 절감, 품질 통제, 공급 안정성, 기술 보안, 조정 효율성 등이 있다. 중간 단계를 제거함으로써 거래비용을 줄일 수 있으며, 생산 과정 전반에 대한 직접적인 통제로 품질 관리가 쉬워진다. 또한 핵심 자원이나 부품에 대한 안정적인 공급을 확보할 수 있고, 핵심 기술이나 노하우를 내부에서 관리할 수 있다. 가치사슬 내 다양한 활동 간 조정도 더 효율적으로 이루어질 수 있다.

반면, 수직적 통합의 단점으로는 유연성 감소, 높은 초기 투자 비용, 복잡성 증가, 핵심 역량 분산 등이 있다. 시장 변화에 대응하는 능력이 제한될 수 있으며, 새로운 사업 영역으로의 확장에는 상당한 자본 투자가 필요하다. 다양한 사업 영역을 관리해야 하므로 조직의 복잡성이 증가하고, 기업의 핵심 역량이 아닌 영역에 자원이 분산될 수 있다.

아웃소싱은 기업의 특정 기능이나 프로세스를 외부 전문 업체에 위탁하는 전략이다. 이는 기업이 자신의 핵심 역량에 집중할 수 있게 해주며, 비용 절감, 전문성 활용, 유연성 확보, 리스크 분산, 자본 효율성 등의 장점을 제공한다. 규모의 경제와 전문화를 통해 비용을 줄일 수 있으며, 각 분야의 전문 업체의 지식과 기술을 활용할 수 있다. 시장 변화에 따라 필요한 서비스를 신속하게 조정할 수 있고, 특정 기능과 관련된 리스크를 외부 업체와 분담할 수 있다. 또한 비핵심 영역에 대한 자본 투자를 줄일 수 있다.

그러나 아웃소싱에도 품질 관리의 어려움, 기밀 정보 유출 위험, 의존성 증가, 조정 비용, 내부 역량 상실 등의 단점이 존재한다. 외부 업체의 서비스 품질을 직접 통제하기 어려울 수 있으며, 중요한 기업 정보가 외부로 유출될 가능성이 있다. 핵심 기능을 외부에 의존하게 되어 협상력이 약화할 수 있고, 외부 업체와의 조정에 따른 추가적인 비용이 발생할 수 있다. 장기적으로는 특정 영역의 내부 역량이 약화할 수 있다는 점도 고려해야 한다.

기업은 각 활동의 전략적 중요성과 자사의 상대적 경쟁력을 자세히 분석하여 수직적 통합과 아웃소싱 사이의 최적 균형을 찾아야 한다. 이는 단순히 비용 측면과 아울러 장기적인 경쟁우위, 시장 환경의 변화, 기술 발전 등을 종합적으로 고려해야 하는 복잡한 의사결정 과정이다. 또한, 이러한 결정은 고정적인 것이 아니라 시장 상황과 기업의 전략 변화에 따라 지속해서 재평가되고 조정되어야 한다.

2) 국제 다각화 전략

국제 다각화는 기업이 자국 시장을 넘어 새로운 해외시장으로 진출하여 사업 영역을 확장하는 전략이다. 이 전략의 주요 목적은 시장 다변화를 통한 위험 분산, 규모의 경제 실현, 새로운 성장 기회 포착, 글로벌 브랜드 구축, 그리고 경쟁력 강화 등이다. 여러 국가에 걸쳐 사업을 운영함으로써 특정 국가의 경제적, 정치적 위험을 줄일 수 있으며, 글로벌 시장에서의 운영을 통해 생산량을 늘리고 비용을 절감할 수 있다. 또한 성숙 단계에 접어든 자국 시장을 벗어나 새로운 시장에서 성장 동력을 찾을 수 있으며, 국제적 존재감을 높여 브랜드 가치를 증대시킬 수 있다.

국제 다각화 전략의 주요 형태로는 수출, 라이선싱, 프랜차이징, 해외 직접 투자(FDI) 등이 있다. 기업은 목표시장의 특성, 자사의 역량, 규제 환경 등을 고려하여 적절한 해외 진출방식을 선택해야 한다. 목표시장의 규모, 성장 잠재력, 경쟁 환경, 소비자 선호도 등을 분석하고, 자사의 재무적 자원, 기술력, 인적 자원, 브랜드 파워 등을 평가해야 한다. 또한 무역장벽, 외국인 투자 제한, 지적재산권 보호 수준 등의 규제 환경과 품질 관리, 기술 보호, 브랜드 이미지 유지 등에 대한 통제력의 필요성, 그리고 정치적, 경제적 리스크에 대한 기업의 태도 등을 종합적으로 고려해야 한다.

효과적인 국제 다각화를 위해서는 현지화와 표준화의 균형, 문화적 차이에 대한 이해, 글로벌 조직 구조의 최적화 등이 필요하다. 현지화는 현지 시장의 특성에 맞춰 제품이나 서비스를 조정하는 것을 의미하며, 표준화는 글로벌 차원에서의 일관성을 유지하는 것을 말한다. '글로컬라이제이션' 전략은 이 두 가지 요소를 적절히 조화시키는 접근 방식이다. 문화적 차이에 대한 이해를 위해 호프스테드의 문화 차원 이론 등을 활용한 문화 분석, 현지 인재 채용 및 문화 교육 프로그램 운영, 다양성을 존중하는 기업 문화 구축 등이 필요하다.

글로벌 조직 구조의 최적화를 위해서는 중앙 집중식과 분산식 구조의 적절한 조화, 글로벌 통합과 현지 반응성의 균형, 효과적인 지식 이전 시스템 구축 등이 중요하다. 또한 효율적인 물류 네트워크 구축, 현지 공급업체와의 협력 관계 구축, 리스크 관리를 위한 다원화된 공급망 구축 등을 통한 글로벌 공급망 관리도 필수적이다. 마지막으로 환경, 사회, 지배구조(ESG) 요소를 고려한 글로벌 전략 수립과 현지 사회에 대한 기여와 기업의 사회적 책임(CSR) 활동 강화를 통해 지속 가능한 글로벌 전략을 수립해야 한다.

이러한 요소들을 종합적으로 고려하고 실행함으로써, 기업은 효과적인 국제 다각화를 통해 글로벌 경쟁력을 강화하고 지속 가능한 성장을 달성할 수 있다. 국제 다각화는 복잡하고 도전적인 과정이지만, 잘 수행되었을 때 기업에 상당한 이점을 제공할 수 있는 중요한 전략적 선택이다.

3) 글로벌 전략적 제휴와 네트워크 구축

글로벌 전략적 제휴는 현대 비즈니스 환경에서 기업의 성장과 경쟁력 강화를 위한 핵심 전략으로 자리 잡고 있다. 이는 서로 다른 국가나 지역의 기업들이 상호 이익을 위해 장기적인 파트너십을 구축하는 것을 의미한다. 글로벌 전략적 제휴의 주요 목적에는 글로벌 시장의 경쟁력 강화, 새로운 시장 진입, 비용 절감, 그리고 혁신 촉진 등이 포함된다.

전략적 제휴(strategic alliance)는 여러 가지 중요한 이점을 제공한다. 먼저, 기술 공유를 통해 파트너 기업의 전문 기술과 노하우를 공유함으로써 혁신을 가속화하고 연구개발 비용을 절감할 수 있다. 또한, 시장 접근성 향상 측면에서 현지 파트너의 네트워크와 시장 지식을 활용하여 새로운 시장에 더 쉽게 진입할 수 있으며, 규제나 문화적 장벽을 극복하는 데 도움을 받을 수 있다. 리스크 분산 측면에서는 고비용 프로젝트나 불확실한 시장 진출 시 리스크를 파트너와 분담함으로써 재정적 부담을 줄이고 실패의 영향을 완화할 수 있다. 마지막으로, 자원 보완을 통해 각 기업의 강점을 결합하여 시너지 효과를 창출하고, 인적 자원, 자금, 생산 설비 등을 상호 보완적으로 활용할 수 있다.

전략적 제휴는 다양한 형태로 이루어질 수 있다. 합작투자(joint venture)는 두 개 이상의 기업이 새로운 법인을 설립하여 공동으로 사업을 운영하는 형태이다. 라이선싱 계약은 한 기업이 다른 기업에 특허, 상표, 기술 등의 사용권을 부여하는 방식이다. 공동 R&D는 기업들이 연구개발 활동을 공동으로 수행하는 것을 말하며, 공동 마케팅은 둘 이상의 기업이 마케팅 자원과 노력을 공유하는 형태이다.

성공적인 전략적 제휴를 위해서는 몇 가지 핵심 요소가 필요하다. 우선, 제휴의 목적과 기대 성과를 구체적으로 정의하고 각 파트너의 역할과 책임을 명확히 하는 등 명확한 목표 설정이 중요하다. 상호 신뢰 구축을 위해서는 투명한 의사소통과 정보 공유가 필수적이며, 장기적인 관계 구축을 위해 서로의 이익을 고려해야 한다. 국가 간, 기업 간 문화 차이를 이해하고 존중하며 효과적인 이문화 간 커뮤니케이션(cross-cultural communication) 전략을 수립하는 것도 중요하다. 또한, 파트너 간 지식과 기술의 원활한 이전을 위한 시스템을 구축하고 지적재산권 보호와 공유의 균형을 맞추는 등 효과적인 지식 이전 전략도 필요하다.

글로벌 네트워크 구축은 전략적 제휴의 확장된 형태로 볼 수 있다. 다양한 파트너들과의 협력 관계를 통해 글로벌 가치사슬을 최적화하고, 시장 변화에 대한 유연한 대응이 가능해진다. 또한 다양한 지식과 자원의 결합을 통해 혁신을 촉진하고 글로벌 시장의 경쟁우위를 확보할 수 있다.

결론적으로, 글로벌 전략적 제휴는 현대 비즈니스 환경에서 기업의 성장과 생존을 위한 중요한 전략적 도구로 자리 잡고 있다. 그러나 성공적인 제휴를 위해서는 신중한 파트너 선정, 철저한 계획, 지속적인 관리가 필요하며, 이를 통해 기업은 글로벌 시장의 경쟁력을 강화하고 지속 가능한 성장을 이룰 수 있다.

4) 국제 인수합병(M&A) 전략

국제 인수합병(M&A)은 글로벌 비즈니스 전략의 핵심 요소로 자리 잡고 있다. 기업들은 이를 통해 국제 시장에서의 경쟁력을 강화하고 성장을 가속하고자 한다. 국제 M&A는 기업이 자국 시장을 넘어 해외 기업을 인수하거나 합병함으로써 글로벌 시장에서의 입지를 확고히 하는 전략적 방안이다.

국제 M&A의 주요 목적은 다양하다. 첫째, 새로운 해외시장에 신속하게 진입할 수 있다. 현지 기업을 인수함으로써 즉시 시장점유율을 확보하고 기존의 고객기반과 유통 네트워크를 활용할 수 있다. 둘째, 기술과 지식의 획득이 가능하다. 특히 첨단 기술 산업에서는 혁신적인 기술이나 특허를 보유한 기업을 인수함으로써 기술력을 강화할 수 있다. 셋째, 규모의 경제를 실현할 수 있다. 생산량 증대,

구매력 강화, 관리 비용 절감 등을 통해 비용 효율성을 높일 수 있다. 넷째, 경쟁 우위를 강화할 수 있다. 보완적인 자원과 역량을 결합하여 시장에서의 경쟁력을 높일 수 있다.

국제 M&A는 그 특성에 따라 여러 유형으로 구분된다. 수평적 M&A는 동일한 산업 내에서 이루어지는 것으로, 시장점유율 확대와 경쟁력 강화를 주요 목적으로 한다. 수직적 M&A는 가치사슬의 다른 단계에 있는 기업 간 결합을 의미하며, 공급망 통제력 강화와 비용 절감을 목표로 한다. 다각화 M&A는 서로 관련 없는 산업 간에 이루어지는 것으로, 사업 포트폴리오 다변화와 리스크 분산을 추구한다.

성공적인 국제 M&A를 위해서는 여러 가지 요소가 필요하다. 철저한 사전 실사는 필수적이다. 인수 대상 기업의 재무 상태, 법적 리스크, 시장 잠재력 등을 면밀히 분석해야 한다. 문화적 통합 관리도 중요하다. 국가 간, 기업 간 문화 차이를 이해하고 효과적으로 관리하는 것이 성공의 열쇠다. 시너지 실현을 위한 구체적인 계획도 필요하다. 인수 후 통합 과정에서 어떻게 시너지를 창출할 것인지에 대한 명확한 로드맵이 있어야 한다. 또한, 효과적인 변화 관리가 요구된다. 조직 구조, 업무 프로세스, 인사 시스템 등의 변화를 체계적으로 관리해야 한다.

그러나 국제 M&A는 상당한 위험도 동반한다. 높은 인수 비용과 통합 비용은 기업의 재무적 부담을 가중할 수 있다. 문화적 충돌은 조직의 효율성을 저해하고 핵심 인재의 이탈을 초래할 수 있다. 또한, 서로 다른 시스템과 프로세스를 통합하는 과정에서 예상치 못한 어려움에 직면할 수 있다. 따라서 기업은 이러한 리스크를 충분히 인지하고 평가하여 신중하게 M&A 전략을 수립해야 한다.

결론적으로, 국제 M&A는 글로벌 시장에서 기업의 성장과 경쟁력 강화를 위한 강력한 도구이다. 그러나 그 성공을 위해서는 철저한 준비와 전략적 접근, 그리고 효과적인 실행이 필수적이다. 기업은 M&A의 잠재적 이점과 리스크를 균형 있게 고려하여, 장기적인 기업 가치 증대에 기여할 수 있는 방향으로 이를 추진해야 할 것이다.

5. 글로벌 기업의 지배구조와 윤리

1) 다국적 기업의 지배구조 특성

다국적 기업의 지배구조는 그 복잡성과 다차원적 특성으로 인해 일반 기업의 지배구조와는 상당한 차이를 보인다. 이러한 기업들은 여러 국가에 걸쳐 운영되는 복잡한 조직 구조로 되어 있으며, 이에 따라 본사와 해외 자회사 간 관계 설정이 지배구조의 핵심 요소로 주목받는다.

다국적 기업의 지배구조는 주주, 이사회, 경영진, 그리고 다양한 이해관계자들 간 복잡한 균형을 유지하기 위한 메커니즘을 포함한다. 이는 단순히 소유와 경영의 분리를 넘어서, 글로벌 차원에서의 전략적 의사결정, 리스크 관리, 그리고 기업의 사회적 책임을 포괄하는 광범위한 개념이다.

글로벌 기업이 직면하는 주요 과제 중 하나는 각 국가의 고유한 법적, 제도적 환경에 맞춰 지배구조를 조정해야 한다는 점이다. 이는 단순히 법규 준수의 문제를 넘어서, 각 국가의 기업 문화와 경영 관행을 이해하고 이를 기업의 글로벌 전략에 통합하는 과정을 수반한다. 예를 들어, 미국식 주주 중심 모델과 유럽식 이해관계자 모델은 기업 지배구조에 대한 서로 다른 접근 방식을 대표한다. 미국식 모델은 주주 가치 극대화에 초점을 맞추지만, 유럽식 모델은 종업원, 고객, 지역사회 등 다양한 이해관계자의 이익을 균형 있게 고려한다. 다국적 기업은 이 두 모델 사이에서 적절한 균형점을 찾아야 하며, 이는 기업의 글로벌 전략과 국가별 운영 환경을 고려한 신중한 접근을 요구한다.

더불어 다국적 기업은 다양한 문화권에서 비롯되는 경영 스타일의 차이를 조화롭게 관리해야 하는 과제에 직면한다. 이는 단순히 문화적 차이를 인정하는 것을 넘어서, 이러한 다양성을 기업의 경쟁력으로 전환하는 능력을 요구한다. 이를 위해 다국적 기업들은 글로벌 통합과 현지 적응 사이의 균형을 추구하는 전략을 채택한다.

글로벌 통합은 기업의 핵심 가치와 운영 원칙을 전 세계적으로 일관되게 적용하는 것을 의미하며, 이는 기업의 정체성과 브랜드 가치를 유지하는 데 중요하다. 반면, 현지 적응은 각 국가의 특수한 환경과 요구사항에 맞춰 기업의 운영 방식을 조정하는 것을 말한다. 이 두 가지 접근법 사이의 적절한 균형을 찾는 것이 다국적 기업 지배구조의 핵심 과제라고 할 수 있다.

결론적으로, 다국적 기업의 지배구조는 글로벌 경영 환경의 복잡성을 반영하는 동시에, 기업의 지속가능한 성장과 발전을 위한 핵심 요소로 작용한다. 이는 단순한 조직 구조의 문제를 넘어서, 기업의 전략, 문화, 그리고 가치 체계를 포괄하는 총체적인 개념으로 이해되어야 한다.

2) 국제 기업윤리와 사회적 책임

국제 기업윤리와 사회적 책임은 글로벌 비즈니스 환경에서 기업의 지속 가능한 성장을 위한 필수적인 요소로 인식되고 있다. 이는 단순히 법적 규제를 준수하는 것을 넘어서 기업의 장기적인 성공과 사회적 정당성을 확보하는 데 중요한 역할을 한다.

기업윤리(business ethics)는 기업 활동에서 윤리적 의사결정의 기준을 제시한다. 이는 기업이 직면하는 다양한 상황에서 '무엇이 옳은가'에 대한 판단 근거를 제공한다. 그러나 윤리적 기준은 문화적 배경, 사회적 규범, 법적 체계 등에 따라 국가별로 다를 수 있다. 예를 들어, 선물이나 접대에 대한 인식이 국가마다 다를 수 있으며, 노동 관행이나 환경 보호에 대한 기준도 차이가 있을 수 있다.

이러한 차이를 고려할 때, 글로벌 기업은 보편적으로 적용할 수 있는 윤리 기준을 수립하고 이를 전 세계 조직에 일관되게 적용하는 것이 중요하다. 이를 위해 많은 기업이 글로벌 윤리강령(Global Code of Conduct)을 제정하고, 이를 바탕으로 윤리 교육 프로그램을 운영하며, 윤리적 의사결정을 위한 가이드라인을 제공하고 있다. 또한, 윤리 핫라인이나 내부고발 시스템을 구축하여 윤리적 문제를 조기에 발견하고 해결하려는 노력을 기울이고 있다.

한편, 기업의 사회적 책임(Corporate Social Responsibility, CSR)은 기업이 경제적 이익 추구를 넘어 사회와 환경에 긍정적인 영향을 미치는 활동을 의미한다. 이는 기업이 사회의 일원으로서 지역 사회, 환경, 이해관계자들과 조화롭게 공존하며 지속 가능한 발전에 기여해야 한다는 인식에서 비롯된다. CSR 활동은 국제적으로 인정받는 기준을 따르는 것에서부터 시작된다. 대표적으로 UN의 지속가능발전목표(Sustainable Development Goals, SDGs)가 있다. SDGs는 빈곤 퇴치, 기후변화 대응, 교육의 질 향상 등 17개의 목표를 제시하고 있으며, 많은 글로벌 기업이 이를 CSR 활동의 지침으로 삼고 있다.

그러나 CSR은 단순히 국제적 기준을 따르는 것에 그치지 않고, 지역 사회의 특수한 요구에 부응하는 활동까지 포함한다. 예를 들어, 개발도상국에서는 교육 인프라 구축이나 직업 훈련 프로그램 운영 등을 통해 지역 사회의 교육 수준 향상에 기여할 수 있다. 또한, 환경 보호 활동의 일환으로 재생 에너지 사용 확대, 탄소 배출량 감축, 생물다양성 보존 프로젝트 등을 실시할 수 있다.

공정무역 실천도 중요한 CSR 활동 중 하나이다. 공정무역은 국제무역에서 윤리적이고 지속가능한 생산과 거래를 추구하는 대안적 접근 방식이다. 이는 주로 개발도상국의 생산자와 노동자들에게 더 나은 거래조건을 제공하고, 그들의 권리를 보호하는 것을 목표로 한다. 공정무역 시스템에서는 생산자에게 최소 보장 가격을 지급하며, 이는 시장 가격이 하락하더라도 생산 비용을 충당할 수 있는 수준으로 책정된다. 이 모델은 단순한 자선이 아닌, 지속가능한 발전을 위한 파트너십을 지향한다. 공정무역은 생산자의 경제적 자립, 안전한 노동 환경, 환경 보호, 아동 노동 금지 등의 원칙을 준수한다. 또한 생산자 공동체의 사회적 발전을 위한 프리미엄을 제공하여, 교육, 의료, 기반 시설 개선 등에 투자할 수 있도록 한다.

공정무역 제품은 주로 커피, 초콜릿, 바나나, 차, 면화 등의 농산물에서 시작되었으나, 현재는 수공예품, 의류 등으로 확대되고 있다. 소비자들은 공정무역 인증

마크를 통해 이러한 제품을 식별할 수 있으며, 구매를 통해 윤리적 소비에 참여할 수 있다.

그러나 공정무역 시스템은 시장 왜곡, 인증 과정의 복잡성, 혜택의 불균등한 분배 등의 비판에 직면하기도 한다. 따라서 지속적인 모니터링과 개선이 필요한 분야로 인식되고 있다. 공정무역을 통해 기업은 글로벌 공급망에서의 윤리성을 제고하고, 동시에 개발도상국의 경제 발전에 기여할 수 있다.

이상의 국제 기업윤리와 사회적 책임 활동은 단기적으로는 비용으로 인식될 수 있지만, 장기적으로는 기업의 평판 향상, 고객 충성도 제고, 우수 인재 유치, 리스크 관리 등 다양한 측면에서 기업 가치 향상에 기여한다. 따라서 글로벌 기업들은 이를 단순한 의무가 아닌 전략적 투자로 인식하고, 체계적이고 지속적인 노력을 기울이고 있다.

3) 지속가능한 글로벌 경영 실현

지속가능한 글로벌 경영은 현대 기업의 핵심 과제로 부상하고 있다. 이는 단순히 단기적인 이익 추구를 넘어, 기업의 장기적인 생존과 번영을 위한 필수적인 전략적 접근이다. 지속가능한 글로벌 경영의 본질은 기업 가치와 사회적 가치의 동시 창출에 있다. 이러한 접근법은 기업이 경제적 성과를 추구하면서도 환경과 사회에 대한 책임을 다하는 균형 잡힌 경영 철학을 의미한다. 3대 손익(Triple Bottom Line) 개념은 지속가능한 경영의 핵심 프레임워크로 자리 잡았다. 이 접근법은 기업의 성과를 평가할 때 경제적 측면과 아울러 환경적, 사회적 측면도 동등하게 중요하게 고려해야 한다는 것을 강조한다. 즉, 기업은 재무적 성과(Profit), 환경 보호(Planet), 사회적 책임(People)이라는 세 가지 축을 균형 있게 발전시켜야 한다는 것이다.

환경 지속가능성은 글로벌 기업들이 직면한 시급한 과제 중 하나이다. 기업들은 자원의 효율적 사용을 통해 생산 과정에서의 낭비를 최소화하고, 에너지 효율을 높이며, 재생 가능한 자원의 활용을 확대하고 있다. 온실가스 배출 감축은 기후변화 대응을 위한 핵심 전략으로, 많은 기업이 탄소 중립 목표를 설정하고 이를 달성하기 위해 노력하고 있다. 순환경제 모델의 도입은 제품의 설계 단계부터 폐기물 발생을 최소화하고, 발생한 폐기물을 새로운 자원으로 재활용하는 시스템을 구축하는 것을 의미한다.

사회적 지속가능성은 기업이 사회와 조화롭게 공존하기 위한 필수 요소이다. 공정한 노동 관행은 근로자의 권리를 존중하고, 안전한 근무 환경을 제공하며, 적정한 보상을 보장하는 것을 포함한다. 다양성과 포용성 증진은 성별, 인종, 문화적 배경과 관계없이 모든 구성원이 평등한 기회를 가질 수 있도록 하는 것이다. 인권 존중은 기업 활동 전반에 걸쳐 인간의 기본적 권리를 보호하고 증진하는 것을 의미하며, 이는 공급망 전체에 걸쳐 적용되어야 한다.

경제적 지속가능성은 기업의 장기적인 생존과 성장을 위한 기반이다. 이는 지속적인 혁신을 통해 새로운 가치를 창출하고, 시장의 변화에 유연하게 대응할 수 있는 능력을 의미한다. 동시에 이해관계자와의 투명한 소통은 기업에 대한 신뢰를 구축하고, 장기적인 파트너십을 형성하는 데 필수적이다.

결론적으로, 지속가능한 글로벌 경영은 현대 기업의 생존과 번영을 위한 필수 전략이 되었다. 이는 단순한 윤리적 의무를 넘어, 장기적인 기업 가치 창출의 핵심 동인으로 인식되고 있다. 기업들은 경제적 성과, 환경적 책임, 사회적 기여를 균형 있게 추구함으로써, 글로벌 시장의 경쟁력을 강화하고 지속가능한 성장을 실현할 수 있을 것이다.

참고문헌

김상만 (2019). 인코텀즈2020 주요개정 내용과 시사점. **법학논고, 67,** 259~287.

구종순 (2011). **무역개론(제5판).** 박영사.

김웅진, 지용국, 윤점홍 (2018). **해외조달실무.** 한국구매경영원.

김희철, 이신규 (2011). **무역학개론.** 두남.

남풍우 (2015). **무역결제론(제8판).** 두남.

문창권, 김오비 (2011). **외환-환리스크관리와 파생상품 활용기법.** 탐진.

박대위, 구종순 (2012). **무역개론(제3판).** 유원북스.

박형래, 오대혁 (2014). **무역개론.** 청람.

백종실, 김영민, 우정욱 (2012). **국제운송론.** 두남.

이서영 (2011). **무역학개론.** 한올출판사.

이윤 (2004). **대외무역법.** 두남출판.

이은섭 (2002). **대외무역법.** 법경사.

이천수, 최돈승 (2018). **ESSENSE 무역학원론.** 범한.

임석민 (2017). **국제운송론.** 삼영사.

전순환 (2013). **무역실무(제3판).** 한올.

정봉민 (2015). **해운경제학.** 블루&노트.

조동성 (2007). **21세기를 위한 국제경영학(제2판).** 서울경제경영.

최생림 (2011). **외환론(제5판).** 박영사.

하웅수, 안영철, 이양기 (2014). **최신무역학원론.** 두남.

한국무역협회 (2012). **무역계약.** (사)한국무역협회 무역아카데미.

한국은행 국제처 (2010). 우리나라의 외환제도와 외환시장. 한국은행.

Cavusgil, S. T., Knight, G., Riesenberger, J. R., Rammal, H. G., & Rose, E. L. (2014). International business. Pearson Australia. pp. 32.

Cavusgil, S. T. (1994). A quiet revolution in Australian exporters. *Marketing News, 28,* (11), 18–21.

Ducruet, C and Notteboom, T. E., Developing Liner Service Networks in Container Shipping.

in: Song, D. W., Panayides, P. (eds.) (2012), Maritime Logistics: A complete guide to effective shipping and port management(p. 97), Kogan Page, London.

Forsgren, M. and Johanson, J. (1975). International føretagsekonomi(p. 16.). Norstedts, Stockholm.

Hollensen, S.(2008). Essentials of global marketing. Pearson Education.

ij, T., Kuivalainen, O., Saarenketo, S., Lindqvist, J., & Hanninen, H. (2005). Internationalization handbook for the software business. Centre of Expertise for Software Product Business(p. 6). Espoo, Finland.

Johanson, J., & Vahlne, J. E. (1977). The internationalization process of the firm—a model of knowledge development and increasing foreign market commitments. *Journal of international business studies, 8*(1), 23–32.

Johanson, J., & Wiedersheim-Paul, F. (1975). The internationalization of the firm—four swedish cases 1. *Journal of management studies, 12*(3),305–323.

Oviatt, B. M., & McDougall, P. P. (1994). Toward a theory of international new ventures. *Journal of international business studies, 25*(1), 45–64.

Prahalad, C. K., & Doz, Y. L. (1987). *The multinational mission: Balancing local demands and global vision*(p. 24). Simon and Schuster.

Perlmutter, H. V. (1969). The tortuous evolution of the multinational corporation. *Columbia Journal of world business*, 4(1), 9–18.

Porter, M. E. (1985). *Competitive advantage: creating and sustaining superior performance*. NY: The Free Press.

Porter, M. E. (1986). *Competitive in global industries: A conceptual framework*. Competition in Global Industries, Harbard Business School Press.

Theodore Levitt (1983). The Globalization of Markets. Harvard Business Review. https://hbr.org/1983/05/the-globalization-of-markets

UNCTAD (1990). Development and Improvement of Ports:The Establishment of Transshipment Facilities in Developing Countires, UNCTAD Publication.

Vernon, R., & Wells Jr, L. T. (1991). *Economic environment of international business* (5th ed). Englewood Cliffs, NJ: Prentice Hall.

참고사이트

국가법령정보센터. www.law.go.kr

산업통상자원부, 2019 정책브리핑. www.motie.go.kr

수입규제 통합지원센터. http://ntb.kita.net

KDI경제정보센터. http://eiec.kdi.re.kr

Fortune, Fortune 500. https://fortune.com/rankings

WTO, World Trade Statistical Review. www.wto.org

The World Bank, Worldbank DATA. www.worldbank.org

저자약력

■ 이건희

영남대학교 글로벌 비즈니스학과/무역학과 교수

서강대학교 경영학 박사(국제경영전략 전공)

University of Colorado, Boulder, MBA(재무관리 전공)

서강대학교 경영학 학사

국제경영학회 부회장

국제경영관리학회 부회장

■ 이태희

서강대학교 이학사, 경영학사

서강대학교 경영학석사

서강대학교 경영학박사

(현) 계명대학교 경제통상학부 부교수

(현) 한국경영컨설팅학회 편집위원장

(현) 관세사, 물류관리사 출제위원

(전) 영국 런던 Bayes Business School, Visiting Fellow

글로벌 비즈니스의 이해

초판발행 2025년 3월 5일 **1판 1쇄 인쇄** | 2025년 3월 10일 **1판 1쇄 발행**

지은이 이건희 이태희
펴낸이 최용구 | **펴낸곳** 도서출판 **이프레스**
주소 (04316) 서울시 용산구 원효로 89길 19 (원효로1가)
전화 02) 537-1720(영업부), 537-1721(편집부), 537-1711(팩스)
이메일 epress01@naver.com | **홈페이지** www.epress1.com
등록 2009년 12월 10일 제16-2710호
기획마케팅 최용구 장만동 송대용 최충구 | **책임편집** 석기은 황가연

ISBN 979-11-91348-68-2 93320
정가 29,000원